TURING
图灵教育

站在巨人的肩上
Standing on the Shoulders of Giants

# 战略略思维

## 十二讲

周掌柜 ○ 著

**影响关键决策的
高维认知**

人民邮电出版社

北京

**图书在版编目（CIP）数据**

战略思维十二讲：影响关键决策的高维认知 / 周掌
柜著. -- 北京：人民邮电出版社，2023.1（2023.12重印）
ISBN 978-7-115-60752-2

Ⅰ．①战… Ⅱ．①周… Ⅲ．①企业管理－品牌战略－
研究－世界 Ⅳ．①F279.12

中国版本图书馆CIP数据核字（2022）第252056号

## 内 容 提 要

　　本书作者周掌柜长期调研苹果、三星、微软和亚马逊等全球巨头，跟踪研究马斯克、乔布斯、任正非、马明哲、李彦宏、李东生和张一鸣等企业领袖，且服务过微软、戴姆勒、德国博世、华为、百度、荣耀、OPPO 和中国平安等多家全球化公司，曾带领团队花 3 年时间梳理全球 100 位顶级管理学家的经典管理思想，结合"科学管理思维""复杂性科学思维"和中国哲学的简单思辨，提炼了 12 条高维战略理论、14 个必知战略原理，同时辅以 15 个实战战略案例，有助于读者更好地理解战略思维的实践。

　　有了对战略思维的认知，再加以不断实践，我们的生命线必将越来越稳固。

　　本书适合企业家、管理者、创业者阅读，也适合所有想成事的人学习。

◆ 著　　　　周掌柜
　　责任编辑　王振杰
　　责任印制　彭志环

◆ 人民邮电出版社出版发行　　北京市丰台区成寿寺路11号
　　邮编　100164　电子邮件　315@ptpress.com.cn
　　网址　https://www.ptpress.com.cn
　　三河市中晟雅豪印务有限公司印刷

◆ 开本：720×960　1/16
　　印张：24　　　　　　　　2023 年 1 月第 1 版
　　字数：340 千字　　　　　2023 年 12 月河北第 5 次印刷

定价：99.80元
读者服务热线：(010)84084456-6009　印装质量热线：(010)81055316
反盗版热线：(010)81055315
广告经营许可证：京东市监广登字 20170147 号

# 赞誉

德国博世是一家拥有 137 年历史的公司，正像周掌柜在本书收录的文章《德国博世百年风雨启示录》中描述的那样，一家企业或一位企业家不可避免地要经历风雨，但仍需要执着向前。其中，战略思维往往会影响战略决策，最终影响企业成就和发展周期，我们需要用积极的心态探究和提炼，这也应该是本书致力于呈现的价值。

——陈玉东　博世（中国）投资有限公司总裁

在超强竞争时代，企业的非核心优势常常是转瞬即逝的，所以需要"向内求"，回归本质和核心，寻找生而不同的最佳路径。百度选择了技术战略，10 个百度人 6 个搞研发，10 年投入 1000 亿元做 AI，即是战略聚焦和取舍。这与周掌柜《战略思维十二讲》中讲的长期思维、超越竞争等战略原理契合，也印证了本书的独特价值——顶尖的战略思维淬炼于顶尖公司的战略实践。

——袁佛玉　百度集团副总裁

诚如书中多处提及的，在不同时代持续取得成功的企业，其战略思维都伴随着企业家精神的不断变革、进化。而从外部视角推动的田野调查、全球商业文明研究、跨产业跨价值链对标的作用，在全球商业复杂生态中日益凸显。书中收录的《TCL 的十一道年轮》以及对其他同频共振企业的精彩剖析，带给我们很多启发。TCL 立志成为全球领先的产业科技生态型公司，需要更多这样的大格局、大趋势、跨周期的第三方深刻洞察。

——廖骞  TCL 集团参谋长、高级副总裁

周掌柜在我们《金融时报》中文网写了 6 年多的商业研究专栏，一直以深度洞察全球化公司战略变革为焦点，其间准确预言了多家"明星公司"的成败起伏，获得读者好评。这本《战略思维十二讲》汇聚了他的理论和实践，所思所想均融汇了全球领先公司的战略思维，实属难得。

——王丰  英国《金融时报》中文网总编辑

框架决定高水平认知，框架源自战略性思维，这一点在周掌柜的新书《战略思维十二讲》中得到了很好的阐释，这和我们做产品战略异曲同工。另外，本书也是一个决策参考范本，做每一个有分量的决定都需要对标研究，人生的成就往往是由决定的质量构建的，书中的案例值得品味。

——梁宁  知名产品战略专家

战略思维决定关键决策，我很认同周掌柜这本书的主旨。同时，战略思维也是企业进行未来宏大变革所必需的头脑准备。这个议题一直是我们剑桥大学商学院教授的一个研究重点。周掌柜这本书结合了他过去几年的实战研究和积累，还包括他在剑桥大学、牛津大学、欧洲工商管理学院等顶尖学府的学术交流心得，理论和案例都很丰富，非常值得品读。

——尹一丁  剑桥大学中国管理研究中心联席主任

周掌柜的这本战略思维著作，剖析了战略思考中维度和框架的重要性。战略制胜常常被认为是"降维打击"，其本质是站得高、看得远、懂取舍、有决断，这就需要站在巨人的肩膀之上，不断进行脑力激荡，方法和实践相统一，多元融合。真正能做到这一点，需要不断修炼。

——吴晨　《经济学人·商论》总编辑

拜读周掌柜《战略思维十二讲》书稿，即使管中窥豹也能感受到其构筑的高维战略思想系统的价值。其中很多理念高度契合 1833 年成立的法国拉法基集团（2015 年与霍尔锡姆集团合并，现为拉法基豪瑞集团）近 200 年的发展历程，每当在危机中面临抉择时就选取"战略制胜"和"细节决定成败"的配合手段，让拉法基穿越周期逐渐发展壮大并成为深刻影响人类文明发展的跨国建筑巨头。期待书中的战略思维能被更多地传播与应用！

——刘利嘉　法国拉法基豪瑞集团副总裁及全球合作伙伴负责人

# "战略思维"是企业家的必修课

读罢周掌柜《战略思维十二讲》初稿，有一种强烈的感受："战略思维"应该成为企业家和企业管理者的一门必修课，而从事战略研究的人士也理应在"沙盘推演"的同时，"永远在战场"。战略头脑既是《孙子兵法》和《战略论》一类经典"兵书"形塑出来的，更是沙场上锻造出来的。"猛张飞"与马谡都是一支能征善战的队伍所需要的人才，但前者仅能为将，后者仅可为谋士上客，他们都不能为帅，统领千军万马。

周掌柜是西方战略研究和咨询领域惯见的那类标签型"职业人"——有系统的理论底子并解剖过不少"大麻雀""小麻雀"，甚至他本人就是只"麻雀"（周掌柜曾创立过好几家企业）。在美国著名战略咨询公司中，常有一些合伙人兼战略顾问是前军事将领、前军事教官、前大企业高管或小公司创始人，这充分表明战略不是"空中楼阁"与"锦上绣花"，而是"纸上谈兵"与"刀光剑影"的二位一体，是战略蓝图与战略行动的二位一体。周掌柜还不能称为一流的战略专家，但他正走在成为一流专家的路上，重要的是，他"走路"的方向、方式、动作与节奏是与那些世界一流战略家同轨的：品着咖啡却"身上沾满烟火"。《战略思维十二讲》就是一本周掌柜风格的"咖啡＋烟火"：知行兼具，知行归一。

我曾经很不适应周掌柜的研究范式，动辄模型与框架，将简单问题复杂化，使原本气韵流畅的思想表达突兀"卡顿"。但这本书则不同，一反其固有套路（做咨询的人士皆有的那种用大量的图表、模型、数据将管理现象格式化、教条化和"高大上"的套路），把他称之为的"高维战略理论"用浅显易懂的方式表达了出来，让专业的、非专业的人士都会有豁然开悟之感。长于"战"且善于"略"是中华民族悠远的思维传统，也许因缘于我们民族历史上有孙膑和鬼谷子等一批伟大的战略哲学家先贤。但今日世界风云变幻、动荡复杂，对那些身居战略高位的组织领导、企业家和管理者来说，仅靠东方古老战略思维的"文明积淀"是远远不够的，更自觉和更系统地横向与纵向学习东西方古代以及现当代一切战略思想的结晶，实为既紧迫又必需的一项思维修炼。周掌柜这本书不失为一本简明的战略自修、群修参考手册。

企业家是天然的战略家（优劣之别而已）。企业家角色的实质包含两大元素：一是不确定条件下的"判断性决策"，二是通过创办企业、扩大经营、有效管理实现自己的"判断"，从判断中获得物质和精神的回报，这即是所谓"战略闭环"。而真正优秀的企业家是那种不断做出判断、不断策动决策、不断发起行动，并不断接受失败挑战和成功诱惑的少数人，是永不间断地进行一次次战略闭环的"浪漫主义英雄唐·吉诃德"，亦是冷峻的现实主义者。因此，他们自身必须拥有强大而敏锐的战略头脑，也应善于集束组织群体的战略洞察力，同时也要主动拥抱"外脑"，这种"理性化决策模式"（我不完全认可周掌柜的"极致理性论"，卓越的组织和一流的企业家无不是感性与理性同样强大的悖论主义者），对应于非理性化、一个人拍脑袋的"赌桌战略"。而作为"外脑"的周掌柜，从他与其团队这些年服务于一些代表性中国企业的战略咨询实例看，他们的成就是醒目的、卓越的，既成就了咨询对象在某个方面、某个项目、某个阶段的"战略闭环"，也成就了自身的成长与成熟，《战略思维十二讲》中的若干著名企业案例的研究文章即是其部分成果，也是本书最大阅读点之一。

周掌柜善于"宏大叙事"，同时也注重扎实的实证分析，这也正是近几年他的一些文章被广泛关注的原因。他曾为一家电子消费企业做市场策略咨询，据我所知，他的团队竟然花了几个月时间跑了东南亚好几个国家和国内多个省份的数百家城市与乡镇门店，进行大面积访谈和原始数据的采集，他本人也一头扎进最基层的消费者人群中开展调研，在此基础上组织专业人士开展数据筛洗和分析、搭建模型、形成结论，提交咨询建议和报告。于咨询业我是门外人，故无从比较，但至少在我眼里，周掌柜这一群人是专业的、敬业的。读他的《战略思维十二讲》后，我更坚定了这一看法。

周掌柜头脑灵活，思维的活跃度很高，跳跃度也很高，这也体现在他的文字中——富于张力，也不乏思辨力。但我以为，行文风格还可以再收敛些，遣词用句可以更节制些。然瑕不遮瑜，此书在企业家群体和企业管理者们最需要战略洞察力的当下问世，是一件值得鼓掌的事。

谨贺之，兹为之序。

田涛　华为公司管理顾问

2022 年中秋节于北京

# 战略思维决定战略决策

周掌柜新书即将付梓，邀我作序。一则，战略思维是我熟悉的话题，二则，能借周掌柜的盛名蹭流量，是个美差，欣然从命。

《战略思维十二讲》更像一本讲义，由作者结合过往多年在全球知名跨国公司研究、调研的心得和为中国多家头部企业做战略顾问的笔记、讲稿等，经总结、整理而成。拜读之际，常能追忆起与周掌柜每次畅谈时的场景，感受深切者有三。

其一，谈笑有鸿儒，往来无白丁。以作者书中列举的所服务的企业为例，周掌柜这些年聚焦前沿科技公司中的头部企业，它们均是行业翘楚、同侪标杆。这些企业从激烈的市场竞争中脱颖而出，取得阶段性的成功，多赖基于战略思维而落实在战略决策上的自觉和坚持，因为战略思维决定战略决策。这些企业格局超群，对各种专业服务的选择犀利，而周掌柜却能以其洞察和灼见，令创业者和领军人物主动邀约、诚心合作，足见战略思维是优秀企业家夙夜萦怀的热点，是做大做强做优企业的重要议题。

其二，汝果欲学诗，工夫在诗外。所有创业者无不追求建立基业长青的企业。企业的成功说到底是建立一个卓越的组织，是组织能力的成功。战略思维的直接产出是有效的企业战略，这固然是企业的核心能力之一，但优秀的企业绝非仅仅依靠正确的战略。另外一个视角是组织能力建设，它靠的是体制、机制、人才、信息、文化的集成和持续升级。战略思维既指导全局观念的与时俱进，也同样适用于组织能力建设的方方面面。

其三，看山不见山，寻常俯仰间。进行战略思维训练并形成自觉，进而成为习惯，是成功企业的关键组织能力之一，其重要性不言而喻。欲做到，首先要想到。见多识广，方能借鉴他山之石，举一反三。从理论到实践再到理论的不断循环，会有助于企业在不同生命周期内凝聚共识、一以贯之地坚持完善战略和运营。从这个意义来说，周掌柜新作具有很强的应用价值。

我认识周掌柜 20 余年，见证了其从 TMT 科技记者到外企管理顾问，再到创立战略咨询公司并成为思想领航者（thought leader）的不断转型，赞赏其家国情怀的使命感，钦佩其敢为人先的勇气，也叹服其在专业领域的不断深耕。《战略思维十二讲》源自一个个可圈可点的案例，意在分享他山之石，并非学术巨制，虽有探究中国企业战略理论的宏愿，以更高的标准与要求来看，理论上有待打磨，体系上仍待完善，期待并相信他能持续在战略咨询研究上精进。

诚望本书的思考能推动更多志同道合的人共同参与，持续总结、提炼中国企业成长的得失，以优质战略思维引领有效战略决策，使我们中国涌现出更多在全球市场有影响力的企业、受人尊敬的企业家。

黎化民

安永咨询合伙人

# 战略思维决定成败

"战略思维决定成败"，这不是一句故弄玄虚的空话。在笔者及周掌柜战略咨询团队的战略咨询实践中，笔者深刻地感受到：越是成功的企业家，越重视战略思维的定义和养成，大企业家都是战略家。

本书的很多重要理念，并不是为了写书凭空拼凑的，准确地说是在为中国多家顶尖企业提供战略咨询研究服务的过程中沉淀下来，也是受到认可和好评的经典战略思维。比如关于"战略视角"问题，2016 年很多消费电子公司的高层倡导全公司学习笔者的专栏文章《OPPO 和 vivo 的"人民战争"》，这是一篇典型的"基层视角"的战略管理研究文章。再如，中国平安董事长马明哲也非常看重战略思维的表达，在 2019 年，他曾针对周掌柜战略咨询团队的中国平安相关研究写过 2000 多字读后感，还通过邮件群发并号召全公司 20 多万人阅读和学习。据悉，研究中体现的"系统论"和"生态论"等多种战略思维也在各级管理者中得到应用。此外，德国博世及百度、OPPO 和荣耀等公司曾积极评价和应用本书中的一些重要理念。换句话说，本书内容都经过实战检验以及读者检验，不是笔者刻意为之的大道理和大理论。

# 战略思维决定领导力

　　豪不夸张地说，战略思维是支撑企业家领导力的第一要素。战略思维对于普通人来说也许是一种抽象的概念，每个人都有理由沉浸于感受生活表层的美好以及现象的多变，要求每个人都用超级理性看世界本质是一种苛求。但对于企业家而言，超级理性是这个职业的"副产品"之一，战略思维是公司成功的生命线，企业家和管理者必须有超乎寻常人的洞察力和战略思维框架，在某种程度上，独特的战略思维也是领导力的必修课。

　　从相反角度看，在领导力方面缺少战略思维的企业可能有三种最直观的糟糕表现，这三种表现对于企业长远发展都很致命。

　　其一就是在非战略性机会点空耗战略性力量。很多公司经常出现的反复折腾、犹豫不决、错失机会等问题，主要源于企业家和管理者的战略误判。战略误判究其根源一般是领导者的思维局限，直白地说，就是缺少想清楚问题的战略思维，或者受到太多"杂音"的误导和羁绊。

　　我们经常会看到，有些企业在走向衰落的时候，管理层和员工反而更加忙碌，口号震天响，工作时间增长却未见效益增长。这是一种很普遍的现象，背后的深层次问题就是"战略不清，累死三军"，其实就是"在非战略性机会点空耗战略性力量"。这个时候领导者也往往会表现得急躁和多变，此时的严格管理和情绪激励更多是领导者的自我心理安慰，并不是以清晰战略指引组织时的必需动作。

　　其二是成功时刻的过分骄傲和失败时刻的过分悲观。做企业不免有波峰波谷，这本来是自然成长周期的客观现象。从战略逻辑看，"波峰"就是最大的"战略悬崖"，因为极致成就之后最大的可能是原地踏步或走向衰落；"波谷"则可能蕴藏真实的战略机会，因为利空出尽之后的选择反而可能更加清晰，也能让行动有效的可能性增大。这种辩证思考本身就是高维度战略思维的体现，是企业家必须具备的超越常人的认知方式。但缺少战略思维的领导力往往表现为波峰的时候骄纵张扬、盲目扩张，波谷的时候士气低落、急功近利，这势必影响团队情绪，最后导致的结果就是企业无法长期抗周期地稳健发展，有一点风吹草动，企业经营就出现剧烈波动。而且，从情绪层面看，绝大多数企业中的领导者的情绪和企业情绪会产生共振，可见领导者保持高水平的战略思维认知多么重要。

其三是制定战略具有随意性和跟随性。当前，国内不在少数的企业家形成了跟随政策性机会的条件反射，也就是一切都追随政策调整，而且习惯性钻营于对政策红利的最大化攫取。这种热衷政策导向的行为虽然在世界上任何国家都存在市场，一般也会有一些成功样板激励这种行为，但确实忽略了市场本身和公司治理的客观性规律。

从企业战略管理的一般规律而言，很难有抵抗市场巨大趋势的力量，市场是企业家天然的盟友和力量之源。很多政策也往往是基于市场逻辑做出的论断，甚至可能是后项指标（滞后反映结果的指标）。所以，与其钻营于走捷径，不如沉下心来研究市场和用户需求，抓住本质和永恒不变的市场化要素逻辑，跟随科学管理精神稳健经营。无论外界如何风云变幻，公司战略本身的独立自主、以不变应万变的价值主张和基本战略思维不能变。

但在现实中我们往往看到，缺少战略思维的公司，其领导往往从众，很多人愿意通过参加各种企业家聚会来寻找验证自己固有想法的机会，个别企业家不愿意革新自己、容易陷入以被吹捧获得自信的怪圈。久而久之，从众思维、麻木自大掩盖了战略思维的缺失。最终，战略思维的缺失带给公司难以弥补的长期伤害。这也从反面印证了企业家保持开放学习心态的重要性。

以上三种情况实际上非常普遍地发生在企业家群体里。有时候我们必须承认，每个人的理性都是有限的，每个人都不可避免地受到环境和他人情绪的影响，保持理性的战略思维需要长期的科学管理修炼。在这方面，需要强调的是，掌管中国乃至世界顶尖科技公司的大企业家们往往是最具有战略思维的群体。周掌柜战略咨询团队长期投入资源调研苹果、三星、微软和亚马逊等全球巨头的战略走向与全球化战略，也跟踪研究马斯克、乔布斯、任正非、马明哲、李彦宏、李东生和张一鸣等企业领袖的战略决策，包括在项目研究和交流过程中，也深切地感受到了大企业家大格局的战略思维方式确实独树一帜。比如，李彦宏向高管团队解释营销投入较少的原因时说了这样一句话："我们技术投入那么大，就要有所取舍。"应该说，这也是一个非常有战略性的客观判断，完全不是"既要……又要……"的思维。幸运的是，我们从华为、中国平安、百度、OPPO、TCL 甚至德国博世等国内外成功企业的历史故事和成功案例之中，学到了很多独到的战略思维，这也是本书力求融入并呈现给读者的独特价值之一。在某种程度上，这是一本向伟大企业家致敬的战略思维合集。

有时候，笔者甚至相信在战略咨询实践中，企业家群体对笔者的影响远远大于过去服务美国顶级咨询公司的项目经历带给笔者的影响，当然也大于从书本上获得的知识。略显武断地说，顶尖的战略思维不在商学院，也不在一般意义上循规蹈矩的咨询公司，而是在顶尖公司的战略实践中和优秀企业家九死一生淬炼的头脑里，这也是本书整理提炼这些高维认知的价值之所在。

# 战略思维源自科学管理实践

那么，实践如此重要，是否从书本和商学院学到的东西就完全没用呢？当然不是，书本，特别是教科书，是获取知识的重要渠道，商学院的氛围价值在于开启思考和对话。但客观地说，战略思维往往首先来自对企业实践的洞察和沉淀，也是超越企业家领导力思想层面的组织思想。

这背后还有一个极其重要的逻辑——战略思维本身是科学管理的一部分，也必然源自科学管理实践，是属于客观存在的认知规律，我们当然可以从管理书，尤其是管理学家的著作中获得关于战略思维的真知灼见。区别在于，眼前真实的企业实践往往更具体、更有时代感，传统的管理学经典展现的基本规律则需要在现代实践中得到新的诠释。过去 3 年里，笔者曾带领团队对全球 100位顶级管理学家的思想做了系统学习和梳理，对这些经典管理思想的呈现也是本书的一个重要内容价值。研读经典也是一个致敬科学管理、寻找中国战略管理创新方向的过程。有意思的是，回顾经典的过程往往也会与当下成功的企业战略和企业家思维形成对比印证。

有一点必须承认的是，中国的战略管理学底层理论研究略显薄弱，认知到这个不足对于企业家非常重要：企业家需要超越中西文化对立的偏见，坦诚接受普适性的科学管理认知。可以肯定地说，科学管理是战略思维的基础，而且科学管理在世界范围内并没有本质差别，以下就此强调几点笔者和团队的研究心得。

首先，不应该认为有纯粹的中国式管理，管理是世界性的普适社会科学。我们整理了 100 位世界公认管理大师的国籍，其中美国人 67 位，欧洲人 21 位，亚洲人中 3 位来自日本，1 位来自印度，还有几位不太好确定具体国籍或来自世界其他区域。另外，来自哈佛大学的有 13 位，麻省理工学院 7 位，斯坦福大学 6 位，密歇根大学 5 位，剑桥大学 3 位，耶鲁大学 2 位，哥伦比亚大学 2 位，还有很多来自其他西方名校。也就是说，核心管理学家来自美国，来自美国的大学。这些都是原创理论大师，他们的理论其实早已融入中国先进公司的血液。所以，管理学是"美式咖啡"，这也是一个客观事实，中国企业的成功实践也验证了这一点，华为、中国平安等在管理上比较科学的公司基本上都有着长期和美国咨询公司合作的传统。用笔者的老师、管理学者田涛先生的话说："华为正是开放地对标学习西式、中式，多元融合，非中非西，才走到今天的地位。"

其次，我们发现每一位知名管理学家理论的背后往往有一名修订者，还有一名反对者，总体来看，西方管理学是一个不断积累演进和碰撞交汇的系统。需要反思的是，有时候不是管理学教条，而是我们应用得教条。换句话说，现代全球战略管理领域是一个具有巨大包容性的进化系统，每个管理学理论在新时代、新场景都会被最新创新实践赋予全新内涵，我们不能完全照搬单一理论，但在科学管理内核上需要有准确的把握。最常见的现象是，企业家往往看到一个理论就以为找到了独门绝学，却由此失去了看到更大的战略管理系统的机会，殊不知每个大的系统都是由很多辩证甚至对立的观点组成的。

再次，科学方法论尤其重要，特别是模型思维和量化思维。背后的逻辑是，由于当代社会科学建构在数学、统计学、心理学和组织行为学等基础学科之上，所以现代战略管理体系具有模型化和量化的特征，而量化的基础是建模，和 AI 的模型训练逻辑是类似的。国内这方面的基础研究略显薄弱，而且国内企业界和研究者有用格言警句呈现战略逻辑的现象，这种简单化可能会给超大型组织的管理带来灾难。不过，倒也不需要矫枉过正，这在个别情况下确实也是一种优势，因为中国哲学思想往往用简洁思辨判断复杂问题，有时候这确实也是企业家必不可少的认知支撑，这种带有文化特质的管理思维有其特定环境下的价值，只是不能夸大，或一叶障目。

最后需要指出的是，在本书中，我们力求把战略管理之中相对欧美化的"科学管理思维""复杂性科学思维"（欧美战略咨询公司的基本方法论往往来自物理、数学、生物学、社会学和宇宙学等学科的原理）和中国哲学的简洁思辨结合起来，这也是本书的初衷：用读者容易理解的语言把世界管理学前沿的理论研究表达出来，以应用于实践和指导实践。

## 战略思维需要方法论和实践相统一

综上所述，战略思维源自企业实践，深刻影响企业家的领导力发挥，并且在战略管理经典理论和著作中有很系统的展现。回到本书的视角，我们希望为企业家创造的价值既不是那种对有着炫目光环的成就的照搬照抄，也不是对高深的学术论著的教条式模仿和诠释，更不是动辄模型和数学推理的复杂方法论，而是大道至简和科学管理的结合，是抽象出成功企业和企业家的大逻辑并因地制宜地加以应用。概括起来说，本书是结合了全球前沿实践、科学管理、中国哲学和实战总结的通俗化战略管理通用框架，这实现起来势必很难，却是笔者和写作顾问团队的自我挑战。

　　书中会有很多比较接地气的实用内容。比如，我们在战略管理研究中和客户经常分享一个"多维框架"。从战略分析的角度，企业挑战是分维度的，一维就是"要素挑战"，包括多少、前后、轻重等判断，是一个和数量相关且可以简单线性判断价值的挑战。像现金流不足、增产不增收，就都属于要素挑战。二维是"平衡挑战"，也就是不是绝对的好坏取舍问题，而是平衡要素，形成新状态的问题。企业战略管理中很多命题的真谛是平衡，像"员工应该工作和生活平衡"就是一例，不能夸大 996[①] 的作用，也不能完全否定奋斗精神。三维是"系统挑战"，当我们将企业看作一个系统论里的所谓"复杂性系统"时，就需要深刻了解复杂性系统的变化逻辑，哪些会造成系统紊乱，哪些决策不利于系统稳定态出现，等等。在超大型企业的战略管理决策中，管理者遇到的"系统挑战"往往比较多。这里分享的就是一个很能代表本书特点的战略模型，它很简单，不教条，但是植入思维中会非常有价值，可以提高解决问题的效率。

　　再如，我们概括企业文化的顶层设计的框架是"理想主义""实用主义"和"拿来主义"，这也是田涛先生分享过的一个框架。他认为这"三个主义"严格来说是美国文化范式，华为就是向美国学习了这一范式。这个概括在中国语境下比较容易理解，或者说是一种维度很高的抽象和概括。而我们对比来看，在欧美经典的战略管理理论中评估企业文化，一般用以荷兰著名心理学家、管理学家吉尔特·霍夫斯泰德[②] 教授的名字命名的"霍夫斯泰德文化评估模型"。霍夫斯泰德提到了 6 个维度：个人主义和集体主义（individualism vs. collectivism）、权力距离（power distance）、不确定性规避（uncertainty avoidance）、男性气质和女性气质（masculinity vs. femininity）、长期导向与短期导向（long-term

---

① 即 996 工作制，指早上 9 点上班，晚上 9 点下班，中午和傍晚各休息 1 小时左右，每周工作 6 天的工作制度。它是违反《中华人民共和国劳动法》的。

② Geert Hofstede，荷兰裔美国管理学家，他通过对 IBM 跨国工作人员的问卷调查，提出了现今被广泛接受的反映各国文化环境的几个指标。

orientation vs. short-term orientation）、放任与约束（indulgence vs. self-restraint）。他认为，企业文化是一种软的、以完整主义理论为依据的观念，但其结果是坚实的。他曾经称其为"一个组织的心理资产，可以用来预测这个组织的金融资产在 5 年内将会发生什么变化"。而国内则有人称"企业文化譬若水势，可载舟亦可覆舟"，可见企业文化在一个企业中所具有的无形效力。这也是在中国超大型公司管理实践中经常用到的咨询模型。

不过，这个模型在一般企业的企业文化应用中存在很大弊端，其一是对于"个人主义""集体主义"这种词语，其精确定义很难被广泛接受，其二是过于抽象的逻辑表达对于没有受过西方管理学系统训练的人来说，理解起来难度很高，也容易杂糅自身的判断。或者略显武断地说，这种模型有专业价值却不具备广泛的战略指导意义。

而本书分享的"理想主义、实用主义、拿来主义"应该是更符合中国语境的全球性共识，且容易理解，也高度抽象概括了企业文化的三种情况。所谓理想主义，就是构建一种为了目标而极致拼搏的乐观向上的英雄驱动文化；实用主义就是基于市场判断准确分析决策并形成理性、务实、精细化决策的研讨氛围；拿来主义就是通过内外部对标形成可参考和借鉴的标杆，并进一步指导公司的战略决策等多个方面。如果一定要解构这三者的科学性，实际上也符合物理学中热力学系统的"信息、能量、干涉"等要素，同样具有一定的科学性。而且对于在儒家思想基础上快速发展起来的中国而言，这三个词都是容易理解和共识的。

以上，笔者描述了本书的定位和写作出发点，希望对于读者理解本书的内容有一定启发。笔者也希望我们的经典研究、实践总结和他山之石的引用，能切实帮助企业家和管理者。在每一家成功企业的背后，我们看到的不仅仅是个人的荣光和辉煌，更是成千上万个家庭的成功和社会的进步。我们期待本书为这些成功和进步贡献力量！

任何意见和反馈都可以发送到周掌柜的邮箱：30044503@qq.com。欢迎不吝赐教！

# 目 录

赞誉

推荐序一　"战略思维"是企业家的必修课（田涛）

推荐序二　战略思维决定战略决策（黎化民）

前言　战略思维决定成败

# 01 第一部分
# 高维战略理论

002　**第1章**　**环境论：** 认知要素挑战、平衡挑战和系统挑战

010　**第2章**　**视角论：** 认知群众视角、时间视角和边缘视角

016　**第3章**　**条件论：** 认知充分性思维和必要性思维

022　**第4章**　**进化论：** 认知文明维度和竞争力维度

029　**第5章**　**辩证论：** 认知成就悬崖、洼地优势和海绵效应

037　**第6章**　**能量论：** 认知生长模式、裂聚变模式和能量场模式

047　**第7章**　**数据论：** 认知小数据和全息思维

055　**第8章**　**博弈论：** 认知平衡博弈和不对称博弈

060　**第9章**　**系统论：** 认知复杂性系统和生态型系统

067  **第 10 章**  **竞争论：**认知战略普遍性和战术特殊性

072  **第 11 章**  **层次论：**认知战略竞争、战术竞合和战场
              竞技

077  **第 12 章**  **模式论：**认知摇齿轮模式、斗兽场模式和
              拳击模式

# 02 第二部分
# 必知战略原理

084  **第 13 章**  **第一性原理：**基于初始本源、本质的永真
              要素和逻辑

086  **第 14 章**  **不确定性原理：**用敬畏的心态做企业战略
              管理判断

088  **第 15 章**  **以大博小：**公司长期竞争中胜率最大的思维

091  **第 16 章**  **战略制高点：**重大战略竞争关注形成全局性
              影响力的重点

094  **第 17 章**  **战略支点：**在战略执行中需要稳固的支点
              构成承重墙

097  **第 18 章**  **降维打击：**用高维度战略向低维度竞争对手
              冲击

102  **第 19 章**  **超越竞争：**更好地聚焦自身战略

105  **第 20 章**  **逆向思维：**从事物的反面或侧面洞察本质

108  **第 21 章**  **长期思维：**从更长的周期看待眼前决策的
价值

111  **第 22 章**  **一揽子方案：**兼顾解决问题的要点、顺序和
角度的系统性方法

115  **第 23 章**  **不完美定律：**永远不可能在一个系统内使
所有事情自洽

118  **第 24 章**  **价值不易得：**没有艰苦积累和重大投入的
获得不值得信任

122  **第 25 章**  **信任不急取：**战略设计中不要急于将信任
关系变现

126  **第 26 章**  **分清目的和手段：**目的和手段是可以经常
追问的战略思维

# 03 第三部分
# 实战战略案例

## 战略管理篇

131  **第 27 章**  乐视生态的七大战略性风险

**战略思维分析：**乐视拥有战略判断的"必要
性思维"，但缺少以"充分性思维"严谨审视
风险的能力。

141　**第 28 章**　张小龙的星空

　　　　　　　　**战略思维分析：** 张小龙作为微信的缔造者，

　　　　　　　　不仅可被视为杰出的企业家，更是可被铭记于

　　　　　　　　中国互联网发展史上的伟大产品经理，其对用

　　　　　　　　户应用复杂性系统的生态化理解独树一帜。

152　**第 29 章**　OPPO 与 vivo 的"人民战争"

　　　　　　　　**战略思维分析：** OPPO 和 vivo 是具备"平衡博弈"

　　　　　　　　和"不对称博弈"双重能力特质的智能手机巨头。

164　**第 30 章**　特斯拉式人生

　　　　　　　　**战略思维分析：** 特斯拉的颠覆式创新体现了

　　　　　　　　很强的"边缘视角"。

175　**第 31 章**　边缘战略：中国手机崛起的深刻逻辑

　　　　　　　　**战略思维分析：** 从"边缘视角"到边缘战略模型，

　　　　　　　　系统分析以华为为代表的中国智能手机巨头的

　　　　　　　　崛起。

## 公司传记篇

191　**第 32 章**　荣耀手机的战争与和平

　　　　　　　　**战略思维分析：** 荣耀手机很好地融合了战略

　　　　　　　　竞争、战术竞合和战场竞技。

204　**第 33 章**　华为手机的光荣与梦想

　　　　　　　　**战略思维分析：** 对华为手机的成功要素的系统

　　　　　　　　分析，包括了"以大博小"的研发矩阵思维和

　　　　　　　　"价值不易得""信任不急取"的厚积薄发思维。

219 **第 34 章** 中国平安的"大象鼻子"

战略思维分析：中国平安是构建战略的"复杂性系统"和"生态型系统"的典范，并且拥有极强的战略捕捉能力。

230 **第 35 章** 德国博世百年风雨启示录

战略思维分析：从德国博世的百年风雨历程看"要素挑战""平衡挑战"和"系统挑战"。

279 **第 36 章** 用百度打败百度

战略思维分析：用"小数据"和"全息思维"分析和理解百度，这家公司的核心竞争力、发展潜力和战略性挑战都是非常显性的。

292 **第 37 章** TCL 的十一道年轮

战略思维分析：国有企业改制的成功是 TCL 一个重要的"战略支点"，战略性地投入华星光电和中环半导体并锁定这两个"战略制高点"奠定了未来 10 年高速成长的基础。

## 商业评论篇

306 **第 38 章** 抖音的新现象与新思维

战略思维分析：抖音的崛起体现了很好的"群众视角"和"时间视角"，既很好地通过用户体验抓住年轻人，也敢于面向未来进行战略性投入，以获得行业领先地位。

320　**第 39 章**　小米的蝴蝶效应

**战略思维分析**：小米用商业模式创新构建了一种"能量场模式"，很好地通过米家、线上零售结合手机和 IoT 获得了极强的综合竞争力。

341　**第 40 章**　辩证审视比亚迪

**战略思维分析**：逆向思维看比亚迪的长期竞争优势。

350　**第 41 章**　辩证审视蔚来汽车

**战略思维分析**：蔚来汽车的"一揽子方案"思想起步艰难但发展潜力巨大。

# 第一部分
# 高维战略理论

第一部分将系统讲述环境论、视角论、条件论和博弈论等战略思维理论。

在战略研究和规划实践中，真正体现战略思维水平的其实就是这些高维度的理论。理论看似抽象，但一旦被掌握，对于思维质量的拉升是立竿见影的。高维度的战略理论有一个规律，即往往来自于"复杂性科学"原理。所谓"复杂性科学"，简单说就是从物理学、数学、生物学和社会学等学科中提炼的科学方法论，把这些方法论应用到战略理论之中，往往会起到意想不到的效果，这也是很多大企业家往往能旁征博引、触类旁通的根本逻辑。

# 第1章 环境论：

## 认知要素挑战、平衡挑战和系统挑战

战略思维的起点一般有两种，一种我们可以称之为"战略唯物论"，就是从企业面对的外部环境出发，客观地审视用户需求、竞争需求和趋势变化对战略变革的要求。这种从外部影响看应变的战略唯物论强调客观影响主观，让企业家抛开主观的成分，从客观的事实证据出发做出推理。另一种我们称之为"战略唯心论"，就是从价值主张出发，或者从企业家或者管理层的主观意愿出发——也包括分析和揣测多方利益相关人的主观意愿，为了满足主观意愿而形成的战略判断。

通俗地说，前者就是因时而变、因势而变，后者则是以人为本、以不变应万变。普通人对战略的理解也基本上分为上面两种。那么，战略唯物论和战略唯心论在企业战略决策上是派系对立和二选一的关系吗？应该有很多人如此追问，但实际上未必这样。

举一个简单的例子。当一家餐馆的管理者为经营发愁的时候，他可能将生意惨淡的原因归结为菜品质量、社会经济、服务质量等多个问题，并针对每一个问题找到改善经营的策略，这些其实都是相对客观的。但有时候他也可能认为，餐馆生意不好是因为没有很好地认知消费者的心理。如果所在地区的人们主要是为了交流而来到这家餐馆，那么温馨的环境、餐厅陈设等价值观一致性特征也是重要的成功要素，比如很多有调性的餐厅放着爵士乐，贴着满屋子的电影海报或者某些思想独特的口号、标语等，这些同样能吸引人们争先恐后而来。两种情况是可能同时存在的，也就是说，从这个小例子可以看出战略唯物论和战略唯心论都有特定的存在价值。

**实际上，在思考战略和策略应变时，从外部出发和从内心感受出发都是必需的思考路径。** 影响消费者决策的因素本身就有主观和客观之分，在人群中也自然存在更加主观和更加客观的人。但问题就来了，我们发现如果单独地从战略唯物论或战略唯心论来看企业管理经营，是很难做出明确决策的，因为两者指向的思维方式完全不同。

这里我们介绍一种通过"第三方视角"超越战略唯物论和战略唯心论的战略理论，以冷静洞察表象背后超越主观和客观的"挑战"。本章分享的战略思维模型就是**"多维挑战模型"**。

从战略分析的角度来说，企业挑战是分维度的，一维是要素挑战，二维是平衡挑战，三维是系统挑战。

# 应对要素挑战，获得要素优势

要素挑战包括多少、前后、轻重等判断，是一个和数量相关且可以简单地线性判断价值的挑战。像现金流不足、员工能力不足、增产不增收，就都属于要素挑战。识别要素挑战的目的是聚焦单一要素、进行重点突破，并由此形成带动效应。这里面最能体现突破要素挑战、获得全面要素优势的例子就是字节跳动公司的流量扩张方式。

**【案例 1-1】今日头条豪赌 APP 下载量应对要素挑战并获得要素优势**

　　字节跳动从 2017 年开始投入大笔资金推广今日头条 APP，每年在多个应用商店的下载推荐上的投入保守估计在 5 亿到 10 亿元人民币，应该说这绝对是一个大手笔豪赌，是一个典型的通过应对要素挑战获得要素优势的商业案例。

　　在这个案例中，字节跳动创始人张一鸣准确地识别出 APP 下载是新闻平台获得竞争优势的根本，并且进行了精细化的评估，比如一个普通用户下载的 ARPU[①] 值是多少，长期带来的生态收益如何。这个账算出来后，得出的结论就是，看起来大手笔的投入，其实是一个快速回本的好生意。所以，公司很果断地聚焦到 APP 下载这个要素挑战上，进而聚焦到"在手机应用商店投放推荐下载"这个投入点。

　　张一鸣选择在企业发展期大手笔投入，这是应对要素挑战的方法。今天，字节跳动的产品今日头条和抖音的成功，和张一鸣应对要素挑战、获得要素优势的决断力是分不开的，用一句英文的管理格言概括就是"simple and aggressive"（简单而有进攻性）。

## 应对平衡挑战，获得平衡优势

　　平衡挑战也就是不单一地关注一个要素维度，而是从二维的平衡、取舍出发确定在一个平面坐标轴上的定位。这里对"一维"和"二维"这两个物理学概念给出一个简单的解释：零维可以理解为一个点，一维可以理解为由无数个

---

① 指每用户平均收入（Average Revenue Per User）。

点排列而成的一条直线，二维可以理解为由两条直线交叉构成的平面，三维当然就是由三条线交叉于一点而构成的立体空间。回到二维的平衡挑战，企业战略管理中很多命题的真谛是平衡，像"员工如何平衡工作与生活"就是一例，不能夸大 996 的价值，也不能完全否定奋斗精神，这是一个典型的二维平衡问题，也就是答案在于如何在坐标轴中寻找平衡点的问题。进退取舍也是二维问题，减少一个要素有时候会增强另一个要素，因此需要从二维角度把握挑战。

### 【案例 1-2】华为手机应对平衡挑战获得平衡优势

2017 年的时候，华为手机曾经做出战略判断，从一些利润低的国家撤离，目的是解决增产不增收的问题，也是为了应对潜在的扩张风险。应该说，华为在 20 多年在全球多国的摸爬滚打中，基本上在各个国家都吃过亏，也积累了对各个国家政策环境的独到判断能力，所以在内部的评估系统中对全球 200 多个国家和地区都进行了分级。在关键决策中，如果华为手机把平衡挑战误判为要素挑战，势必会继续加大对低利润国家的投入，那么这个黑洞可能会被进一步放大。这个时候当机立断，以利润为中心是非常有必要的，也是果断降低风险的最直接方式，决断力也就表现在这个时候。不过，这个判断过程确实非常艰难，笔者当时正受华为委托在东南亚的印度尼西亚（简称"印尼"）、越南、缅甸等国家调研，其实当地的很多华为团队是非常有进取心和冲击力的，特别是在印尼市场，已经看到明显的上升势头，所以果断切割的时候当地团队中不乏反对声。不过，我们今天回顾这个应对平衡挑战的决断可知，也许对于个别国家会出现一点偏差，但只要总体的全球判断能达到增加利润的战略目标就可以，否则发展下去叠加多种挑战也是非常危险的。这种判断的主导者应该还是终端负责人余承东，实际上他的领导力特点主要就是决断和坚持且不怕得罪人。

# 应对系统挑战，获得系统优势

当我们将企业看作一个系统论里的所谓"复杂性系统"时，就需要深刻了解复杂性系统的变化逻辑，哪些对系统的干涉动作会造成系统紊乱，哪些决策不利于系统稳定态出现，等等。超大型企业因为业务的复杂性，往往是复杂性系统。公司战略管理决策中遇到的系统挑战比较多，所谓系统挑战就是公司遇到了多方面的压力，可能有的来自于市场需求不匹配，有的来自于团队能力有差距，有的来自于技术能力弱于对手，当在诸多方面同时遇到压力和挑战时，我们称这些挑战为系统挑战。

应对系统挑战，应该说大原则就是找到突破口之后，通过小切口突破形成对自身比较优势的再造，并且围绕突破口形成大系统的进化和发展。相反的做法是，不寻找突破口，而是去做一些相互矛盾的动作。

**【案例 1-3】小米手机通过小切口的系统创新形成后发竞争力**

对比几大手机厂商，小米应该是切入智能手机行业最晚的巨头。小米一路磕磕绊绊，很多时候舆论对小米也不太友好，它甚至多次面临巨大的业绩危机，不过最终还是跻身全球前列并且站稳了脚跟。总体来看，雷军和团队创业做小米的过程还是非常成功的。这背后值得深入总结的就是小米在高手如林的智能手机市场崛起的背后逻辑。总体来看，应该说雷军为小米设计的战略是完全差异化于华为、荣耀、OPPO 和 vivo 的小切口创新，也是新零售的系统创新，先通过线上商城运营以小切口占据全新的互联网渠道，再通过小米之家这种高端商场的零售形态承载线下流量形成 O2O 的全新渠道体系，这极大降低了成本并引领了业内潮流。而配合这个系统创新切口的是新国货的小米生态链产品，它们合力形成了一个中国制造设计升级和渠道升级的全新模式。这和雷军准确判断手机行业竞争是"系统挑战"有直接关系，所以小米没有简单地去拼现有渠道，没有在价格和品质上过于纠结，而是通过"新零售"特别是线上商城这个突破口再造了小米的生态系统，最后形成了相对的系统优势，并且获得了难得的系统竞争力。

以上，我们了解了要素挑战、平衡挑战和系统挑战，这对于战略决策有什么影响呢？通俗地说，就是先认清楚挑战的维度，才能匹配相应的解决办法。虽然三种挑战有时候看起来是杂糅在一起的，但精确地分析之后还是能够找到更接近企业现实挑战的那个单一定位的。

**如果是应对要素挑战，主要考虑的是解决影响要素增长或者控制要素的条件**，即究竟哪些东西影响了这个要素放大或者缩小。这是一个相对容易判断的问题。这个时候反而不应该用平衡的思维考虑太多其他的要素问题，防止陷入平衡要素带来的犹豫不决。如果确认是要素挑战，就不要在管理中动大手术，因为那样会破坏企业整体大系统的稳定性，应该先通过改变重要的要素来驱动系统进化，这就像如果一棵树长得慢是因为缺少肥料，那就精准施肥，不要再把土都翻一遍，太多战略动作往往会带来"次生灾害"。

**如果是平衡挑战，往往是要素之间产生了矛盾和冲突**，要求企业家和管理者准确做出取舍，或者做出重点和次重点的判断，这需要从大局出发用长期思维作判断。在平衡挑战中，实际上已经没有对错的差别，就拿上面的华为手机的例子来说，难道在印尼等国家持续投入和发展不对吗？难道一定需要收缩吗？这些问题的答案从不同格局看都是不一样的，看起来都对，但如果从更高的战略维度出发，维护公司的长期发展安全性当然是第一位的，那就有必要作眼前的平衡取舍，进而获得长期的平衡优势。平衡挑战和要素挑战不同，并非是把一个有价值的东西无限做大的过程，而是在诸多价值中形成对次要价值的弱化和舍弃，战略判断的难度自然更高一些。

　　**如果是应对系统挑战，那必然是着眼于整个企业战略生态全方位的问题，**就不能简单地用要素挑战的思维只抓一个点去拼业绩。如果面对的是系统挑战，那么用力过猛地改变一个点，会带来更大的混乱。比如，一家企业可能百病缠身，这时候就是一个系统变革的问题，需要有一个大格局的战略重塑并且找到突破口，不能寄希望于推出把员工士气抓好、把利润提高、把销量拉上去、把领导层都换掉等一系列复杂的要素变化来解决问题。在系统挑战的应对中，最重要的就是精准找到突破口，否则每个问题都知道，每个问题都没有突破，解决每个问题都没有系统联动效应，是没法应对系统挑战的。

　　**那么，如果误判了战略环境，进而错误地定义了挑战类型，会出现什么后果呢？**

　　举一个例子。如果把要素挑战误判为平衡挑战或系统挑战，那么误判为前者会让企业家缺少解决要素问题的决心，误判为后者会让企业家和管理层降低对要素问题的重视程度，进而舍本逐末地开始做很多非战略性关键决策，空耗很多精力。把要素挑战的增长问题误判为系统挑战非常普遍，简单说就是大而全地罗列问题，并没有用突破口解决问题的思路，也不去真正地解决问题。你会发现很多经营不好的企业，其领导者每次开会讲话都会把公司所有问题从头到尾说一遍，背后原因就是没有清晰识别出关键性要素挑战的问题。所有问题都有联动效应，而如果一个都不解决，只是把所有问题都说一遍，会让下属无所适从。这也是导致一部分企业效率低下、议而不决甚至不作为的根本原因：把所有核心、重要的要素问题都上升到复杂多元的系统问题，导致最后问题没有人解决。

　　这篇"环境论"的战略理论主要是提示企业家和管理者，认识环境的最重要目的是准确识别企业挑战类型。欧美咨询公司经典模型中经常提到的"外部环境决定领导力"就是这个道理。识别了是哪一种挑战，就按照这种挑战的逻辑思维解决问题，这样必然事半功倍。

从难度来看，解决要素挑战需要准确识别要素的全局牵引性；解决平衡挑战需要准确识别价值的取舍逻辑；解决系统挑战需要精准地看到驱动系统变化的突破口在哪里，并且通过这个突破口持续地推动系统进化。

掌握"环境论"的要素挑战、平衡挑战和系统挑战理论，会让企业家在做出关键决策的时候更加从容，拥有力排众议的勇气和决断力。因为用这个简单认知模型分析，你会自然地把其他人的发言逻辑分成三类，也会审视出下属管理者的领导力水平，看他们是否拥有清晰地严密推理的逻辑思维。

# 第 2 章　视角论：

## 认知群众视角、时间视角和边缘视角

　　视角决定认知结果，这是一个非常常见却被广泛忽略的问题。

　　视角往往会潜移默化地左右人们的判断，让一些看起来客观的结论带有很强的主观视角偏差。举一个例子，拿低收入群体和中产阶层的视角差异来说，在大城市里低收入群体往往乘坐公共汽车、地铁等交通工具，从他们的角度看，大力发展公共交通是解决城市拥堵问题的有效方法，特别是降低票价吸引更多的人加入其中。而中产阶层或者富人习惯于开车或打车，往往认为智能交通是解决城市拥堵问题的发展方向，他们一般具备更多的科技知识，希望用科技解决问题。低收入群体和中产阶层都是从困扰自身的现象、自身的知识结构出发寻找解决问题的方法，两者都没有错，也许问题的最终解决是齐头并进的结果，但这足以说明从不同视角看问题，差异确实也非常大。

　　企业的最高决策者往往是商业领域的成功者，视角注定更不一样。他们的生活水平和质量应该是远超低收入群体和中产阶层的，这反而让其属于一个相对小众的群体环境。他们一般是身居高端写字楼，一直享受成功滋养或习惯于站在聚光灯下的成功人士，但从认知的角度来说，这并不代表他们有着比普通人更广阔的视野。他们身处高端的生活阶层和环境，自然会受到"高端"的局限，而他们背后的企业产品和服务面对的客户却往往是几种甚至几十种复杂类型，都有复杂的经历与背景。因此，每一位企业家和管理者都应该深刻意识到，更好地理解客户和用户，需要认知到自身视角的局限，经常提醒自己跳出自己的认知舒适区想问题，也需要有一定的战略理论支持，才可能做出最大限度客观的决策。这一章将重点谈论群众视角、时间视角和边缘视角，希望能给大家带来启发。

## 群众视角

　　"群众视角很重要"这句话对于普通人来说可能几乎是一句废话。几乎 99% 的人认为自己在基层，属于人民群众的一员，也许只有 1% 的人认为自己是精英，在高层，但他们也往往不认为自己脱离了群众。**不过说实话，在基层的人也不一定具有群众视角，这确实是很多人没有意识到的。**举一个例子，中国是典型的二元社会结构，农村和城市差别很大，在农村，一切伦理是基于血缘的，但在城市是基于价值观的。在农村的血缘视角下，你的人品是由亲戚或者乡亲定义的，如果普通人都说你好，那你是真的有人缘。但在城市里，基于价值观的逻辑是契约型社会定义的，有时候也是强者主导定义的。所以，在农村里面做事一般不能太锋芒毕露，但城市里的竞争逻辑还是需要敢于出头。换句话说，在城市里，打拼成功者人脉好；而在农村里，装强者不合群。关于笔者说的这个群众视角，并不是基层的人就一定有所洞察，群众视角实际上也是高水平的抽象，不代表老百姓的视角就是群众视角，老百姓有时候也会在认知上脱离他所在的阶层。

　　但群众视角是企业家和管理者必备的认知逻辑。在给华为手机、荣耀手机等公司做战略咨询的时候，我们很在意从普通人群中的弱势群体、少数特质人群、竞争对手的用户的视角看问题，经常做一些一线消费者访谈、经销商访谈，到农村的门店做交流，甚至有时候在调研时，合作伙伴的陪同人员都不知道第二天我们准备去哪里，也没法提前安排和准备，这些都是为了获得真实的底层信息，充实我们的群众视角。

周掌柜战略咨询团队在 2016 年给华为手机提了一个战略咨询建议，就叫"人民战争"，主要研究如何与 OPPO 和 vivo 竞争，华为终端多次组织讨论。其实这个战略的本质就是群众视角，里面有这样一句话：**"人民群众不一定能明辨对错，但决定企业生死。"**这也和笔者经常提到的年轻人"大拇指决策"有点像：一般人是思考后决策，但我们真正到 90 后和 00 后①中间，会发现他们中为数不少的人喜欢用感性的认可度来决策，也就是喜欢为自己独特的审美买单，而不一定是像他们父辈那样看重实用价值。**尊重年轻人变得异常重要，特别是尊重他们的思维方式和决策方式。**

研究少数人，融入普通人，相信年轻人，真正深入到最一线的地方去看最原始的状态，获取一线的情报，也包括多渠道听取员工的反馈，这些都是树立"群众视角"最为重要的方法。

再举一个很直观的例子。中国经济多年来的快速发展使得年轻人高度自信，所以大概从 2018 年开始，年轻人一改上一代人更喜欢国外文化的审美倾向，对于中国文化潮流情有独钟。我们看到李宁等公司的销售额甚至股价增长很快，这其实就得益于对这个变化的洞察。这就是典型的群众视角的应用。如果仅仅看媒体的报道及欧美竞争对手的大格局投放，李宁等公司可能还在走学习耐克、阿迪达斯的路线。

换句话说，中国市场是多层次的，有近 8 亿人在农村，还有两三亿人在中小城市，这是一个体量相当于整个欧盟的市场。"群众视角向下看"注定也是未来 10 年中国消费类企业的重要战略思维逻辑。

---

① "90 后"指在 1990 年和 1999 年之间出生的人，"00 后"指在 2000 年和 2009 年之间出生的人。

# 时间视角

我们给大公司做战略研究有没有什么秘密武器呢？可以说有，也可以说没有。"有"是说服务大公司肯定需要战略模型等咨询技术的支撑，这方面的先进性客户是很容易评估的，因为他们的战略部门也都是由顶尖专家组成的。但从另一个角度看，反而越大的公司越不需要教条和复杂的东西，他们更需要根本性的真理性推理逻辑，笔者总结出来的就是常识、本质和大逻辑，这三点是基于对长期实践的洞察得出的。

那么，掌握这三点的根本目的是什么呢？抽象地说，实际上是获得一种时间视角，这三点本质上都是带有时间要素的。从时间视角来说，把握常识就是把握不太容易变化的东西，以最大化地对抗变化；把握本质则是去看内核中经得起时间检验的东西，这样才能让当下的投入更稳定，获得长期效果；分析大逻辑是在看随着时间变化的基本规律，这样才能让未来的变化尽量可控。

从时间视角洞察也很有趣：从 100 年的时间周期来看，很多目前伟大且强势的企业可能消亡，而很多跌宕起伏甚至风波不断的也许能活下来，这就是所谓的抗周期。从时间视角看，企业最美好的优点也就是抗周期了，在不同的波澜中能够持续地发展进化就是抗周期的表现。所以如果你不用时间轴看事情，对和错的讨论有时候是没有意义的。做商业和生活决策，首先要问自己基于什么时间范围考虑问题，因为时间限定不同，结果可能完全不同。

下面再细化一下这个时间视角的认知。我们做战略研究，如果用 1 年的时间周期看战略，那么必然需要解决眼前影响业绩的挑战，以及找到马上就可以产生改变的管理要点。这是每家企业周会或者月会都需要解决的问题，在讨论具体问题的时候不需要扯上更久的变化，防止问题扩大才是根本。如果我们用 1 年到 3 年的时间周期看战略，实际上就涉及规划的问题。基于当前市场的情况做出最大限度的准确判断，可以为公司战略探明指向，也有助于在工作中不断矫正眼前的问题，这种战略规划能力是大公司必备的管理能力。如果我们用 3 年到 10 年的时间周期看企业，这实际上一般就称为"长期思维"了，普通的企业家和管理者往往在现实挑战之下缺少长期思维。看长远一方面需要看趋势，另一方面需要在把握趋势后很好地落实眼前的决策。如果我们用 10 年甚至更长的时间周期看企业，则涉及上面提到的"抗周期"的问题，百年老店说的并不是特定能力多强，而是"抗周期"能力。

所以，我们从时间视角能看到很多有意思的现象，也会对战略决策产生非常重要的影响。基于不同的时间周期看问题，关注点和抓住常识、本质和大逻辑的方法都会有差别，这些都值得企业家和管理者高度重视。

## 边缘视角

有时候读者会提出这样的问题：做战略咨询最厌恶的是什么？我们的回答是"成功经验的持续复制"，特别是"中心化的成功不断被强化"，尤其是"中心化的绝对成功不断被复制"，这背后往往是战略悬崖。

通俗地解释一下，成功经验从时间视角看往往是会发生变化的，在外部环境和内部条件不断变化的情况下，如果领导力不变化，自然会出现巨大的认知偏差。而"中心化的成功"就是长期固化下来的企业成功逻辑，企业有成就之后往往会成为行业标杆，特别容易反复认可和强化自身的中心化成功逻辑，也就是自己在中心的感觉。而"中心化的绝对成功不断被复制"讲的就是一种相对来说比较傲慢的自我中心化状态，完全以自我为中心做出判断，并不断强化自信，这些都是战略管理的大忌。

我们统计过，过去 40 年大部分企业家失败的原因是成功原理的简单复制。**成功了容易自负，自负是自然的情绪反应，更是一种惯性积累，但一旦外界环境变了，成功原理就是杀人的利刃。**因为成功原理是应对过去环境的经验，所以辩证地看，它对我们的价值没有想象的那么大，而且往往会成为公司创新的羁绊。

坦率地说，从选择客户的角度来说，我们更希望去服务有问题、不那么成功但很有进取心的企业。反而是服务已经成功且认知僵化的企业，推动他们做出改变会累一些，不是因为他们骄傲，而是因为过去的成功逻辑是面向未来的障碍，更难被改变。另外，成功者在我们的战略模型里是处在中心位置的，站在中心去看，四周都是边缘，但对于在中心的公司，我们必须警惕，**因为现在的中心一定不是未来的中心，未来的中心一定在边缘——这是事物发展规律决定的**。这不仅是行业逻辑，也是整个世界运行的真实逻辑：地球在太阳系边缘，太阳在银河系边缘，银河系在整个宇宙中可能也是一个边缘的存在。绝对的"中心化"一定是错的，因为"中心"本质上是不存在的。

说"绝对中心"不存在，是因为当观测范围扩大后，自然会产生中心的变化。在"边缘战略"理论研究过程中，笔者曾经和剑桥大学嘉治商学院院长克里斯托弗·洛赫（Christoph Loch）交流太极：太极就是动态地理解趋势，太极图中的鱼眼是 driver（驱动点），太极的本质是去中心化的。我们要警惕站在中心，好的战略拥抱"现在的边缘、未来的中心"，所以要有边缘视角。

回到我们做战略顾问的工作来说，需要有非常客观的思考逻辑，不能因为客户或者研究对象的成功而目眩神迷，进而看不到风险，也不能因为企业一时的挑战，将偶然性放大，轻视企业家精神而对企业失去信心。世界上目前最大的咨询公司大部分经过了几十年的历练和积累，他们当前让人尊重的研究理论在过去很多时候也是处于商业边缘的"突发奇想"。

概括起来，群众视角、时间视角、边缘视角，这些都是认识世界和本质的秘密武器。这里陆续分享的战略顾问认识世界的"秘密"，实际上都来自于科学和实践。战略咨询的要务是什么？其实，第一个要务就是给客户提供一种科学的高级视角，让客户看到不一样的东西，其次才是战略咨询技术层面的科学分解战略，以及可视、量化、对标和管控的方法。

朴素地说，战略思维首先要解决认知的科学性问题，没有科学、准确的认知，一切的推理、判断和行动都毫无价值！

# 第 3 章 条件论：

## 认知充分性思维和必要性思维

上一章和大家分享了群众视角、时间视角和边缘视角，这三点应该是战略思考基础的基础，每一点延伸出来，我们都有相应的复杂的战略定义模型。

但这些模型只适用于公司的特定战略推演，并不是所有读者可以广泛接受的战略方法，所以我们在这一章里分享一个更加简洁的战略思维。我们先来回顾一下："群众视角"其实讲述的是战略洞察的路线，不能居高临下，应该更接地气；"时间视角"背后是设定战略的心态，用不同的时间长度看周期、看决策、看问题；"边缘视角"是空间维度的认知，从中心和边缘的辩证关系看问题。

## 充分性思维和必要性思维

下面要分享一个和战略思维相关的关键问题，就是"充分性思维"和"必要性思维"的差别。

我们先来简单定义一下要讨论的这两个概念。什么是充分性思维？什么是必要性思维？

**充分性思维一般指这样的思维：一个人思考问题时会发散到无数个细节，希望了解每一个细节，进而形成充足的决策依据，或者在把控细节之后才敢于**

**做决策或行动。这种思维就是一种追求充分性证据、充分性论证的充分性思维。**
粗略估计，拥有充分性思维的人很可能占到人群的 80% 以上，在重大的高风险决策上几乎 99% 的人认为充分性思维是正确的。对于普通人而言，他们最担心的往往就是因小失大，所以对细节的把握是一种比较普遍的惯性认知。充分性思维不见得不好，比如，对于一只股票，股民朋友会研究它很多年的表现、很多细节，甚至包括管理层背景、产品的行业价格变化等，这是很有价值的充分性思维；有一些人在演讲和公开谈话时会很紧张，所以他们就会不断排练，不断朗诵演讲稿，甚至提前多次彩排，这也是充分性思维的一种，就是通过不断地练习降低失败概率。

　　企业家和管理者往往有几种不太好的"充分性思维"行为：第一种表现为犹豫不决，总觉得信息量不够，最后错过很多战略决断的时机，实际上在动态决策中信息量永远是不够的；第二种比较有代表性的就是掌握了很多信息之后，把所有都想清楚了才敢于执行，"PPT 规划依赖症"就是这种情况，这也是畏惧决策、固步自封的表现；第三种体现在把自我意识无限放大，不接受批判视角或者辩证思考的角度，无限挑剔下属和同事，这种对团队过分苛责的情况是充分性思维导致企业内卷的重要场景。可见，充分性思维往往导致高级管理者在战略上缺少决断力，造成执行力上的内卷、低下，并且也影响决断的准确性，忽略了领导力的根本魅力就是决断本身。

　　事实上，企业发展往往面对瞬息万变的外部环境，每时每刻都会有变化，都会有新的信息出现，拥有充分性思维的人虽然很多时候表现得严谨专业，但大的战略性判断客观上都是需要决断力的，此时，若犹豫不决，就会错失重要时机。

　　**必要性思维一般指这样的思维：能够抓住推理逻辑架构的主干，迅速地从根本上形成战略判断。拥有必要性思维的人一般不太关注影响核心逻辑的细节问题。**拥有必要性思维的人一般在人群中占比是较小的，他们在行动上表现出来的特质首先就是敢想敢做，抓主要矛盾，只要想到一个大逻辑并觉得合适，就敢于尝试，用行动对抗不确定性。另外一种特质就是坚持自己的大判断，不受"杂音"干扰，不因为细节的调整而妥协，或者失望。必要性思维下的领导力有时候虽然会带来风险，但是确实是简洁高效的。所以，拥有必要性思维的人往往在思考、决策时抓住逻辑主干，不追求过高的安全边际，能够用简化和结构性的思考来解决问题，拥有这种思维特质的领导会更加有魅力一些。

还有一种重要的情况，是必要性思维比充分性思维具备更强的优势，就是创业者在做战略规划，或者写商业计划书的时候。好的创业者往往更愿意强调创业机会的大逻辑，以及展现核心商业模式的大机会，也是天生的乐观派。当然，也有为数不少的创业者会是那种过于追求充分性思维的人，做的战略规划瞻前顾后。虽然从投资者的角度来说，他们会根据项目的不同重点考察这两种品质，不过有一点可以确认，即拥有必要性思维的人穿透力更强，在大的融资项目中更容易受到投资者青睐，比如日本著名投资人孙正义投资的很多项目就要求项目创始人拥有必要性思维、会看趋势并且果断勇敢。

## 两种思维的适用场景

下面，我们来更具体地讨论一下两者更适用于什么样的情景。总体来看，超级巨头从战略层面作判断都是需要必要性思维的，下面举三个周掌柜战略咨询团队深度参与了战略研究的例子。

---

**【案例 3-1】华为手机用必要性思维开启了对标 Ov[①] 的强劲增长**

........................................................

用必要性思维决策的前提是要有一个成熟、稳定并具前瞻性的战略模型，而且在近期的实践中检验过。必要性思维比较适合在管理中跟随竞争

---

① 指 OPPO 和 vivo。

对手，如果一件事对方干了，效果很好，而己方并没有完全想清楚，同时这件事又是战略节点的布局，这时候只要确定了"必要性"，就可以尽快决策和推动。

这种情况下最好的方式就是用必要性思维判断——只要抓住两三个和对手学习、对标的点，就大胆地去实践。这一点在华为手机学习 OPPO 和 vivo 的县级渠道策略的时候，被演绎得非常好，他们建立了充分下沉的渠道、给代理商分享更多收益的动态管控体系。前华为消费者业务大中华区总裁朱平还和笔者分享说，"炒海鲜"是操盘思维，也是一种"必要性思维"。所谓"炒海鲜"就是要保证在产品推广周期中货物在经销商的量，多了容易带来乱价压力，少了不足以激励经销商，时间短了可能达不到销售效果，时间长了容易出现库存积压。所以，"炒海鲜"的必要性思维，其落地特点就是在保证总体销量的情况下优化分布，先一次性下发任务再优化。

华为手机这个"炒海鲜"的战略逻辑贵在精准掌握火候，把握必要性要点的变化，在高层的视野里抓主要矛盾。

## 【案例 3-2】中国平安用必要性思维抓住时代脉搏

周掌柜战略咨询团队在给中国平安做战略研究的过程中有一个很有价值的发现，就是从表面上看，中国平安在战略上获得成功是因为美国咨询公司为其制定了完善的战略框架，似乎靠的都是系统和缜密的精细化推理，但背后的大逻辑还是抓住了中国市场每 10 年周期性创新创业浪潮的时代脉搏，是一个非常宏观的战略逻辑判断。

比如，追溯我们 2018 年的文章《中国平安的"大象鼻子"》归纳的中国平安四个发展阶段的战略大逻辑可知，平安确实具有风向标意义：早期，当老百姓需要财产保护的时候，平安人骑自行车"送财产保障"；中期，当老百姓的财富增长和个人价值需要被尊重的时候，平安随之以人寿险"送个人健康"；当科技创新成为核心驱动力的时候，平安放弃规模，追求"送科技"；而过去几年平安延续了对科技的信念，围绕用户场景做生态式创新，探索"送智能"；当前，在国内经济出现重大不确定性调整的时候，平安大力推动 HMO（管理式医疗模式）理念，获取高价值的医疗实体资源，打造结合寿险保障的医疗生态圈。

围绕必要性思维做商业模式进化与创新，必然会超越咨询公司给的静态框架思路。我们将这个战略思维概括为"大象鼻子"，就是以大象寻找水源的能力来进行比喻，直白一点就是：中国平安这样上万亿的体量，最大的失败原因可能就是对长期增长"水源"的误判，最大的成功也就是用必要性思维把握了时代的脉搏。

## 【案例 3-3】美的集团用必要性思维提高执行力

美的也是我们的市场洞察客户，我们给美的做过洗衣机、空调、小家电等多个事业部的品牌、传播等方面的战略培训。有一次美的集团将全球 800 多名市场高层召回总部，让笔者用了一上午的时间做了系统的品牌、传播战略培训，这次培训的调研准备过程也让我们团队加深了对美的的理解。这家公司的管理文化非常有特色，比如，美的的培训一般是在一个酒店最大的宴会厅进行，少则 200 人，多则 1000 人。这家公司习惯于用这种集体学习的方式阶段性地抓住一个重点为公司全体高管做培训，不求大而全，追求"必要性思维"的认知。

在准备这次咨询式培训的调研阶段，和美的人一起走基层的时候，笔者发现了一个很有意思的细节：他们在商务车里总是不断接到电话，所有话题都是关于出货和收款。可见，美的是一家典型的 KPI 业绩导向的公司，几乎每一个管理动作都可以细化到"必要性思维"的几个关键指标。"必要性思维"，在美的的执行力文化中体现的是抓主要矛盾。

通过以上三个案例的分享，笔者想再次强调一下对两种思维方式的评价：**其实，充分性思维与必要性思维，并没有对错之分。**大部分时候，执行者需要更多的充分性思维，事无巨细保证效果，这一点在领导力上我们叫辅助性能力（facilitator skill）；而高级领导者要进行战略判断，他们更多地需要"必要性思维"，只有领导者迅速给出框架，以及基本的要点，下属才能很好地填充和完善，这也就是领导力（leadership）的核心特征。

最后，我们给高级管理者的建议是拥抱必要性思维，推动团队用充分性思维落地。马来西亚首富郭鹤年的一句话对管理者进行战略判断很有指导意义，分享给大家，他说："企业家要赌大势，相信时间的力量，对新生事物充满好奇。"但在必要性思维的基础上，和下属或者团队讲清楚如何用充分性思维执行必要性决策，也是领导者必须具备的能力。

总之，企业如果能将两种思维很好地融合在决策和执行上，往往可以形成强大的战略性力量！

# 第 4 章 进化论：

## 认知文明维度和竞争力维度

这一章分享一个战略思考维度和叙事维度的问题。企业家和管理者经常会遇到一种特殊的困境：有时候很多管理策略虽然员工拍手叫好，而且确实能使团队氛围好转，但也会出现负面效果，就是团队会渐渐懈怠；而完全按照竞争力维度提出的苛刻要求，虽然背地里怨声载道，但是效果不错，满足了企业和员工的根本利益。这种情况就是"文明维度"和"竞争力维度"很难兼顾的问题。

更具体而言，加班文化究竟是好是坏？客观地说，一家有进取心的公司，存在一定的加班文化对于公司发展大概率是有利的，中国人的勤劳和进取心决定了大家还是奋斗意识满满，如果像法国那样一年中差不多一半的日子都是假期，自然没法发展经济，但长期把加班文化固化，也会带来效率降低和企业文化走形的新问题。再如，公司产品过分强调美学和调性，有时候消费者不见得买账，但如果不强调这些文明要素，企业又会显得格局较小。

实际上，文明和竞争力虽然都是很抽象的概念，但确实普遍存在于商业战略决策之中。第一次看到它们在一起可能确实很难把握，下面我们说明一下这个战略思维的思考来源。2016 年，有一次笔者和团队在欧洲几个国家给华为做市场洞察，在意大利佛罗伦萨看了几家当地的通信运营商店面，在米兰调研了很多当地的高端零售街边橱窗，也看了温州人主导的一整条街的服装批发市场。

当然，也顺便欣赏了意大利的名胜古迹。

　　在意大利的这些调研让笔者受到很大的对比冲击，也引发了很多思考。一方面，我们感受到意大利灿烂的历史和文化，艺术人文气息很容易让人产生一种对意大利乃至整个欧洲文化的热爱；但另一方面，我们看到意大利的很多产业无可逆转地衰落了，米兰服装批发市场的街道上只有一家意大利人开的店面，其他几乎都是以温州人为代表的中国人开的。同时，华为手机风靡欧洲，意大利本土几乎没有手机工厂，这引发了笔者对欧洲传统工业强国意大利的衰落原因的追问。

　　这个经历加上当时的调研工作研究，让笔者产生了一个思考，也就是文明和竞争力的辩证关系。当一个国家过度追求社会的文明、治理秩序的科学性的时候，必然通过多重法律管控商业行为，实际上对于商业而言，自由生长的时代结束，更多限制必然会让企业家承担更多责任，这对于企业就是成本的支出，最后可能会给企业的发展带来很大的负面影响。进而，我们发现以意大利为代表的欧洲国家对于企业在用工、管理、市场秩序等方面的合规要求都非常高，这些要求给中小企业带来的巨大合规成本是国人无法想象的，甚至很多企业因为这些都不敢轻易招聘人，所以大公司加快在中国等全球化市场的布局也就顺理成章。也就是说，看起来商业社会变文明了，更人道和友好了，但是随之而来的就是活跃度和竞争力的下降，长期来看，必然伴随着国家的衰落。

　　对意大利，特别是对佛罗伦萨的观察，让笔者对这个国家工业的衰退非常惋惜。因为看了米开朗基罗的《大卫》雕塑之后，看了辉煌的文艺复兴建筑之后，满眼却尽是这座城市的凋敝，只有教堂门前的游客人群还在展示着活力。当地人失业率很高，平均工资 1500 欧 ① 左右，很多人根本没有稳定的工作，只是打打零工，但物价是中国大城市的 5 倍。除了公务人员和企业高管之外，大部分人的生计并没有我们想象中那么好。这让我深刻思考一些问题：西方的文明社会为

①　折合人民币约 10 868 元。

什么竞争力退化得如此严重？难道一个国家变文明后就一定会失去竞争力吗？

还有一件事让笔者很受触动，就是调研 TCL 欧洲区的见闻。在巴黎，TCL 的欧洲区总裁和法国区总裁在周六接待了我们，并陪笔者去看了对方的很多门店。笔者作为一名中国顾问，不可避免是带着一点小骄傲来的，毕竟我们是在看自己国家的全球化公司，但期间法国区总裁给笔者讲了法国人如何发明了家乐福、欧尚这些现代百货业态，让笔者感触颇多。目前法国虽然经济不景气，但他们沉淀了深厚的商业文明，我们也不能小看那些 GDP 不如我们的传统工业强国。不过，TCL 收购的汤姆逊确实面对了很多挑战，用中国的竞争力文化整合法国的知名品牌确实难度很大，跨文化管理也很有挑战，文明和竞争力的矛盾同样出现在中国企业全球化的过程中。美的在欧洲整合库卡，也面临了很多文化不兼容的问题：中国人更强调竞争力，而欧美被收购企业更强调保护自身沉淀的商业文明基因。

那么，以上这些故事带给我们的启发是什么呢？后来我们团队对这个现象做了系统的建模进行抽象。简单说，"文明思维"代表我们看一个企业甚至一个国家内生态的有序性，就像西方很多国家被法律规范得井井有条一样，但"文明"的常态不意味着稳定性，有时候会损失活力，看起来有着文明的外表，内部却波涛汹涌，存在诸多矛盾；而"竞争力思维"代表从结果倒推的一种秩序，追求竞争力有时候需要一点野蛮成长，也需要更强的活力打破边界，但最终目的是建立高水平的平衡。

文明维度和竞争力维度的辩证关系提醒企业家，在绝大多数情况下，这两点是很难兼顾的。就像中国公司在通过融入海外市场发展自己时，法律合规要求是第一位的，这时候需要改变之前野蛮生长的进攻性逻辑，不能把在中国市场的"血腥拼杀"简单粗暴地带到欧美市场，而应该在一个相对更文明的秩序下换挡发展。但中国企业的竞争力也不仅仅是通过辛勤劳动与拼搏换来的，也是用科学的方式投入研发、技术创新并长期塑造得到的，所以竞争力维度的公司战略重塑也很有必要。

前面讲的都是全球化公司的情况，放大到更加广泛的企业战略思维层面，这个战略理论同样很有价值，其实可以应用到企业管理的如下诸多方面。

# 用竞争力思维构建企业竞争力

当认识到竞争力来自对高水平平衡的追求时，无论你是创业还是当高管，一定要到公司之外的世界，去看看用户需求、市场需求。竞争力来自于对其中规律的洞察。这时候，突发奇想是不重要的，一切都要经得起外部验证。所以一个合理的方式就是通过跟随一个趋势，或者向一个已经达成标杆共识的同行学习来获得方向。国外总批评中国模仿别人，其实从英国工业革命之后，德国、美国、日本甚至东亚四小龙都是这么过来的。在已有模式基础上创新，成本是最低的。当然，这里面还有一个看起来是特例的情况，就是颠覆式创新，颠覆式创新是发现未被验证的"竞争力思维"。

**从竞争力思维的角度构建企业的竞争力，应该拥有更强的实用主义精神。**在创业公司里面有一种普遍存在的现象：一个看起来对社会很有价值，并且听起来能推动文明进步的产品，在市场上销售起来反而是没有竞争力的；而一个看起来简单甚至粗糙，靠性价比取胜的产品，却往往能博得消费者的青睐。从竞争力思维的角度看企业的竞争力，必然需要去除理想化。

从竞争力思维的角度看企业的内部管理，在合法合规的前提下，单纯迎合员工的措施不见得能长期获得员工的认同，对于有损竞争力的一些行为需要充分地权衡尺度及方法。比如，推动企业内部的健身活动肯定是受到员工欢迎的，但是如果这个风气成了一种文化，我想可能一些企业的管理者会受不了，这就是忽视竞争力的简单化文明形态，有点过犹不及。

**竞争力思维也提醒企业家和管理者，不要看表面现象，做表面功夫。**目前一些企业里存在的讨好员工的管理行为，从企业竞争力的角度来说多少有一些问题，削弱了员工的拼搏精神。一家企业，如果老板痴迷于到处取经、做表面变化，不重视根本性的用户声音，不重视核心技术等竞争力的积累，最终注定走不远。

归根到底，从竞争力思维的角度看企业管理，需要围绕企业竞争力务实地寻找解决问题的方法。保护好奋斗文化，保护好向前的突破力，对于创业公司更是极为重要，眼前做出一点牺牲也是值得的。**总之，用竞争力思维塑造企业的竞争力，需要在思想和行动上形成有高度穿透力的向前动力。**

# 用文明思维构建商业的抗周期性

但是从更长的时间周期看，文明维度对于企业抗周期意义重大，文明带来的有序有利于企业长远发展。

"抗周期"这个词前文也讲述过，大部分中国企业家和管理者对它感触不是很深，主要是因为我们从 1978 年改革开放之后，似乎没怎么经历什么大周期，都在震荡向上，一直高歌猛进，甚至一个很激进地做投资的朋友曾经和笔者说：改革开放近 40 年，乐观的都赢了，悲观的都输了，所以投资要无所畏惧。这听起来让人觉得他确实没有经历过什么周期。果然，2015 年和 2018 年的两次股灾让他损失惨重。这是一个很沉重的教训。

**文明维度对抗周期影响最大，在这里"文明"意味着遵守规则、遵守秩序、稳健和可持续地发挥竞争力。**在一个企业获得早期爆发式发展之后，企业家一定要关注企业的长期竞争力沉淀，也就是抗周期文明能力的沉淀。比如我们调研过的德国博世公司，这家比华为业务规模更大的欧洲产业巨头拥有极强的抗周期意识，设立了很完善的治理架构，并长期跟踪多个行业科技大趋势以指导战略。这一点大家可以参考本书第 35 章关于博世公司的内容。德国博世是一家非常重视企业永续发展的公司，并且在 130 多年的历史上经历过两次世界大战的洗礼，对于抗周期有着一般企业没有的深刻认知。

华为在积累了前几桶金之后，其实一直在通过西方咨询公司构建整个的战略和管理体系，不断沉淀制度文明，这也是追求抗周期的表现。一家企业如果仅仅关注眼前的竞争力维度问题，很容易陷入短视的竞争拼搏文化之中，会不可避免地导致很多行为违背抗周期、永续发展的要求。

对比来看，西方的经理人制度看起来好像缺少一点中国创业者独领风骚的灵光，但这也是"文明思维"必需的，就是沉淀长期的发展价值，按照公司价值主张和长期战略科学管理，不简单追求效率，不做急功近利的事情。从抗周期的角度看，企业不仅需要不断提高自身的管理能力，而且需要将其制度化、科学化；不仅需要维持竞争力，更要达成更高的文明要求；不仅需要保证业绩稳步增长，更要形成永续发展的不竭动力。

因此，用文明维度思考问题，对于提高企业的抗周期能力往往会起到重要的效果。

# 文明思维和竞争力思维这一辩证思维模型的重要应用场景——领导力养成

作为企业家和管理者，要用这一辩证思维模型来提醒自己不要因为竞争力强而盲目自大，也不要因为固守文明的价值观而失去对竞争力的关注。也就是说，需要在文明和竞争力之间形成一种辩证的平衡思维，并且针对不同的情况、不同的事情有所取舍。

就领导力而言，一方面，企业家和管理者需要更好地展现高水平的领导能力，也就是说，通过很多让员工备受鼓舞的激励团结团队，形成一种良性的企业文化，从这个角度看，企业文化也是领导者带给组织的最大财富；但另一方面，领导者更需要对提升公司竞争力特别是业绩有执着的追求，用成就团结队伍，一定比一般意义的措施更加有效。这背后是对领导力艺术的更高要求，既不能显得冷漠和远离员工，又不能只关注个人形象，失去高标准、严要求的执行力。

其实这个话题延伸出来也是非常有意思的，甚至国家和社会的运行也涉及文明维度和竞争力维度的关系问题。从一个从历史到未来的大话题来看，从中国历史上看，游牧民族从秦汉时期开始就和农耕民族对峙。基本上从匈奴开始，到鲜卑、羯、氐、羌，中国历史基本上就是农耕文明和游牧文明的竞争史。游牧民族是更加追求武力竞争力的，他们的特点是竞争力维度的周期性转换，有学者说他们的实力增长是和气候相关的，也有一定道理。比如，当草原气候温暖湿润，适合植物和牲畜生长的时候，游牧文明往往竞争力更加强大，也有着更强的攻击性。农耕文明则比较善于在文明维度构建系统，历史上比较弱的朝代中，宋代在这方面最突出，宋代的文化基本代表了中国文化的最高境界。游牧民族掌握了铸铁等工艺之后，在冷兵器时代竞争力空前提高，后来就有了横扫亚欧大陆的成吉思汗崛起。单纯从打仗的角度来说，农耕民族一直是处于弱势的。这和后来中国对峙海洋民族也有一些类似。也就是说，单纯追求文明维度的国家往往会败于追求竞争力维度的国家，但只追求竞争力维度的国家往往更加脆弱，不长久。秦朝二世而亡也是这个道理，暴秦过度追求竞争力维度，忽视文明维度，最后失去了民心。这个不延伸了，背后就是一个文明和竞争力的赤裸裸的竞争逻辑。

**最后，提一个问题：读到此处的你，希望做一个文明维度的成功者，还是竞争力维度的强者？** 这个问题的答案没有对错之分，归根到底取决于如何认识当下战略环境、如何认识自己以及认清两者的辩证关系。

从中国现实看，无论是看大势还是企业管理，拥有核心竞争力后，做个具有抗周期能力的文明人是最好的选择！

# 第 5 章 辩证论：

# 认知成就悬崖、洼地优势和海绵效应

辩证思维对于战略管理研究极其重要，或者绝对一点说：没有辩证思维的人根本不适合做战略，当然也做不好管理。背后的逻辑也不复杂，人们在认识环境和事物本质的时候需要最大限度超越自身的认知局限和思维惯性，这个时候辩证不仅是一个方法论上的自我提醒，也是多角度看清问题的本质要求。

还记得之前准备去美国商学院读书的岁月，GMAT（Graduate Management Admission Test，经企管理研究生入学考试）考查的最重要的方面就是 Critical Thinking，把它简单翻译为"批判式思维"其实并不准确，里面也包含着辩证思维的意思。辩证思维无论是在科学研究上，还是在社会学研究、生活决策思考上，都是必不可少的思维方法。没有辩证思维就没有科学的进步，也不会有社会制度文明的进步，这是一个学界共识。

除此之外，用好辩证思维在企业战略管理中也会有几个非常明显的效果。其一，让企业超越非黑即白的简单对立。简单对立本身就是一种需要破除的思维惯性。其二，辩证思维可以让企业家客观看待过去的成功或者失败。很多时候应了中国的老话"祸兮福所倚，福兮祸所伏"，只有辩证看问题才能客观评价事物。其三，辩证思维实际上也是在为战略探索更多的可能性，比如从一个事物的多个不同角度推理，最终也会带来不同的结果。总之，辩证思维会增加战略制定的厚度，并在实战中兼顾更多的可能性。

以上铺垫是为了进入正题讨论三个最重要的商业战略"辩证法"：成就悬崖、洼地优势和海绵效应。这三个战略思维是企业宏观战略分析判断中最重要的抽象化思维方式。

# 成就悬崖

笔者在过去 6 年的战略咨询实践中，有多次洞察到成就悬崖的经历，很多时候光辉闪耀的背后往往是巨大问题的暴露，风险步步逼近。比如，一次是在 2016 年，在乐视的市值最高峰，我们先后发表了《乐视生态的七大战略性风险》《乐视：被梦想腐蚀的竞争力》这两篇深度研究的专栏文章，目的是提醒读者和投资者——乐视正站在成就悬崖，风险已经暴露。后面确实也言中了，乐视在之后的多年一蹶不振，投资者损失惨重。而那时候的乐视风光无限，对未来的想象也无限，媒体营造的成功代入感极强。

那么，什么是成就悬崖呢？这里尝试下一个定义：一家公司在获得战略性成功的同时，公司当前战略通常最大化地发挥了既往竞争力的比较优势，并展现出了最大化的价值创造成就，而此时未来收益的边际递减效应和新趋势淘汰效应会逐步显现，这意味着企业特定商业模式和战略环境最顶峰的时刻往往是衰落的起点。

听起来有一点危言耸听，好像战略顾问一定要和公众普遍的认知唱反调一样。别人说好，你一定说不好；别人说不好，你一定说好——有一部分人会有这样的误解。实际上，成就悬崖的例子很多。不过，这里我们主要是从规律的角度阐述，背后和中国传统文化太极哲学应该也有异曲同工之处。

再举一个例子。韦尔奇一手缔造了通用电气的辉煌，不仅通用电气是企业界长期的"偶像"，韦尔奇在今天依然被很多中国企业家奉为管理之"神"。这背后确实不乏被人尊敬的原因，从入驻通用电气起，在 20 年间，他将一个弥漫着官僚主义气息的公司，打造成一个充满朝气、富有生机的企业巨头。在他的领导下，通用电气的市值由他上任时的 130 亿美元上升到了 4800 亿美元，也从全美上市公司盈利能力排名第十位发展成位列全球第一的世界级大公司。他所推行的"六西格玛"标准、全球化和电子商务，几乎重新定义了现代企业。从诸多角度看，韦尔奇和通用电气不仅曾经取得了傲人的成功，也对世界工业的发展做出了巨大的贡献，特别是对于工业化企业管理的贡献。并且，他的畅销书风靡全世界，带来了很好的个人品牌效应。

不过，成就悬崖也在极致成就的同时悄然降临。虽然在韦尔奇 1981 年担任总裁到 1998 年期间，通用电气走向了历史性的辉煌巅峰。公司通过资本运作保持着高增长，仅仅在 1998 年公司就投资 210 亿美元收购了 108 家公司，当时公司的一个战略思维叫专业多元化，就是通过资本的方式收购行业前三名的公司，并且持续地扩张，形成公司多点开花、持续盈利的管理架构。但韦尔奇的巨大成功在其退居幕后后基本上被公司的崩盘式失败抹去。

在通用电气获得巨大成功之后，成就悬崖让公司开始了漫长的衰退过程。金融多元化战略让公司吃进的是债务，吐出的是真金白银。它的业务范围从起初的帮助人们购买家用电器，发展到为快餐连锁店、发电厂和郊区豪宅提供融资，还提供铁路油罐车、写字楼和飞机租赁服务。而这期间，还在研发新型飞机发动机并向股东派息。2009 年 3 月通用电气股票收于每股 6.66 美元的历史低点，公司濒临破产。直到 2018 年全年通用电气的股价下跌 57%，标普道琼斯公司将通用电气的股票从道琼斯工业平均指数的成分股中剔除。

通用电气的例子和乐视的例子有很大差别，韦尔奇是时代的企业家，而贾跃亭是时代的赌徒，但相似点也很多。其一，乐视当初的繁荣更多的是靠资本市场"造神"运动，让大家觉得它的快速发展就代表着战略正确，通用电气也是一样；其二，贾跃亭和韦尔奇都曾在特定的时期被捧为经营之"神"，甚至到了媒体集体吹捧、产业界纷纷效仿的程度；其三，两家公司高空滑落的过程都是一个金融去杠杆的过程，是潮水退去之后真实竞争力逐渐显现的过程。两家企业的命运和企业家的命运都有一点相似。

但它们之间也有很多不同点：一方面，韦尔奇科学管理企业的能力应该远远强于贾跃亭；另一方面，通用电气虽然存在泡沫，但它的产业都是拥有极强竞争力的，在这一点上乐视则不太一样，它的竞争力基本是靠讲故事得来的。另外，韦尔奇对于战略管理的研究能力远远超过贾跃亭，他确实是拥有洞见的，而贾跃亭善于表达梦想却缺少基本的战略管理素养，这一点团队也没有很好地弥补，反而在不断地帮他放大。当然，两者从高空滑落的命运也不太一样，贾跃亭已经彻底成了失败的象征，而韦尔奇或许算作身后名誉没有保全。这个对比很有意思，也非常值得思考。

美国企业和中国企业中盛极而衰的例子确实非常多，应该说这些案例里都存在一个"成就悬崖"的问题。"成就悬崖"这种辩证的战略思维时刻提醒我们，做企业永远不要被眼前的景象蒙蔽，而应该辩证地看长期发展趋势，在公司取得巨大成功的时候企业家需要高度清醒地客观看待。

巨大成功代表着穷尽了巨大优势，巨大的个人成就意味着巨大的路径依赖的可能性。所以，企业家和管理者居安思危的辩证思维极其重要，特别是，在成功的时候要高度关注盛极而衰的可能性！

# 洼地优势

"洼地优势"这个词并不太为人所熟知，或者说这是笔者发明的一个战略思维术语。从字面意思来看，洼地也存在着特定的优势，不要觉得洼地就是不好的战略姿态。

在战略思维中，这个逻辑其实有着普遍性价值，简而言之，就是要看到自身弱点的潜在优势，不要因为处于暂时的低潮期或者弱势地位而丧失信心。比如，中国的改革开放实际上就是建立在"洼地优势"基础上的吸引力。中国的工人素质高、纪律好、成本低，政府治理开明、腐败少，国家大力发展经济、重视招商引资，这客观上相当于整个国家为全球资本、技术和人才等生产要素创造了一个投资洼地，吸引更多人进来，进而形成了"洼地优势"。这也是改革开放能够获得全球投资者认可的重要原因。

当然，随着中国的经济发展和国民收入水平的提高，很多低端制造业已经开始向越南、印尼等东南亚国家转移，这些国家同样发挥了承接制造业的洼地优势效应。可见，洼地优势是一种客观存在且比较普遍的现象。

那么，洼地优势到底对企业战略管理有什么借鉴意义呢？大体上主要有两点，第一点就是提醒企业决策者，不要因为公司处于弱势地位，就失去信心，或者认为洼地代表没机会，恰恰相反，每一个洼地都会有一个可以填充的巨大机会，洼地代表着巨大潜能的承载力；第二点就是鼓励企业家辩证思考所处商业环境的优势和劣势，很多时候处于劣势的环境中，反而可以找到取得比较优势的重大机会，企业家要在洼地之中寻找机会！

在商业领域，洼地优势的案例并不少见，每每都是拥有这种辩证思考能力的企业家获得了巨大的成功。比如，在中国猪肉品质还有提升空间的时候，网易等企业加入投资科学养猪的行列，进而依托优质猪肉推动了网易严选电商的发展，这也是看到了生猪养殖行业的洼地效应。在这个例子中，网易创始人丁磊正视了生猪养殖行业的洼地效应，并且在其中为电商寻找到了洼地优势，这个例子非常鲜活地展现了这个战略思维。

再如，一些非常偏远的农村山清水秀但是家家户户都很贫穷，可这些地方也因此没有污染，国内很多农家乐、精品民宿开在这些地方。现实中，我们会发现很多看起来问题巨大的领域，都存在着巨大的潜在机会，也存在获得比较优势的得天独厚的条件。关键看如何洞察到这个洼地优势，并且因地制宜地寻找获取优势的切入点。可见，辩证地看，商业优势和劣势往往是硬币的两面，遇到逆境和不如意的时候不要轻易放弃，也不要灰心丧气，积极寻找机会才是健康的思维状态，辩证思考才能走出困境。

这里不妨也分享三个寻找和利用洼地优势的方法。

　　**第一个方法是深入分析形成洼地的原因。**对这个原因进行拆解，洞察和发现其中具有辩证思维空间的要点。就像我们看孩子的发展一样，在学校里调皮捣蛋的孩子，虽然经常被老师批评，但他的活力如果很好地发挥，也就发挥了洼地优势。

　　**第二个方法是深入分析形成洼地的要素特点。**对各个要素进行进一步分析，寻找可以辩证看待和运用的内容。如果一家企业，其老板的"洼地"是性格上粗枝大叶，经常因此蒙受损失，那么洼地优势可能就是雇用具有顶级智慧的人并建立信任。这方面就很辩证，一般自视聪明的人，或者过于狡猾的人，在和聪明人合作的时候往往不容易获得信任。很多有大才华的人实际上需要一个看起来不那么算计的领导者。

　　**第三个方法是在充分评估洼地的负面效应的前提下，设计一个填充洼地的路线图。**如上文所述，洼地本身就意味着可以填充很多新的东西，这一点高地一定不具备。如果一家企业目前的洼地是人才短缺，那么其实可以辩证地分析：公司在高端人才上的资金消耗相对较少，既然已经可以维持运营，那么下一步用好高端人才，起到的作用注定更大，潜在地，培训人才获得的投资收益也会很大，因此这个时候形成人才发展的战略布局正当其时。

　　关于洼地优势的战略思维实际上还是相对比较好理解的，这里不进行太多延伸，总的来说，一是在心态上，二是在行动上。把洼地变成未来的高地大有可为！

# 海绵效应

　　所谓海绵效应，普通人也可以很容易地理解，就是海绵吸水会膨胀变重，把水挤出去，它就变轻，海绵本身不含水分，其轻重取决于吸收的水分多少。

　　有时候，一家企业甚至一位成功的企业家，和海绵也有共同之处：企业和企业家谦虚地吸收了外界的营养后，自身就会像海绵吸收水分一样变得厚重；

相反，挤出这些水之后，自身就会变得单薄，甚至干枯。

所以，这提醒企业家一个重要事实：很多时候自身的优势是因为吸附了外在的"水"，但外在的水并不是自身价值的根本组成部分，随时可能失去。试想，如果改革开放没有了外部投资和外部先进技术的引入，或者一家企业失去了外部世界给予的支持和信息输入，会怎么样？其实，企业和国家一样，都有可能出现枯竭的情况。

相反，兼收并蓄地吸收外部的水分，能让自己丰满而有力量，这当然也是自身成功的重要组成部分。所以，从战略思维上看，在获得优势地位、获得成功的时候，不仅要清楚地认识到哪些是像海绵一样吸附的东西，哪些是自身拥有的，而且也需要拥有一种不断吸收外部营养的意识和胸怀，这也是客观看待自己最重要的辩证视角。

关于海绵效应的讲述更加浅显易懂一些，而且不太容易有太多歧义，相对简单。不过用好海绵效应可没那么容易。以下三种情况值得我们牢记。

**第一种情况是，企业家和管理者永远不能自满。**自满相当于用虚假水分填充的方式封闭了潜在吸收外部营养的通道。傲慢和自满都是领导力的大敌，有了这种情绪就很难吸收外部的新东西了。

**第二种情况是，有时候需要把现有的脏水挤出去，换上清水。**虽然每家企业和领导者都是海绵，但并不是说吸收的水分一定是企业或者领导者最需要的，有时候需要勇气重新调整吸收的内容。

**第三种情况是，海绵也需要新陈代谢，并且需要在一个水分更充足的环境里，才能不断地获取外部营养。**寻找可以吸收水分的环境也非常重要，如果在一个干燥的环境里，就不容易获取值得吸收的水分。

因此，海绵效应和洼地优势有一定的相关性，都是提醒企业家和管理者在战略思考中看清自己，并且趋利避害，也都是提醒企业家要有改变现状的勇气，发挥现有环境的竞争力要素，推动企业勇往直前。

　　这一章分享的三个辩证视角分别是成就悬崖、洼地优势和海绵效应。成就悬崖提醒企业家在战略思考中注意盛极而衰的风险，客观看待成就侧面的挑战；洼地优势提醒企业家在身处劣势的时候也有潜在的机会，用平和的心态发挥洼地优势；海绵效应提醒企业家既要善于吸收外界的营养，又要客观看待自身的价值。这三点都是辩证视角看企业战略最重要的思维方式。

# 第6章 能量论：

## 认知生长模式、裂聚变模式和能量场模式

讨论能量论，需要先铺垫一下。

我们回忆一下历次工业革命的核心线索可以发现，实际上历次工业革命都是"能源"和"信息"两个维度驱动的：蒸汽机的发明解决的是化石能源如何变成动力，电力的发明和电气化推动的也都是能源应用革命，眼前国家大力提倡的新能源节能减排也是能源革命的新形态；信息革命更加直观，从人类发明文字开始，到后面记录文字的纸张和印刷术，再到计算机设备存储文字，这些都是围绕着信息传播展现方式的进化和发展。

更前沿地看，当今世界文明形态可以概括为两种：一种是基于半导体的硅基文明，硅是半导体的主要成分，顾名思义，硅基文明就是基于半导体发展起来的科学技术文明；一种是基于生命科学的碳基文明，碳是生命的主要成分，顾名思义，碳基文明就是生物医学等学科开启的对人类自身功能和潜在能力的追求。这些都是抽象于我们的生活、从更高维度看到的底层逻辑，也可以认为这些都是对于文明形态能量根本来源的追问。

而且，在物理学中，有一派学说认为一切事物都是一个能量场，万有引力定律实际上也是表达能量的定律。量子物理的最新研究中，万事万物也都是一种信息表达，而且信息在某种程度上也是能量的一种存在方式。以上这些都是

对人类文明发展方式底层视角的追溯，算是一个铺垫。这一章我们用能量论来解释一些企业战略管理的问题还是有其科学依据的，能量确实是万事万物的底层逻辑。

总结起来，工业革命发展到今天，能源和信息主导的历次工业革命已经进化到碳基和硅基两种文明形态的融合变革，人类文明正在被充分地信息化，这也表现在能源创新无处不在，能量的展现方式已经从"改造自然"走到了"天人合一"的全新境界。这些都是世界发展的客观规律，那么这些规律会对企业战略管理思维产生哪些影响呢？

"生长模式"主要是碳基文明的成长模式，不过硅基文明也存在类似的逻辑，自然界的很多事物实际上是有着生老病死的发展周期的，包括植物、动物，甚至冰川、海洋、高山，也都有自身的生长逻辑，非常普遍。"裂聚变模式"是世界本源微观世界的能量模式，这还要归功于近代科学对原子能的发现，让人们知道原来微观世界具备如此大的能量，甚至这种能量完全超越人类在宏观世界看到的力量。"能量场模式"是一个广义的能量形态模式，也就是前文所说的"万事万物也都是一种信息表达，而且信息在某种程度上也是能量的一种存在方式"。所以，这三种模式的战略思维总结，都是我们在战略实践中抽象地看公司发展模式的重要方法。下面具体说说三种模式和企业战略的关系。

# 生长模式

这个模式其实在宇宙法则中最显性的还是动植物的生长逻辑，所以我们先来回顾一下植物是怎么生长的。大部分植物通过叶片吸收光和热，通过光合作用生产出淀粉、脂肪、蛋白质等有机物，实现光能转化为化学能。植物的根具有向地生长的特性，这是植物在重力作用下的反应，土壤中的矿物质等溶于水之后被根吸收。植物的花瓣一般具有芳香功能，吸引蜜蜂等昆虫采粉帮助其扩散生长。

在自然界中，植物是很多食草动物的能量来源，羊、牛、兔子等动物都是从植物中获取能量。这种模式是自然界中最常见的现象，也是生命的基本规律使然，不过也有很多事物其实是没有生长模式的，比如一块石头。

听起来确实很有意思，所以植物的生长模式具有三个要素，第一个就是把光能转化成有机物形态的能力，第二个是根对元素养分的吸取，第三个是参与协作完成基因扩散。

这是不是和一般企业的成长模式很像？对于一般企业而言，如果要维持基本的生存需要，要注意的也就是这三个方面，没有价值创造就相当于没有光合作用，没有资源整合就相当于没有外部水溶性养分供给，没有协作就没有未来。对于企业家而言，服务用户的本质就是创造光合作用的价值转换，培养品牌、团队、技术研发等都是增强土壤肥力来滋养企业，而招来蜜蜂也很像吸引合作伙伴。

生长模式是公司常规发展状态的描述，大部分公司是像植物生长一样吸收营养、逐渐壮大。但生长模式有一个重要的特点，就是生长看起来非常缓慢，不容易被察觉。从企业家的角度来说，用生长模式看待企业发展需要注意如下几点。

**一，确保企业处于发展壮大的生长模式最为关键。** 很多时候一些企业只是赚钱的机器，通过不断地损耗换取利润。并不是每一家企业都在生长壮大，所以企业家需要很敏锐地洞察自身发展是在生长，还是在不断损耗。如果企业只是通过高消耗或者不合规获得微薄增长，那么这个生意本质上注定不是好生意。

**二，要保证能满足生长需要的充分的养料获取。** 企业需要善于寻找养料，并且把自身放在一个更大的拥有营养的环境中。没有养料的自身消耗必然会导致死亡，这是一个简单的道理，但仍然需要时刻保持警惕。在一些具体的决策中，可能给公司带来长期养料的东西不见得是能让眼前利益最大化的东西，需要做出一定取舍。

**三，需要尊重生长的基本规律。**企业家和管理者不应该急切地揠苗助长，也要认识到有序的缓慢进化是生命发展的常态，他们需要把最大的精力放在营造生长模式的基本条件，以及外部养料的供给，特别是自身对于促进生长的努力上。尤其重要的一点是，企业家在生长模式中应该把自己的注意力放在外部环境的营造上，浇水施肥地培育企业强壮根茎，同时观察企业的发展与变化。

可见，用生长模式看企业，就是要有一颗尊重规律的平常心。

# 裂聚变模式

如果说生长模式更像是碳基文明的生命逻辑，那么裂聚变模式更像是硅基文明的逻辑，也是世界普遍的根本规律。这里先科普一点基础物理学知识。实际上，裂聚变模式超越了牛顿（1643—1727）的经典物理学思维，更接近于爱因斯坦相对论。这里需要指出的是，裂变是高效的分裂和复制，聚变是高度聚焦后的能量爆发，两者我们暂且放在一起探讨。

这个延伸起来其实非常有意思，在爱因斯坦创立相对论之前，在经典物理学领域牛顿是绝对的王者，我曾经去英国剑桥大学看过牛顿思考苹果落地的那棵树的克隆版，它其貌不扬，但历史意义浓厚。牛顿之后，经典物理学受到了很多挑战，比如经典物理学很难解释磁场的问题。之后，詹姆斯·克拉克·麦克斯韦（James Clerk Maxwell，1831—1879）对电磁进行了突破性研究，他在1873年出版的《论电和磁》也被尊为继牛顿《自然哲学的数学原理》之后的一部最重要的物理学经典。麦克斯韦被普遍认为是对物理学最有影响力的物理学家之一。没有电磁学就没有现代电工学，也就不可能有现代文明。

在这之后，爱因斯坦（1879—1955）提出光子假设，成功解释了光电效应，因此获得1921年诺贝尔物理学奖。他还于1905年创立狭义相对论，1915年创立广义相对论，被公认为是继伽利略、牛顿以后最伟大的物理学家。

这里只是想简单说明一下从经典物理学、电磁学到相对论的过渡，当然后面还涉及量子物理学的发展，我们就不展开了。有意思的一点是麦克斯韦去世那年正是爱因斯坦诞生那年。当人类文明进化到相对论时代，整个科学界都开始关注微观世界的能量秩序，这也推动社会科学思考如何通过高度聚焦激活自然能量。

回归主题，裂聚变模式提醒我们关注高度聚焦激发的微观世界能量，代表着一种接近于核能的成长方式，裂变就是高效的复制和膨胀，聚变是高度聚焦地激活微观能量。

我们再对裂变模式和聚变模式分开进行叙述。对于企业发展而言，很多人提到"指数级增长"，说的就是裂变模式。但裂变模式也是有前提的，很像动物的 DNA 复制模式，每一个细胞都包含系统组织基因，通俗一点说，公司想扩大，要考虑微观的组织里是否有企业文化、战略思想、战术等系统的基因，没有就不是裂变，而会分崩离析。裂变模式也需要高度聚焦地激发微观世界，比如一家企业高度重视研发，则研发对于企业的指数级增长往往会发挥出巨大的力量；一家企业高度重视人才，则人才的养成和增长可能也会成为公司一枝独秀的秘密武器。

聚变模式就是氢弹的原理，通过激活获得超能量，在企业里形成聚变的能量需要高度聚焦地围绕一个点进行压强式突破，有时候我们也把这个聚焦的准备过程称为修炼。以上的分析是对物理学原理的粗浅看法，想提示大家的就是对战略思维的一种基础观念：一切战略法则都源自宇宙自然法则，科学的原理一般都可以演化作为战略原理，在前沿学术研究中，这是一种"复杂性科学"。商业战略也不是用语言包装出来的，有时候甚至不是人可以感知到的，但一定符合科学，做商业战略研究要有科学精神。

裂聚变模式对于我们看企业战略管理有三个重要启发，这是我们关注的重点。

**其一是要清晰地认识到高度聚焦的重要性。**只有高度聚焦才能引爆微观世界的能量，就像原子弹爆炸一样，是从原子核的裂变开始的，这会改变很多人的"能量来自于宏大物体"的认知，超级能量都是来自高度聚焦激活的微观世界。在企业实践中，往往聚焦的企业更能做更大的生意，或者说专业化的公司更有爆发力，就是这个道理。在这一点上，我的老师田涛先生作为华为的高级顾问，经常提醒我"高度聚焦"的重要性，他认为华为的成功也是高度聚焦ICT[①]通信领域的成功。

**其二是需要形成对"大而全"弱点的认知。**大而全带来安全感是人性的必然，因为人们生活的环境还是现实世界，依托于现实环境的支持，很容易形成通过物质占有带来安全感的惯性。在潜意识里，每个人都会认为拥有越多，力量越大。企业家盲目多元化就是这种大而全的认知方式，他们忽略了专业的裂聚变模式才是宇宙终极能量的来源，起码他们不认为高度聚焦会有更大的力量，认清楚这个问题会给企业家的审美带来巨大的影响。

**其三是需要对高度聚焦激活"裂聚变模式"充满信心。**很多时候企业家和管理者虽然认识到了裂聚变很重要，但是在还没有激活微观能量的时候就放弃了。客观地说，激活这种力量确实很难，需要高度聚焦达到一个临界点。

所以，以上三点也告诉我们，从能明白道理到能激发力量需要一个过程，务必做到知行合一。

# 能量场模式

能量场模式源自物理学后续发展的量子物理思想，也是用复杂性科学原理指导企业战略管理实践的一个例子。

量子物理学的代表人物是普朗克、爱因斯坦、玻尔、薛定谔等。这一点讲起来过于专业，对此笔者也请教过几位世界级的量子物理学家，直观感受是量子物理学深刻、有趣且充满了造物的智慧。

---

① Information and Communications Technology 的缩写，即信息与通信技术。

笔者有几个基本的收获。其一，关于量子纠缠，量子物理强调的是同源粒子的跨空间连接，连接就有能量信息交换。这种现象确实超越了一般人的认知，绝大多数人对于距离的概念是，距离越远，信息传递受到的挑战越大。而信息的连接必然带来能量的交换，这种交换超越人类肉眼可以观测的距离。其二，量子物理有一个不确定性原理（也叫测不准原理），就是说一个系统里其实都是联动动态变化的要素，当我们试图观测一个要素时，可能因此影响另一个要素，也就很难观测准确，所以会测不准。

量子物理的法则提示我们这个世界有很多微妙的规律，包括信息传递和能量传递，我们把握这些规律的方式也会超出一般的认知范围。比如，用能量连接的思维看待世界，这个世界存在的多种量子纠缠现象，就是超越距离的信息和能量连接现象。在现实的企业战略管理研究中，我们给很多厂商提供的品牌战略是基于高效率地连接用户，进而和用户形成能量交换，这时候其实自身会产生一种自然的进化。再如，在战略设定中尽量不要静态地规划好所有的元素，因为根据测不准原理，所有元素都是相互的、动态变化的，A 影响 B，B 又影响 A，所以，我们曾经给荣耀手机提了一个叫三级跳的竞争战略建议：不考虑极致创新的目标"无人区"到底在哪里，眼前先夯实组织的第一个支点，通过投资品牌形成第二个支点，这两个支点投入后构成一种新的战略基础，再从新的战略系统中看整体的目标演进。这里也有测不准原理的思维，不去静态地关注一个现有系统的稳定成熟态，而是通过不断突破跃迁到更高的能量等级。

能量场模式最主要的一个应用场景，就是在企业的商业模式设计上，形成一种广泛和客户连接及纠缠的能量场。这种能量场可以获取来自用户的能量，也可以获取外部的市场能量，非常自然地推动企业进化。这里我们拿荣耀手机举例，尝试描述一下一个理想状态的企业能量场模式。

**首先，从品牌需求上看，荣耀品牌需要和用户建立广泛的连接，这种连接对于获取能量极其重要。**那么，就需要品牌端建立更多高效的新媒体沟通渠道，在手机内部应用上能够满足用户很多互动需求，让企业的高级管理者更多地和消费者产生连接，本质上就是构建一个可以广泛连接用户的生态。

其次，从传播需求上来说，对于战略传播的 key message（关键信息）和 story（故事），需要从消费者角度形成重塑。真正用大家关心的话语体系和用户沟通，可以更多地获得长期的稳定连接。

再次，就是让荣耀手机及相关 IoT（Internet of Things，物联网）产品更加广泛地融入到用户的生活场景之中。那就需要在市场上判断，究竟哪些 IoT 产品具备和用户广泛、长时间连接的潜质，比如电动牙刷就是这样一种产品。包括荣耀手机、小米手机在内的很多品牌在通过广泛连接获取各方面的用户。

最后，对于既有用户的运营也是一个重要的保持连接的方式。获得稳定的用户基本盘支撑，从长期来看会获得更多的支持。

当我们用微观连接的思维看待企业的战略问题，有时候会豁然开朗：原来企业的进化和连接带来的能量场之间有直接关系，原来伟大的企业都是广泛连接用户的企业，原来简单的连接可以带来想象不到的能量。

# 三种战略思维的应用

上面已经给出了一些应用方面的介绍，这里再尝试进行一些总结。

## 生长模式

把保持企业的健康生长放在战略的第一位是极其重要的。这就要求企业家和管理者识别哪些行为有利于企业的生长，哪些行为对于企业的生长没有好处，反而是一种长期的消耗。生长是一个缓慢的过程，短期不容易被察觉，但是积累一段时间再观察，就会发现自然生长效果显著。而违背生长规律的方式，往往短时间内见效快，长期看副作用明显，最终不如稳定的生长模式对企业有利。

所以，生长模式听起来简单，或者没有什么认知门槛，但是真正做到用生长模式做决策也是很难的。生长注定要看长期，生长注定要看环境的滋养，生长注定要看健康的养成，做到用生长模式管理企业往往也是能够抗周期的。这种模式应该是绝大多数企业的成功方式。

## 裂聚变模式

**裂聚变模式应该是一种爆发力更强的企业发展模式，而且也意味着有意想不到的效果。** 从建立这种模式的方法来看，最核心的是企业要形成自己的基因系统，也就是稳定的使命、战略和价值观，同时完善组织的能力和逻辑，这些都是组织基因，是高速裂变的基础。并且，在聚变模式中需要高度聚焦，将自身的核心竞争力聚焦在战略机会点上，体现专业价值。实际上，从世界范围看，大部分 500 强公司是专业化公司，是在一个领域拥有绝对的竞争优势并且持续放大的公司，也一般都有用裂聚变模式快速发展的阶段。最近这些年，日本、韩国的财阀模式已经逐渐没落，中国绝大多数走多元化和财团化模式的企业也走向没落，这说明这些模式都经不起时间推敲，也不是抗周期的，慢慢地在中国企业界应该绝大多数的企业是通过专业化引爆裂聚变模式获得巨大的成功。

当然，这种模式和生长模式有一点逻辑上的冲突，听起来像是生长模式更关注长期成长，裂聚变模式更关注短期的价值放大，但客观地说，就超级巨头来说，两种模式在特定时间和场景会同时存在，只不过针对的具体业务领域不同，所以本质上并不矛盾。

## 能量场模式

能量场模式，或者叫能量连接模式，是很多企业成功的秘笈，我们不排除很多企业做到超级巨头确实有独特的方法。这些年随着信息技术的发展，能量场模式越来越广泛，但在所有行业范围内总体看，它也是最容易被忽略的。互联网的广泛连接是一个很好的例子，最开始大家都不觉得连接是强关系，慢慢地发现只有广泛连接才能创造大的商业价值。所以，我们看腾讯的微信本身并不赚钱，但这个能量场模式可以转化的价值确实很大，同理，美团、滴滴等也是这样。

这提示企业家，在做一个商业模式的时候，可以短期内不考虑赚钱，但必须考虑广泛的普惠式连接，这样会潜移默化地带来能量交换。比如，周掌柜战略咨询团队本身也强调用免费的普惠方式帮助企业，我们很多的传播是免费的，其实背后也有时间成本和推广成本，但我们相信真正帮助到企业的战略思想才会有商业价值。

以上分享的都是对商业模式战略思维最宏观和抽象的看法，在真正操作的时候，从我们战略咨询顾问的角度来说还有两个要点，第一个就是外部环境洞察和对标，第二个就是组织基因的客观诊断和建设。总之，希望这三种源自物理学的战略思维能够帮助企业客观看待成长，客观看待成功，合理构建商业模式基础。

此外，目前市场上有很多定位理论，我们都系统研究过，总体来看出发点是好的，特别是对处于快速成长期的中国企业来说。现在很多企业家不聚焦的盲从行为很严重，这个时候能聚焦的单点突破有助于成功。但是从更长的企业发展周期看，定位其实大部分指向的是特殊场景下的孤注一掷，和战略层面的企业裂聚变模式还不太一样。

如果考虑企业的发展周期，势必需要更深刻的平面、空间、时间以及能量等逻辑，这一章我们试着从宏观的角度阐述了构建商业模式的几个基本方法，体会其中的战略思维应该对企业家做战略抽象很有帮助。

# 第 7 章 数据论：

## 认知小数据和全息思维

对于数据重要性的认知，一般和公司大小以及业务形态复杂度有很大关系。一般小公司在决策的时候不太看行业数据，而是凭直觉和自身业绩做出判断。但大公司，特别是前沿的科技创新企业、消费电子企业，其决策都是热数据支撑的。

为了了解数据支撑决策的价值，我们需要适当做一点延伸，看看没有数据支撑的战略决策都是靠什么思维推动的。

## 管理的三个流派

实际上影响中国企业家战略思维最为广泛的有三个流派：国学派、名言派和实证学派。这三个流派基本上是不靠数据分析和框架分析的。

### 国学派

国学派往往把《三十六计》《资治通鉴》等应用到管理上，以这方面为导向的咨询强调借古喻今的启发。这个流派往往擅长讲述有意思的故事，也会在故事中若隐若现地给企业家和管理者一些看起来可以应用的道理。目前，客观来说，这种情况非常受欢迎。但中国文化，特别是文字，有一个重要特点就是象形会意，这导致我们的名词夹杂着历史要素，显得很难定义，逻辑推理模糊，这也是用国学讲述战略的难点。说白了，就是对于同一个故事或者典故，会有千人千面的不同理解。

另外，国学派最大的问题就是，由于中国古代的社会秩序都是基于封建王权的重农抑商哲学，所以用这些传统的思维指导现在的管理学实际上会有一种旧秩序的代入感，比如会更加鼓励企业家明哲保身，或者用阴谋取胜。总结来看，国学派在一定程度上有利于帮助企业家作判断，因为我们的很多古代哲学思想还是非常发达的，但缺点也很明显：和西方专业的组织思维脱节，吸收程度和个人的理解高度相关，负面效果是将企业公开的市场竞争决策权谋化，对企业家的负面影响很大。

## 名言派

名言派以部分培训师和管理 KOL（key opinion leader，关键意见领袖）为代表，他们的思想广泛传播，传播中出于媒体效应的需求，经常容易出现很多金句，他们还喜欢把德鲁克等大师搬出来自己概括总结一个认识，这种名言派的说辞听起来是很有启发性的。名言派实际上是用中国文化的符号会意企业战略管理，有时候笔者开玩笑地说：中国的"符"文化根深蒂固，名言派总会认为任何一个问题贴一个"符"就解决了。但解决问题本质上还是认知自我而不是认知外界，名言派解决问题的方式往往是讲一个大道理，并没有深入地研究和分析不同情况，这是其最大的问题。名言派的管理思维传输，实际上还是一个俘获心智的过程，分享者让自己站在一个圣人的高度上布道，心灵鸡汤泛滥，短期内减轻了企业家的压力和苦闷，但长期看没有什么价值。但名言派也是有价值的，那就是让更广大的管理者记住一些能指导其工作的格言，如果这些格言是通识性的，或者是一种重要的鼓励，名言派也会带来很好的战略管理思想启蒙作用。

## 实证学派

实证学派的代表一般是很有价值的研究者。笔者长期观察很多专注于研究特定大企业的顾问，很有收获。这些顾问长期观察研究对象，通过实证调研和访谈等方式从多个维度深入总结管理实践，提供可以对标和学习的对象。进行案例研究的国内外商学院也大多属于实证学派，他们以深度的实证思维聚焦研究一个对象，进行几年甚至十几年的观察，同时广泛对标，这是一种用全息的思维从单点反映宏观的大逻辑。实证学派的价值是较为深入地钻研一家公司，一般也是基于数据进行分析研究的，但是问题在于实证学派很容易陷入特定研究对象的模式和立场，形成特殊经验的广泛复制和分享。我们知道，任何企业的成功经验本质上都不具备所有情况下的可复制性，所以实证学派最大的挑战是如何让自己最大限度地客观，并且最大限度地发掘广泛的应用价值。当然，实证学派最重要的价值是深入研究一家企业，推广还不是其主要的落脚点。

以上这些管理学派基本都不需要数据分析能力，前两者甚至是排斥数据分析的。比如，很多管理类文章有"管理不确定性的 8 个准则""未来的组织形式是共生""协同为王"等惯用的表达套路，这些话表面上看都很像真理，但细看之后会发现，其内容都不是根据事实推理得来的，而且完全没有数据支撑，也没有特定情况、不同角度的认知，只是凌驾于事实之上的一种个人表达。况且，"应对不确定性"在战略上最重要的就是跟随变化，追随变化就是最大的原则，其他的原则都可能是应对不确定性的禁锢，而且应对不确定性在战略管理里面是多个理论和实践交叉推动的，需要很系统地就事论事地评论，很难有一招鲜的办法。

概括一下，"非数据和系统框架思维"的管理学讲授方式有三个。问题第一，单纯用国学文化、名言警句讲管理学，目的是俘获心智并达到商业目的；第二，没有数据推理作为分析基础，注定会带来空洞和教条的洗脑式说教，缺少实战价值；第三，单纯讲企业的成功故事，实际上适用范围非常有限。这些问题和弊端都提醒我们，企业战略管理需要有很强的数据逻辑、数学推理思维和战略框架。

# 大数据

在回到本章要讲述的"小数据"和"全息思维"之前，我们还有必要铺垫一下大数据对于战略管理决策的价值。周掌柜战略咨询团队在客户咨询实践中有一个发现：超大型公司非常擅长用咨询公司的统计数据来做决策，比如卖手机，最有效的数据其实是 GfK[①] 公司的销量数据，在销量数据方面，必须通过第三方掌握和对标，因为光看自己的统计，那只能了解自己的，肯定对别人的不了解。还有一些数据，比如 NPS[②] 推荐，也是第三方的洞察，据此可以了解口碑和推荐情况，这些是很有价值的，同时也是大公司专业度的体现。还有很多数据，比如互联网公司提供的品牌引用次数，还有终端提供的进店询问比例，很多很多。这些我们都称为大数据。

数据简单的划分除了大数据还有小数据，实际上数据的用法决定了数据创造的价值。大数据其实有一个关键问题，就是样本效度。比如，复杂的数据采集都需要标准、执行规范、数据筛选法则、数据分析逻辑等。本质上，大数据也是建立在小规则基础上的，而小规则其实是由第三方的方法论定义的，不一定符合特定公司的实践需求。这就会产生一个问题：有些公司在用不太了解规则的数据指导自己的实践。在实际的操作中有这种情况，就是只看数据结果，不去探讨数据的产生过程是否合理。在运用大数据时会出现两个重要的缺陷：第一个就是突然发现统计中忽略了一个重要的维度，这是数据采集机制不完善

---

① 指 Growth from Knowledge 公司，一家专业的市场调研公司。
② 指 Net Promoter Score（净推荐值），是一种流行的顾客忠诚度分析指标。

的问题；第二个就是样本采集数据不够精确，被某些区域由于特定原因导致的不准确数据污染了。这些和数据公司的专业性有关，当然，这不是在否定数据公司的价值。但几乎所有数据咨询公司都认为自己的数据没问题，是最准确的，而客观地说，绝对的准确是做不到的，仅能做到可供参考。一般性的参考价值有了，基本上就可以认可其价值。发挥数据的参考价值，形成对决策的支撑，也就达到了预期效果，这是必要的。

全凭大数据做战略决策的问题的确是客观存在的。专业成熟的公司用于行业对标的大数据其实还不是问题最大的，问题最大的是互联网模式创造的很多大数据。"大数据"这个词目前在互联网行业应用得很多，但大家可以回忆一下，这么多互联网公司采集那么多数据，似乎并没有一个实质性的突破，目前突破效果最好的其实都是基于特定技术的单点信息，比如 AI 人脸识别。背后的原理就是，人脸识别的指标是一个科学的信息矩阵，聚焦且客观。但一般意义的互联网大数据只是统计出了某种一致性，很难完全参考它来进行决策。

以上对大数据的分析就提醒我们：公司做一个战略决策的时候，有数据支撑是非常必要的，但是千万不要做一个大而全的复杂调研，形成一个看似可以支撑决策的样本，进而忽略了战略决策的本质是领导力判断。

# 小数据

在这一章里，我们更倡导小数据思维和全息思维，这两点都是我们战略研究的重要方法论。

这个小数据思维有三个层次。

第一个层次是一线的实地感知。过去几年，笔者和团队在全球 30 多个国家和地区做实地调研，帮助 5 家全球化公司看全球市场。不过，我们一半业务是去看手机卖场，这个经历导致我们后来习惯性地观察手机卖场，无论到哪都喜欢去感知一个店面的氛围，和店主及店员交流，希望从一些细节处看到一些普遍性的问题。这一点对于很多企业家和管理者来说，似乎有些过于琐碎了，但这确实也是我们常用的一种洞察方法，就是实地参与，通过多个感官体验，并形成分析判断，特别是对于那些通常被熟视无睹的细节。看起来，在一家小店只能看到一些"小数据"样本，不过，实际工作中也会有很多大发现。其中一个例子就是，我们在帮华为手机研究东南亚战略的过程中，通过大面积巡店发现了"促销员"这个点对于手机市场的重要作用；在帮荣耀手机巡店的过程中，我们发现了卖场正在从街边店向城市中心区的超大购物中心转移，而且专业性手机专卖店中进门最中间的位置投入产出比最高——虽然也是最贵的。这些基于小数据分析得到的收获都有赖于实地感知。

　　第二个层次是从小事件中获得大推论。当发现一个独特问题的时候，我们会放大了去讨论，去追问。比如有一次笔者在越南看到 OPPO 的店员在卖手机的时候展示了美白效果，说得非常鲜活。这位促销员说"用 OPPO 手机美白效果可以和化妆效果一样，能帮你省很多的化妆品钱"，而且还有一个宣传活页专门介绍这个功能。这让笔者很震惊，听起来夸张了一点，却代表着 OPPO 和 vivo 手机的美白理念。之后，我们不断在多个场合追问华为的产品线为什么不跟随这种审美思维，还提了很多建议，后来华为手机和荣耀手机对此做了很多研发，确实满足了广大消费者特别是女性消费者的这方面需求。从这个例子可以看出，追问一个问题要比统计很多数据重要得多。

　　第三个层次是，小数据思维指导下的小样本统计往往也能说明问题。比如，笔者在印尼、越南、缅甸、泰国和马来西亚等国家做手机行业洞察的时候，多的时候一天见了十几位手机经销商负责人，总共见了 30 多位，笔者会追问他们和每个品牌合作得如何，存在哪些问题，销售的瓶颈是什么。看起来样本不大，很多问题可能就两三个人能完整回答，但把这 30 多个样本统计出来会发现，小数据思维指导下的小样本虽然没那么宏大，效果却非常好，从中可以看出很多问题。这也提醒我们，不应该忽略小数据样本的价值。

# 全息思维

那么，小数据的理论基础是什么呢？我们总结为全息思维。

全息是一个很科学的名词，用在这里是指：任何一个小的空间其实都代表着一个更大环境的基本逻辑和状况。小数据就是很有代表性的全息思维方法论，以小见大，从一个局部区域看整体大的逻辑。用这个思维可以指导生活中很多事情，比如在你买房子或者租房子的时候，可以先做一个战略判断，就是判断哪个区域一定贵，哪个区域一定便宜，自己能在这个地图象限里买或租到什么适合自己的房子。做了这个大判断之后，当然也需要推敲这个判断的可能性。可以一头扎进一个区域，然后找附近最适合你的房子，这样很容易从战略到实践落地最好的结果。

而错误或者低效的模式是什么呢？每一个区域都草草看一遍，试图找到每个区域的漏网之鱼，用不同区域的所有信息进行交叉比较。这里面其实低估了开发商的智商以及市场的智慧，重复了很多之前无数人干过的活儿，其实每一个地方的性价比都是反映全局的。对比来看，小数据的全息思维可以极大地减少工作量。

所以，我们的战略研究实践形成的经验是：一方面，要少看着枯燥且不准确的图表在办公室里"运筹帷幄"，多做实地调研和多方面数据研究，到前线去看业务的基本逻辑，听基层负责人甚至一线员工的讲述；另一方面，要对局部的数据进行分析总结，形成基于小数据的全息思维判断。华为经常提倡的"班长战争"就是说班长是核心战斗力，用全息思维看，班长也代表着整个公司的领导力，而且一个班的战斗力也映射了整个组织的战斗力。

我们作为一家战略咨询公司，也需要清楚地意识到第三方咨询的能力瓶颈，需要在融合企业领导者方法论的基础上提供独特的个人价值。能够帮助企业高级管理者形成小数据和全息思维判断就是我们创造的价值，从某种意义上看，我们做战略洞察是节省高管们的时间。而如果客户每天在看大数据分析，我们也跟着看这些，是分析不出来什么独特价值的。总之，小数据的全息思维是我们做战略洞察的根本方法论，也是我们给广大企业家的真诚建议。

总结一下，这一章我们主要讲述的是小数据和全息思维，这对应的主要是企业经常应用的数据分析方法，即大数据及大数据分析。小数据是周掌柜战略咨询团队长期在国内外调研的一个方法论总结，我们团队核心的几位合伙人都有过国外咨询公司的任职经历或者国外大学的教育背景，其实更容易接受的是大数据的分析思维，那么为什么把小数据看成核心的方法论呢？本质上是因为我们力求回归以人的感知系统为核心的战略洞察，而且我们认可全息思维的价值。

有一点需要提醒诸位读者的是，人的多维度感官能力是远远超出数据认知的，比如当你走进一家卖场时，首先感受到的是空气中的燥热或冷清；当你倾听一位促销员的讲述时，会很快感受到的是他的情绪和内心矛盾；当你和经销商交流时，可以感知其野心和现实矛盾；甚至当你看到消费者买东西时的表情时，也可以有同理心地思考他或她的热爱与无奈。

总之，这些都不是冰冷而宏大的数据报表能给予的。而且任何传统的咨询框架都有修正和与时俱进的需求，其实这种框架修改也是来源于小数据，可见小数据是最直接的数据来源。另外，全息思维可以减少很多工作量，这里最大的问题就是要克服"对数据量大的迷信和对数据量小的恐惧"。全息思维比较接近于佛教"一沙一世界"的哲学，我们在实践中确实发现一定数量的小数据样本往往折射出的就是整个市场的全貌。

还需要补充一点，小数据的沉淀也很重要，也就是我们上面提到的实证派研究的方法论：当你长期观察一家公司的时候，会很自然地将小数据的细节随着时间沉淀为更深刻的洞察。如果这个过程持续几个月甚至几年，那么你对这家公司的变化会有更本质的认知。所以，小数据也同样需要从"小"到"大"的沉淀，这也是我的老师田涛先生教我的观察方法——不要急于下结论。

# 第 8 章  博弈论：

## 认知平衡博弈和不对称博弈

"博弈"是一个大家都熟悉的战略名词，原本指的是下棋，但也有很多抽象的展现。"博弈"和"竞争"是有区别的，博弈描述的是从利益角度此消彼长的变化关系，特指对选择的行为或策略加以实施的过程；竞争是一种行为的姿态，一般只用来形容主体双方或多方的关系。简单说，博弈更多地体现策略和效果，竞争更多地体现关系和行动。

从专业的角度看，一个完整的博弈应当包括五个方面的内容：第一，博弈的参加者，即博弈过程中独立决策、独立承担后果的个人和组织；第二，博弈信息，即博弈者所掌握的对选择策略有帮助的情报资料；第三，博弈方可选择的全部行为或策略的集合；第四，博弈的次序，即博弈参加者做出策略选择的先后；第五，博弈方的收益，即各博弈方做出决策选择后的所得和所失。

博弈论的本质也就是承认对抗以及对抗后的利益分配，所以通俗地说，博弈论是在用科学的视角看待得失，没有掺杂不理性的情绪，这正是企业管理者需要的。

博弈策略有平衡博弈与不对称博弈之分。"平衡"这个词在博弈中代表着一种全局观，是对博弈目标的一种描述，也体现了对核心竞争力的关注。"不对称"这个词则体现了博弈的进攻性选择，同时也是一种方法。平衡博弈和不对称博弈两者都是一种战略选择，适用于不同的环境，没有对错之分。不同历史时期的战略不同，当今，更适合以平衡博弈为主，不对称博弈为辅。回到个人，无论是企业家还是普通员工，都需要注意在不同时期有选择地应用它们，一根筋、钻牛角尖在博弈中会让自己因为环境变化处于弱势。

这一章主要讲的是新型博弈论思维。经过充分思考和实践，我们认为博弈论中零和博弈的分析模型更专注于利益角度的思考，而且是战略中不太可取的姿态，所以提出平衡博弈和不对称博弈是企业战略竞争中常用的博弈方法。

溯源博弈论的历史，要先从零和博弈谈起。现代博弈理论由匈牙利大数学家冯·诺伊曼于 20 世纪 20 年代开始创立，有意思的是这位大师也奠定了现代计算机的基础理论。1944 年他与经济学家奥斯卡·摩根斯特恩合做出版巨著《博弈论与经济行为》，标志着现代博弈论的完成。其中重点研究的零和博弈的结果是一方吃掉另一方，一方的所得正是另一方的所失，整个社会的利益并不会因此而增加一分。这是从结果看问题，零和博弈常用在分析与识别和竞争对手的对抗关系上。

现实中大部分我们要分析的对抗其实就是零和博弈，那么平衡博弈、不对称博弈与零和博弈有哪些区别呢？下面我们详细分享一点研究心得。

## 平衡博弈

当博弈已经出现的时候，无论是国家间竞争，还是企业间竞争，其实这时候是否是零和已经不重要了，重要的是能否在博弈中取胜，而这种胜利实际上是一种符合自身需要的新平衡。平衡博弈代表其中一种情况，就是博弈双方的能力、机会、风险敞口是接近的，通俗地说就是处于势均力敌的状态，这个时候全面地推动和压制就是一种平衡博弈思维，目的是通过自身的平衡状态和稳定性击垮另一方，导致对手不平衡。说白了，平衡博弈就是首先保证自身的稳定性，用内在的健康性和长远发展能力击败对手，这听起来是充满力量感的。

比如，手机厂商 OPPO 和 vivo 利用的就是平衡博弈，仔细想想两者的竞争优势，它们的芯片、材料、工艺和渠道等是没有本质区别的。它们和小米也没有本质区别，但是基于多年对消费电子产品的理解，它们一直守护着这种平衡，没有太多的孤注一掷，而是稳扎稳打、全方位保障一家复杂生态公司的系统能力提升，采用的是一种渐进的发展思维。特别是，OPPO 公司提出的愿景是"成为更健康、更长久的企业"，这是经典的平衡博弈思维。

这种思维乍看起来有一些保守，但从其根本战略逻辑考量，它们基于多年的消费电子产品经验，始终维持着在产业链中集成者被需要的位置，并且擅长用最小的成本创造利润，保持公司的稳定性和抗周期性。当然，后来华为和荣耀的技术崛起客观上打破了这种纯粹的平衡博弈，Ov 也开始在技术上加大投入，追求一种新的平衡状态，但在相当长的时间内这种平衡博弈还是一个主流思想。优先关注自身的稳定性和健康性，也为长期的快速发展奠定了基础。

手机行业的另一位世界级巨头是小米公司，其做法恰恰和 Ov 相反。小米采用的是不对称博弈，雷军的战略思想体系里拥有很多互联网思维，比如乐于打破均势惯性，通过突破性杀伤和建立创新垄断的方式赢得胜利，这种想法在互联网行业屡见不鲜。所以，小米的很多策略表面上看是杀伤对手，但本质还是打破平衡博弈，最终形成不对称博弈的突破。这里必须指出的是，所有厂商都很关注竞争中自身比较优势的发挥，所以它们对于平衡博弈和不对称博弈都是有所应用的，只不过战略重点确实有很大差别。

在能力相对弱小的时候韬光养晦，其实背后就是平衡博弈。平衡博弈最重要的好处是保护自身的稳定性和可持续发展性，我们建议客户在相对弱小或者相对更追求可持续发展的时候，采用平衡博弈的方法。一个点失败了可以用另一个点弥补，渐进地全面突破，但也不要人为地制造短板。维持一种渐进的发展思路是合理的，要始终以夯实自身竞争力为根本。从这个角度看，平衡博弈第一要追求的就是自身竞争力的平衡发展。

# 不对称博弈

不对称博弈听起来和不平衡博弈有一点像，两者的区别在于不对称博弈源自第 1 章的边缘视角。当确认现在的边缘是未来中心的时候，用不对称博弈其实是对未来的执着、高速追求，目的是在未来达到平衡博弈，本质上也不是"杀伤"竞争对手。而用不平衡博弈制造对手的不平衡的同时，自身也容易陷入发展的不平衡，到头来自己修正自己也需要巨大的成本。

笔者和团队对竞争的看法和传统思维还是有很大区别的，说出来可能会引发一定的争议，就是我们在给超级巨头做战略咨询的过程中，不太强调如何"杀伤"对手。因为这就像战场上的肉搏战，其实是你一刀我一刀地对打，你杀掉一个对手，下一个就过来了。"杀伤"对手是没有尽头的，不适合作为战略对标的长期目标。原因如下：第一，你未来的对手不一定站在你眼前，太关注眼前竞争会影响对未来风险的感知；第二，这和当将军和当士兵的区别类似，士兵往往看到的只是一个小战场，并非大战役，而将军的目的往往是和平。杀伤对手是士兵在肉搏战中的生存法则，而提高队伍竞争力、保证赢得战役的最后胜利是将军要考虑的事情。

从这个角度看，笔者不赞成一个广为流传的战略口号，就是"成功需要强大的敌人"，起码这是一种绝对的、特定场景下的表达，不代表战略管理科学的真实逻辑。如果一个组织的发展需要敌人驱动，那只能说明这个组织还没有看到未来，并且本身缺少战略能力。成功的最大敌人往往就是成功本身，因为成功的中心化思维最容易让人忽略边缘的未来。市场竞争中，敌人是杀不完的，但未来就在那里，唯有创新可达。

举一个不对称博弈的例子。我们说说今日头条的 AI 算法和微博算法的区别，这方面我们作过一个对比：微博的算法更支持的是大 V[①]创造明星效应，这有其好的一面，由此微博发展成了一个超级 KOL 的发言平台，靠他们维护了大规模的粉丝群体，而今日头条作为后来者，其实采用的是不对称博弈的思维，

---

① 指微博用户头像处带 V 的账号，大 V 通常关注者众多。

激励的主要是"草根"内容生产者，给予他们成为大 V 的通道，激励他们根据自己的认知创作用户喜欢的好内容。AI 算法是根据内容的受欢迎程度动态给予流量支持，这某种程度上激励了广大内容生产者创作读者喜欢的内容。其弊端也是有的，这里就不展开了。但从不对称博弈上来看，它是相当成功的。

我们试着从个人角度理解这个不对称思维。你如果是一个出身于大家庭和优越环境的城里孩子，那么采用平衡博弈是很容易获得人生成功的，因为你的平衡是别人追求的最终目标。但你如果来自农村、家境贫寒、没有任何资源，那么想脱颖而出需要有不对称博弈的思维。一个人的时间是有限的，农村的孩子很难有财力和环境又学钢琴又学艺术，还能在文化课上有突破。这时候，学习好、成绩好是一个不对称地获得优势的突破口，因为这是面向未来必需的竞争，而读了大学之后，当你有了基本的能力时，追求平衡博弈会让你的人生更加丰富和有价值，因为在竞争对抗中，水桶上最低的那块板子很可能给你带来巨大的挑战，甚至巨大的失败。人生的幸福感要求更多的是平衡博弈，人生拼搏的成就需求则要求不对称博弈多一些。

可见，**平衡博弈是健康发展之下夯实核心竞争力的长期战略，应该是更长周期内企业的核心战略选择，而不对称博弈是基于弱势地位，或者面向未来突破后再平衡的战略思维。前者更倾向于目的，后者更倾向于手段。**两者本质上都是有进取心的博弈思维，反而零和博弈是短期思维，也就是从别人手里抢来自己的成就。虽然在商业竞争中，零和博弈也是很普遍的，比如市场份额的竞争，但从战略视野和格局上看，这只是问题的一个小侧面。从战略的本质上看，我们还是要有长期思维，做未来的强者，眼前的坚韧、忍耐甚至苦难都是赢得博弈应该付出的成本。

人生很难突破博弈的束缚，公司有时候也很难简单地用和气生财来表达平和，平衡博弈和不对称博弈才能最终帮助我们超越竞争本身，在未来获得由内生性动力驱动的成就。这不是乌托邦，而是真实的历史经验总结。

# 第9章 系统论：

## 认知复杂性系统和生态型系统

这一章我们试着挑战一个更有难度的战略思维，就是系统论。系统论总体来说是非常博大精深的，本章只是从两个更容易理解的切入点入手，就是复杂性系统和生态型系统。

**复杂性系统是一种定性的判断**，和简单系统的逻辑清晰相比，复杂性系统和复杂性科学一样，都是国际通用的科学表达方式。逻辑上，复杂性系统必须用多个维度拆解分析，很难从单个维度表达，实际上很多公司的战略问题是复杂性系统的问题。

**生态型系统是一种描述特征的判断**，一般是指企业战略要构建的超越本身个体存在的、考虑到和外部合作及环境关系的战略形态，目的是把公司和外部环境及合作伙伴共同考虑，加大战略纵深地思考公司发展战略。另外，生态型系统，或者有时候叫生态战略，是一种目前被广泛接受的战略形态，几乎所有大公司都已经认可了生态战略的逻辑，也在努力构建基于自身业务的生态。

要进一步了解，还需要再做一点铺垫。"系统"一词来源于古希腊语，意思是由部分构成的整体。今天人们从各种角度研究系统，对系统的定义有很多种，如"系统是诸元素及其顺常行为的给定集合""系统是有组织的和被组织化的全体""系统是有联系的物质和过程的集合""系统是许多要素保持有机的秩序，向同一目的行动的东西"。

　　这里最直白地定义一下：**系统就是由要素构成的整体结构，或者说系统就是由简单事物构成的大的框架。**一方面，系统是由要素组成的；另一方面，系统的运行规律是一个整体。就像虽说一个足球队有自己的系统风格，但由于每一个球员或球星都有自己的特质，所以用一个球员或者球星来代表整个球队就是有问题的。同样，反过来，我们也很难用一个球队的风格定义一个球员或球星。

　　系统论思维对应的就是要素思维。据考证，著名科学家笛卡儿是要素思维的核心奠基人，擅长通过因果关系推论。而系统论思维强调从一个系统的属性来把握全局，比如开放性、自组织性、复杂性、整体性、动态平衡性和关联性等，这一切都告诉我们，系统论的本质是一种现代的科学思维方式，而不仅仅是一种理念。现代的系统论是和很多具体的学科联系在一起的，比如自动化、信息学、控制论和工程学等，这些学科都是系统论的载体，博大精深。今天我们主要分享的是和商业最接近的两个关于系统的战略思维。

　　另外，和系统这个概念联系最为紧密的就是商业系统的平衡性。如果一定要定义，平衡系统指系统的内部要素有序地运动，而系统按照平衡的轨道延续之前的运动趋势，是从整体上把握的维持系统平衡运作的一种思维方式，对应的是不平衡系统。举一个例子，高三的很多学生最苦恼的就是偏科，从外部看，偏科就是打破了平衡系统。家长培养孩子的早期，注重全面发展，实际上也是追求平衡系统。另外，平衡系统一般是一个理想状态，或者是一个掌控系统的目标，大部分时候可能是在系统平衡状态上下左右波动的，完美的系统平衡可能是短暂的。

　　但是，并不能因此忽视平衡系统的价值。在企业家管理上经常举的一个例子就是水桶效应，水桶可装水的体积是由最矮的一块板子决定的，如果不能用平衡系统的思维推动企业的管理，往往就会被水桶效应束缚。而平衡系统其实还有两个变量，就是速度和节奏。当一个静态的系统处于平衡状态的时候，加速和改变节奏都可以使之不平衡。那么如何始终保持系统的平衡？一方面，在人为控制的时候需要考虑到运动的影响；另一方面，就是要在设计系统的时候考虑到未来多种因素下的平衡性。

以上关于系统论的表述确实有一点抽象，这里再举个实际的产品设计的例子。大家耳熟能详的微信，就是一个追求平衡系统的产品。张小龙提出过让微信"用完即走"，说的是不想让人在微信上浪费太多时间，否则就意味着有很多信息和娱乐黏住了用户。打破了平衡系统，带来的必然就是系统生命周期的衰竭。这是非常了不起的思维。

# 复杂性系统

那么，什么是复杂性系统呢？

实际上，基于对系统的认知，我们已经可以窥视到复杂性系统的根本逻辑。其一，复杂性系统一定是多要素参与的，一个商业模式如果就是简单的买和卖的关系，还不算复杂性系统，但是如果加入产品、服务、解决方案和咨询等产品内容后，每个产品形态都会延伸出对商业模式的要求，那么这家公司就是一家复杂性系统的公司。其二，复杂性系统往往需要多视角、多维度的观察和评估才能深刻了解。一眼就能看透逻辑的系统，一般不是复杂性系统。比如，小卖店就不是复杂性系统商业模式，一眼就看明白了。而一家大型购物中心就是一个复杂性系统，涉及多层次参与者的方方面面。当然，认识到这一点是为了做复杂性系统的判断。其三，复杂性系统不见得就是大系统。有时候一个小而美的商业模型同样是一个复杂性系统，比如互联网公司早期的形态虽然只是一个 APP，但是极具商业魅力，因为它本身可以发展成为巨大的复杂性系统。

于是，下一个问题就出现了，定义和了解复杂性系统对于企业家和管理者有什么指导意义呢？基本上有下述三条指导意义。

**第一点是，当我们判断是某个系统复杂性系统之后，就需要对"了解系统"**

有一定敬畏，不能简单做出判断和得出结论。当我们认识到购物中心是复杂性系统时，就不能简单地从收入和成本的角度衡量商业战略是否合理，因为还需要考虑到商家和消费者是否从中获益。如果购物中心的战略只考虑到自己，商家长期参与意愿下降，自然会导致战略的失败。这一点看起来简单，但是确实也是一个必要的提醒，实战中是很容易简单化地对复杂性系统下结论和作判断的。

第二点是，改变复杂性系统的内在逻辑需要要素突破，但需要清晰认识到要素突破带来的系统紊乱并不是最终目标，最终目标是达到新的平衡。还拿购物中心举例，我们研究一家购物中心的战略会发现很多问题，但想提高这家购物中心的竞争力并做出改变，则需要从最犀利的切入点入手。假设这个切入点是通过低租金招募更多大流量的商家，这自然会带来短期的租金回报率的下降，给企业经营带来压力，但长期的专业运营也势必带来水涨船高的联动效应。

第三点是，清晰地提醒企业家做一个伟大的生意需要从小而美的复杂性系统架构着手，而不是从一个大而不强的规模入手。在实际战略设计中，经常有这种进退取舍的挑战。假设一家房地产公司片面地追求拿地和销售规模，最终带来的就是大而不强，遇到风吹草动很容易出现崩盘式下跌。但是如果稳健经营，专业至上，从小而美的专业主义入手，精耕细作每一个项目，往往会体现出更强的抗周期能力。**有时候小就是大。**

所以，企业家和管理者对复杂性系统的认知和敬畏是一种基本的战略管理素养，在企业发展壮大的过程中也是需要及时调整和改变的。

# 生态型系统

再说生态型系统。其实生态本身就是一个大系统，一般也是复杂性系统，而生态型系统强调的往往是比系统更大的一个层面，或者说是给内在商业系统加上外部的变量。比如森林里的一棵树，从这棵树的角度看，它本身就是一个完整的平衡系统，但是从森林的角度看，它可能因为树冠过大，压制了其他树木的生长，也算破坏了一个大生态。当然，这个大自然的类比没那么简单，背后还有生态自愈性和竞争合理性的问题，如果一个森林里都是大树冠的树木，自然就形成了一个全新的生态。比如微软，它从一个与所有巨头对抗的寡头，蜕变成新时代的生态王者，这值得我们借鉴和研究。在讨论微软重生成为世界级公司的战略选择时，我们一直认为是微软现任 CEO 萨提亚·纳德拉推动生态共生性合作带来的，当然，从表面看，具体的行动是云服务业务的拉升。

因此，在研究商业生态的时候，考虑的最核心问题就是共生性问题，即多个系统如何共生于一个大生态之下。所以，系统地对生态型系统形成认知是一个很重要的战略管理思维，对于商业生态的战略逻辑我们做下面几个拆解。一般而言，商业生态都包括如下几个要素。

## 生态级产品

什么叫生态级产品呢？我们将其定义为：能承载生态价值，并具备放大生态整体价值的产品形态。比如，智能手机就是一个典型的生态级产品，华为手机目前的“$1 + 8 + N$”的手机驱动 IoT 的战略设计，就是一个智能手机驱动商业生态战略的例子。我们在 2016 年底给华为终端产品线做培训的时候就提出过类似思路，当时提到一个问题：手机能否成为操纵一切的生态核心呢？比如把手机植入汽车车体提供计算力，把手机插入电视机提供无线网络等，在手机里面装入很多智能家居的内容可以控制整个家庭，所以手机今天成了典型的生态级产品。

放大了看，生态级产品有两类，一类是功能集成的产品，包括多功能复印机，它就在不断集成；另一类是功能通用的产品，比如 3M 公司的很多高能胶水可以在很多场景应用。如果企业要构建一个生态，那么自身必须掌握生态级产品，这意味着企业对整个生态有掌控力，比如谷歌的 Android 和苹果的 iOS，没有这个能力是没有办法构建智能手机生态的。

## 生态级会员

　　生态级会员往往也是生态系统商业模式构建的核心，从互联网逻辑上看就叫打通账号，比如微信就很突出，很多网站可以通过微信登录。支付宝和微信支付在这方面做得确实非常好，都是生态级产品，其背后的会员体系就是生态级会员。应该说百度没有获得腾讯、阿里巴巴那样的格局和影响力，原因就和没有生态级会员体系息息相关。

## 生态级入口

　　在一个系统企业要构建商业生态的时候，必须有生态级入口的概念，形成"一个入口进入，多个应用参与"的认知至关重要，企业家和管理者要不断确认自己提供的入口是否是生态级的。同时，可能很多企业想构建行业的生态级入口，但提供的入口如果没人用，生态必然是失败的，更别提扩展到行业了。生态级入口往往决定了生态最终的成长性。

## 生态级联盟

　　生态级联盟指的是生态和内外部伙伴的合作关系。如果一个企业立志构建一个生态，就要有做盟主的心理准备，把大家组合在一起，提供让大家共赢的规则，这个联盟是支撑生态的必备手段。

## 生态级组织

　　生态级组织指的是企业内部的组织形态，生态建设要求企业的团队组织从以前中心化的管控式组织，发展为支持创新矩阵的服务型组织。传统的公司组织形态首先是服务自己商业需求的，但是如果想构建生态，还需要更多服务外部的合作伙伴，这就对人力资源的组织系统提出了新的挑战。

以上是对商业"复杂性系统"和"生态型系统"的粗浅分析，直观地说：前者需要认识到复杂系统的战略性特点，后者更多的是需要认识到构建逻辑。**对于企业管理者来说，任何形式的"系统"追求的最主要目标就是平衡，而"生态"追求的核心理念是共生。**

最后，也建议企业管理者能够用"系统论"，对复杂性系统和生态型系统多一点自己的体会和认知，并应用到管理实践之中，形成自己的系统观念。同时，要尽量从调试系统的角度处理要素思维，防止用力过猛，也防止对单一要素的简单放大，这些都会带来新的不平衡。

总之，管理者用系统论看企业的内外部战略，用平衡和节奏进行管理，更能体现领导力之美。

# 第 10 章 竞争论：

## 认知战略普遍性和战术特殊性

本章讲的内容是"战略普遍性"和"战术特殊性"，这两点都是在竞争中需要把握的基本原则。

当然，这里谈的"普遍性"和"特殊性"是相对的，不能绝对化。在竞争中战略和战术具有广泛的应用场景，这里我们强调的是从战略咨询角度来说更侧重实战的方面。

**战略普遍性促使公司领导者广泛地学习科学管理的方法，特别是基于复杂性科学原理的战略大逻辑。**有两个层面的拆解：一方面，如果用这个思维指导我们的实践，领导者需要有广泛的知识储备，理论上对任何一种科学形态的钻研都会对战略制定、设计和落地应用产生好的影响；另一方面，理解和借鉴成功公司的大逻辑，或者学习专业咨询公司的专业成熟框架，要比学习具体的事情处理方法更加有价值。

**战术特殊性提醒企业家在认知公司的时候，首先要思考和把握自身基因、发展进化历程和组织特性，因地制宜、因材施教地设计战略和管理办法，灵活决策。**切不可盲目照搬别人的所谓成功经验，因为任何一种经验都是有适用土壤和局限的，更绝对地说，任何一种商业的成功都是时代的成功。还有一个潜台词就是关于战术的创造性，一般而言，激烈竞争中的战术，其创造力往往会起到意想不到的效果，而创造性的根源在于差异化，这更需要对战术特殊性有深刻理解。

这两点看起来非常简单和普通，我们为什么将它们单独作为战略思维特意提出来呢？是因为很多企业家虽然经常提及，却也经常把这个大逻辑弄反。就像10年前很多企业家大谈特谈多元化的好处一样，从战略基本逻辑上来说，一方面，他们看不到世界500强专业性的普遍性规律，把涌现的时代性机会看成常态，这是对战术特殊性的误读。实际上，把握一个时代的机会不能盲目跟随大而全的多元化潮流，做精做深的专业化路线也是一种选择。另一方面，他们对学习很多公司独具特色的经验方法非常热衷，这也是国内多种企业学习班层出不穷的原因之一，这是对战略普遍性的典型误读，是超越普遍规律、痴迷狭义成功经验。实际上，国内的成功企业往往是"各领风骚十来年"，当它们的模式被广泛推崇的时候，一般早已经过了多年发酵和传播，也许正是模式老化和落后的开始。可见，深入理解这两个原则对于企业家是多么重要！

华为顾问田涛老师在笔者的访谈中曾表示："华为本质上是拿来主义，市场、产品、人力资源，包括后勤保障体系都做得比较好，没有什么短板，但都是以最开放的姿态向别人尤其是向西方大企业、西方咨询公司学习，并结合自身实际搅拌、糅合和创新，是一个文化与制度体系的杂拼式创新管理，但其核心是美式构造。"

从这个定义来看，田老师认为华为将管理知识和经验看作重要的生产要素，而搅拌与糅合的过程则是形成于大逻辑的借鉴，这体现了战略普遍性的基本规律，所以华为并没有简单化地将一家公司当作复制学习的目标。这一点在他的文章《华为文化：亦中亦西，非马非驴》中有非常生动的描述，就是"华为是那种'食五谷杂粮，壮自身肌肉'的广谱型文化物种"，换句话说，华为是一个多种规则的融合体。是的，一家公司是什么并不重要，重要的是辩证地看一般性和特殊性的基本规律。而从华为的实践来看，华为在战术的安排上具有很强的因地制宜地决策的能力，也是充分授权的，这也是战术特殊性的表现。

　　周掌柜战略咨询团队在 2018 年调研字节跳动投资的 TikTok（抖音海外版）东南亚市场的时候，也发现了类似的情况。当时我们在泰国调研，和来自印尼的 TikTok 网红进行了交流，他们展示了自己的才艺和影响力，让在场的嘉宾都很有感触。实际上，跨文化的年轻人，审美情趣非常接近，TikTok 往往能够抓住不同国家年轻人共性的乐趣，形成一个全球范围内的年轻化信息平台，背后的根本原因就是他们掌握了具有跨文化核心竞争力的普世商业模型。

　　这里的战略普遍性体现在，TikTok 和抖音在中国的商业模型和战略特点完全相同：首先都是以年轻人的时尚潮流为主；其次都是追求流行元素，围绕一些可以广泛复制和传播的内容形成影响力；再次就是都成功地在各个国家专注于打造网红，并且为网红创造巨大的流量和收益；最后就是 TikTok 在泰国、印尼和日本的团队都很年轻，保持着互联网公司年轻化的组织特色，并且对于年轻人的审美也非常有洞察力。还有一个细节就是字节跳动在国内外的组织都非常扁平化，通过飞书等办公软件实现了高效决策，支撑了对时尚潮流的快速捕捉。以上这些都是战略层面的普遍性大逻辑，笔者认为其中体现了张一鸣对年轻人认知规律的洞察，他把互联网组织的优势发挥到了极致。

　　那么，字节跳动的这种战略普遍性规律，是否其他公司也可以借鉴呢？比如其他的互联网公司。答案是肯定的。应该说有两点最值得学习和借鉴：其一就是对于年轻人重要性的认知，因为互联网公司的活力是生存之本，而活力的主要来源就是年轻人，夸张一点说，得年轻人者得天下；其二就是对于扁平化组织重要性的认知，应该说上一代的 BAT[①] 在快速发展之后，其组织在某种程度上都是事业部制的创新格局，这当然不能说是问题，因为大公司需要稳定的管理架构，事业部制能兼顾管控和创新。但是当事业部制不断发展壮大之后，实际上会形成多个矩阵式组织，此时效率就会降低。更加扁平的组织管理模式可以更有效率地促进公司发展。在这一点上，张一鸣通过飞书的投入和应用提

① 指百度（Baidu）、阿里巴巴（Alibaba）和腾讯（Tencent）三家中国互联网公司。

高了组织效率，这不得不说是洞察到了高效率组织的管理密码，掌握了普遍性的规律。这一点在飞书推广的成功中得到了印证。

那么，字节跳动是否具有战术特殊性的特点呢？其实也是有的，这就是其他公司不适合照搬的方面，比如围绕 AI 算法的流量推荐技术，抖音乃至快手短视频平台其实都是更善于挖掘长尾人群、创造多元化的内容，没有和微博去争夺大 V，这就是战术特殊性的一种表现。微信视频号则走了另一条路，就是更重视挖掘高端人群、获取更加专业的内容。视频号作为追赶者，选择了在微信生态下的高质量内容生产供给，从这一点可见张小龙对于战术特殊性的理解非常到位。

本章涉及了非常核心的问题，就是如何学习和借鉴竞争对手，所以，我们确实也应该好好看看战略普遍性和战术特殊性这两点究竟有哪些落地原则。

笔者在这里有几个大型公司项目经验中的心得和大家分享。

1. 培养广泛的兴趣爱好，多方面获取知识，特别是复杂性科学的多学科知识，并且试着将很多原理和战略管理进行匹配，培养触类旁通的思考习惯，这有利于深入理解战略普遍性。

2. 在分析大公司成功经验的时候，试着从里面提取大逻辑，即普遍性规律，进行抽象归纳，不做过多细节的演绎，而是梳理大颗粒度的战略规律。自己梳理的战略普遍性往往用起来更得心应手。

3. 善于使用专业的咨询公司，学习借鉴不同的方法论，以形成广泛的方法论获取来源。应该说业内有一定影响力的咨询公司一定都有一套自身独特的方法论，可以在合作中很快地融入自身企业，这就是说要善于学习专业的战略普遍性成熟产出。

4. 对于战术的研究，重点思考对标企业或者竞争对手在重要的战略背景下使用的战术逻辑，并追问为什么用这种战术。这样可以很好地揣摩和发现对手的成功密码或者弱点，也是为了让自己的企业能够在战术特殊的情况下寻找适合自己的方法。

5. 对于自身的战术设计，需要有独特的灵巧应对之道，与对手保持差异化，让团队在自身战术创新中磨练打法，因为战术特殊性的成熟需要不断因地制宜地打磨。

6. 对于有一定体量的公司，则建议在战略部的组织设计中，分配几个人专门研究打法层面的创新。虽然我们不建议盲目模仿某种打法，但是如果有一个系统的研究过程，往往能从多个打法中找到适合自己的组合打法，也就是融会贯通地吸收很多打法的优势，规避劣势，这在实战中一般会有很好的效果。可见，战术特殊性最终应用到打法创新往往是最有价值的。

以上是根据我们长期的战略咨询经验做的一点总结，下面试着再做一点概括和提炼：用战略普遍性规律可以大颗粒度地汲取知识，用战术特殊性规律可以小颗粒度地储备打法。两者结合，往往会起到意想不到的效果，让公司在竞争中能够独树一帜、借鉴成功经验并发挥自身特长，立于不败之地。

# 第 11 章 层次论：

## 认知战略竞争、战术竞合和战场竞技

战略、战术和战场是企业管理中经常用到的三个词语，实际上也是三个层次，看起来简单，但是真正用的时候同样容易出现混淆。

## 战略竞争

战略一般指顶层设计，是通过规划为企业设定一个独特而有价值的定位和整体框架，包括规划一系列差异化的行动，以及定义希望达成的最终目标，这些都是战略的组成部分。

战略设计的目的当然是直接指向竞争的，面对市场竞争是企业存在的核心价值。或者更加直截了当地说：企业和企业之间的根本竞争就是"战略竞争"。

在战略管理中我们可以把战略设计具体化为几个维度，包括**价值主张（及使命愿景）、商业模式（战略地图）、战略目标、外部环境洞察等**，这些一般是战略考虑的顶层设计方面的内容。

其中，"价值主张"是公司创造价值、发挥价值和运用价值的核心原则，也是牵一发而动全身的核心观念，所以无论是创业公司还是成熟的大型公司，在做战略设计的时候肯定需要反复推敲价值主张。而且，在实际的战略设计中价值主张往往是和使命、愿景同时思考的，也是一套系统的顶层设计逻辑。很多时候，企业家和管理者不太重视价值主张的定义，认为这是一个很虚的东西，只是几个字的口号。不过笔者从长期实践中感受到，欧美公司都非常重视这一点，并且确实将价值主张融入公司各个方面，形成一种支撑。

"商业模式"一般针对中小型公司，用于系统地梳理业务模式和盈利模式等，这一点是战略必备的要素。超级巨头和大公司虽然一般已经有了清晰的商业模式，但依然有在特定的时间窗口重新定义的必要。比如，微软公司在视窗操作系统风靡全球之后，找到了云服务业务的第二条增长曲线，也就是构建了一个新的商业模式，进而获得了更大的成功，这恰恰说明了商业模式的重要性。

"战略地图"则是一些战略清晰、商业模式清晰的企业达成战略目标的通用方法论。很多企业很看重战略地图对于落地战略的价值，它也是支撑战略的重要组成部分。

"战略目标"一般指战略的最终指向，包括宏观的公司希望的发展状态，以及微观的具体量化指标。战略目标的设计在战略设计实践中也是非常核心的一环，对于不断地矫正行动有着很好的指导意义。

"外部环境洞察"也是战略研究中的核心要点，有了对外部环境的研究和理解，才能更合理地评价战略的最终价值，并对领导力起到直接的影响作用。

以上都是战略顶层设计需要重点思考的核心问题。当然，为了达到对战略的系统构建，战略咨询公司一般需要两种工具。其一是战略设计方法论，比如波士顿咨询公司的波士顿矩阵、麦肯锡的麦肯锡方法。周掌柜战略咨询团队主要用"周掌柜战略矩阵"。这些一般是每家公司的独门绝技。其二则是研发具有自身特色的战略思想，也可以叫作"思想领导力"，每家战略咨询公司都有自己的一套思想体系，用来指导战略的设计。但需要指出的是，战略并非仅仅是一个定位那么简单，而是一个系统挖掘公司比较优势并且形成系列支撑能力的全过程，仅仅用定位描述战略的价值实际上是很片面和狭隘的，而且容易造成公司的战略浅薄和没有持久竞争力。

# 战术竞合

　　战略相对来说需要在一定时期内保持稳定并且不断地丰富内涵，而战术往往是跟随具体的实际情况灵活多变的。战略竞争是企业成功的根本保障，这一点越大的企业认识得越深刻。而战术竞合更多的是讲在战术层面，竞争和合作是并存的，特别是，合作的重要性在这里有突出的展示。下面我们拆解一下"战术竞合"的逻辑。

　　战术不是商业模式，商业模式往往是静态的规划，而战术往往是运行商业模式的一系列动作，或者阶段性动作；战术也不是战略地图的拆解，战略地图也是一个静态的规划，可能包括一些战术的规划，但战术更需要根据实际情况有更加立体的分析。也有很多企业，直截了当地把战术归纳为打法。而战术竞合实际上包括竞争的具体策略、合作的具体策略，这些都是企业制定战术时绕不开的。

　　一般来说，我们会认为战略具备普遍性，而战术具备特殊性，前文已经有很多叙述，这里不再过多重复。战略普遍性一般指制定战略的方法论是普遍的，工具是普遍的，各个公司面对的基本逻辑是普遍的，应对挑战的方法和成功方法都具备普遍性特征，这些都使得战略咨询的主要工作就是对于普遍性的规律总结和普遍性对标，所以战略咨询的意义就在于这种普遍性。但战术具备特殊性，每一家企业在落实战略的具体行动时不应该盲目抄袭和照搬，要考虑公司的基本环境和特点。比如华为、德国博世都不是上市公司，因此这两家公司的员工激励方法自然和上市公司不一样，不能完全照搬。

　　那么战术竞合在具体业务中如何体现呢？我们最重要的归纳有三点：第一点就是以有效的策略打法为战术所制定的目标，特别是，目标要承接战略，体现出灵活的战术特点；第二点就是需要清晰地认识到合作对于企业成功的价值，如果仅仅强调竞争，往往会让企业走上一条凶悍但没有后劲儿的路，长期来看会造成没有人愿意和你深入合作，而没有合作的竞争，会使失败的概率变大；

第三点就是战术制定需要借力打力的思维指导，很多集成类的厂商很善于把合作伙伴的能力加以放大，一起创造更大的成功，比如华为手机借用德国徕卡相机带火了 P9 手机，这就是一个很好的战术竞合的表达逻辑。

## 战场竞技

在早期西方军事学说体系中，除了战略和战术之外，还有"战役"这个概念。所谓战役，实际上就是一种大规模的战场竞技体现。随着技术的进步、战争规模的扩大以及会战组织规模的复杂化，原有战争体系已渐渐无法满足战争的需要。历史上，普鲁士军队改革派在前人的基础上，在战略和战术之间增加了一个新层级——战役，于是战役便成了一个独立的、高度专业化的军事行动层级。而战役实际上是从战争角度出发，那么回到企业，战役就是我们通常意义的战场。

战场是瞬息万变的，一方面，竞争对手的战略逻辑会发生变化；另一方面，自身的能力和状态也时刻在发生变化。所以，战略制定者需要有非常敏锐的战场洞察力，从过去发生的竞争中找到线索，从现在发生的竞争战场上找到问题，并对战略的制定提供借鉴意义。在军事历史上，普鲁士最后逐渐形成了现代参谋制度，对于企业来说，使用战略咨询公司也有类似作用。所以，在战场上核心能力还是"技术"这个根本。

总结来看，战略是需要顶层设计的静态规划，战术是需要灵活多变、因地制宜的应对方法，从战略到战术的落地过程体现了领导者和管理者的最大价值。战场则需要在实际竞争中应对瞬息万变的变化，不断解决问题和挑战，需要的是技术、技巧。

如果企业家和管理者错误地把战略看成战术，则往往出现底层的战略缺陷，可能造成"主帅无能累死三军"的问题，也可能出现错误战略造成的失败，所以战略问题确实是关乎企业成败的。但如果仅仅关注战略问题，对于战术和战场缺少思考，对基层和前沿业务的理解薄弱，则即使执行的是正确的战略，也可能带来巨大偏差，最终自身也会产生怀疑，并且造成反复。战场则是企业家和管理者获得终极指导的核心点，完全没有战场思维的企业家往往会出现误判，但仅仅拥有战场思维的企业家往往缺少大格局的前瞻性。

因此，战略、战术和战场这三方面的能力是企业家和管理者缺一不可的，也是需要平衡兼顾的三个重要能力。

# 第 12 章 模式论：

## 认知摇齿轮模式、斗兽场模式和拳击模式

本章主要探讨商业模式的问题。商业模式实际上是一个仁者见仁、智者见智的问题，很难说哪一种商业模式一定是通用和有效的。而且商业模式最核心的战略逻辑就是差异化，所以有时候出其不意会有更好的效果。

在商业模式的研究中，笔者高度尊重企业家、管理者和创业者基于对市场的洞察形成的基于实践检验的模式，这是一个大浪淘沙的灵活战略应变问题，不是一个需要在象牙塔中研究或者书生意气地高谈阔论的话题。不过，在长期的战略研究实践中，我们从超级巨头业务的发展逻辑中，还是可以找到出错概率更大的一些商业模式，或者可以叫商业模式的特定误区。相信这种分析和提炼可以给大家提一个醒，从战略思维角度认识到有一些看似美好的模式其实存在着巨大的战略局限。

## 摇齿轮模式

摇齿轮模式是一种看起来非常美好的战略逻辑，很多时候被形容得无与伦比地精彩。一种情况是这样的：当企业拥有了竞争力 A 的优势，就可以获得 B 的结果，而 B 的结果放大之后，就会出现 C 的产出，C 还能带来 D 的效益，所

以 ABCD 就是完美极致的商业模式。这乍一听蛮有道理的，企业家谁不希望做的每一件事情都有价值，产生连锁的反应，并且形成合力呢？企业家和管理者大部分时候最为担忧的就是做了无效的投入或者达不到战略预期。

另一种是我们经常听到的"一箭多雕"这种情况。在商业竞争中，很多时候确实也存在这样的特殊情况，做对了一件事，产生了多种好的效果。

可是，就是因为这两种情况看起来太完美了，所以迷惑性也更强。乐视之前描述的商业模式就有这样的痕迹，它的逻辑听起来天衣无缝。乐视模式的第一个逻辑是乐视有了乐视网就有了最优质的内容，这有利于电视机行业的发展。贾跃亭说电视机未来可能是免费送，然后用户可以获得长期的内容收益，而且电视机普及了还有利于销售手机，手机销售多了又会让内容得到丰富，最后这个齿轮越转越快就可以超过苹果。听起来豪迈吧？这一点足以让人刮目相看，因为行业内几乎所有公司还在苦于电视机或手机销量的竞争，贾老板已经开始大规模免费送了，自然市场份额暴涨。而且，乐视提出的生态战略听起来比苹果的还炫酷，简单地说就是电视机的生态系统可以和手机联动，这样就形成了一个"电视机＋手机"的大生态，这个生态还可以继续扩展到其他"内容＋软件＋硬件"的环境中，那想象空间就更大了。之后更是大手笔想象力：有了以上生态之后，智能汽车就是一个十倍市场的复制，加在一起可形成一个乐视超级生态的闭环。

听起来是不是激动人心，比苹果还苹果，比华为还华为？如果内容、软件、硬件的互联网延展能和汽车的产业科技世纪创新结合，那这个齿轮转起来后一定轰鸣得震天响。事实上也是如此。乐视的故事之所以广为流传，就是因为这个故事确实拥有 ABCD 联动的想象力，都是"一箭多雕"的聪明人玩法，而且每一个推理看似都是没毛病的，也符合一般企业家的认知逻辑，老百姓更是会觉得贾跃亭又有抱负又实干。

但这些炫目的东西注定不是商业模式的本质，原因如下：第一点，商业模式的本质是提高自身的比较优势并且形成长期竞争力，是围绕具体产品和服务而言的，商业模式本身在成熟的市场上不构成核心竞争力，我们没看到哪家欧美公司靠商业模式基业长青，更多还是靠技术创新、产品领先等硬实力；第二点，乐视的模式缺少从用户出发的价值研究，一台电视机的用户肯定先考虑电视机的体验，而不会关注和手机有什么关联，这是一个弱需求；第三点，因为效果是联动的，所以任何一个环节出问题都会带来系统影响，这也是摇齿轮模式的弊端；第四点，"一箭多雕"在实战中往往说明你的商业模式设计不够聚焦，不够专业，所以泛泛地产生了很多连带影响，但可能哪个影响都很弱。所以，这就是一个缺陷百出的"摇齿轮"商业模式乌托邦。

再举一个"摇齿轮"的例子。创业者有时候受压力所迫，喜欢用摇齿轮的商业模式讲故事。笔者作为长期创业者，有过多次实战经历，所以对此记忆犹新。在一个特殊的环境中谁都有可能陷入"摇齿轮"的误区里，用逻辑的自洽和未来的美好愿景激励自己和团队，自己说得时间长了就会形成一种不断强化认知的闭环。不说别人，简单讲一个自己在实践中出问题的例子。在 2014 年的时候，我们投资了一家叫作云专柜的社交电商公司，当时我们考虑的一个商业模式就是典型的"摇齿轮"模式。首先，通过大量的一元购亏损行为吸引客户；然后，让客户体验产品，进一步发展他们成为平台的掌柜；之后，利用一种二级分销的模式，虚拟商铺帮助这些掌柜在业余时间通过分成模式获得收益；最后，理想的状态是掌柜一方面卖货，另一方面发展掌柜，因为只有两级分销，所以也规避了多级传销的风险。当时的出发点是希望社交化的传播能获得极大的流量支持，汇聚每一个小商家进而形成大的商业规模。

即使在 7 年后的今天听起来，这个模式也可能会吸引很多人的注意力，而且当时我们首先发明了"呼叫工厂"一件代发模式帮助企业登录平台，其实比拼多多还要早一些做这个拼单模式。但当时在这个模式的运行过程中挑战非常大。其一，需要巨大的投资才能长期免费做一元购，这是一个很重要的条件。其二，需要管理好每一个掌柜，教会他们很多销售技能。其三，需要针对掌柜小规模销售的特点找到很多适合的产品。其四，需要长期关注一般电商必备的供应链等核心能力。可能对于一家成熟的电商公司这些都没有问题。其五，也是最重要的，就是所有这些都是寄托于微信生态的，特别是朋友圈，所以受制于微信的战略影响。

可见，对于创业型公司，这种"摇齿轮"的商业模式还是太复杂了，销售产品和销售会员资格两条腿走路看起来是两种选择可能性，实际上极大地增加了管理的难度。最终，这个创业项目以惨淡收场。

# 斗兽场模式

顾名思义，斗兽场模式就是先找到一个大众泛关注的点，选择强竞争切入，好比加入斗兽场的决斗，置于死地而后生。这个商业模式听起来非常豪迈，其中饱含热情，也很容易激发投资者和团队的美好憧憬。不过，从我们做巨头战略管理研究来看，这种模式无非是一种被情绪包装了的"红海竞争"模式。

创业团队或者创新团队的早期资源注定是有限的，用前面讲的战略思维来看，更好的方式是选择边缘视角，而非斗兽场的中心化视角，另外也要避免成为众目睽睽之下的中心。这注定是巨头们的争夺焦点，这里面蕴含的机会看起来大，但留给你创新的空间不见得大。

而且，斗兽场商业模式往往会给自己设定一个假想敌，内心中会形成"打败了假想敌就可以获得商业成功"的预期假设。这本来是人之常情，所有创业公司早期讲述自己的故事时，一般都会说可以把谁谁谁打败。在这方面我们没有必要苛求每位创业者都能心平气和地超越竞争，血性和战斗力也是创业家最为宝贵的品质。但商业实战毕竟是需要理性思考和思辨的，有能力打败对手是好事情，不过如果把所有注意力都放在对手身上而不是从如何服务客户出发想问题，自然容易陷入为了竞争而竞争的误区。而且，商场里面一般也是各领风骚一两年，你打败了一个对手，还有另一个对手，打败对手并非创业者成功的根本目的，顶多算一个达到目标的手段而已。

总结起来，斗兽场模式是一种明显情绪化的"红海竞争"商业模式，也是非常常见的认知误区。从创业激情的稀缺性上看，一般这种斗兽场模式不太会被否定，更多的时候是被激励，背后的逻辑很辩证：创业是非常艰苦的，常人难以承受其中的压力，如果没有在斗兽场中间决斗的勇气，自然更不容易成功。但是创业者，乃至企业家和领导者，需要非常清醒地意识到斗兽场模式可能是企业运营过程中一个特定阶段的特定选择，并不能作为商业模式的常态。

# 拳击模式

拳击模式代表着一手握紧比较优势，一手握紧竞争力的模式，左一拳，右一拳，反复进攻。比较优势是对于自身能力的挖掘，和环境有关，但主要是从特质出发，即个人、组织和关系网络中拥有的和别人存在差异化的能力特质。理论上任何一种相关的比较优势都可以发挥成为可转化的竞争优势。竞争力就是依附于公司的产品、服务的能力，往往代表着正常的商业运行需要的能力特质。

我们看到，比较优势关注的是自己。所谓比较，就是一种基于对标的客观评价，而竞争力是理论加实践的结果。两者叠加，就是不仅看自身的情况，也观察外部动态，并进行和竞争对手的对标，内外兼顾地平衡自我认知，同时在行动上左拳和右拳交替出击，更加精准有效。

拳击模式比较符合实战要求。在商业竞争实战中，企业家和管理者在战略管理规划中，一般是稳扎稳打，走一步看一步的，这和打拳击很像。第一拳打出去，发现没效果，做好防御，马上准备第二拳，第二拳打出去发现有效，马上换个拳头左右开弓。是不是有了一点画面感？实际上好的商业模式从领导力要求上看都是打拳击的，是动态变化的，直指目标。实战就是这样，外部环境和对手策略瞬息万变，你需要像打拳击一样高度紧张。

拳击模式也是一种基于力量角度客观认知的模式。我们经常说"秀才造反十年不成"，这是一个很有意思的典故。仔细推敲起来，秀才确实不懂如何使用力量。有时候我们也说唯快不破，实际上背后指向的还是力量，快本身就会孕育超常的力量。在网上我们会看到马保国讲太极拳，他说得头头是道，最后在比赛中被几拳打趴下，这就是由于对于力量的训练不够。

商业竞争是非常残酷的，力量是本质中的本质。如果力量强大，那么即使策略有一点瑕疵，也能遮掩问题，赢得竞争。在海湾战争中，美国先在海湾云集了 100 万大军才对伊拉克的 40 万大军开始攻击，这是值得我们深思的。拳击模式就是一种力量博弈，是左右开弓、灵活应变的模式，从战略管理角度看，我们认为这是一种比较理想且很普世的模式。

这里讲解的摇齿轮模式、斗兽场模式和拳击模式都是对战略竞争中商业模式的抽象，当然可以演绎的这种抽象很多，不过这三种模式确实是比较经典的。前两种模式的问题是比较多的，也确实存在着认知误区，第三种模式也存在误区，就是认为拳击的战法太简单了，似乎没有招式灵活的那种智慧。不过实战就是这样的，越复杂的东西越是"摇齿轮"，越是看起来激动人心的打法越是"斗兽场"人声鼎沸的噪声。

最后，希望企业家和管理者在商业模式设计中，也能找到围绕比较优势和竞争力的交替打法，让企业充满力量，达成辉煌的目标。

# 第二部分
# 必知战略原理

如果说第一部分的"高维战略理论"是通过复杂性科学原理驱动我们思维进化的发动机，那么这部分的"必知战略原理"则是战略实战中的工具箱或提词器。很多企业家和管理者有这样的感触，就是对于自己认为很有道理的一个想法，往往是在想法得到印证之后，自己才会更加自信，而且，很多战略推理是从既定的原理出发得出的更大结论。"原理"出现问题，结论的偏差就会很大，但原理和理论不同，需要更加针对具体挑战和具体情况，这也是本章总结和提炼多个战略原理的意义之所在，实际上很多原理是顶尖企业家普遍应用的，所以称之为"必知"并不为过。

# 第 13 章 第一性原理：

## 基于初始本源、本质的永真要素和逻辑

"第一性原理"这个词这几年逐渐兴起，因为表达充满质感，而且与中国文化中的"正本清源""溯源本质"等思想异曲同工，所以广受引用。而这个名词达到火爆的程度应该归功于特斯拉创始人"钢铁侠"埃隆·马斯克（Elon Musk），他曾在采访中提到自己特别推崇"第一性原理"思考法。

如果对这个词下一个定义，我们可以这样系统地论述："第一性原理"指的是回归事物最基本的条件和逻辑，将一件事或一个事物拆分成各要素进行解构分析，从而指导实践并找到实现目标的最优路径的方法。更直白地说，第一性原理是最初始本源、本质的永真原理逻辑。

该原理源于古希腊哲学家亚里士多德提出的一个哲学观点："每个系统中存在一个最基本的命题，它不能被违背或删除。"而我们运用第一性原理，主要是提醒我们聚焦一件事的本源做本质思考，而不是在错乱比较中浪费精力或思维飘逸。

对于企业家和管理者而言，习惯性的判断思维一般是对比、比较和标杆分析。比如，某公司成功之后，学习的人往往趋之若鹜，但他们往往在别人的成功中忽略了自己生意的根本逻辑；有时候企业家在决策时往往会参考很多之前的类似案例，并不是从自己面对的这个事情的本质出发分析和解决问题。这两个现象是非常普遍的。

　　那么，马斯克是怎么应用第一性原理思维的呢？马斯克有一个创业项目是造火箭，也就是已经成功的 SpaceX 项目。在我们的认知里，这样的事情只有国家才有财力干，但是马斯克认为：一架火箭，原料成本只占其总成本的 2%，就算还有其他成本，那也都可以优化。所以，他认为可以把火箭成本降低到只有现在的 10%，并且可以通过回收利用的方式将火箭变成人类星际旅行的重要工具。这是一个典型的跳出对比思维，从本质出发找答案的鲜活案例，不过，这个案例更多是从"颠覆式创新"角度说的，也就是对于还不存在的事物的判断逻辑。还有一个关于马斯克的小故事，有一次他在军校参加论坛，被问及如何为美国赢得战略竞争，他思考后的回答是：科技创新。这实际上也是一个第一性原理的逻辑，因为人类长期以来的竞争力获取都是靠科技创新。

　　再举一个管理中应用第一性原理的例子。很多企业老板遇到过员工提出离职的问题，这个时候你会听到很多很多的理由。如果提出离职的是一位你想保留的优秀员工，可以试试用第一性原理思考他或她的具体动机。你可以用同理心换位思考一下，如果你是他或她，在最基本的精神和物质层面，想从公司获得的本质东西是什么？公司是否有必要满足并留住他或她？这样最终最有可能的两个答案，一个是职业的成就感和获得感，一个就是优厚的待遇。特别是后者，应该是离职的主要因素。这个小案例提醒我们，用第一性原理思考，可以排除很多杂音。

　　如果在战略管理思维中，痴迷于比较和参考，而没有溯源本质的分析习惯，或者在生活中总是倾向于眼睛看着别人，别人已经做过或者正在做的事情，我们也都去做，从别人身上寻找自己的成绩或失败，那么这样只能产生细小的迭代发展，长期这样做则会迷失自我。

　　第一性原理的思维方式非常清晰，是从物理学的角度看待世界，也就是说一层层拨开事物表象，看到里面的本质，再从本质一层层往上走。这是战略词典中分析的第一个名词，也是我们推荐企业家和管理者多引用多分析的一个战略名词。

# 第 14 章 不确定性原理：

## 用敬畏的心态做企业战略管理判断

"不确定性原理"是源自量子物理学的一个经典定理，总体是描述微观世界，如果把我们的现实世界看成一个更大世界的微观形态，应该说"不确定性原理"描述的逻辑也很值得思考和借鉴。

这个原理有时候也称为"测不准原理"，科学的解释是这样的：德国物理学家海森堡 1927 年提出的不确定性原理是量子力学的产物，这项原理陈述了精准确定一个粒子，例如原子周围的电子的位置和动量时有限制，因而会出现不确定性（或测不准）特征。这个不确定性来自两个因素，首先，测量某个事物的行为将会不可避免地扰乱那个事物，从而改变它的状态；其次，因为量子世界不是具体的，它是基于概率的，所以精确确定一个粒子的状态存在更深刻、更根本的限制。

我们通俗地翻译过来就是两个逻辑：第一，如果你想精确地测量一个系统中的特定要素，往往会因为测量行为干扰了系统而影响这个要素，导致你不可能得到准确的结果；第二，微观世界的很多运动规则是基于概率的，因此测量行为很难得出最精确的结论。再通俗一点说，对于企业家和管理者而言，不要过于期待精确地把握任何一个静态的事物，你的动作往往也影响它的变化，很多事情是动态变化的，也是基于概率的，因此应对不确定性是领导力的最重要要求。

在现实生活中又何尝不是这样呢？比如，当你想了解组织的运行情况时，也许会通过谈话的方式沟通，但是在你与第一个人沟通之后，他或她可能会把这次访谈的内容以及你的认知偏好告诉其他人，那么其他人在接受访谈的时候就不见得说的都是心里话。再如，在你看调研数据的时候，呈现给你的调研数据无论样本多大，都可能是基于概率的一个结果，不见得就是整个系统的真实情况。可见，真诚面对不确定性有多么重要。

那么，这个测不准原理能带给企业家和管理者什么启示呢？主要有三点。其一，宏观上需要认识到眼睛看到的、耳朵听到的和感知到的内容都有局限性，背后有测不准或者不确定性的可能，因此应该多角度看，多角度思考。其二，要清晰地意识到，当你去洞察一个系统或者管控一个系统的时候，应该考虑到自己的观察或调研行为对这个系统的干扰，尽量避免由于自己的主观意愿或者行动影响结果，或者说，尽量少干扰别人才能获得最大化真实的结果。这个提醒最适合大企业的大老板，不理解这个逻辑可能永远听不到真话。其三，需要认识到不仅微观世界，从更大的格局看，宏观世界的很多事情也是基于概率的，因此要总体把握事物的发展，避免基于局部的、片面的情况做出判断。

所以，不确定性原理或测不准原理对于战略管理来说是一种基本假设，警示我们在探究和认知事物的时候不要盲目追求结果，最终还需要掌握科学研究的方法，多角度观察并且辩证地求解，"不盲目下结论"和"不敢下结论"很多时候也不是坏事，"简单化下结论"才是领导力的最大顽疾。这和领导力的决断力没有关系，决断力是基于时间考虑需要做出的最优选择的能力。

那么，企业家和管理者应该如何基于不确定性原理应对外界动态变化？需要做哪些思想和行动的准备呢？首先，要从思想上保持对不确定性的敬畏，避免长官意志、主观推理；其次，需要不断跟踪问题的发生、发展和阶段性结果，避免对中间态简单下结论；再次，行动上则需要更多地把握事物的本质，避免被表面现象迷惑；最后，对于自身领导力和团队领导力的要求应该更加强调在不确定情况下的应变能力，并就以上认知和大家达成共识。

总结来看，在用敬畏的心态做企业战略管理判断方面，不确定性原理或测不准原理是对我们最好的提醒。

# 第15章 以大博小:

## 公司长期竞争中胜率最大的思维

初看这个战略名词,很多人可能以为自己看错了,因为绝大多数人脑子里想的是"以小博大"。而且无论是商学院还是管理学老师,最喜欢教的也是如何以小博大,能够以小博大地做成一件事往往被认为是智慧的胜利,省时省力,也是一种光荣。

但从周掌柜战略咨询团队的实践来看,我们很认真地提出"以大博小"的战略理念,绝非是为了故意制造差异化,根本上是源自我们长期观察全球顶尖公司得出的战略研究心得。

**大和小是高度辩证的**,这里面需要先铺垫一点。如果我们从科学角度看这个世界,关于大和小的有意思的故事非常多。比如,这个世界上最强大的能量来自于原子核的裂变和聚变,这应该没有争议,但这和普通人认为的"超级力量来自占有更多资源、更大格局"是矛盾的。是的,最大能量往往来自于微观世界,进一步地从理论上来说,如果我们想获得极致能量,应该优先从微观世界寻找。当然,前提是我们有能力击穿微观世界引爆能量,前文也提到"裂聚变模式"战略思维需要我们高度聚焦。

而宏观世界往往容易认为占有更大面积和体积、更多资源,才意味着力量更加强大。举一个例子,以色列这个国家是很小的,但其通过犹太人的游说团体对美国、欧洲乃至全世界产生了极大的影响力,这个影响力甚至超过拥有世界最大国土面积的俄罗斯。你看，小国家也可以有大力量，大国家也可能衰落，这也是一个大小辩证法的鲜活例子。

前面从大小辩证法的角度探讨了"以大博小"战略思维，下面我们来看"以大博小"的三个核心价值。

**第一个，"以大博小"便于集中所有能力高度聚焦战略性机会点，激发更大能量。** 这一点很多企业家会有体会，身边赚大钱的不见得是那种高大上的大品牌公司的老板，很多是聚焦地做一件很小的事情并且服务很多企业的企业家。比如上市公司歌尔股份这家公司之前叫歌尔声学，就是从给苹果公司做耳机起家的，非常聚焦地在声学领域耕耘，也做到小几千亿市值。再对比地看另一家叫作神州数码的公司，这家公司有 20 多年历史，几千亿的销售额，代理全世界几乎所有的消费电子、云服务品牌，但市值不到 100 亿。还有很多例子可以举，世界上最强大的公司之一苹果最开始就聚焦生产手机，手机可以连接万物，也可以承载千百万软件，这个定位成了全世界最大的生意。可见，企业的专业化是王道，以所有能力高度聚焦一个战略性的比较优势机会点，通过高度聚焦引爆能量是王道，小切口可以展现大格局，这就是一种"以大博小"的例子。

**第二个，"以大博小"提醒专业企业要在研发上长期投入并且大规模投入，不要在乎短期收益。** 之前周掌柜战略咨询团队服务华为手机和华为集团的时候，有一个非常大的收获，就是华为这家公司在研发投入上的战略决心非常大，超出大多数中国公司。当然，这与华为所在的 ICT 产业大环境相关，这个产业都是世界巨头竞争，而且迭代很快，但毛利确实也很高，没有研发上的大投入，很难面对竞争。不过，背后也和这家企业向全世界顶级科技公司学习有关，当华为等企业走出国门到欧美市场的时候，就发现美国、欧洲、日本的顶级科技公司都是大手笔投入研发的，而且是那种从底层研发开始厚重的产业研发，以保证公司在一个产业拥有绝对的领先地位。这就是一种典型的"以大博小"思维，不相信创新是抖机灵可以做出来的，而相信创新是需要扎实的基础积累的，这一点上中国企业和企业家需要谦虚地向世界超级科技公司学习，"以大博小"投入研发才能基业长青，如果没有投入，仅仅是想寻找"抖机灵"的微创新，是做不出大事业的。当然，这个战略选择也需要在公司能在合理发展区间成功保证公司正常运营的前提下。

**第三个，"以大博小"是用能力构建思维强壮公司，而非疲于应付竞争。**实际上这一点在超级公司，特别是欧美公司也非常突出。当然，这也和商业环境相关，欧美的知识产权体系让大公司拥有更强的安全感。中国公司同样需要具备这样的长期发展战略思维，从管理技术上来说，是构建"能力中心"。所谓能力中心就是定义业务和组织发展需要的能力节点，并且用"能力中心"的方式长远地推动能力进化。形式上包括研发中心、企业大学、创新中心等，这些都是用大格局的战略为公司长远发展铺垫。而小公司的思维往往更急功近利一些。这里不去评价不同阶段企业的好坏之别，客观事实就是如果只应付竞争而不做能力建设，是没有长期竞争力的。

从以上三个核心价值来看，"以大博小"确实是战略管理需要具备的大格局思维，是专业战略管理思维，也是让公司在竞争中胜率最大的思维。在具体实践中，创业公司往往会在将所有能力聚焦在一个点后取得屡战屡胜的战绩，这和同时做很多事情但样样不强有很大不同。

实际上，军事上的"合围战"也是这个道理。我们看到海湾战争的时候伊拉克有 40 万陆军精锐，美国不断向海湾增兵，一直到增兵到 100 万的时候才开始真正打科威特的伊拉克部队。所以在军事史上，我们虽然也会多少强调以弱胜强的例子，但核心的大胜仗都是靠"以大博小"获得的。实际上无论是军事组织还是企业，都需要积累"以大博小"的成功案例鼓舞士气，形成一种势如破竹的团队战斗或竞争氛围。

另外，反面的"以小博大"思维在生活中非常普遍，代表性最强的就是赌博。赌博参与者或者彩票参与者，脑子里想的都是花 1 块钱赚 100 万，这就是典型的"以小博大"。而实际上，以小博大的赌博思维最消磨人的意志，一旦陷入不切实际的幻想中，最终必然导致个人的失败。

当然，"大"也是从"小"一天天积累而成的，有从小变大的过程才有"以大博小"的资本。

# 第16章 战略制高点：

# 重大战略竞争关注形成全局性影响力的重点

"战略制高点"是战略管理咨询实践中经常应用的一个名词，顾名思义就是找到影响全局战略的制高点，并且占领这个制高点，以获取全局性优势和对全局的长期正面影响力。

不过，对于这样一个具备很强空间感的名词，真正的咨询式阐述往往在具体的战略模型中。简单来说，一般有三种情况。

**第一种情况是在平衡系统要素的时候**，往往会发现把一个要素做到最大化会形成一个全局效应。比如，一家做粮油的公司，有很多因素可以影响其品牌和销量，但实践中很多头部企业找到了"无公害"这个点，进一步来说可能是"有机"，也可能是"非转基因"，从这个角度切入就获得了一个战略制高点。

**第二种情况是在看未来的发展趋势的时候**，企业可能有很多种选择，可以先做这个也可以先做那个，但最终哪个更重要，需要用战略制高点思维去判断，就是确定那个能为长期的战略提供制高点支持的未来机会点，全力以赴获得这个点的领先优势。

**第三种情况是抓住第一性原理的本质，形成一个基于稳定的比较优势的战

**略制高点**，并且随着时间推移逐渐放大。比如贵州茅台，它的战略制高点表面上看是国酒的定位，实际上是政商人群的喜爱，是一种匹配身份的特定场景专属消费逻辑，这个战略制高点只要站住了，以中国的社会特点来说它就代表着顶级品牌。当然，后面也涉及细化获得这个战略制高点需要获得的支撑。

这三种情况最终构建的都是全局性影响力，在具体的商业应用中还需要注意两个方面。一方面，获取战略制高点往往需要更加专注果断的战略投入，没有大规模的投入，就很难获得一个可能被公认的制高点。有时候很多制高点大多数企业都看到了，这个时候就需要看谁的投入更坚决、更持久、更有效率，所以在看到战略制高点后，没有战略性投入是不行的。另一方面，站在战略制高点之后，需要用全局性的思维让战略制高点影响全局。其实很多企业在站在战略制高点之后，往往又痴迷于寻找另外一个战略制高点，而不是放大这个战略制高点的价值。这要么说明你找到的还不是真正的战略制高点，要么说明你的领导力方法有问题。

**在一般情况下，通过仔细调研和分析，占领一个战略制高点之后，需要用一个长期思维去经营这个战略制高点。**我们认为主要逻辑是它有全局性带动作用，所以占领之后应该首先夯实，把这个制高点抬得更高，然后必然需要利用它的辐射作用去带动一个大格局的进化。用好战略制高点也是企业家面临的重要课题，这个时候，往往少就是多，一个制高点可能奠定千亿级别市值公司的基础——如果它确实是战略制高点的话。

这里举几个企业案例，便于大家更清晰地认知战略制高点。比如，华为作为一家超级巨头，业务是非常广泛的，包括 ICT 基础设施、智能手机、智能汽车、光伏逆变器、云服务和半导体等，而这家公司的战略制高点其实也是很清楚的，就是通信技术。通信是现代产业革命的基础技术，可以广泛应用在很多方面，华为在智能手机、智能汽车和云服务上打的都是 5G 牌，这个战略制高点就是华为一直要保持和夯实的。但百度的战略判断和华为就有所区别，这家公司对于未来科学技术的发展趋势也有敏锐的洞察，认为未来科技的战略制高点是 AI 技术，所以长期重视投入，不仅更新了智能搜索，也让智能汽车业务获得了长期的发展动能。

再如，TCL 集团今天的产业已经比人们印象中的手机、电视等消费电子广泛了很多，但目前其核心价值在于显示行业的华星光电，以及光伏半导体行业的中环半导体，这两个业务都是制造业最基础的两个产业，也是 TCL 定义的战略制高点。有了这两个行业做支撑，未来 TCL 在高端制造上才有更大的筹码参与全球竞争。

最后补充一个比较明显的道理。战略制高点的占领，也是企业战略管理在竞争中保持长期优势的便捷途径，这确实和打仗有点像。传统战争中所谓争夺某某高地，之所以伤亡那么大也要达成，就是因为战略制高点效应影响全局。

**从这个角度看，在企业竞争中进攻不见得是最好的防守，"战略制高点"的获得有时候才是最好的防守，而且攻守兼备。**

# 第 17 章 战略支点：

## 在战略执行中需要稳固的支点构成承重墙

"战略支点"也是战略设计中一个最常用的名词，特别是在大公司的战略研究中，往往会从公司的战略底座中寻找战略支点。

有的的公司把战略底座称为中台，虽然字面上看是中间位置，但本质上还是一个战略底座；也有公司把战略底座称为黑土地，就是能生长其他战略的基础；还有的公司把战略基础称为能力中心，就是用能力的长期积累支撑业务发展。这些叫法都是从不同角度阐述战略底座的，战略底座是一个相对宽泛的概念，也是一个大的系统的组合，在某种程度上也是战略支点的组合，这里探讨战略支点意义更大。

字面意思也很好地表达了战略支点的重要性。一家公司不仅需要战略支点保证公司"大厦"的稳定性，也需要战略支点形成对向上跳跃和创新发展的强有力支撑，甚至在公司出现风险的时候也需要战略支点带来很好的保护作用。我们分别来分析这三点，看看战略支点的价值。

**战略支点可以很好地保证战略的稳定性。**我们拿中国平安来说，长期以来这家公司的业务是非常稳健和健康的，而且可持续盈利能力很强。但万丈高楼也都是平地而起，没有哪种强大是凭空而来的。中国平安竞争力最强的实际上还是寿险的代理人团队，这个团队的执行力和战斗力保证了公司的现金流稳定性，以及业务的持续性。2021 年中国平安推出来网格化管理代理人的策略，简单说就是把一个城市的业务范围画成一个个的小网格，让代理人聚焦于自己负责的区域。"网格化战略"本质上就是一个战略支点，这个支点有效发挥就会让整个平安寿险的业绩保持稳定增长，进而带动全局性的发展。可见，战略支点思维在公司实践中是非常具体的。

**另一种情况就是战略支点成为创新发展的保障。**关于这一点，我们再来看看 OPPO 投资芯片的过程。这家公司 2020 年开始对外宣布 500 亿巨资投入芯片，很多人不看好，因为当时华为的海思芯片有很强的美誉度，却受到了美国制裁的影响，所以都对 OPPO 捏了一把汗。但当 OPPO 的 Find 系列高端机在 2022 年应用上了自己研发的影像芯片后，外界才清晰地看到芯片研发战略支点确实开始发挥巨大作用了。在这方面，自己研发和委托别人生产是有本质的不同的，希望不花钱办大事儿，或者通过品牌营销立概念，根本上是无法形成战略支点并支撑长期创新的。所以，树立战略支点不仅是一个寻找的行为，而且需要敢于投入和聚焦地做更底层的技术。

**第三种情况就是风险保护。**我们拿小米举例，小米是智能手机行业的新贵，应该说发展是非常快的，虽然有这样那样的不完美，但雷军用了几年时间就可以和华为、荣耀、OPPO 以及 vivo 抗衡，这本身就是很大的成就。制造业，特别是先进制造业，门槛还是很高的，需要有很强的技术积累。不过雷军由于创业投资经验丰富，所以推动构建的小米商业模式战略创新确实独树一帜，比如小米之家，目前小米之家已经开进了全国几乎所有的大型商场。业内人士都清楚，小米之家流量很大，并且设计时尚，在和商场谈租金的时候可以获得很低的价格。现在，小米之家已经成了小米的重要战略支点。在 2019 年小米的手机业务受到巨大挑战的时候，小米之家创造的 IoT 智能产品出货几乎支撑了小米一半的市值，这不得不说是风险保护的最好案例。在这个案例里，在商业模式创新中建立全新的战略支点，确实对于战略稳定性起到了重要的推动作用。

以上对于战略支点的讨论启发我们不能宽泛地确定战略底座，甚至把所有基础性的东西都看成战略底座，而应该找到最能支撑公司战略、最能支撑创新、最能帮公司抵抗风险的那个战略支点，真正支撑起公司的安全性和战略进化。

但这个支点和阿基米德杠杆原理的支点不太相同，战略支点往往不具备以小博大的杠杆作用，更多是承重的效果。杠杆作用的支点则是另外一回事儿，对于巨头来说，杠杆原理是有点投机取巧的以小博大，而战略支点需要很扎实的推动，并且要长期夯实承重效果。

归根到底，无论是多么强大的公司，都需要支点效应，战略支点也是公司抗周期的重要保障。

# 第18章 降维打击：

## 用高维度战略向低维度竞争对手冲击

"高维打低维"是很多企业家看过《三体》这本小说之后最大的一个感悟，应该说这个源自科幻小说的战略表达放在企业实践中也有一定道理。

但是精细化研究"降维打击"需要先定义维度。从科学角度看，比较有代表性的提法一共分为11个维度。十一维空间理论源自20世纪90年代提出的M理论（多种超弦理论的综合）：宇宙是11维的，由振动的平面构成。现代物理学认为其中7个空间维度是我们感受不到但确实存在着的，囊括了空间、时间、选择和平行空间等多种情况。但这些内容还是太抽象和复杂，一般人不容易理解，容易理解的一般是一维到五维的变化。

这五维我们浅显易懂地说明一下。零维一般指一个点，一维一般指由无数个点排列而成的一条线，这两维都是没有面积和体积的；二维一般指一个面，往往由两条线相交而成；三维就是由三条线交叉于一点而形成的空间；四维一般加上了时间的变化，我们从历史的发展过程和趋势看一件事就是四维思维；五维是指在历史发展过程和趋势中选择的变化，比如我们假设在某一个历史节点可能出现的另外一种选择。沙盘推演的战略咨询工具就是一种五维战略逻辑。

总结起来，前三维是位置，存在于空间中，大家经常说的战略定位就是典型的三维以内的思维，是确定公司发展战略在商业大环境这个空间中的位置；第四维是时间，如果用四维的方式看战略管理，需要考虑过去的发展趋势，以及未来发展的变量；第五维是选择指向。用五维的方式做战略推理，比较容易理解的就是沙盘推演的战略思维，也是企业战略研究的高级方法，不过现实中操作比较复杂，所以应用得倒不是特别广泛。它在国家战略博弈的政策咨询上应用更多。

可见，维度的思想确实已经存在于我们日常生活的决策之中。而具体到我们自己，实际上人类是生活在三维空间的四维生物，称为四维生物是因为人类本身是一个不断生长的生命体，人类的生命本身就是一个时间点展示，所以才有"青春"一说。基于以上铺垫，我们再来具体地看如何应用到战略实践中。

**先说一维。**企业发展的理想状态一般像一条线一样，随着产品卖出创造销量而获得利润，这是最简单的假设。但实际情况是，这种一维的管理思维只会发生在理想状态，这也就告诉我们，简单用 KPI 衡量企业发展是有缺陷的，一维的价值更多是确认一种要素的参与。更通俗地说，如果我们把企业的所有问题都看成一种简单的"多少"的关系，把所有事情都降低到一维来考虑，往往会犯很多低级错误。

**再说二维。**二维看企业战略管理，可以把与业绩增长这条线索配套的组织成长加上，这样就构成了一个象限。业绩增长好、组织成长好是一个区间；业绩增长好、组织成长差是另一个；同理，一共四个。当然，二维看战略也可以加入二维的刻度变量，这种思维就提醒我们两个维度构成的区域划分。在战略管理中，以象限表示问题和挑战是常用方法。实际上 SWOT 分析也是一种二维的分析方法。

**三维则是加上了空间。**可以把前面讲过的战略制高点和战略支点加上，有了战略制高点，公司战略就变得更加立体和丰满，一般有了战略制高点就有了生态系统，企业的战略决策就在这个系统中形成和调整。有了战略支点的逻辑也一样，简单理解可以是一个倒三角，一个支点可以支撑很多东西的发生和发展。进一步说，战略制高点往往是统筹全局的，而战略支点往往是支撑全局的基本框架。基于是重视战略制高点还是战略支点，可以把企业分成战略进攻型公司和战略防守型公司，看重战略制高点的一般是进攻型公司，这种公司善于打全局性的大仗；看重战略支点的一般是防守型公司，这种公司善于把握维持公司发展的基本条件。这些都是三维的战略逻辑。

**四维只是在三维基础上增加时间轴。**向过去看，四维的战略就是总结行业发展规律，找到行业发展的驱动因素，向未来看就是找到行业发展趋势，看趋势性的东西。所以美国很多投资专家是用四维思维看科技趋势，比如知名的KK（Kevin Kelly，凯文·凯利）和木头姐（华尔街著名投资专家），他们都很善于从一个行业或者一种技术的发展趋势来看产业的变化。资本市场都是需要用四维看问题的，因此可以说资本市场也需要高维度的竞争。

**而五维则是更高维度的认知系统。**五维战略逻辑需要推敲在不同时间点上不同可能性获得的价值，这是充分性思维的一种分析方式。用五维的逻辑指导战略管理实践，企业需要具备沙盘推演能力，比如战略部门需要研究公司发展历史上重要节点的历史选择，从中总结出公司基因中因势利导的规律，以及配合形成的整个公司战略变迁等，这些都会对公司长期发展起到巨大作用。而向前看，战略部门需要具备的能力就是从发展趋势（主要是科技趋势）推演整个行业可能的发展方向，并且做出几种判断以支撑不同可能性。这注定是高难度的战略设计，比如TCL集团发展过程中就面临着对于液晶电视机、背投电视机和LED显示电视机发展趋势的判断，也面临过对半导体各种方向的选择判断，这是很难把握的，也注定是高维判断所必需的能力。在五维的战略实践中，实际上沙盘推演的逻辑应用最广泛的是建立复杂性的时刻进化的自驱动商业系统战略，这个战略最终会推动公司不断进化。

有了这个铺垫，我们再来看"高维打低维"究竟是什么？

**如果是五维思维的公司和四维思维的公司竞争**，或者五维战略的公司要打败四维战略的公司，那么五维思维的公司需要对技术创新发展节点的战略做出深入研究，充分考虑多种可能性，并且准确识别最有可能的发展方向并将其作为公司战略方向，更要把竞争对手的动作考虑在内。同时，也需要对潜在判断失误带来的风险形成备选方案（Plan B），或者形成多套备选方案供灵活选择。五维战略是一个不断重构的战略，因为复杂性系统中每一个要素都在推动系统的重构和进化。

**如果是四维思维的公司和三维思维的公司竞争**，或者四维战略的公司要打败三维战略的公司，那么四维思维的公司就需要深度洞察行业趋势，并且深刻研究前沿发展，用趋势判断制胜，打败已经获得既有优势的公司，或者在技术变革区间成功变轨。举一个例子，一家四维思维的家具厂往往会考虑到全球化环保标准以及健康生活方式的发展需求。用这种趋势性判断去和一家只会做好家具的三维思维的公司竞争，长期来看胜算更大。

或者更通俗地总结一下，一家具备"高维打低维"战略能力的公司必须具备的就是趋势性研究能力和战略沙盘推演能力。具备了这两个能力，眼前的比较优势强或弱反而变得不那么重要，因为这些都是三维战略的弱点，公司完全可以通过高维度的竞争战略取胜。

最后举一个具体的例子。苹果公司在 1976 年成立，是最早做个人计算机的公司，它相对于 IBM 的大型计算机是一个重大创新。但苹果公司并不是一下子就有了今天的江湖地位，乔布斯也曾被赶出董事会，因为这家公司当初经营很差，创新也没有太多具体的应用。苹果真正形成高维度战略是无意中推出了 iTunes Store（2006 年 9 月 12 日之前名为 iTunes Music Store），这个过程也有过内部激烈争论，甚至传言乔布斯当初并不是非常看好，这是一个由苹果电脑运营的音乐商店，需要使用 iTunes 软件连接，这个战略开启了"硬件＋软件＋应用＋服务"的未来商业模式，理论上每一个应用和服务的创新都在重塑苹果公司的战略可能性，也让苹果从之前三维思维的消费电子公司变成了一家具有五维战略能力的创新科技公司。

苹果发布 iTunes，首先证明了经由网络销售音乐的可能性。至 2009 年 1 月，iTunes Store 已经售出超过 60 亿首歌曲，占全球线上音乐销售量的 70% 左右。2009 年 1 月 6 日，苹果公司宣布转换商店目录中 80% 的音乐受到版权保护，4 月将达到 100%，音质则提升到了 256 kbit/s。有了这个维度的跃迁之后，苹果一路高歌，现在苹果的整个 App Store 内生态系统可以理解为 iTunes 的放大版。

那么为什么说现在的苹果变成了五维战略公司呢？背后的逻辑就是，实际上现在驱动苹果发展进步的一个重要因素已经变成了软件应用创新和服务，在每一个时刻，一个重量级的创新应用都会改写苹果手机的核心价值，而这就类似沙盘推演的可能性分析，就和上面介绍的不断重构的五维战略很一致。

当然，现在来看，苹果的商业模式已经成为全球科技公司的标配，而传统的索尼等消费电子公司已经衰落并且也跟随了苹果的创新逻辑。这是一个生动的高维打低维的案例，也提示我们做趋势性研究和构建时刻进化的复杂性系统是前沿科技公司取胜的关键。

我们甚至可以略显武断地认为，所有划时代的商业战略成功基本上都是高维打低维，无一例外。但实践中我们可能不需要做太多的抽象，记住一点就够了，就是高维度战略具有自我进化的能力，典型的就是五维战略沙盘推演式落地应用，自我进化就要求在五维战略中容纳更多的可能性。

可见，高维度的战略思维对于公司的长远发展确实起到了至关重要的作用。

# 第 19 章　超越竞争：

## 更好地聚焦自身战略

"超越竞争"在中国的商业环境中实际上是不太被接受的，因为我们习惯性地认为赢得竞争才最重要。追求"赢"当然没有错，不过必须清醒地认识到，企业存在的根本价值不在于争输赢，也不在于和对手竞争，根本上是追求更好地服务客户，进而创造价值。超越竞争在某种程度上也是一种平常心的表现。

那么，企业专注创造价值就一定需要超越竞争吗？其实是需要的。举一个例子，如果过分地关注竞争，很容易造成的结果是选择在现有产品基础上打价格战，让企业的注意力更多地转移到节约成本上。产品还是那些功能，但是成本更低往往就意味着品质下降。另外，如果行业领导者带头打价格战，很常见的一点就是低价竞争最后导致整个行业都成为低毛利、低成长的行业，这种情况非常普遍。这个道理是很容易理解的，但是很多企业和企业家却抱怨自己没办法，只能朝着这个方向发展。当然，合理性存在是可以理解的，但随波逐流同样也是一种战略能力低下的表现。这确实是一种典型的需要超越竞争的场景。

还有一个典型的场景也需要超越竞争。拿身边的例子讨论，之前燃油车时代 BBA（奔驰、宝马、奥迪）风光无限，看起来优势很难撼动，但智能电动汽车时代我们看到特斯拉异军突起，特斯拉用电机替代内燃机是一个具有划时代意义的发明，也是超越竞争的一个重要案例。当然后来还有李斌推动的蔚来汽车、何小鹏推动的小鹏汽车、李想推动的理想汽车的快速崛起，他们的战略共同点都是超越了目前燃油车维度的竞争。可能有人会说，他们都是靠新能源补贴起家的，这是客观事实，不过也有几家没有做起来的也享受了补贴，因为他们延续了燃油车时代的思维，所以才没有做大做强。

　　不过，还有一点是很多人没太关注的，那就是特斯拉的使命、愿景和价值主张从根本上就是致力于超越竞争的。特斯拉的早期使命宣言是"加速世界向可持续交通的转变"，这不仅是一种豪迈的产业情怀表达，本身也是超越竞争思维的体现。但是，在 2016 年，在马斯克的领导下，公司将公司使命改为"加速世界向可持续能源的转变"，这表明：公司业务发生了微小但重要的转变，放大了格局。在某种程度上，新的公司使命认识到了公司的电池和相关储能产品在电动汽车市场之外的重要性。

　　特斯拉的愿景是"打造最引人注目的汽车公司，驱动世界过渡到电动汽车的世纪"。公司的愿景也强调了公司对可再生能源的关注。具体而言，该公司将电动汽车市场作为促进全球可再生能源市场增长的主要途径。马斯克说，他预计所有汽车制造商最终都会提供自己的电动汽车和自动驾驶汽车，因此特斯拉将脱颖而出，成为低成本的生产商。他计划从开创性的制造技术和电池创新中节省大量成本，使公司能够提供真正的低价自动驾驶电动车型。

　　有了这些超越竞争的战略逻辑，特斯拉开放了所有的专利，因为马斯克非常清醒地看到特斯拉的最大竞争对手不是某一个跟随者，而是传统的燃油车行业，所以作为领先者的特斯拉只有推动智能电动汽车行业的发展才能获得真正的竞争优势。这也是"超越竞争"战略带来的大格局领导力决断。

　　我们再谈一个也很典型的场景，就是合作共赢。OPPO 这家公司有着近 20 年的消费电子行业经验，如果从更长的时间看，其创业团队是从 20 世纪 90 年代开始做小霸王学习机的段永平的合作伙伴，所以一共有 30 多年的经验。无论是 OPPO 还是 vivo，都有一个共同的价值观叫作"本分"，从某种程度上来说，它也是超越竞争的战略思维。

从超越竞争的维度，我们可以概括"本分"的几个特点。第一是很少和竞争对手开展舆论战，甚至受到攻击也不报复，这也让 OPPO 品牌几乎没有受到太多负面影响；第二是 OPPO 长期聚焦智能手机，并不是很有跨行业的野心，所以消费电子行业很少把 OPPO 作为直接威胁；第三是 OPPO 人强调一种心平气和的文化氛围，很少做出特别激进的举动。维持良好的心理状态对于瞬息万变且风险多发的消费电子行业确实极其重要。从这些角度看，OPPO 也是一家专注于竞争力但超越竞争的公司。

当然，"超越竞争"这个战略思维可以应用的场景还有很多，最重要的一点就是提醒企业家不要被竞争本身迷惑头脑，不要在乎一城一地的得失，最重要的是要超越竞争本身，用创新更好地服务客户。

**超越竞争本身最主要的两个战略落地要点，第一是创新，第二是自我能力建设。**这也让"超越竞争"的战略逻辑注定比"沉迷竞争"对科技公司而言更重要，虽然后者也很重要，但我们看到真正伟大的公司最大的特点都不是只关注击败对手，而是创新地满足了未来需求。

"超越竞争"对于过分强调执行力和打击能力的中国企业界来说是一个最值得深度思考的战略思维。

# 第20章 逆向思维：

# 从事物的反面或侧面洞察本质

"逆向思维"一般来讲有两种情况。

一种情况是对于已经发生的事情，在获得周围人的分析结论之后，从逻辑的反面获得全新的因果可能性。比如，大家都说股市要崩盘，说了很多理由，逆向思维就是从不会崩盘的角度想一下有哪些理由支持这个结果。也许股市崩盘的理由就是穷尽了所有好消息融入基本面，整个社会创新出现了阶段性瓶颈，进而形成估值修复，并非是其他看似合理的小逻辑。资本市场的逆向思维，很多时候是在别人感觉良好的时候找问题，在别人感觉悲观的时候找机会。一般而言，在资本市场上能够逆向思维的人往往更容易成功，这种在中国传统文化中叫"反其道而行之"。

第二种情况是看到与已有的成功商业模式相反方向的客户需求，进而主动寻找差异化，提供完全不同的产品和服务。比如，人们都认为星巴克的标准化咖啡店是最好的商业模式，那么用逆向思维来看，实际上高端咖啡爱好者的口味应该是超越商业化和标准化的。因此北京就有两家叫"云巢"的咖啡厅，采用三四层楼的超级大店模式，并且布置的环境尽量个性化，有不同活动空间，像一个咖啡教堂，相当长一般时间内这家店发展得都很好，笔者和身边很多朋友都青睐这种多功能的大型咖啡店。这也是一种主动寻找差异化的过程，实际上战略的本质要求就是差异化，差异化才是获得比较优势的法宝。

那么，"通过追求逆向战略思维获得成功"的背后原理是什么呢？大体上这种逆向思维满足了三个基本逻辑。第一个是市场竞争的参与度原理，当大家都往一个地方想的时候，实际上这个地方的竞争会非常激烈，这个时候反其道而行之，避开红海，反而会获得更大的机会。第二个就是竞争比较优势原理，逆向思维有助于你获得一个别人不太容易发现的比较优势，这样就可以快速在竞争中获胜。第三个是博弈的原理，特别是在资本市场上，博弈原理体现得非常明显。炒过股的人都清楚，主力或者叫庄家，一般是利用人性的恐惧和贪婪赚钱的，买和卖本质上是对应的，散户们纷纷买进一只股票的原因一定是他们信心很足，这时候是卖家最好的出货时机。生活中也是同理，要想在一个博弈中获得胜利，能够洞察到这个博弈操控者的逻辑也非常重要，而这往往就需要逆向思维的逻辑。

另外，还有两种情况值得深入研究，都涉及人的思维特点，一个是思维定势，一个是集体无意识。这两点都反过来证明了逆向思维的稀缺性价值。

思维定势是绝大多数人的思维特点，这本质上没有什么错误，大脑被场景和现象训练，往往产生应激反应，生命科学研究表明人的决策是由体内分泌的化学物质决定的，比如我们看到一个餐厅吃饭的人多，就会进而信任这个餐厅饭好吃，这几乎就是一个条件反射似的思维定势。这种习惯性条件反射也是让我们高效率决策的基础。

思维定势往往是因为我们信任自己的眼睛也信任他人，在一般的生活场景中这没有什么问题。但是在作为企业家在复杂环境下进行高质量决策时，思维定势则可能会害人害己。实际上久经考验的企业家的逆向思维往往也是吃亏吃出来的，他们最开始都会有思维定势，慢慢地被教训磨练得开始有了逆向思维。对于餐厅的好坏判断，逆向思维的人可能会想：这是否有可能是因为周围只有这一家餐厅？是否有可能吃饭的都是托儿？是否有可能人多是因为促销而不是饭菜好吃？他们会得出不同的结论，而这些结论也有可能是正确的。

而集体无意识所表达的内涵也许更丰富，但这里只讨论一种情况，就是群体氛围对人的影响。在我们的生活中，经常会发生群情激愤的事情，这也很正常，因为人都是群体动物，在集体中很容易被别人的情绪感染。而集体一旦形成共情，一般就会深刻影响人的判断，进而让个体形成一种集体无意识。举一个例子，很多经营不好的企业往往在快倒闭的时候喜欢召开集体大会，会上不仅有很多人表决心，也会有很多人声泪俱下地向领导表忠心且故意影响大家，喊口号和表决心是这种会议的标配，或许是领导者有意设计的这个场景，就是为了造成集体无意识。目的可能有很多种，有一种最极端的就是为了掩护自己跑路。而作为个体的员工，这个时候如果不能识别集体无意识的状态，不能逆向思维，就很容易被蒙蔽。从逆向思维来看，起码可以追问几个问题：如果一切安好，还需要这种浪费时间的动员吗？如果领导者有信心，为什么非要调动大家的积极性？

这样看来，"思维定势"和"集体无意识"都是逆向思维可以破除的，逆向思维确实是个人保持清醒的最好方法。

而在商业应用中，通过逆向思维准确客观地理解环境，自然会带来准确的判断，最终更有可能获得商业成就；在战略决策中，通过逆向思维寻找差异化战略定位，也一定会带来意想不到的商业成就。

因此，懂得逆向思维的人往往在商业领域有更大的成功概率，也是领导者必须具备的战略素养之一。这里需要再次强调一下：**从本质上来说战略制定的第一要求就是差异化，差异化的最大来源往往就是逆向思维。**

# 第 21 章 长期思维：

## 从更长的周期看待眼前决策的价值

长期思维是这几年很多企业家在谈的一个寻常话题，更多的人愿意谈，也正说明这个思维重要，而且说明这确实不是一件容易做到的事情。

我们先来看看究竟什么容易蒙蔽企业家，使他们放弃长期思维。我想可能以下四种情况最为突出。

**第一种情况是眼前利益。** 做企业会经常遇到一种选择，A 选项马上可以获得利益，落袋为安，但是好像不是长久之计；B 选项长期来看有价值，甚至能获得更大利益，但是短期内不会有成果，甚至更多是展现不确定性。如果让企业家选择，我相信绝大多数人会选择 A。不仅是因为利益诱人，而且是因为理性往往告诉企业家，长期的等待有不确定性，长期的更大收益也有不确定性。从这种情况看，注重短期利益并不是错的，往往是更诱人的，甚至在很多情况下看短期利益做决策更是对的。

**第二种情况是长期思维的理由不充分。** 往往做出长期思维的决定需要有充分的理由，比如一家超市想薄利多销，短期内肯定会导致利润下降，这时候店主就需要有充分的理由说服自己"这样干下去长期会赚更多的钱"。但是，现在薄利多销的决定长期坚持下去，超市执行一定会赚很多钱吗？是否会出现未来周围人口下降的情况？是否以后产品进价涨了而售价没法涨？生意是否会因为薄利多销而支撑不下去？这时候店主会用这样的很多追问挑战自己，最后很有可能证明简单的薄利多销是不对的，还是应该尽快赚钱。每次销售带来更多利润的同时也会带来更多满足感。这也没有错，但必然不是长期思维的思维方式。

**第三种情况是惯性和惰性。** 普通人最大的特点就是让惯性和惰性决定行为，这一点也符合生物机理特征，上文也提到过，所谓惯性一般是大脑应激反应带来的，而且在特定行动中，大脑都会分泌化学物质激励自己，慢慢地就会形成依赖。比如一个人喜欢打麻将，每次打麻将大脑就会分泌多巴胺刺激兴奋，长期就形成了惯性，不打麻将生理上就会不舒服。惰性也往往是因为有了惯性、不愿意改变，跟随之前的路径形成依赖后，做起事情来往往不费力，所以这也是大多数人有"不改变"的惰性的原因。当然，惰性很多时候也是因为懒惰，对于企业家而言，惯性和惰性都是需要破除的，毕竟被这两点操控的人往往很难有长期思维。

**第四种情况是缺少长期思维的能力。** 不得不承认的一点就是，长期思维也需要能力支撑，最简单的道理就是长期思维要求我们用更长的时间看趋势、做规划。应该说，看趋势的能力是对领导者的最核心要求和质疑，而规划能力是职场人士的重要能力考核指标，咨询公司里面其实很多工作是在看趋势、做规划，看趋势一般叫大趋势（megatrend）研究，做规划叫计划（planning），这些都是必备的能力。只有看准趋势，长期思维才更有指向性；只有具备规划能力，才能把一件事的前因后果和发展路径都设计出来，从认知上形成一个连续性的思考模式。一旦有了连续性的思考模式，长期思维也就形成了。这里最主要的是规划的过程让长期思维变成了可推演、可预测的，这一点至关重要。

另外，长期思维能力的构建还有一个重要的因素，就是企业家的决策机制不能过多关注短期满足，有一种说法是"延迟满足"。生命科学里面说短期满足所激发的给大脑的化学激素叫多巴胺，延迟满足激发的则叫内啡肽，多巴胺是给短期行为形成兴奋激励，内啡肽是激励长期行为，这方面笔者也不是专家，暂且做一个粗浅的说明，不过可以确认的一点是，这些都指向了"做长期思维就不能追求短期满足"。

以上几种情况都是不能形成长期思维的原因和障碍，那么自然，把这几点延伸出来，我们也可以找到形成长期思维的要点。

这里归纳四个提醒自己形成长期思维的方法。

第一个，长期思维，就要抛弃眼前利益，即使眼前的诱惑再大，也要更信任长远稳定的价值获得方式。

第二个，长期思维是一种为未来储蓄的思维，不需要太多的理由，要让自己相信长期思维是有价值的战略思维。

第三个，提醒自己提防身上的惯性和惰性，多鼓励自己用新思维想问题，从长远做谋划。

第四个，培养自己做计划的能力，当然也包括对行业趋势的研究能力，这两点都能让你把趋势和长期思维匹配起来，并且直观深刻地意识到长期思维的必要性。

当然，长期思维对于企业家群体来说还包括一个非常重要的场景，就是要有服务公众、服务国家的胸怀，不能只顾短期的成功，损害他人或合作伙伴甚至国家的利益。业界知名的 ESG① 社会责任标准就是这样的逻辑，一家企业、一位企业家只有充满社会责任，才能做出长期思维的决策。

最后，**一个善意的提醒就是，企业都没法短期获得成功，或者说短期的成功也不算成功，最终企业家还是需要长期思维**，能够基业长青才是最终的成功标准，长期思维几乎是所有成功的企业家的法宝。而从资本市场上看，一两年的成功也许根本不算成功，业绩几倍几十倍也没什么，像巴菲特那样每年都能有百分之十几的投资回报率、持续几十年，才叫成功。商业终极成功要靠长期思维，这是确定无疑的。

---

① ESG 是 Environment（环境）、Social（社会）和 Governance（治理）的首字母缩写，指的是关注企业环境、社会、治理绩效的投资理念和企业评价标准。

# 第 22 章 一揽子方案：

# 兼顾解决问题的要点、顺序和角度的系统性方法

"一揽子方案"这个词源自英文的 portfolio（组合），它是一个日常生活中很少用到的单词，但是在投行、战略咨询公司以及外企里，这个词用得非常频繁。插句题外话，在这三个环境中另一个用得比较多的单词就是 align（一致性），"去 align 哪些人"就是"和哪些人达成一致"的意思。用得多自然说明有价值，并且也能创造价值。

那么 portfolio 式的一揽子方案具体指什么呢？这里试着下一个定义，一揽子方案指由多个方案合成的具有特定意图指向的大解决方案，并且一揽子方案承载了解决问题的要点考虑、先后顺序安排、多角度安排，是为了达成最终目标最大限度地展现解决思路的一个系统方法论。

这里有几个关键词，进一步展开解释一下。

为什么需要把多个方案组合在一起呢？简单来说，是因为每一个系统性大问题都可能是由系统的多个问题组成的，每个大问题的解决有的时候需要铺垫解决很多小问题，或者大问题本身就是由于不确定的某些小问题带来的。基于此，如果简单地用一个方案去解决所有问题，实际上并非是对症下药，这还容

易出现一种失误，就是"押错宝"，而多个方案类似中医中抓药的逻辑，是有针对性地解决多方面的问题，最终达到治病救人的目标。

举一个例子，如果企业家要解决员工积极性不高的问题，实际上就很难把问题归咎于一个具体的原因，需要把多个方案组合在一起。我们既不能简单认为员工积极性不高是工资低的问题，因为有没有发展机会也很重要；也不能简单认为员工积极性和管理有关，毕竟管理得再好也无法从内心激发人的潜能。所以，积极性的问题是和工资、管理、培训、发展机会、公司前景展示、领导力方法等多个方面都有关系的，而且企业家也很难在短时间内判断究竟哪个原因最为重要，这个时候用一揽子方案推动人力资源升级是个好办法，用多个方案同时推动效果应该更好一些，更为关键的是可以动态观察其中每一个解决思路的效果。

再来追问一下，为什么解决"员工积极性不高"这种看起来很简单的问题需要一揽子方案呢？实际上，一揽子方案往往能更加清晰地聚焦问题本身，也具有清晰的战略意图，并且最重要的两个特点就是关注前后顺序安排和多角度安排。一揽子方案一般不是就眼前的问题直接提供办法，而是系统地诊治和解决，这和中医中辨证施治的哲学非常接近，并且中医也强调从"病理"的角度根除，从身体大系统上调和，这些都是一揽子方案的思维体现。

那么，可能疑问又来了。为什么需要一揽子方案而不是针对病根直接药到病除呢？这个追问看似有道理，解决问题当然锁定越少的病因，解决效率越高。实际上，一揽子方案的价值，并不排除药到病除的直接效果，但商业实战中更多时候都有如下两种情况同时存在，一是不一定能100%准确判断病根，贸然做出判断容易失误，只能"方向大致正确"；二是病根不一定在一个要素上面，很多表面问题的诱因一般是一些更深层次的要素。而且很多看起来是病因的要素互为因果，很难推敲出唯一的原因。所以，领导者如果习惯性武断地判断并解决一个唯一性要素的问题，不仅容易犯错，也容易仅仅针对表面的情况做很多无效管理，所以最好的方法还是"系统调理"。

而且，根据本书前面讲到过的"不确定性原理"，大系统中会出现解决一个问题影响另一个问题的情况，如果我们不用一揽子方案，而是不断从微观缓解刺激一个系统的一个方面，就会导致每一个要素把握得都不准确，最后带来的是系统紊乱。而一揽子方案在某种程度上也是从生态的角度促进达成一种全新的平衡，是企业家解决重要挑战时的重要方法。

再举两个一揽子方案的例子。在企业进行改革的时候，我们看领导者往往是提出一个一揽子方案，一般少则五项，多则十项，太少了不够系统，太多了分散注意力，往往是七八项。这个一揽子方案有的内容针对目前判断的问题根源提出解决办法，有的从长远角度提出设想，有的是对多个方面的加固，有的是未雨绸缪的建议。

但不可否认的是，很多时候应用一揽子方案也会出现一个误区，就是把看似能解决问题的所有方法都罗列出来。很多企业存在这样的误区，比如列出了无数条禁令、要求、要点，最后导致下面无所适从。这就需要注意在整体解决问题的同时，在每个一揽子方案里都需要有清晰的逻辑。一般要设定一个或两个解决要点。再拿解决"员工积极性不高"这个问题来举例，实际上最重要的原因可能包括"工资待遇低"和"业务目标不清晰"，其他的都需要围绕这两个要点来设计一揽子方案。

这里我们也建议企业家或高级管理者采用一揽子方案的思维形成战略决策的层次感，并且给高管团队形成系统解决问题的素养，避免简单粗暴地试图用个别枝节解决大问题。这里试着给一个具有模版思维的一揽子方案考虑要素选择列表，包括以下九点：1.形成问题解决大逻辑；2.重点围绕一两个要点解决问题；3.把弱影响因素解决放到次要位置；4.主要考虑潜在风险的防范办法；5.筛选出要解决的优先级最高的要素；6.配套预防性且长期可持续的解决办法；7.构建一个长效机制巩固成果；8.最好画出问题影响要素的模型；9.对于问题背后的深层次诱因的发展趋势做出判断。应该说，综合这几点形成一揽子方案更有利于问题解决。

企业家和管理者能够超越个人判断的自我中心论，从组织复杂性考虑用一揽子方案思考问题，本身也是一种更强领导力的表现。从概率上看结果，这种科学的系统思维更有利于问题解决，特别是在很难判断问题根源的时候，形成一揽子方案，推动情况向好的方向发展非常重要。人的认知往往是有限的，管控复杂性系统组织很难像打枪一样弹不虚发，但完全可以做到围绕解决方案大方向、大逻辑不断进化。

一揽子方案看起来复杂，实际上一次性决策之后，反而更有利于企业家和领导者把精力放在执行上。

# 第 23 章 不完美定律：

# 永远不可能在一个系统内使所有事情自洽

对于"不完美定律"，我们先通俗地解释一下：生活告诉我们，这个世界从来不存在完美的人和事，过于完美的感情，只发生在童话和想象中，现实的常态，除了平淡，就是千疮百孔与劫后重生。

而以上叙述实际上还存在一个科学上的专业定理的支撑和解读，不得不说"高手在民间"不是空谈。为了更好地了解这个定理在战略管理上的应用，这里不妨也简单分享一下它的背景。

这个定理的全称叫"哥德尔不完备定理"。哥德尔是奥地利裔美国著名数学家，哥德尔不完备定理是他在 1931 年提出来的。这一理论使数学基础研究发生了划时代的变化，更是现代逻辑史上很重要的一座里程碑。该定理与塔尔斯基的形式语言的真理论、图灵机和判定问题，被赞誉为现代逻辑科学在哲学方面的三大成果。哥德尔证明了任何一个形式系统，只要包括了简单的初等数论描述而且是自洽的，它必定包含某些系统内所允许的方法既不能证明真也不能证伪的命题。

进一步看这个定理的影响。哥德尔不完备定理一举粉碎了数学家两千年来的信念。它告诉我们，真与可证是两个概念。可证的一定是真的，但真的不一定可证。某种意义上，悖论的阴影将永远伴随着我们。无怪乎不乏科学家发出这样的感叹："上帝是存在的，因为数学无疑是相容的；魔鬼也是存在的，因为我们不能证明这种相容性。"

下面我们通俗地解释一下上面的学术语言，简单说两点延伸的启发。第一点是，我们能证明一件事情的因果关系和真伪，这件事确实是可以证明的。第二点是，有很多我们难以证明的东西也确实是真命题。而正是因为这两点，逻辑上就推理出了我们要讨论的问题，在一个系统里我们很难证明一切都是自洽的，也就是说，我们必须承认有一些真理的逻辑是我们永远无法证明的。进而，我们对一个事情的系统认知永远是有缺陷的，这是需要面对科学客观承认的事实。

再通俗一点说，世界上没有完美的事物，不完美在特定场合下是常态，完美更多是每个人对美好生活的憧憬罢了。

那么，这么抽象的问题对企业家的战略决策有什么启发呢？

其一，"不完美定律"提醒企业家和管理者，不要将时间和精力浪费在永远达不到的完美追求上。想为所有的事情找到充分的理由，在一个系统里往往永远不能自洽；想推动所有的事情都向最好的方向发展，这样往往永远达不到自己想要的效果；想将所有的事情都做到满分，不仅身心疲惫，而且会发现往往是徒劳的。

追求完美，有时候也是本文前面论证过的"充分性思维"，很多人认为只有把事情准备到完美、满足了充分性条件，事情才会向好的方向发展。实际上不是，因为从科学上来说就不可能获得真正的完美。而追求完美对于科学家可能是一个优秀的心理品质，但对于应对瞬息万变的商业环境的企业家，追求完美有时候牺牲了效率，并且在枝节问题上浪费太多时间。从另一个科学原理看，追求完美的最后 1% 所付出的代价，可能是整个追求的 10%，这符合边际收益递减的理论。

这里面当然也涉及很多人耳熟能详的一个哲学思维"主要矛盾和次要矛盾"，类似的情况确实很多，比如在企业推动业绩增长上面，可能会找到十几个原因证明这些都会影响业绩，但是我们永远无法穷举所有的原因，而企业家需要做的也不是先找到所有的答案，再开始按部就班地解决这些问题。一般来说，起步的时候肯定是抓主要矛盾，然后用一揽子方案的思维去解决。

其二，"不完美定律"提醒企业家不要过于苛求自己，而应该推动组织特别是团队其他人解决问题。很多从一线开始打拼成功的资深企业家一般有一个特点，就是事必躬亲，一个几千人、几万人甚至十几万人的企业，老板什么都管，无论是与大客户谈判还是食堂的伙食。这在中国几乎是一种常态，甚至很多知名企业也有类似情况，这在某种程度上和企业家的内心焦虑有关，也和他创业早期必须事无巨细地解决所有问题有关，当然，最主要的是这位企业家形成了完美主义的世界观。

但完美主义注定不能解决所有问题。我们看到这样的企业家带来的最大问题就是公司下一代领导者的培养出现空白，除了他之外很少有人可以驾驭整个公司，这就是事必躬亲的后遗症，挤压了其他人的锻炼空间。

所以，"不完美定律"也提醒企业家不要过于追求完美，而要用更多精力推动组织和其他管理者在不完美中逐渐解决问题。

关于"不完美定律"的两个企业应用推论也很有意思，这里不妨和大家探讨一下。

其一是企业家和企业高管很难在自己的闭环系统里想清楚所有问题。因为身处在一个系统内，而系统永远是不完美的，这就需要第三方视角，需要广泛征求外部的意见，特别是专业顾问的意见，去看全局。

其二是关于企业家的心理健康问题。健康的心理对于企业家和管理者极其重要。在做战略咨询的过程中，我们发现国内多位成功的顶尖企业家都具备很宽广的胸怀去包容别人的不完美，对过去不完美的问题也能够很好地放下，并不是那种每天都面对问题焦虑的人。特别是对自己的不完美，他们没有那么纠结。相反的情况就是那些特别较真儿的人，他们特别自信地认为人定胜天，特别自信地认为自己可以解决所有问题，特别自信地把自己的意志强加给别人，而这些自信都是建立在自己能够解决一切问题的假设上的。这显然是违背"不完美定律"的，按科学分析来说，在一个系统里试图解决所有问题永远是不可能的。

客观讲，能宽容多大的不完美，就能做多大的生意，这个判断一点儿也没错。所以，"不完美定律"对于企业家来讲是非常值得思考和品味的。

# 第 24 章 价值不易得：

## 没有艰苦积累和重大投入的获得不值得信任

企业家和管理者作为一个特殊的群体，往往是充满智慧的，但有一点需要承认，这个群体同样会犯普通人常犯的错误。因为人性的基本特征是一样的，专业化训练和商业起伏的历练不一定会改变普通人的特质。当然，也不见得这个所谓专业化就是科学的。

有时候，我们需要承认，人性本身普遍是充满弱点的。影响每个人的因素太多了，包括家庭基因传承、时代大潮影响，也包括自身经历，甚至身边人的影响，当然，还有情绪。所以，能完全掌控自己、完全理性判断的人是很少的。企业家和管理者每天都在巨大的压力之下，不免也会犯一些平常人容易犯的错误。

这一章讲述"价值不易得"的道理，几乎是一句废话，但仔细品味起来确实充满哲理，并且，真正做到非常难。

举一个最通俗的例子，关于赌博。这里说的赌博一般是指长期的、成瘾的习惯，一般的娱乐肯定不在此列。赌博者的一个思维特征就是前面提到的"以小博大"，总希望能够以很少的投入获得巨大的收获。我们知道赌博都是一局一局的，很少有哪种赌博是几个小时为了一个结果。为什么这么设计呢？很简单，就是要通过多次同样的行为培养习惯，也不断强化以小博大的投机心理，最后就容易赌博成瘾。

赌博成瘾的人显然理性上都清楚"价值不易得"的道理，绝大多数参与赌博的人不会认为赌博可以发大财。他们从认识上能够理解"价值不易得"的道理，但是确实很难做到。相反，喜欢赌博的人即使总输钱，但在手气最好的时候也会觉得赚钱很容易，这是一种赌博幻觉，可见在很多情况下真正从行动上认可还是非常难的。

当然，作为企业家和管理者，应用这个原理肯定不是做赌博相关的判断。我们看看如何把"价值不易得"融入到战略判断中，如何让它作为一个基本定理指导我们的实践。领导者需要相信以下几个推论。

其一，如果一件事很容易就成功了，那这个运气不会持久，反而需要补上艰苦的努力夯实成果，否则运气早晚会消失——这就是"价值不易得"战略思维。有时候人们认为价值很容易获得，无非是习惯性放大过去的一个包含运气因素的成功经验，强迫自己相信可以很容易获得成功，但实际情况并不是这样。坦率地说，笔者认为运气主要是一个概率的问题，特定时间穷尽所有的优势肯定会迎来相对长期的劣势持续期，也就是说好运气不可能一直存在。

其二，如果一个新业务很容易赚钱，而老业务赚钱虽然稳定但缓慢，这个时候不要轻易抛弃赚钱缓慢的业务，也不要孤注一掷做赚钱快的业务——这也是"价值不易得"战略思维。当然，这和把握时机似乎有矛盾，不过笔者想提醒一点，赚快钱自然有赚快钱的弊端，就是这个过程往往很短暂。大型公司的管理者更应该意识到符合自身核心竞争力的价值获取是最可靠的，也就是所谓的细水长流。

其三，很多成功的企业家往往喜欢多元化，因为过去自己在所在的行业有经验，所以认为在新的机会点上也一定能成功，甚至很多"多元化"横跨了诸多完全不相干的行业，这种企业家在经济出现周期性风险的时候往往会出现重大危机——这还是"价值不易得"战略思维。其实我们统计过，每 10 年，在中国独领风骚的企业家基本就会换一批人，而能坚持 20 年以上的企业家实际上非常之少，特别是那种豪情万丈的企业家，更容易在市场火热的时候出大问题，成功经验更容易让人迷惑，进而放弃"价值不易得"的道理。

其四，这个原理也会正向激励我们重视长期的积累，不要急功近利，让我们明白形成自己独特的比较优势非常重要——因为"价值不易得"。意识到这一点之后，就懂得了"慢就是快"的道理最符合"价值不易得"规律，这也能让自己很坦然，"能够不断地积累和创造财富"原来是符合规律的一种先进方法。就像巴菲特所言，投资难的不是赚大钱，而是持续地赚钱。巴菲特每年赚 10%左右，但是持续了几十年，这就很了不起。他一般用超长时期投资的理念进行投资，这有助于超越经济周期获得回报，但是一般人确实做不到，一般人也理解不了"价值不易得"的道理，总想快速致富。没有人喜欢慢慢变富，这或许也是人性的一个弱点。

其五，如果很容易就获得了想要的东西，要追问自己"这是自己想要的那个吗？"，因为这背后可能存在欺骗，或者假货的可能——因为"价值不易得"。我们再想想诈骗的情景。诈骗就是利用很多人投机取巧的心理，让人相信自己的运气非常好，可以直接一步到位。有的时候个人冲动的决定也是这样的，相信偶然的一次相遇就可以简单创造一段姻缘，相信自己不努力、靠天天在网站上相亲就能找到如意伴侣，这些都是违背"价值不易得"原理的。想获得任何价值都要有勤奋的努力、长期的铺垫，以及超越一般人的投入，这样获得的价值才是真正属于自己的。

以上五点只是比较容易理解的例子，其实还有很多种情景适合用这句话来判断，这个基本定理能帮助我们在做战略判断的时候保持头脑冷静，避免投机心理，避免犯大错误，并且有助于我们形成好的心态。

最后说一个关于学习和认知的细节。很多人都和我讲，通过冥想可以获得极致灵感。从"价值不易得"的角度看，如果认为冥想本身就是一种艰苦投入，那么这是有可能的。但是很多人如果仅仅靠冥想，靠寻找灵感获得成就，则违背了"价值不易得"的原理。世界上所有的画家、音乐家都是经过艰苦的训练和实践才有今天的成就的，这符合"价值不易得"的基本规律，而如果仅仅靠简单的灵感，是没法成为艺术家的。

换句话说，靠灵感、运气、天赋等偶然因素获得的东西，其实都是不可靠的，因为"价值不易得"，只有通过艰苦努力获得的产出才更值得信任。企业家、管理者，特别是投资者，都需要铭记这个道理。

# 第 25 章 信任不急取：

## 战略设计中不要急于将信任关系变现

"信任不急取"和前面的"价值不易得"实际上都是周掌柜战略咨询团队的基本价值观。这两点也是我和团队多年创业思考和经验的总结。虽然看起来和商业本身没关系，但确实是我们的底层逻辑。

"价值不易得"相对容易理解，表达的是尊重价值挖掘的艰苦性，并且不要急功近利地获取看起来容易获得的利益，在战略逻辑上，长周期平衡需要"价值不易得"的极致理性。而"信任不急取"实际上还是有一点儿抽象。笔者对"信任"这个词的理解，可以简单拆分为两个方面。一方面，信任是商业最本质的特征。我们想想现代商业的基础是什么？实际上就是信任。我们信任银行，所以银行把一张"纸"给我们，我们就可以当钱花，这背后是整个社会的信任机制在发挥作用。我们信任一家企业，为这家公司拼搏，是因为拼搏的人多了，公司越来越成功，我们也会获得超额回报，所以找工作的时候我们自然寻找最值得信任的企业和企业家。而企业家或者管理者寻找合作伙伴的时候，最重要的标准，应该没有什么异议，就是值得信任，这比什么都重要。

另一方面，信任是商业领域效率最高的沟通方式。成功的企业家和管理者很多时候是深度思考者，也不可避免厌恶风险，或者说对风险高度敏感。通过一定的戒备心理减少出错和造成巨大失败是有必要的，但他们也都是擅长建立信任的专家，把信任作为润滑剂，可以更高效地推动合作。这也是信任的根本性价值。

总之，信任是一切商业活动的基石，没有信任作基石，整个商业体系都会崩塌。那么，为什么信任"不急取"呢？不急取的意思是否是不断积累但不取呢？

可以说，积累信任起码有三个好处。

第一个好处是，信任可以应对重大风险。要保证在遇到重大挑战的时候，信任你的人会帮助你。这其实很难做到，但这种情况确实也是我们最有可能遇到的情况。犹太人有句谚语，讲的是父亲告诉儿子，在遇到危难之际尽量找信任且帮助过你的人，而不要找你多次帮助过的人，前者更可能因为信任而继续帮助你。从另一个角度看，危机中的决策肯定需要承担风险，如果没有长期的信任积累，是很难打动别人的。所以，平时不用急于把信任兑现，信任在关键时刻的价值更大，信任是关键时刻的救命稻草。

第二个好处是，在交易或合作之中信任可以提高效率。也就是说，在建立信任纽带之后，在合作和交往中兑现价值的时候，往往交易效率很高，交易成本降低，而且会不断夯实信任纽带。举一个最简单的例子，很多生意需要一定的账期，如果缺少信任，大家在合作中往往会设计很多对冲风险的方法，比如抵押财产、中间人担保等。但如果有了信任纽带，实际上这个交易自然会顺畅很多。这就对通过平时的言行让他人形成对自己的信任提出很高要求。建立信任从商业的角度看也是企业家和管理者最基本的素养。

第三个好处是，信任可以作为零存整取的储蓄增值。信任是一种储蓄，这一点很容易理解，因为一般都是通过点滴积累建立的。商业中的合作伙伴往往会彼此观察微小的细节，以及重要事情的处理方式，以验证可信度。另外，信任是可以增值的，这一点可能很多人不太注意，如果我们在已经信任的基础上不断夯实信任，实际上是有可能创造出一种更具价值的增值方式。这种增值方式不仅是线性的增长，有时候也会出现爆发式的增长。通俗的例子就是，如果你通过一次重大的信任投资帮助了别人，那么当你有困难的时候，这个人确实有可能加倍回报你。所以，这种方式很像储蓄，可以带有利息地获得回报，信任在这种情况下也是企业家或管理者个人积累的品牌资产的一部分。

第四个好处是，信任的氛围有利于团结团队和伙伴。如果团队经常看到领导者积累信任，并且感受到公司受到更多的信任，但是并没有着急兑现，也会对公司增加信任，并且更努力地工作，这个时候价值已经出现了，应该说你的行动影响和教育了团队，并为公司积累了企业文化的巨大财富。合作伙伴也是这样，相互信任的合作伙伴往往会爆发出一种合力。有很多例子是一家企业遇到巨大困难的时候，供应商和经销商集体出资出力帮助企业渡过难关。这都是信任带来的团结。信任，也是一种凝聚力。

最后，再谈一点周掌柜战略咨询团队对于这个战略思维原理的理解和业务应用。确实我们团队长期信仰"价值不易得，信任不急取"。我们作为一家中小型战略咨询公司，服务的却都是中国顶尖的超大型公司，比如华为、中国平安、百度等，每一个都是庞然大物，从我们的行为准则看，不把信任轻易变现，也是为了形成可持续的深度信任关系的一种方法。坦率地说，战略咨询是高度涉密的，一般客户都是从一个项目开始认识我们团队，逐渐地让我们参与到更核心、更保密的项目之中。所以，当面对的都是成熟且持续发展的公司时，我们自己更不应该着急兑现一点儿小利益影响合作，或者影响我们深度地参与重大课题。

另外，通过周掌柜自媒体传播战略思想时，我们也贯彻"信任不急取"，所以很少插入广告和商业化的信息，这些都是为了保护读者对我们的信任。传递真知灼见也是我们的一个习惯性方式，因为这可以让我们获得更好的广泛品牌基础——没有信任纽带就不可能有战略咨询。很有意思的现象是，很多人在看我们订阅号的时候可能还是大学生，几年之后他成长起来作为公司的中层，就可以推动和我们做很多合作，现在的很多客户是了解我们团队三四年之后，甚至加入读者微信群四五年之后主动找过来沟通合作机会，这也是我们普惠战略传播积累的结果。我们在执着地免费对外界供给真知灼见时，实际上并不太担心变现的问题，这也是因为我们相信"信任不急取"的价值。

总之，帮助更多的人，通俗地说是广结善缘，这个信任不要急于变现，而要当成一种长期行为持久推动下去。比如在做战略咨询的同时通过培训收一点儿培训费，或者想办法赚一点儿小钱，这些都不值得去兑现信任。应该让信任沉淀下来，创造长期的价值，当然这也需要沉淀成专业化的认识内容。不过，也需要补充一点，就是我们不拒绝培训等商业模式，也没有清高到做成 NPO（非营利性组织）的地步，只是代表我们的一种战略思维取向，这一点相信阅读到此处的你可以自己拿捏和把握。

此外，"信任不急取"也是让自己形成一种良好的心态，就是帮助他人的时候不追求短期回报，也不屈从于商业利益，更多的是基于自己的价值主张由内而发地真诚表达。如果有这样的认识，长期积累周围人的信任，长期积累合作伙伴的信任，这些价值都会潜移默化地自然得到兑换，特别是通过多种你意想不到的方式兑现出来，对你会产生更加根本和长期的帮助。

可以说，"价值不易得"和"信任不急取"是我们实际工作中的两个重要法宝。

# 第26章 分清目的和手段：

## 目的和手段是可以经常追问的战略思维

"目的"和"手段"是两个再普通不过的词，但并不是所有人都理解其中的战略思维道理。

在战略设计中，目的和手段是最基本的价值判断。我们稍微学术地定义一下：目的和手段是人类改造自然和发展自己的过程中最基本的两个相互联系的因素。目的是活动的主体为所期待的未来结果设定的目标，它必须通过活动主体的手段来实现。目的同时也是引发、指导、控制和调节活动的自觉动因，它决定着主体活动的方式和性质。手段则是实现目的的方法、途径，是在有目的的对象性活动中介于主体和客体之间的一切中介的总和，尤指实现目的的工具和运用工具的操作方式、活动方式。借助于一定的手段实现一定的目的，是人类自觉的对象性活动的一个根本特点。

在企业战略管理设计中，在很多地方可以追问"是目的还是手段？"。比如给员工加薪这件事，是目的还是手段呢？如果是目的，那可能是为了解决之前待遇低下的问题；如果是手段，则要想清楚究竟加薪是为了提高士气还是为了招揽人才、提高公司的业绩水平。再如，"成为世界500强"是很多企业喊出的口号，那么这个口号是目的还是手段呢？实际上有的企业把它看作目的，也就是一个企业要追求的成功目标，但有的企业把它看作手段，有了世界500强的头衔，公司的融资成本可能自然而然地就会降低，达成这个目的可以让公司业务更加合规，更上一层楼。很多已经具备了世界 500 强潜质的公司，会把成为世界 500 强作为目的。那么，就需要为此做一些铺垫，比如客观披露公司的经营数据，或者通过上市披露。再举一个例子，可以思考一下"上市"对于公司是目的还是手段？其实也是战略思考路径不同，回答不同。

我们再深入探讨一下这个命题背后的哲学寓意。据说在古代，亚里士多德明确地谈到了"通过手段达到一定目的"这一人类活动的特点。他指出，目的是活动"所追求的那个东西"，亦即"一件事之所以被做的缘由"。手段是所有通过别的东西的作用而使目的实现出来的"居间步骤"，其中有些是活动，有些是工具。他强调达到目的必须凭借手段，而使用手段又是为了达到某个目的。

著名哲学家黑格尔把目的的实现过程看作逻辑的推理，手段是这个推理的中项。在实现目的的过程中，手段是把目的的主观性同客观性结合起来的桥梁和中介。他认为目的通过手段与客观性相结合，并且在客观性中与自身相结合。黑格尔论述了人为了自己的需要、为了征服自然界对象而发明工具的意义，强调人以他的工具而具有支配外在自然界的威力，并认为发明和利用工具是"理性的机巧"。

这两位世界最伟大的哲学家都对目的和手段做了很多叙述和论证，感兴趣的朋友可以深入品读。这一章我们主要想分享一些和商业战略思维相关的经验之谈，就是到底什么适合作为目的，什么适合作为手段。

**第一，"以人为本"的经营理念应该把人的成功和健康看作目的而不是手段。**这一点基于我们的价值观，是我们认知体系的一部分。现实情况是，很多公司其实是把人的成功看成公司追求商业成功的手段，所以喜欢用成功学激励员工，但最终这种公司会用强竞争的方式形成企业内部的所谓狼性文化，这并不是我们战略管理研究所提倡的。放眼世界，一切把"以人为本"看作手段的公司都不会有长期的竞争力，而真正尊重人、把成就人看作最终目的的公司在世界领先公司中是一个主流。

**第二，企业树立不切实际的口号式的经营目标实际上是把目的错误地当成了手段。** 这种现象很普遍，很多企业喜欢喊一些特别不切实际的口号，声称一年如何、两年如何、三年如何，短期来看，这似乎是对人有激励作用的。但从科学管理的角度来说，将数据当成手段来激励人，这是违背常识的，而且也让数据作为目标的价值消失。另外，更主要的是这种成功也很难创造真正的价值。所以，经营目标最好就是真实的目标，而不是喊口号、打鸡血，目的的价值是矫正眼前的行动，带来方向性的指引，催生从量变到质变的过程，而且给团队持续进步的信心，这一点是科学管理的常识。

**第三，企业科学管理的数字化基础设施应该成为手段而不是目的。** 这一点本来也是一个常识，比如很多企业会在一定规模之后通过数字化来提高企业效率，但我们也发现很多企业会做面子工程，往往喜欢拿预算做一些不切实际的项目，最后把数字化示范项目当成了目的，项目建成之日也就是结束之时。这个目的和手段的错位，自然会带来巨大的失败和浪费。

**第四，科学管理既不是企业经营的目的，也不是手段，更多的是一种方法论层面的指导和支撑。** 如果我们把科学管理看成了企业经营的目的，那么会让公司教条地出现很多专家，但他们往往不接地气，远离客户，成天发明很多管理词汇或者管理方法，很容易走上学术务虚的极端。不过，如果把科学管理当成推动企业成功的手段，它是比较弱的，企业还是需要追求竞争力，在实践中很难区分什么是最科学的管理，容易错失时机。所以，科学管理更确切地说是一种指导和支撑。

以上是四种比较常见的情况，可见，弄错了目的和手段会让企业陷入认知混乱，而企业家和管理者在实际的管理中也应该更加清晰地设定目的和手段，这也能让经营获得更准确的定位。

目的要有目的的激励效果和指引效果，手段要有手段的方法论特征和效率价值，只有分清了目的和手段，战略管理的底层逻辑才能更加清晰。

# 第三部分
# 实战战略案例

在实战战略案例部分，我们力求通过一些热门公司的热门案例来讲解前述战略思维，或者说介绍一下相关理论和定理的一些应用场景。这些案例均来自笔者在英国《金融时报》中文网的专栏文章，是 2016 年到 2022 年周掌柜战略咨询团队深度研究目标公司的归纳汇总，有一些公司也是我们深度服务过的客户，所以掌握的信息应该更加权威和全面一些。这里面包括华为手机业务、百度汽车业务、中国平安金融业务、OPPO 全球化业务、抖音全球化业务、荣耀手机品牌等。当然也包括我们对德国博世的研究项目，笔者和团队曾多次赴德国博世斯图加特总部考察调研，汲取近 10 万字德文原版资料研究成文，获得了国内很多资深企业家的认可。本部分精选案例多已作为企业内部学习材料和商学院内部教材，且很多分析随着时间的推移得到了验证，从今天的角度看反而有了更强的对比思考的空间。这部分分为"战略管理篇""公司传记篇"和"商业评论篇"。

# 战略管理篇 >>>

# 第 27 章

## 乐视生态的七大战略性风险

## 战略思维分析

乐视拥有战略判断的"必要性思维",快速构建了看起来自洽的商业模式,但缺少专业管理的"充分性思维",完全没有严谨审视风险的能力。《乐视生态的七大战略性风险》(详见本章后文)作为在乐视"封神"时刻的批判,说明了一件事,那就是失败都不是偶然的。

这篇文章发表的时间是 2016 年 6 月,但是以我们写文章的严谨性来说,由于一般会用 3 个月左右调研,所以这块"砖"拍出去的时候正是贾跃亭和乐视如日中天没有人敢挑战的时候,吹捧之声响彻云霄。有意思的是,文章中预言的乐视可能出现的几个问题几乎后面都"照单全收"地出现了,比如生态级产品黏性下降、被甩出第一阵营和资本市场红利期结束等。

当然,出于专栏文章的客观严谨性要求,我们不会一边倒地批判,也会对其有一定价值和潜力的方面给予肯定,不过这篇依然可以认为是当时的主流媒体看空乐视的第一篇系统批判文章。这里披露一个细节:在乐视最疯狂地被看好的时候,实际上很多早期资本玩家已经赚了 20 多倍的利润,当时上海一位知名的投资大鳄专门因为这篇报道请笔者去面谈，见到我的第一句话就是"我虽然是乐视大股东，之前没那么信，但刚刚现场看了北京五棵松的乐视发布会，真的信了！"不过，就是这样一位号称全信的投资家在之后的半个月里，清空了十亿级别乐视股票。北京也有一位投资大鳄在交流中提到已经出了一半股票，认为乐视股价已经虚高，但也存在一定侥幸的成分，他的收益是 25 倍。这两位投资大鳄的故事，多少说明了两件事，一是乐视确实是资本吹出的泡泡，多方参与者都在其中；二是真正的资本玩家还是非常警觉，充满逆向思维和风险意识。

不过，笔者个人对贾跃亭的看法，应该说并不是完全负面的。

首先，这个人确实是企业家中很有勇气的，他是一位典型的"必要性思维"企业家，对宏观的、大的趋势性方向判断得很准确，但确实缺少"充分性思维"，缺乏对风险的认知能力，所以，乐视失败也是关于平衡必要性和充分性战略思维的很好案例。

其次，他有强烈的进取心，虽然从其发展路径看，无论做SP①、影视还是消费电子，都有一些野路子的"草莽"，但这也是那个疯狂年代的缩影，很难由此上升到纯粹道德判断。

另外，贾跃亭作为当时风头正劲的企业家确实也给整个创业板乃至中国创新产业带来了一股热情的风气，现在回忆起来多少有一点儿怀念，敢作敢当的人在中国社会始终是稀缺品。

最后一点，贾跃亭的失败应该说是规律战胜情绪的客观因果导致的，他代表一大批在成功中迷茫的企业家，他们基本不用深度思考的战略思维，而是完全凭感觉画饼、野蛮生长。从这个角度看，贾跃亭和乐视留下的"反思财富"也确实值得我们反复品味。也许，我们应该感谢乐视带给我们的这本厚厚的负面"教材"。

最后，对于乐视案例，笔者想分享的是：真正伟大的生意往往是在孤独中

---

① Service Provider 的缩写，指移动互联网服务中内容应用服务的直接提供者。

创新，在险象环生中前行，心底坦荡地收获，绝对不是赌博的那种刺激。今天再来看这篇专栏文章，对比现在贾跃亭和乐视的处境，我相信会给企业家很多不一样的启发。当然，也衷心祝愿他能够把智能汽车业务做起来，为我们带来惊喜！

# 《乐视生态的七大战略性风险》（节选）

五一假期的第一个夜晚，大部分人或许已经到达了休假的目的地，也许这一刻已经把万恶的手机抛弃到了某个角落（微信占用过多时间）。但，创业永不眠。

乐视集团多名副总裁级别的高管几乎在同一个时间刷屏《乐视招惹上黑公关是为什么？深挖硬件免费如何惹祸》这篇文章，其中一位副总裁的点评是："没有被'黑公关'黑过的企业一定是缺乏知名度或发展潜力的企业。创新和变革一定会触动现有格局里的既得利益者，所以容易遭到疯狂的反扑和攻击。"

可见，最近针对乐视生态战略"作秀""浮夸"和"缺少核心竞争力"的新一轮攻击，刺激了高管们的自尊心，让他们产生了明显的逆反心理。不仅仅是高管，对于乐视的媒体公关部门负责人来说，向媒体解释"生态战略"也是一件让他们头疼的事情，更有挑战的一件事在于需要应对无时无刻不出现的质疑。"好比一个每天都在准备高考的学生，每天都受到学习成绩下降、考不上大学的质疑，真是有苦难言。"这是乐视公关部门一个普通员工的真情流露。

问题的核心是：乐视大手笔生态运作，大胆地"秀肌肉"是否会为公司带来系统性风险？乐视生态是否健康？这是两个很客观且值得讨论的命题，而且这两个话题都应该有大量事实作为佐证，不能是纯粹空谈类的价值判断。但由于乐视和诸多媒体讨论者并没有基于数据和商业逻辑分析推理，讨论变成了争论，最后成了一个对"生态是否靠谱"的价值判断。

本文，我将从生态型企业的广义风险和乐视作为样板企业的狭义风险两个角度，和大家一起探讨：哪些是生态的风险？哪些是乐视的风险？哪些是普遍经营的风险？如果乐视高管们能够敞开心扉地回复质疑，并对本文的一些推理做出全面反馈，也许是一次真正有价值的危机公关。

## 乐视生态的风险确实在叠加

我们从大逻辑开始。先抛开绝对性风险的界定，以另一个话题作为一个铺垫性的开头，这就是：站在不同角度的讨论者看风险的角度是什么？下面我试着来分析一下。

**站在贾跃亭的角度来看**：创业已经是九死一生的人生旅程，面对之前的"背景复杂"等质疑，作为成长于以商道文化著称的山西的商人，他目前对企业最好的战略性布局就是分享股份和快速爆发。这是一个很有中国特色的话题：一个拥有财富的企业家把一多半股份分给员工，通过融资绑定更多的资本，和更多的大众产生联系，或者一个企业家以"慈善"和"进取心"的形象出现。对于贾跃亭来说，这一系列做法本身就是稀释风险的行为。"他千金散尽，让有可能挑战他的人无利可图"，这是资本圈里一个比较有代表性的看法。在这个大逻辑基础上，乐视生态和战略失败只是第二个层面的风险。

**站在乐视高管的角度来看**：在中国的时代背景下，完美的理想化生存环境是不存在的，所以对于高管而言，他们更希望找到有进取心和有担当的老板带动自己在职业道路上以创业般的速度狂奔，何况天塌下来也有人扛着。在这些大逻辑下，如果老板又像贾跃亭一样在员工激励方面慷慨和豪爽，他们宁愿带着"士为知己者死"的情怀参与到一个充满梦想的企业。从乐视高管的角度来说，只要获得贾跃亭和乐视的信任，让自己大刀阔斧地狂奔，乐视并没有值得恐惧的风险。

**站在乐视员工的角度来看**：员工是乐视生态战略大发展，以及公司价值、影响力提升的最大受益者，从微观的角度来说，他们看到的是高层的进取心，以及市场势如破竹的进展。对于这样的团队和环境，乐视的员工除了自信、自豪和一点点自负，也不太容易从风险的角度衡量更宏观的战略。

**站在媒体的角度来看**：目前媒体对乐视的风险分析更多的是挑战现金流、免费策略和资本运作等战略的进攻性，这些质疑都是用传统思维对"明星企业"提出的常规质疑，其实并没有用业内人士的商业逻辑提出强有力的支撑论述，他们并没有能力提出更系统性的风险分析模型，只是在提示风险。

**站在公众和用户的角度来看**：媒体对乐视的讨论，应该说从某种程度上提高了乐视产品和品牌的知名度，在中国这样多层次广义消费的市场，能让人知道名字就意味着一半人潜在的消费购买，所以乐视的曝光率对于提高产品销售是有支撑作用的。公众看风险是从常识判断的角度受媒体影响的。但是对于用户而言，当拿到乐视高性价比的产品和补贴的时候，他们是没有风险概念的，因为乐视的风险并不会损害他们已经获得的权益，长期的风险目前也无法感知。

根据以上分析，我们会看到，实际上乐视的内部和外部，对深入挖掘风险点都是缺少动力的，很多讨论者仅仅是在从风险的话题的角度表达自己对"中国特色企业"和"世界前沿创新"的怀疑和疑虑。

笔者作为商业生态战略理论的提出者和研究者，更多关注从生态的角度看乐视运营的风险。基于模型化的思维推理和数据分析，乐视生态的战略新兴风险是客观存在的，主要有以下七点。

**生态战略先发优势失效**。把握生态战略的先发优势需要快速将客户沉淀为社群用户，也就是说从产品运营快速切换到用户运营，这才是生态级商业模型估值切换的基本思路。但是目前从外部看，我们没有更直接的感知和数据证明乐视生态用户的大规模消费效率的提升。补贴砸出来的用户如果没有生态级沉淀，补贴的费用就会不可逆地转为亏损。

**生态级产品黏性下降**。生态级产品的黏性是指构建产品内生态的应用效率的问题，乐视通过生态级产品打价格战，从而快速获取生态用户，这是没有问题的，但是其中用户的黏性取决于内容的质量。比如，电视剧电影版权内容是提高生态级产品黏性的好方法，乐视体育的各种内容资源版权也是好方法，但是我们并没有看到在乐视生态产品内部有清晰的类似苹果甚至小米的游戏中心开放平台运营的有效展开，生态级产品内在的共生机制并不明显，即伪生态产品空洞化的风险是存在的。

**产品被甩出第一阵营。**我们对乐视的担忧不是没有道理的，因为和集大成的梦想比，乐视几乎在每个领域都有世界最强劲的对手。有一种风险——在不同领域分别被华为（手机）这样具备芯片等核心技术的产业巨头，或者比亚迪（汽车）这样具备全产业链创新能力的巨头挤压出第一梯队，生态自然没有坚实的基础。这里乐视需要豪赌一个时代的趋势，就是供应链高度开放后的能力趋同效应。通俗地说，乐视的产品支撑价值链需要和华为、比亚迪在同一个水平上，不能被甩开，否则说什么生态概念都没用。

**资本运作时代红利提前结束。**乐视和小米、华为不同的一点是，乐视自身主要是靠资本市场的整合能力提供资金支持，而小米的盈利能力是很强的，华为则更强，乐视如果不能利用好 A 股市场最后几年的独特优势快速发展，未来两三年 A 股注册制推动之后很可能融资环境没有这么宽松，资本市场一旦从"市梦率"到"市盈率"来看待乐视，乐视的盈利能力不一定经得起推敲。目前乐视体育没上市的估值已经是全世界最大体育运营公司 ESPN[①] 的几倍，这必然是有风险的。小米电视的高管曾经很明确地表达对乐视电视的看法："补贴不可持续，我们是盈利的，就等乐视补贴不起的时候，我们会进行大规模的战略进攻。"可见，乐视的对手并非保守，而是在等待乐视铺路，并寻找时机。

**内容和 IP 运营不达预期引发雪崩。**这里面主要看的是乐视用"掠夺性生态系统策略"大量掠夺式购买的内容的市场化价值兑现，以及体育等板块的 IP 运营的回报周期。比如，乐视一个投资 10 亿级别的体育运营 IP，在终端的运营城市谈判中仅能获得千万级的回报，乐视体育很多运营项目大面积净亏损，乐视体育号称的 400 多个 IP 的变现能力是需要进一步观察的，而一旦三至五年的运营权到期后，其他上市公司或者竞争对手不惜代价地抢夺其中的 IP 运营权，

---

① Entertainment and Sports Programs Network 的缩写，指的是娱乐与体育电视网。

则乐视目前看来绝对的垄断地位会受到极大的挑战。这背后的商业逻辑是，竞争对手通过资本市场溢价同样可以获得新 IP 的出价资本，而"乐视失去已经具备的议价能力"对股价的影响极有可能是雪崩效应。乐视再强的资本运作能力，也不能和行业整体的觉醒竞争。需要提醒的是，IP 的运营是按年的授权制，不是终身买断，乐视买了 400 个 IP 的运营权不代表就拥有了这些 IP 的资产价值。

**组织力无法承受战略进攻性挑战。**根据我对乐视的长期研究和观察，乐视的管理层虽然拥有高度的进取心，但是战略思想是过于单一的，而且缺少沉淀和厚度，这与华为的"异见者是最好的战略储备"的思想是完全相反的。乐视的生态战略是靠"战略思想"获得领先优势，如果成为一种辩证思维单一的执行力文化，以及形成对贾跃亭的"造神式"追捧，这个组织就会面临巨大的不确定性风险。

**公关战略导致公众对抗性预期。**如果以 100 分为满分来给乐视的公关传播能力打分，我给乐视打 65 分。乐视的公关虽然完成了企业领袖、产品发布和战略思想的传播，但是从更高端的"生态级企业"的传播来看，问题比较明显：一是自说自话严重，读者听不懂；二是语调过于自负，没有带来参与感；三是不断拉高读者预期，已经形成了非常明显的逆反心理；四是对生态级产品与受众连接的考虑较少，用了过多的时间传播贾跃亭个人品牌。以上都是传播的战略性风险，如果乐视作为一个"明星企业"不能很好地把握公关的口径和思维，那它就可能成为被事件型问题点燃而溃败的导火索。

上述分析并非是我们对作为"生态型企业"样板的乐视的挑战和不信任，而是基于一种战略性的推理。生态是一种叠加战略，最大的风险也同样是叠加风险，以上七种风险中任意一种都很难击垮乐视，但是如果两三种叠加出现，很可能让乐视生态面临巨大的运营挑战。

乐视生态的风险在叠加，这是乐视生态战略推进的必然结果，"临界点在哪里"是一个真问题。这也是乐视作为"生态型企业"样板的狭义风险，下文我也将展开分析广义风险对乐视战略的挑战。

# 生态型企业最大的风险是"伪生态"

在讨论生态型企业广义风险之前，我们先来看图 27-1。

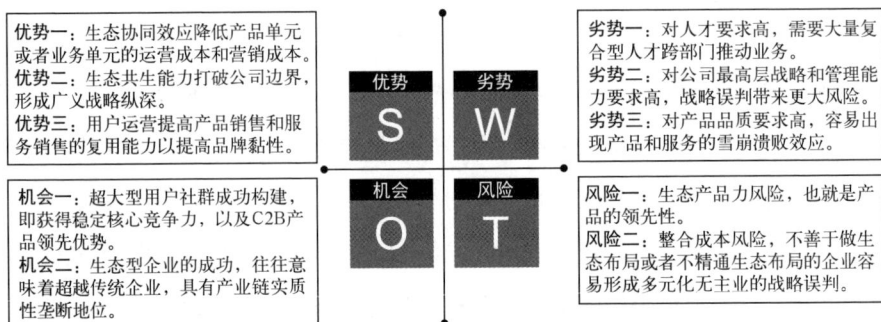

**图 27-1　生态型企业竞争优劣势分析**

从优势的角度看，生态型企业在生态级产品的营销方面，具备产品协同的明显优势，可以极大地降低营销成本和运营成本，在这一点上乐视非常突出，每一个发布会对品牌的重新塑造，从某种程度上说都在提升企业整体价值。乐视也因为这样的生态级战略获得了资本市场在战略纵深上的支持。从劣势的角度看，生态级企业对人才要求更高，对风险防范和雪崩效应需要给予更大的重视。从机会的角度看，C2B 的领先性实践，以及产业链核心主导地位的确立，将对企业带来最根本的推动。从风险的角度看，生态级企业很容易把"生态化"理解成"多元化"，形成无效的战略排布。

提炼以上四个角度我们会发现，生态型企业的风险主要是战略纯洁性的问题，如果不能遵循生态的规律，而去做"伪生态"的布局，会出现完全相反的结果。另外一个生态型企业全局性风险是关于"市值管理"。我曾提出"健康泡沫"战略思想，主要应用范围是市值管理和风险管理（见图 27-2）。

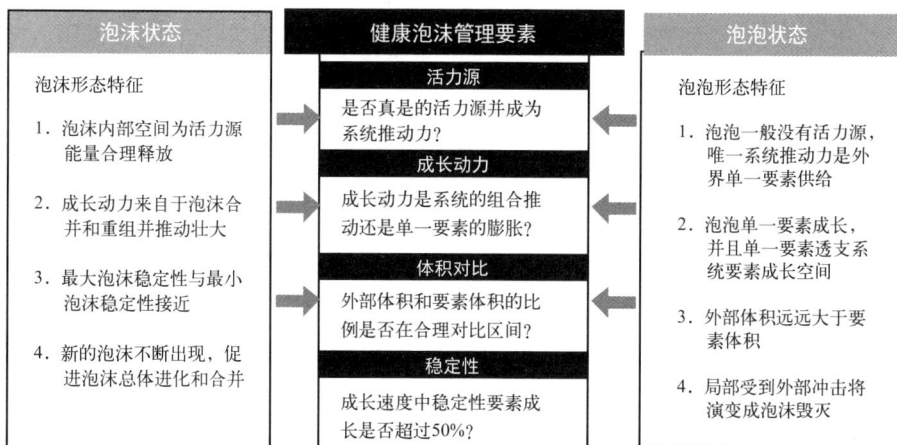

**图 27-2 "健康泡沫"战略思想**

如图 27-2 所示，健康的生态系统好比一种"健康泡沫"，公司由很鲜活的业务单元平面化排布，并且形成一种整体协同，我们可以想象一个泡沫破灭之后，若干相邻泡沫的聚集和新泡沫的形成。这种战略矩阵就是"生态级"的。泡沫既保持了鲜活，同时也防范了系统性的风险。

而"伪生态系统"好比一个巨大的泡泡，泡泡一般是没有活力源的，唯一推动力是外界单一的要素供给。简单理解就是，不断吹气的简单要素，形成一个巨大的泡泡。泡泡单一要素成长，并且单一要素透支系统要素成长空间。在泡泡膨胀过程中，外部体积远远大于要素体积，这个表述可以理解成空气多，泡泡外围变薄。这样的形态外部受到冲击就会产生毁灭的效应。

"健康泡沫"战略思想可以从根本上解释乐视生态战略的安全边际，如果真正按照生态的角度构建"活力源""成长动力""体积对比"和"稳定性"的要素，乐视生态应该是充满希望，并且可以抵抗住风险的。但是从目前乐视的发展来看，其整体战略最大的风险体现在频繁的资本运作，这是一个可能形成"泡泡"的巨大不确定性。

从另外一个维度来说，对于广义"生态型企业"而言，生态级产品的布局很难达到乐视对手机、电视机和汽车通吃的能力，所以战略纵深更好的方向是向深度发展。我给出的最直接建议就是，重视生态型社群的构建。

对于广义的生态型企业而言，它们通过社群形成稳定的生态基础是防范生态风险最好的方法，也是真正生态的进化之路。其实，乐视对生态战略的阐述从某种程度上神化了这一时代趋势的战略思想，或多或少地把"生态"品牌等同了"乐视"品牌，这种传播具备一定的狭隘性。而只有当乐视能够更好地传播生态级战略思想，并且能够协同而非对抗地获得公众的认可时，乐视生态的社群化基础才可能完整地构建起来。

如果一定要直接地回答"乐视生态是否会溃败？"的问题，这里可以给出以下几个清晰的结论：一是，乐视生态的确存在崩溃风险；二是，乐视在做一个真正的生态；三是，乐视生态的战略创新也在化解风险。在互联网时代之后的"人机智能时代"，如果不能用生态级的升级思维引领企业，每一个企业都有溃败的风险。

我们期待乐视向公众公布更多的数据和细节，更开放的乐视才是更安全的。

# 第 28 章

## 张小龙的星空

## 战略思维分析

张小龙虽然客观上不算是享有盛誉的企业家，但是由于对微信造物式的贡献，他一直被广大微信用户铭记，在科技领域则是很多产品经理、科技记者眼中的"创新之神"，称之为伟大的产品经理并不为过。在其战略思维中，最为突出的是认知复杂性系统的能力和构建用户应用生态的独特思维。

《张小龙的星空》发表于 2016 年 6 月，当时微信已经进入了成熟期，蒸蒸日上，外界对张小龙非常好奇，但其由于性格低调内敛，所以很少对外发言，也就很少有对他战略思维方式的解读。甚至，他对于如何做产品也是寥寥几语，吊足了外界的"胃口"。而这篇对他的深度分析文章从他的性格特质切入，应用了人力资源管理中的迈尔斯－布里格斯类型指标（简称 MBTI），同时对他身边的朋友进行了访谈，还原了一个"科技感"与"艺术感"融合的随性产品经理的形象。之后，文章对其用户生态的文化情怀做了分析——他乐于做文化捍卫者，要么没有特权，要么制定特定规则。这样的产品观已经接近于法律准则，即保护弱者。我们还引用了他受亚马逊创始人杰夫·贝索斯的启发得出的感悟：

善良比聪明更重要。在此基础上，我们对其"用户依规""用完即走""商业无形""属性赋能"四大战略理念作了详细的剖析。

最终，我们归纳出了其"生态级领导力"，即拥有生态级别的战略思维，从全局审视，并且注重生态级的协同和化学反应，这从微信游戏对社交的渗透可见一斑。以上对张小龙战略思维的分析与本书第 9 章对复杂性系统和生态的认知异曲同工。

# 《张小龙的星空》全文

微信的启动画面来自一幅叫《蓝色弹珠》的地球摄影作品，这张照片拍摄于 1972 年 12 月 7 日。当时，阿波罗 17 号飞船正运行至距离地球约 29 000 千米之处，飞船上的一名宇航员用一台 80 毫米镜头的哈苏照相机，拍下了这张完整的地球发光照片。阿波罗 17 号飞船执行的是阿波罗计划中最后一次任务，从此以后再也没有飞船抵达这个距离对地球拍照。因此，这也是人类有史以来"最后一次"从如此远的距离拍摄地球，意义独特。

从约 29 000 千米之外看过来，地球很像一颗蓝色弹珠，这就是这张照片名字的由来。而微信启动画面的照片就是基于这幅作品合成的，外加了一个面对蓝色星球的孤独背影。

许多人认为：那就是张小龙的背影。

不少用户对这个背影表示不解："为什么这个人站在地球之外？"或许，这个背影源自孤独，而"站在地球之外"源自深层次审视自己的渴望。张小龙很享受用这种"莫名其妙"的方式让他人了解自己、了解微信，这是他的特别之处。

微信，张小龙人生的巅峰之作，目前已经在全球拥有了约 8 亿用户。和这些用户相比，"微信之父"张小龙的粉丝实际上并不多，从微信用户基数的角度来说，张小龙的粉丝数几乎可以忽略不计。和创造了脸书的扎克伯格、缔造了 QQ 的马化腾不同，张小龙希望人们记住微信，忘记自己。这也是他的特别之处。

不过，现实中的张小龙并没有那么神秘和"自闭"。一位知名女记者很兴奋地在朋友圈表达了她的惊喜：在腾讯公司的电梯里恰好看到了"男神"张小龙，他说："我看过你写的文章啊，非常好，你为什么不来采访我？"于是，有了张小龙 5 个小时的倾诉式沟通。

看来，他并非不想表达，或许只是一直希望找到自己完全认可的场景表达自己。比如，微信启动画面中的"蓝色弹珠"和孤独的背影；"摇一摇"界面的那朵花（张小龙本想用雕像《米洛斯的维纳斯》或者《大卫》的照片，后来由于图片敏感的问题换成了一朵花）；QQ 邮箱官方网站入口的涂鸦作品（他喜欢同事女儿的涂鸦，就把它放了上去）。还有很多这样的的场景可以让我们理解张小龙。本文由此开篇，希望能为研究张小龙的产品思想、微信的战略布局做一个铺垫。他是一个个人属性大于商业属性的领导者，我们也需要用打破常规的方式理解他。

本文与其他人物访谈和分析类文章完全不同：其一，对张小龙和微信的追问从性格分析入手；其二，试图还原其辩证思维的大逻辑，探究互联网思维对战略和领导力的独特影响。理解一个或许张小龙自己都并不完全了解的"张小龙"，必须从追问和逻辑开始。

## 平民王者

先看张小龙的成长经历。在他的成长过程中，有几个关键的节点：1969 年 12 月出生，是传说中最花心的射手座（这也可能是其艺术气质的一个来源）；从 1987 年到 1994 年，在华中科技大学电子与信息工程系从本科读到硕士研究生；1997 年，也就是毕业 3 年后，他发布了 Foxmail 这款经典的电子邮件客户端软件，在多次叫卖不成（包括差点儿以 15 万元卖给雷军那次）之后，在 2000 年以 1200 万元的价格卖给了博大公司；2005 年，腾讯收购了 Foxmail，张小龙加入腾讯，任广州研发部总经理，负责 QQ 邮箱的研发；2010 年，张小龙立项开发微信。

网上有大量内容分析张小龙的成长历程，并试图由此理解他的思维和性格。看起来对张小龙的分析中比较可靠的有下面这些。

**爱好广泛。** 据说求学期间，张小龙的兴趣爱好十分广泛，无论玩什么，只要稍加练习，总能达到业余高手水平。围棋、桌球、网球、保龄球、计算机游戏，玩起来总是周围人中最厉害的人之一。除了玩，他的专业课成绩也十分优异。"他是我们之中最早学习 C 语言的人，当时 C 语言才刚刚诞生。"张小龙的同学张惕远回忆。研究生导师向勋贤则如此评价张小龙："喜欢捣鼓电脑，喜欢睡懒觉。"

**不甘平庸。** 1994 年秋天，刚满 24 岁的张小龙，从华中科技大学毕业后获得去电信机关工作的机会，周围很多朋友十分羡慕，他却不以为然，最终放弃了"铁饭碗"，投身互联网。

**耐得住寂寞。** 起码有两段时间，张小龙的事业发展出现了明显的天花板，第一段是从 2000 年到 2005 年在博大公司工作期间，这个时候他熟悉的互联网创业者正在如火如荼地创造"神话"，而他处于一个相对边缘化的位置；第二段是从 2005 年到 2010 年在腾讯公司工作的早期，虽然邮箱业务让他获得了内部的尊重，但是广州研究院远离腾讯总部的 QQ 和游戏核心业务，也注定了他在腾讯内部并没有充分的话语权。这两段"沉寂期"都长达 5 年，但张小龙并没有跳出来创业或者加入互联网投资的热潮，而是一直在做技术，一直在研究产品。

由此，我们似乎可以感受到 2010 年底张小龙给马化腾写邮件表达自己渴望做微信时的心态。那个时候，张小龙 42 岁，他的同龄人雷军、马化腾、周鸿祎等，都是如日中天的"大佬"，而他在无数个夜晚的通宵加班后，在自己第一款软件 Foxmail 成功的 13 年后，依然没有找到让自己被铭记和被照亮的时刻。

我们大胆地设想张小龙那时的处境和心情，或许可以感知到他和其他的互联网"大佬"明显的不同。那么多年的拼搏，更多的时候是作为一个执行者坚守；那么多次尝试，他似乎都没有契机完全主宰自己的命运；那么多灵感和想法，却很难找到一个引爆点展现自己的力量。

张小龙的成长经历以及个人特质，注定他是一个矛盾体，具有多重性格特征。以下是我们借助 MBTI 对他进行的几点分析和理解。

**首先，多重性格。**他拥有 ISTP[①] 和 INFP[②] 双重性格，其中，I 代表 Introvert（内倾），S 代表 Sensing（实感），T 代表 Thinking（理智），P 代表 Perceiving（理解），N 代表 Intuition（直觉），F 代表 Feeling（情感）。I 属于"注意力方向（精力来源）"维度，S 和 N 属于"认知方式（如何搜集信息）"维度，T 和 F 属于"判断方式（如何做决定）"维度，P 属于"生活方式（如何应对外部世界）"维度。也就是说，在决策和推理两个维度上，他既擅长"数据"也依赖"直觉"，既看中"逻辑"也认可"价值"，拥有相对平衡但多面的领导力特质，既像一个"操作者"或"演奏者"，又像一个"治疗师"或"导师"，或者说，他有一个现实王国和理想王国天然"交战"的性格。

**其次，矛盾体。**"现实主义者"的工匠精神，"理想主义者"的通情达理，这两点同样是他性格内核上的鲜明对立，这似乎也解释了他可以为了确定朋友圈风格做 50 多次 1 万人以上的测试，但是对于启动画面却"一意孤行"地尊重自己的直觉。

**最后，自我克制。**SP 的特质意味着他具备肩负使命和承载巨大心理压力的能力，而 NF 的特质意味着 他"热心而拥有洞察力"并且愿意充当资源。从这两点推理，在张小龙平静的外表和内敛的表达的背后，应该积累了很多的压力，而他也一直在化解压力中说服自己。

单纯地看 MBTI 的分析，我们可能有两点推：其一，张小龙对艺术和哲学的推崇，源自内心不被认可的孤独感；其二，很多时候，他有一种对外赋能的无力感。

---

① ISTP 是 MBTI 16 种人格类型之一，被称为鉴赏家型人格。
② INFP 也是 MBTI16 种人格类型之一，被称为调停者型人格。

也许这些情绪都是塑造他独特思维和审美的磨砺，从他多次的发言以及网上公开的他在"饭否"只言片语的日记中，我们可以感受到他独特的领导力风格和完全不同于传统企业家的思维视角。他的成长经历也和传统企业家在事件中磨炼完全不同，更多的是一种对人格的洗涤和进化推动。这是一种独特的互联网思维的领导力，下面我们可以拆解一下，逐条分析如下。

- **成就感获取方式**——因为帮用户创造价值，而非从用户处获取收益，所以他的成就感来自用户的认可。
- **环境感知方式**——张小龙的环境感知方式是很综合的，他对用户需求是非常感性的，曾经说过很少看统计数据，但也表达过"理性"比艺术气质更重要的观点。
- **合作分享方式**——他喜欢带领小团队突破，单兵作战能力极强，厌恶大团队的"官僚化"。
- **对成长的态度**——张小龙更看重内心理想王国的有序性成长，在微信的开发过程中，他坚决抵制了很多商业化思路，拥有近乎偏执的"理想国"洁癖。也就是说，他对成长的态度是趋近完美主义的。
- **人际沟通方式**——张小龙在演讲中曾经明确表示自己不喜欢公开演讲，因为在社交工具发达的时代演讲很浪费时间，他更希望高效而不夹带情感的客观信息交换。

从以上几点对领导力影响要素的分析中，我们可以清晰地感受到张小龙独特的互联网思维，这种思维充满了全新的辩证，不被教条约束，也不被现实裹挟，这种全新的平衡即使在互联网行业里也是值得复制和学习的稀缺品质。

领导者能力下沉模型（也叫冰山模型）也可以佐证我们对张小龙领导风格的分析，他对"态度和动机"的表达方式拥有完美主义的偏执，对"倾向和天赋"的发挥越来越超越现实的羁绊。这两点是张小龙超越"知识和技能"的独特能力的源头之所在，我们很难用"可观察的行为"理解他的内心世界。也就是说，张小龙的成长经历和性格发展，是从现实王国向理想王国艰难进化之路，由于他独特的使命感和理想主义情怀，这个过程注定比一般人要漫长和艰难，从一个侧面来说，这或许正是磨砺他"平民"思维的一个过程。

但不可否认的是，张小龙一直以来从事的即时通信事业，必然导致他的成就会是两个极端——彻底的平庸或者成为用户心目中的"国王"。从今天微信的成功和张小龙广受喜爱的结果来看，他确实成了最有"平民"意识的"国王"。注定，微信的成功与张小龙性格和经历中的矛盾焦点深刻关联。

## 微信的产品观

张小龙对其微信产品观的表述是相当丰富的。他的产品价值观从 Foxmail 开始，经 QQ 邮箱，到微信成熟并完善，用他的话说，是"理解人性而非所谓用户需求"，这是前所未有的价值观系统，带有强烈的张小龙性格印记。微信超越了传统的互联网产品以及产品类公司，其产品理念居功至伟，完全是"生态级别"的全新战略思维方式。从以下的张小龙的产品观中，我们可以明确地感受到他的四个核心理念。

**第一个是用户依规**。不因为资源合作牺牲用户利益，具有代表性的例子是，不开红包权限（但在 2016 年 5 月 20 日，微信开通了 520 元的超级红包，不过没有进行大规模宣传，所以我们有理由怀疑其中的随机性和特殊指向性），不让系统有瑕疵。做文化捍卫者，要么没有特权，要么制定特定规则——这样的产品观已经接近于法律准则，即保护弱者。他还解释说，自己受亚马逊创始人杰夫·贝索斯的启发得出的感悟是：善良比聪明更重要。

**第二个是用完即走**。不试图黏住用户，而是构建生态平衡，尊重人类生活的权利。他认为，任何产品都是工具，好的工具最高限度是完成任务，有营养，必须做的事情做完后，就不应该再浪费用户的时间。

**第三个是商业无形**。商业化在无形之中，建立高级别商业化，比如发优惠券的过程让社交关系得到体现，发广告的过程让用户获得认同和期盼。

**第四个是属性赋能。**通过高质量内容的筛选，推动原创内容高质量呈现，为生态赋予能量，而非消耗认知盈余的时间和精力，这是通过属性定义来构建赋能关系的思维方式。

在这四个高度概括的产品观背后，我们可以感知张小龙独特的思维角度，其中"连接""属性"和"赋能"的三个维度，已经完全超越了传统企业甚至竞争对手对产品的理解。

基于此产品观缔造的微信，已经远远超越了人们对其"即时通信"和"连接"属性的理解，成了一个独特的"赋能工具"，这是一个完全跨时代的战略思想。

我们进而分析微信生态。从使用笔者"智能金字塔"框架勾画的"微信赋能生态系统"中，我们可以归纳出微信战略在连接、应用、内容和社群四个角度的赋能关系。

由即时通信发展而来的"连接系统"，一直在通过漂流瓶、朋友圈、社交游戏等多种方式构建全新的连接方式。当然，这里面要解决的最核心问题是通信能力的场景化提升。

由开放平台思维发展而来的"应用系统"，正在张小龙的严格管制下提供更有价值的应用形态，并且他主导的企业级业务、物联网业务也在有序展开。

由订阅号发布能力放大而来的"内容系统"，也在逐渐从内容创造向智能沉淀演化和推动，这里面深刻的大数据分析能力也必然是微信下一步智能化的核心战略突破口。

由社群能力衍生出来的"社群系统"，正在从最广泛的维度为微信建立面向下一代竞争的"能量承载平台"，这个系统正在潜移默化地全面"俘获"高价值社群，并且通过对社群能力的差异化承载，构建微信的长期竞争力。

应该说，对微信的生态级抽象让我们感受到张小龙和马化腾在思维上有所区别，前者习惯于构建一种理想王国的关系体系，后者习惯于考虑现实王国的商业价值和变现方式。当然，在马化腾和张小龙的紧密合作中，我们也看到两者相互尊重和融合的一致性。但不得不说，张小龙的性格特质和思维方式牵引着微信独辟蹊径地构建全新的赋能生态。

## 生态级领导力

思维独特之人，或许注定大部分时候是孤独的。我们没有足够的信息证明张小龙和其他腾讯高管在微信商业化过程中有过针锋相对的对立，但我们可以感受到，张小龙对商业化的独特理解，一定会让腾讯内部很多人怀疑和不满。据说当时做微信的时候，腾讯内部争议很大，后来也产生了两组团队平行开发的方案。张小龙的微信开发之旅并非是在完全的大力支持和祝福中按部就班进行的。

可以想象，当时 42 岁的张小龙面对可能是人生杰出产品最后一次机会的微信开发，是何等地豪迈和焦灼。而外界对其评价的两极分化，也很可能带给张小龙巨大的压力和反作用力。在微信的起步阶段，坊间曾出现截然相反的两种评价：一种是以腾讯创始人曾李青为代表的天才论，他曾多次在朋友面前描述张小龙是一个"奇才"；另一种是张小龙身边个别人的评价，"完全不听别人的意见，一意孤行，脾气越来越大"。更有甚者，在张小龙低潮的时期，有人拿张小龙"酷爱睡懒觉"说事儿，认为这是缺少领导力的表现。

从以上完全不同的两种评价中，我们也可以想象张小龙微信开发之路的艰辛和曲折，即使在腾讯这样高度崇尚创新的公司中，他也不可能完全毫无顾忌地挥洒和创造。

曾经有很多媒体人试图分析张小龙的领导力和独特"DNA"，但鲜有人成功，主要是因为他多少有些远离媒体，沉迷于自己和外界的连接方式。

不过，用笔者研究发布的"生态级领导者的 DNA"模型，我们可以宏观地理解张小龙的思维特质。

- **使命塑造**——生态级领导者往往是使命驱动的，使命、价值观驱动领导者获得高维度思维方式，并推动战略有效性提升，张小龙在这一点上是极其明显的。

- **环境认知**——生态级领导者尊重环境要素的变化，对环境影响极其敏感，往往第一时间形成应变战略，而张小龙应变力极强。

- **生态战略**——生态级领导者往往拥有生态级别的战略思维，从全局审视，并且注重生态级的协同和化学反应，这从微信游戏对社交的渗透可见一斑。

- **战术实践**——生态级领导者对于战术的实践细节非常敏感，往往超越组织架构，对基层员工形成直接指挥和统领。这方面最典型的是游戏中打飞机的例子，张小龙直接指挥"战壕"里的程序员。

- **自我驱动**——生态级领导者内心具备强大的前进推动力，拥有超过常人的动力系统，并渴望达成目标。这一点最能体现张小龙忍受寂寞的根本动力。

- **文化塑造**——生态级领导者对外部文化氛围非常敏感，并爱憎分明，对于个人主导的文化塑造拥有独特见解。目前我们还没有更多信息感知他塑造的组织文化多强大，不过可以肯定的是，他强化了微信团队的程序员朴素作风。

- **价值观坚守**——生态级领导者对于价值观的珍视超出一般人的认知，他们独特的生活经历往往使他们形成独特的思维视角并拥有极致抽象和全面应用的能力。这一点在张小龙的固执中有所体现。

从以上的倒推中，我们可以感受到张小龙在微信的生态设计中所必然依托的领导力思维，这些"DNA 片段"放在张小龙身上大部分是适用和恰当的。

从大逻辑来分析，一个善于构建微信这样大架构生态系统的领导者，一个与约 8 亿用户赋能连接的"国王"，他的领导力想必也拥有一种全新的维度，甚至是高维度的文明理念，有可能超越我们的认知。夸张一点说，这个地球上拥有指挥约 8 亿人的能力和机会的人并不多。

我们并非神化张小龙，微信在智能化方面进展缓慢，而且从微信在发布后的最初两年（也就是朋友圈发布之前）的平庸表现来说，我们也不能认为每个成功都是天才的必然性作品。但必须承认，以微信为代表的 AI 级智能应用入口，正在人机智能时代到来的窗口期发生着商业逻辑的重大提升，也就是我们前面提到的从"连接"向"赋能"的转变。而张小龙之前几乎不为人知的思维特质正在成为新时代技术精英的领导力模板。

他内心或许从来都不愿意站上"神坛"。退休后的张小龙可能会成为一个流浪艺术家，这种结果一定更能让他感受到刺激和快乐。从神奇到"神性"的跨越，其实是回归平凡。

张小龙的星空，就是平凡人"共业"[①] 的期盼。

---

① "共业"是佛教术语，佛教把"业"分为"共业"和"不共业"。——编者注

# 第 29 章

## OPPO 与 vivo 的"人民战争"

## 战略思维分析

OPPO 和 vivo 是具备"平衡博弈"和"不对称博弈"双重能力特质的智能手机巨头，特别是 OPPO 提出的"成为更健康、更长久的企业"的愿景，具备很强的平衡博弈思维。同时，两家公司也非常重视在本地化渠道的"不对称博弈"能力的提高。

《OPPO 与 vivo 的"人民战争"》这篇文章在 2016 年 9 月刊登在英国《金融时报》中文网，产生了很大反响，国内上千家媒体转载，也是当时手机行业几乎必看的一篇行业深度文章。火爆的原因，一方面是对 Ov 的战略研究总结获得了这两家企业的认可，另一方面是很多消费电子公司开始了全公司学习 Ov 的热潮。这件事在媒体引爆后获得了空前热烈的讨论。这篇文章主要包括两个部分，一是结合周掌柜战略咨询团队在世界多国和国内多个省份的调研，对 Ov 两家传统消费电子公司的分层次市场管理思维做了系统的梳理，二是通过详细分析 Ov 的战术打法提炼出其"人民战争"的战略思想。时至今日，OPPO 人和vivo 人也同样认可"人民战争"思想对其成长发展的总结，而且目前有了新的升级思维。后来笔者也为美的电器的 7 个事业部近 2000 人培训了 OPPO 的打法和理念，这些来自于长期实践的战略思维也受到了传统家电企业的好评。

从"平衡博弈"的角度来看，Ov 特别是 OPPO 对于"本分"文化的发扬，体现了很好的平衡博弈思想，也让公司在整个商业生态中获得了多方合作伙伴的充分信任和尊重；而从"不对称博弈"的角度来看，OPPO 最为鲜明的特点就是在特定时期敢于投入本地化渠道、敢于投入品牌建设、敢于投入芯片形成"不对称博弈"突破，这些都是 OPPO 能够一直稳定居于智能手机第一梯队的根本保障。可见，OPPO 代表的 Ov 文化从"本分"出发，不仅汲取了消费电子行业 30 多年的丰富经验，也形成了自己对前沿科技的独特战略思想和打法，背后体现了非凡的战略智慧。

# 《OPPO 和 vivo 的"人民战争"》全文

华为把苹果打得透不过气。OPPO 和 vivo 又给了"乔布斯神话"猛烈一击。

这场智能手机世纪大战，卷入了全球所有高科技巨头，作为人类商业历史上最伟大的战争，其戏剧不断，高潮迭起：2016 年第二季度的全球智能手机排行榜上，黑马杀出！OPPO 和 vivo 在一年时间内从默默无闻到迅速崛起：Ov 阵营分别以 5.6% 和 4.7% 的市场占有率分列第四、第六位，总体全球销量两者累计超过华为（9.2%），仅次于三星（24.5%）与苹果（15.1%）；在中国国内排行榜上则分别以 12.7% 和 10.6% 的市场占有率位列第二、第三位，累计超过华为 20.8% 的国内第一市场占有率（数据来源：Trend Force，Jul. 2016）。格局再次被改写。

苹果正在落地，日系还未苏醒，三星黯淡无光。不屈的，是摩托罗拉和诺基亚僵尸般的挣扎；无畏，不乏小米长征般的日夜兼程。这就是"全球智能手机竞赛"，一幅美得让参与者窒息的"战争"画面。

从格局上来说，在从信息时代向智能时代迈进的终端争夺战中，手机行业从最初的多品牌入华以及世界大战般的进口与国产阵营对决，已经悄然过渡到华为和 Ov 阵营（由于两家公司最初溯源自步步高电子和段永平的老部下，两家公司具备类似的基因和战略思维，所以虽然两者完全独立，但我们习惯性地将它们统称为 Ov 阵营）"美苏争霸"、国内外厂家全球化的新"冷战"。

竞争无比残酷，但注定，没有任何一场商人之间的决斗缺少理性。如果我们放大视角看待这场"肉搏战"，这不仅仅是销售产品的竞赛，也是手机相关商业应用渠道、内容生态、先进技术供应链的立体 PK，这场竞争几乎可以囊括下一个科技时代人类的全部需求。

抽象理解，这更像一场科技对人类的全新"殖民"战争、一场"前无古人，后无来者"的商战。于是，为了深刻理解这场巅峰对决的全局和细节，周掌柜战略咨询团队对全国 10 个一到四线城市（包括北京、上海、深圳、天津、青岛、石家庄、保定、沈阳、枣庄、曲阜等），外加农村市场以及东南亚的马来西亚、新加坡乃至澳洲的悉尼、墨尔本开展立体调研，我们的调研不是为了数据而数据，因为数据无法展现复杂的消费心理和人性认知；也没有为了求证结论而设计，这样会让我们的看法有失公正。

我们仅仅作为一个倾听者和感受者，模拟一个普通消费者，感知"世纪大战"战场上的黎明和正午、黄昏和夜晚，记录每一个触动我们的时刻，所以我们的调研基于大逻辑理性和小情绪感知，细节大于判断。

本文基于我们对"世纪大战"的视角，力求呈献给读者一场震撼而全景的大格局商战对决。希望能对激烈竞争的消费品行业开拓全国市场有所启发，也开启我们对于顶级竞争战略的追问和前沿商业生态的求索。跳出利益看商机，跳出成败看商战。

## 市场认知

回到团队调研的成果来说，以 Ov 为核心切入点，有很多有趣的发现，我们先一一列举。

**营销**：在一到四线城市的手机销售聚集区，Ov 阵营的蓝绿组合几乎占据了 80% 的户外广告资源和店面展示资源，对于一般消费者而言，深入其中会让你感觉智能手机就是 Ov 的天下，Ov 联合线下曾经被边缘化的大小商户以及线上被边缘化的传统纸媒等渠道建立了"统一战线"，发动"人民战争"。**从这个视角看，华为、苹果、三星等多个品牌的专营店，既像大海中的孤岛，又像守卫品牌的"碉堡"。**总之，在一到四线城市销售聚集区的营销势能方面 Ov 完胜，图 29-1 为 OPPO 与 vivo 的天津卖场。

**图 29-1　OPPO 与 vivo 的天津卖场**

**品牌**：出乎我们意料的是，三四线城市有接近 60% 的消费者认为 Ov 是国外品牌，其中 30% 认为是韩国品牌。在马来西亚市场的调研中，超过一半人认为 OPPO 是韩国品牌，但几乎 90% 的消费者给华为打下中国品牌标签。在澳大利亚悉尼市中心商场的华为专卖店里，人们讨论华为主要是因为合作伙伴沃达丰的背书，可见华为并没有融入当地人的潮流和生活。**国内消费者中，问及的所有人对 Ov 的认知是：两者有一个老板、同样高质量、拍照与音乐各有所长。**与此形成鲜明对比的是，拥有强大研发能力、国际化路线，并且在一线城市攻城拔寨的华为，在所有城市和农村消费者眼中只有一个认知：质量好。也就是说，华为自我设计的自主技术研发、国际化品牌形象并未被认可和感知。

**技术**：本来在普通人的心目中会认为苹果是趋势的引领者，华为是技术的专注追赶者，Ov 是技术的集成者，但是调研中我们发现中国三四线以下市场消费者的感知完全是相反的。最经典的几个消费者发言是，**"我们之所以买 OPPO 是因为苹果和华为都在仿 OPPO，技术都是 OPPO 研发的""OPPO 有很多苹果所没有的专利，比如快速充电专利""OPPO 只用全世界最好的技术，而华为为了国产化用的技术不是最领先的"。**以上略带偏见的认知，显示出 Ov 对渠道商家完美的技术营销逆转了核心技术缺失的短板。

**性价比**：调研中，几乎所有的手机销售人员，在交流中都认为 Ov 的性价比最高，同样价位的手机里 Ov 是最快的，而且质量问题较少。**同时 Ov 已经把"专卖店模式"成功塑造成高质量产品的专业销售模式，代表着最新趋势。**所以有的店员会讲，真正好的手机都是专卖店卖的，全国一个价格，不像某某手机需要抢，而且层层加价，高端手机都不用互联网玩法。

**换机**：在我们最关注的下次换机的品牌选择中，国内调研的 100 名手机行业业内人士（很多是卖场的工作人员），大概有 50% 选择 Ov 阵营，35% 倒向华为阵营，10% 认为苹果依然是最可靠的高端手机，只有 5% 选择三星等其他品牌。**这个不完全统计的数据依然透露给我们一个重要的信号，Ov 已经首战打赢了对业内人士的争夺战，华为在跟进，但是苹果、三星和小米都在面临巨大挑战，而且这个趋势在 2017 年、2018 年的换机潮中可能会拉开 Ov + 华为阵营和其他竞争对手的差距。**

在以上的要素对比之上，更加让人深思的点在于，Ov 给经销商的返点要大于苹果、华为和小米，但是 OPPO 最新型号的 R9 手机 2499 元，vivo 的 X7 顶级配置 2498 元，相对于苹果 6S 便宜 3500 元，比华为 P9 便宜 1000 元。而且，多种迹象表明，Ov 依然是巨额盈利的，这不禁让我们去追问线下渠道的"成本优势"，难道真的出现了电商和实体店的成本逆转吗？

这些核心的发现都是表面的数据呈现，但是已经很清晰地呈现出了 Ov 阵营的强势崛起，**这个崛起不仅仅是价格战那么简单，而是营销、品牌、技术、性价比的全面超越。**

这引发了我们对中国市场多层次特性的深刻思考，我们通过从一线城市到四线城镇，再到农村市场的立体分析全面解析了 Ov 的突围逻辑，如表 29-1 所示。

表 29-1　城市与农村智能手机消费差异化认知

| 层次 | 代表城市 | 人口总计 | 商业传播渠道 | 手机认知 | 属性定位 | 意见领袖 | 消费心理 | 战略价值 |
|---|---|---|---|---|---|---|---|---|
| 一线城市 | 北京、上海、广州、深圳 | 0.7 亿左右 | 中央媒体＋国际媒体 | 快速消费品 | 工具 | 商业及媒体领袖 | 站队 | 第一枪 |
| 二线城市 | 南京、西安、成都、沈阳等 | 1 亿左右 | 地方媒体＋中央媒体 | 消费品 | 消费品 | 娱乐代言人 | 选择 | 主战场 |
| 三线城市 | 保定、连云港、廊坊、三亚等 | 1 亿左右 | 商家传播＋地方媒体 | 消费品 | 潮流品 | 商家代言＋媒体代言 | 感知 | 主战场 |
| 四线城镇 | 一线城市郊区的县及县级市等 | 3.5 亿左右 | 意见领袖＋商家传播 | 耐用品 | 身份 | 商家代言 | 定义 | 决定性战场 |
| 农村／乡镇 | 广大农村地区和小型乡镇 | 7.5 亿左右 | 口碑主导＋中央媒体 | 耐用品 | 生活 | 亲友口碑 | 确认 | 持久战战场 |

在表 29-1 中，我们将中国市场分为 5 个层次，分别是一到四线城市外加农村，我们一起来仔细推敲不同层级市场的不同价值主张，这些层级之间的认知差距不亚于两个人均 GDP 接近的国家之间的差距。

**从人口的角度看**，广大农村是消费的主战场，有约 7.5 亿的广大人群，但是实践中我们发现，这个群体渗透效率非常低，是一个"持久战战场"，反而约 3.5 亿人口的四线城镇是消费品的决定性战场。小城镇向下对农村消费具有极强的吸附、引领和引爆作用，向上也有明显的支撑作用，而且容易集中营销和传播。也就是说，在中国 14 亿人口的市场上，最好的消费品打法是四级市场向上、下引爆，而只有潮流类的产品能从一级市场波浪式地逐级推进到农村市场，但这种打法注定会浪费一些时间。Ov 主要采用前者打法，占领四线城镇并迅速放大业绩。

**从媒体的角度看**，一线和二线城市都是媒体驱动的传播和销售，但是到了三四线城市，驱动力主要来自代理商和意见领袖，这也就解释了为什么很多大品牌到三四线城市就打不透了，越做越吃力。因为在这两个市场，单纯的媒体曝光和品牌拉升并不能代替经销商的推动和意见领袖传播，需要拥有地推经验的强执行力团队快速建立稳定的代理商渠道矩阵，而这个能力需要积累。

**从智能手机认知的角度看**，一线城市更多的把手机看成快速消费品，具备时尚性，更换频率相对较高，而二三线城市倾向于消费品的定位，但是在四线城市和广大农村，老百姓买手机是从耐用品的角度评价和衡量的，一旦在这个市场质量问题发酵，传播速度很快，可能彻底失去成片用户。可见某些品牌在低端机追求性价比的战略是完全错误的，低端机反而应该强调高质量。

**从属性和意见领袖两个角度看**，从中国人的消费心理来说，买手机已经成了一种"站队"思维，但四线城镇和农村的诉求反而是身份感和精神生活满足感。这和我们的普遍认知正好相反，人们普遍觉得大城市更看中精神需求。出现这个不同的原因在于，农村消费者获取娱乐等信息的渠道较少，所以他们更愿意为优质体验买单。传说中的"卖肾买手机"就是这个逻辑催生的，所以不能低估四线城镇和农村消费群体的立体需求，农村更不意味着就是低端市场，这个需求是非常辩证的。

**从消费心理角度看**，一线城市的普遍思维更接近"站队"逻辑，"买什么"具备很强的价值观视角；二线城市对此的判断是一种"选择"，表达个性；三线城市倾向于"感知"，"被商家营销触碰到"是很重要的购买理由；四线城镇

的认知是一种 "定义"，一种对潮流的定义；农村则是一种 "确认"，对消费合理性和风险的一种确认。这个分析可能有一些抽象，具体说包括两点："情感维度" 和 "风险维度"。越是底层市场，手机对于消费者的情感诉求的满足越显得重要，这个工具和普遍意义的消费产品完全不同，中低收入人群购买什么样的手机，甚至夸张点说意味着未来两年他选择什么样的生活；从风险维度看，有一个消费心理学的概念叫 "感知风险"，是指消费者在购买产品或服务时所感知到的不确定和可能的不利后果。消费者的感知风险越高，则越会从口碑中去获取信息。所以农村消费者在做出购买决策之前，会充分咨询村里的亲戚、朋友和邻居进行 "确认"，直到把财务风险降至最低。这两点都决定了农村市场的特殊性，所以，能渗透到农村市场的厂家往往是高低结合，高是利用权威性最高的央视媒体广告打信誉度，低是利用四线城镇的代理渠道建立口碑网络。

从上面的这些分析中，回到 Ov 的战略：虽然这两家公司至今没有在媒体上提出过类似 "互联网思维" 这样的华丽表达，但是它们很深入地理解了中国社会各个阶层的特点。**Ov 直指消费者的朴素中国本土市场战略已经融入骨髓，它们在消费者面前足够谦卑，没有任何所谓引领者的自负。**

可能有些人觉得这里的分析涉嫌神化 Ov 的战略，但 Ov 确实在激烈竞争的商战中 "大道至简" 地获取了竞争优势。正如 vivo 的创始人兼 CEO 沈炜的自我评价："我跟行业里的人基本没有交流，不愿意跟他们聊天，聊的东西多了，反而干扰我。我只会跟一流供应商了解一下发展趋势和动态。小米、华为有他们的路数，我只会走我熟悉的路。"vivo 副总裁冯磊对此的看法也很直接："线下渠道涉及物流、效率、分销，尤其是县城、乡镇（四、五级市场），店面维护相当复杂。说起来容易，做起来困难。一些公司浅尝辄止，只说不做。"

看来，对于渠道下沉的 "人民战争" 的重要性和大逻辑可能很多厂商都懂，但是无论是出于基因的差异，还是经验的不足，真正耐心地尊重中国市场的厂家寥寥无几。vivo 的沈炜对于这场竞争的看法极其朴素，他概括为 "本分" 两个字，解读为尊重市场，尊重规律。

可见，"Ov 神话"的背后，其实是认知人民、认知规律的必然结果。**我们将这个中国特色的务实打法概括为"人民战争"竞争思想，包括：需求从人民群众中来；营销到人民群众中去；销售和人民群众合作；口碑靠人民群众定义；成功是人民群众胜利。**

这些都是非常直白和容易理解的，但深入探究起来，中国市场的本土化战略和营销一定要基于对人的动员而非自负的苦行僧一般的修炼。和推小车帮助打赢淮海战役的时代相比，中国老百姓本质上是没有区别的，他们永远站在更亲近他们的一方。这也是"人民战争"思想的真谛。

## 战略总结

面对 Ov 的成功，还有一个很大的追问：Ov 的成功经验可以延续和复制吗？

其实这并不是一个可以以一元论回答的问题。一方面，从普遍规律上看，Ov 在消费电子产品上的成功应该说过去 20 年有很多类似的先例，包括小霸王学习机（Ov 系最早的接触营销案例）和爱多 VCD 火爆、商务通横扫中国、TCL 珠宝手机一枝独秀、手机中的战斗机波导曾经的人海战术，这种场面并不稀奇；但另一方面，**我们落地到这次具体的商战，面对苹果和华为这个级别的竞争对手，在智能手机的硬件、软件和内容已经达到如此成熟度的前提下，依然能横扫全国并顺利逆袭，Ov 创造的商业奇迹之前并没有发生过。**

这次的"智能手机大战"完全不同于之前的消费电子潮流。

华为消费者 BG 总裁余承东承认："华为在智能手机领域的研发投入起码每年三四十亿美元之巨。这些研发投入不仅有照相机、处理器和算法，还包括新材料、新工艺、新技术、芯片和软件等。这些创新投入期少则三五年，多则八年十年。我们只有这样投入，才会随着能量不断释放，越跑越快，让对手追不上。"

OPPO 创始人陈明永在 3 月谈到 OPPO 的未来时也清晰地提到：要让 OPPO 产品研发始终走在前端，并且线上线下同时攻堡，只有这样 OPPO 才有未来。

可见，这次"世纪大战"的复杂度和高难度是之前的消费电子产品从未达到的，甚至可以认为是中国制造第一次与世界上最先进企业的正面对决。之前的小霸王、商务通、钻石手机都还是"窝里斗"级别的比拼，那时候还没有苹果这样"一将功成万骨枯"的凶悍对手，也没有华为这样的中国国际化巨头参与战斗。从上面的分析我们发现：**这次 Ov 的崛起确实是一项高难度的复杂战略的成功。**

在分析 Ov 成功线索的过程里，我们首先想到了从大国军事战略对抗中寻找灵感。因为大国的军队是最庞大的组织架构，有最领先的科技，解决最复杂的不确定性，所以战略思想是商战最好的教材，两位 OPPO 和 vivo 高管也支持我们的判断。这也从某种程度上验证了 Ov 阵营对"人民战争"思想的认可，于是我们梳理了 Ov 的战略思想，试图通过对比找到 Ov 成功的线索。

**竞争战略：内核是进攻方向聚焦，生态布局。**OPPO 主打"充电五分钟，通话两小时"，辅助战略支持是 1600 万像素美颜自拍、黑屏手势功能（在手机黑屏的时候，可以通过几个手势来进行功能触发，不需要点亮屏幕）两个方面；vivo X7 主打 1600 万像素柔光自拍，辅助双引擎闪充，以及定制发烧音响。两者不约而同地用一点双面的战略展开定位。

**团队战略：内核是小团队、多元组合。**OPPO 对全国的店铺管理都是基于多样化小团队的层级式展开，地推团队一般也是 3 到 5 人一个小组，很多 Ov 的地推小组只负责帮助线下店免费更换广告牌这么一项工作，但执行力极强，同时小团队地推的考核简单直接，避免了大公司的官僚化。

**战略精神：把势能的构建作为战略的思想精神内核。**概括起来，Ov 的战略精神是电视广告猛、店铺牌匾猛、广告位争夺猛。Ov 在这方面的大手笔绝对超过华为和苹果。另外，配合"三猛"的是匹配的线下执行力，比如保定十方商贸手机卖场和青岛的核心商圈代理商反馈说："线下的营销物料做得很好，听觉上有喇叭公放广告语音，视觉上有遮阳伞、广告栏、横幅之类的，所以我们愿意配合他们更换牌匾。而且，他们能非常快速地针对学生放暑假等制定营销活动，并配合推出'碎屏险'这样的活动，不仅势头猛，配合也很接地气。"

**战略类别：因地制宜设计战略。**Ov 的战略具有很多值得思考的地方，比如，对二三线城市的销售冠军直接给汽车等实体奖励，对一线城市的销售冠军则给予直接返点。这完全是根据不同人群的特点定义不同的激励方式，这种有点"游击战"的打法同三星、苹果和华为这些国际巨头的战略部配合市场部出规划的思维有本质的区别。

**执行战略：梯队式构建战略。**Ov 战略广告投放快、市场谈判快、营销激励政策制定快、机型升级慢。这样的"三快一慢"，基本上比较符合四线城镇的市场特点，也能保证两个品牌在每一个战略要点上获得最大化收益。

**组织战略：产品和市场搭配。**Ov 有四个小组：专卖店管理小组、卖场管理小组、校园等特定市场营销小组、大型商场和核心低端营销小组。这些小组组成了 Ov 在一个三四线城市的核心团队。一位广州郊区的 OPPO 区域渠道经理介绍，Ov 的推广团队的组织相对比较多元化，具备很强的自发性，不太做一些好大喜功且没有市场销售效果的"面子工程"。

以上的 Ov 战略思想都非常简单而接地气，正是因为实用主义和三四线城市运作经验，所以 Ov 把免费帮实体店更换带有 OPPO 和 vivo 的路牌当作"人民战争"的心理战突破口，造成了在气势上"满街都是 Ov 广告、电视娱乐节目都是 Ov 广告"的巨大品牌势能，用视觉传播的汪洋大海定义老百姓眼中的竞争胜利者。

而且值得一提的一点是，OPPO R9 和 vivo 找的全明星代言人都是针对年轻人的人气偶像。Ov 在这方面的选择标准非常犀利，**第一，主打年轻人；第二，寻找人气最高并有粉丝基础的；第三，帅哥靓妹，简单明快。**这和华为选择斯嘉丽·约翰逊这种欧美范儿的明星作为代言人还是有本质的区别的，他们只被一线城市部分人认知，在中国几乎没有群众基础。

**概括起来，Ov"人民战争"只有一个聚焦点：一切为打赢，也就是一切为了卖手机。**Ov 结合 20 年的本土化实用主义，终于在智能手机时代集大成、成大器。战略聚焦很好地弥补了自身弱点，包括：需要自身应用技术研发阻止华为这些厂商自主研发能力逆转；需要更开放的心态去全球化采购，汲取世界营养；防止摊子铺得过大导致可能出现的舆论管理 "黑天鹅"。最核心的挑战也包括 "人民战争" 的动员力能否合理地转移到持久战的竞争力。

不过，Ov 依然机遇大于风险。要知道在两年前，OPPO 还在因对富士康工厂女工的本土化营销，以及广泛采用在工厂旁小卖店里 3 块钱复制 100 首歌的 "土办法" 而受到广泛质疑，并获得 "厂妹机" 的 "雅号"。但是由于 Ov 对本土化中国战略的坚持，战略聚焦用销量说话，现在二级市场最高大上的电子研究分析师，都开始按照研究苹果产业链挖掘歌尔声学、信维通信的思路寻找 Ov 产业链的投资机会。

反观定位国际化战略的华为，从批判的角度看，国际化的打法并没有打动三四线城市和广大农村，反而显得不接地气；战略思想背上了国际化的包袱，习惯性追求宏大而失去犀利特色，并且本土化合作精神下降。严格地说，华为消费者 BG 在手机的营销中放弃了早年华为通信产品成功中本土化思维的贴身肉搏战，显得过于痴迷技术和品牌范式，失去了以往竞争中的战略引领地位。

在中国，人民的力量不一定导向真理，但一定决定历史。从这个角度看，商业战略不需要多么华丽的商学院教条。在中国，一切胜利都是人民的胜利，是全心全意为人民服务的胜利。

战略回归人民，你就赢了。

# 第30章

## 特斯拉式人生

## 战略思维分析

　　特斯拉的颠覆式创新体现了很强的"边缘视角"，这种边缘视角是对智能电动汽车这个高科技行业将成为"未来中心"的清晰判断，之后有赖于马斯克的执着和勇敢，特斯拉一步步攀登上世界制造业的顶峰。

　　在 2017 年 6 月，我们报道特斯拉的时候，应该说还是特斯拉的低潮期，当时特斯拉股价非常低迷，但我们当时就听说了重仓特斯拉至今没卖的那位华人企业家的故事。当然，今天来看他确实因此成了世界级超级富豪，不过回看那个时候的诸多不完美，不禁感慨赚大钱的人确实是有眼光和耐力的。《特斯拉式人生》这篇文章基于针对 300 多名车主的调查问卷和与近 100 名车主的现场交流，这可能也是特斯拉历史上第三方推动的最大规模调研。文章不仅总结了特斯拉的成功要素，也包括特斯拉的若干问题和缺点。当然访谈第一手的特斯拉车主的故事也给了我们很多感触，这家公司的理念确实感动了很多人，马斯克的企业家精神确实也是成就特斯拉的核心要素。

站在 2022 年的时间点回首特斯拉这家价值主张至上的颠覆式创新公司，也是别有味道。在特斯拉遭遇国内舆论集体抨击的时候，笔者作为几乎唯一的支持者曾经客观评价了其对发展中国电动汽车产业的贡献，招来骂声一片。单看批评也许会认为特斯拉在中国完全没有希望了，但后来发生了逆转，其成功要素在不断被放大，又出现了神化特斯拉、神化马斯克的现象。这些都发生在 2021 年和 2022 年短短的两年时间内，不禁也让人唏嘘。

应该说，客观看待和评价一家公司确实很难，需要我们具有清晰的辩证思维，但总体来看，包括特斯拉在内，没有一家公司的成功是可以被复制的，战略必须强调高度差异化，本书第一部分介绍的"边缘视角"说起来容易，做起来其实很难。作为一种"边缘视角"的颠覆式创新成功案例，特斯拉从边缘创新走到全球智能电动汽车中心的这个过程值得我们反思和借鉴。

## 《特斯拉式人生》全文

**特斯拉不仅属于马斯克，更属于特斯拉车主。**

2017 年 2 月，马斯克办公室、帕劳总统办公室，都同时与一个中国微信群产生交集，即特斯拉车主华南群。这个故事的主体不是特斯拉，也不是腾讯，而是一个 400 多人的微信群。该群是由温燕勤女士和众多热心车友于 2014 年共同创建的，车友们都亲切地称温女士为"燕姐"。

燕姐喜欢在车友们开心的时候注视大家，她很低调，但拥有极高声望。车友讲，燕姐的家族在改革开放初期就从香港进入内地市场，最多的时候拥有 8000 多名员工。近几年，燕姐名义上已经退休。用她自己的话说："我大部分时间在做社群管理工作。"

"管理"的概念不止运营，也不是通常意义的设定规范和下达指令，而是接待车友和组织活动。粗略统计，成立三年来特斯拉车主华南群组织了 200 多场活动，所有的活动都是车友无偿提供场地和礼品，针对车友免费开放。

作为国内第一批特斯拉车主，燕姐是这个群体里有口皆碑的奉献者。"几乎全国的车友来深圳最开始都是她接待的。"围绕燕姐的，是一个富有、热情且极富凝聚力的组织，这个组织让马斯克亲自对他们的"帕劳之行"写来贺信，也让帕劳总统破例接见了他们。

我们近距离访谈了特斯拉车主华南群，同时对北京、上海两地的特斯拉车友会总计近 1000 名特斯拉车主进行了问卷调研。这里没有专家视角，我们努力感受上千位车主的心跳和热情，融入电动汽车新纪元——"用户的战争"，见证一个"高势能品牌"的冉冉升起，同时，试图理解电动汽车"世纪大战"中，奔驰、宝马、奥迪等高端品牌的焦虑，以及比亚迪的迷茫。

特斯拉正挽着用户的手，带着科技的感染力，一步步通过"高势能品牌"吞噬着巨头们昔日的荣耀。

## 用户的战争

帕劳之行是这样开始的。2016 年年底，车友游佳斌先生提议称，他名下的游侠旅行社可以赞助安排大家出境春游。而另一位车友邱宏照先生则提议说自己在帕劳有一家五星级酒店——帕劳百悦酒店，且全资拥有从中国香港和澳门飞帕劳的帕劳太平洋航空公司，可以免费包机和接待。一个突发奇想的春游，瞬间解决了住和行的基本问题。

之后，其他车友纷纷为这次春游出谋划策并贡献资源，群里的每个人都被这个偶然事件激发，迫不及待地看到这个小概率事件最后的圆满结局。就这样，在大家同心协力的推动下，最终敲定于 2017 年 2 月底组织 180 名车友免费包机前往帕劳春游并举办华南群首次年会。"那段时间我个人业务还有很多事情需要处理，几乎是白天忙自己的事情，晚上和车友们开会到深夜讨论帕劳行程。"燕姐说。

由于燕姐和其他组织者非常给力，车友的捐赠意愿被极大地激发起来，每个人都踊跃地想为他人做点什么。这场"网友"加"车友"的年会组织获得圆满成功，并且得到了联合国环保特使——帕劳总统小汤米·雷门格绍①的接见，马斯克亦通过邮件对车友会的这次活动表示祝贺，同时特斯拉中国区总经理朱晓彤先生也送来亲笔签名的祝贺信。

"我们应该是第一次被马斯克关注的中国车友聚会，特斯拉的高管们都很震惊中国车友们拥有的能量。"车友会中一位不到 30 岁的创业者洪燕玲充满自豪。

帕劳之行，让特斯拉车主华南群凝聚力前所未有地达到了顶峰，这种车友凝聚力同时也给特斯拉带来了一种强劲的动能。一位车友说，由于热爱特斯拉，热爱车主华南群这个组织，我推荐了 30 多个朋友预订了特斯拉 Model 3；一位上市公司老总车友自己买了一台 100 多万元的特斯拉高配版本，同时买了 5 台作为员工的年终奖；一位车友的婚礼上请了十多位车友小伙伴，作为重要嘉宾庆祝美好时刻，也给新娘买了一辆特斯拉作为新婚礼物。

对于这样火热的社群氛围，做网络游戏投资的年轻特斯拉车主杨帆感慨说："我们每天都受到感染和影响。车主群里不少上市公司老板都在为大家做义工，包括很多业界领袖都在抽时间为车主群服务，我有什么理由不无私奉献呢？"

**特斯拉车主在华南群的氛围里确实拥有了一种外界难以理解的凝聚力，这里从不缺赞助，车友们都排队做各种奉献。**但他们并非盲目的追随者，也不是感性的游乐主义者，他们拥有清晰的价值主张，并且大部分是拥有其他品牌豪车之后的理性买家。

对于购买特斯拉的原因和理由，在访谈中，我们得到了踊跃而清晰的反馈（表 30-1）。

---

① 帕劳第 7 任、第 9 任和第 10 任总统。第 10 任总统任期为 2017 年 1 月到 2021 年 1 月。

表30-1　选择或喜欢特斯拉的核心要素分析

| 序号 | 要素 | 解读 | 爱好者访谈（样本168份） | | 车主访谈（样本52份） | | 车主投票（多选）（1000人社群样本约300份） | |
| --- | --- | --- | --- | --- | --- | --- | --- | --- |
| | | | 提及 | 比例 | 提及 | 比例 | 提票（多选） | 比例 |
| 1 | 高端社交 | 包括对特斯拉关注者们的认可，对购车后社交活动的预期。很多特斯拉车主被现有车主社群吸引 | 2 | 1.2% | 6 | 11.5% | 24 | 10.3% |
| 2 | 马斯克个人魅力 | 包括马斯克的传奇创业经历，特斯拉的成长轨迹，以及马斯克对创新科技表达展现的魅力 | 22 | 13.1% | 6 | 11.5% | 72 | 30.8% |
| 3 | 环保责任感 | 包括对低碳排放的关注，对汽油车弊端的认知，对环节能的需求，以及对环保价值观的认可 | 22 | 13.1% | 4 | 7.7% | 119 | 50.9% |
| 4 | 技术性能引领 | 主要包括自动驾驶、中控大屏、短加速、续航、安全性等技术指标，其中对短时间加速的体验感最强 | 54 | 32.1% | 14 | 26.9% | 189 | 80.8% |
| 5 | 设计及品牌调性 | 包括设计的炫酷感，品牌的高势能，以及设计和品牌中体现的科技感，给用户一种前沿创新的极致体验 | 52 | 31% | 4 | 7.7% | 101 | 43.2% |
| 6 | 豪华及舒适性 | 包括对车内装饰的豪华程度，对驾驶舒适性的追求，强调车内的总体满意度 | 2 | 1.2% | 2 | 3.8% | 16 | 6.8% |
| 7 | 车牌等政策 | 包括新能源车获取牌照的高速通道，以减免拍卖牌照的资金投入等 | 10 | 6% | 2 | 3.8% | 79 | 33.8% |
| 8 | 个人品牌标签 | 包括对个人品牌和身份的确认和匹配，以及对个人品牌和特斯拉品牌一致性的认知 | 4 | 2.4% | 14 | 26.9% | 54 | 23.1% |

　　表 30-1 是周掌柜战略咨询团队汽车研究组对特斯拉爱好者（有意向购买者）和车友的访谈，以及后期追加的问卷调研数据的汇总。我们先通过开放式访谈获取了最集中的 8 个核心购买要素，再通过对 1000 多人社群的问卷获得了 300 多份调研问卷分析的结果。对于这些数据，我们最直接的发现是：一，在特斯拉爱好者访谈中，提及率排名第一和第二的分别是"技术性能引领"和"设计及品牌调性"，对"高端社交"和"豪华及舒适性"的提及率很低；二，在车主访谈中，提及率排名第一和第二的分别是"技术性能引领"和"个人品牌标签"；三，在对华南、上海和北京车主的约 300 份投票调查中，"技术性能引领"排名第一，"环保责任感"排名第二，"设计及品牌调性"排名第三。

　　从这个宏观的对比中我们可以推理出很多有价值的信息。**其一，"技术性能引领"已经成了特斯拉核心的品牌要素，同时也是核心购买要素，**看来对于电动汽车消费，技术品牌几乎已经代替了传统意义上的"调性"品牌。**其二，爱好者和车主，甚至访谈车主和问卷车主对很多要素的看法出现了细微的偏差。**比如，特斯拉爱好者更看重"设计及品牌调性"，已经购买的车主却很少提及这点，而已经转化成了"个人品牌标签"，在做多选项的勾选的时候，"个人品牌标签"低于"环保责任感"，也就是说，这是一个逐步量化的过程，也是车主心态的一种微妙的变化。他们看中特斯拉带来的身份感，但是不希望用传统的"土豪"或者"有钱人"乃至"痴迷技术"的标签，希望获得的是一种基于环保的社会责任感的认可。可见，特斯拉车主的人群势能远远高于奔驰、宝马这些传统豪车的车主群，或者说，他们的价值观更加具有先进性。**其三，在车主投票中，由于问卷支持多选，所以"马斯克个人魅力"和"车牌等政策"都获得了 30% 以上的勾选，这两点对于个性强的车友群本来不能作为首选，但是也是非常重要的影响要素。**可见，国家产业政策的倾斜、高势能领导者的引领也是影响选择重要要素。

　　从这个调查背后，我们似乎可以找到一些华南群繁荣的线索，这是一群什么样的人？这群人的特质是什么？他们为什么如此热爱特斯拉？

杨帆这样评价："有了特斯拉之后，我开兰博基尼或者其他汽油车的时候经常会感觉到一种耻辱。那种汽油车的轰鸣声粗俗且让我难以忍受。我甚至都不太愿意按喇叭打扰别人。这是特斯拉带给我的改变。"

产业园的运营者常慧是一位 30 多岁的年轻企业家，她说："我买特斯拉就是因为非常崇拜马斯克，他做的事情很伟大，对人类很重要。我想通过买一辆车表达对他的支持，哪怕是一点点帮助。"

燕姐说："每次活动大家都呈现最好的一面给彼此，相互信任，很多细节让我感动。"

谈到这儿，特斯拉是一家什么样的公司，马斯克是什么样的人似乎已经不重要。**重要的是他们的用户是一群富有、高势能、高能力，拥有进取心且充满情怀的人。**这些人在默默地支持和传播着特斯拉的品牌，帮助特斯拉打赢一场超维度"品牌战争"。

## 高势能品牌

笔者访问蔚来电动汽车联合创始人、菲亚特、福特中国区前高管郑显聪先生的时候曾经问道：对比特斯拉的成功，您觉得"高势能品牌"对于蔚来打赢电动汽车这场战斗的重要性占比是多少？他非常坚定地回答："超过 70%。"

确实如此，蔚来发现了特斯拉成功的秘密。特斯拉的创始人马斯克同样一直秉承"高势能"的品牌思维，他所缔造的特斯拉完全不是传统的"好产品"、高性价比、高美誉度的思维特质，而是承载着人类生活场景变革、产业使命、科技生产力和科技审美等几个有别于传统的品牌逻辑。在访谈特斯拉车主的过程中，很多细节让我们感受很深。

比如，传统的品牌理念认为好产品必须是完美的，品牌美誉度高于一切。但是特斯拉很多车主在提及"胶条老化漏水"问题时的一般立场是，特斯拉以最快的速度弥补了缺陷。他们表现出无所谓的淡定。

再如，传统的汽车品牌往往通过简单升级进行产品区隔，也就是不断发布差异不大的新品，缓慢释放研发成果以最大化获取市场价值，简单说就是不断推出差别不大的新版本拉动销售。但是特斯拉成功地让用户认知到他们的真诚和品格——每一款产品的诞生都带有颠覆使命，并且不断通过每一款产品的成熟推动行业的升级。这和苹果早期乔布斯的思维非常一致。

又如，传统的企业家往往分别讲述产品的优质价值和企业的社会责任感，而马斯克几乎每次对产品的发言都突出两个极端。一个是表现出对技术进步的痴迷，一个是对人类生存的关注。他多次提到人工智能对人类的影响、移民火星对人类的必要性。这背后似乎昭示着一个全新的逻辑：企业家再也不是完全为生产服务，不是为企业服务，甚至不是为客户的需求服务，而是为人类和社会的进化服务。

**特斯拉自身也有条不紊地做出了很多深刻的变革。**

2007 年在旧金山的 Macworld Expo 大会（苹果博览会）上，乔布斯将公司名称从原来的 Apple Computer, Inc 改名为 Apple, Inc，抛下"电脑"的苹果精准地把握到时代发展方向，在音乐播放器和手机产业不断发力。

特斯拉则于 2017 年 2 月在其财务报告中将公司名称从 Tesla Motors, Inc 变更为 Tesla, Inc。这家原本生产汽车的公司将汽车（Motors）隐去，意味着埃隆·马斯克构建能源一体化公司的进程在按部就班地进行中。

## 新的战略变革中

特斯拉把太阳能作为电动汽车的未来核心动能方向，把自动驾驶技术前所未有地推向了公共交通网络的大格局中，同时纳入了 Uber 的战略格局，试图建立基于共享的电动汽车全新战略格局。这意味着在未来，特斯拉完全从一个电动汽车的产品公司，升级为完善的交通系统解决方案提供商。特斯拉在 2017 年的最新公告中表示：我们将成为全球唯一的垂直一体化能源公司，为顾客提供端对端的清洁能源产品。

DCCI[①]未来智库创始人胡延平接受访谈时对此的看法是："Tesla 的核心竞争力简而言之就是两个字，'创造'，如果非要加两个字，就是'敢于创造'。在传统车企认为技术和时机都不成熟的市场早期，以自主研发和积极创新大胆定义并创造出新一代 Vehicle（交通工具）基本生态并快速迭代、平台化，是典型的突变型创新组织，而非以线性进化、业务裂变为主要特征的传统企业形态。"

特斯拉的品牌思维乃至战略思维已经和奔驰、宝马产生了明显的区隔。如果一定要从传统的品牌角度看特斯拉与奔驰、宝马，那么特斯拉品牌是敢于创造的结果，宝马和奔驰的品牌是品质制造和品牌传播的结果。传统品牌测量的基本维度是知名度、美誉度和忠诚度等指标，而新的品牌维度在于创新度、人格化、温度、态度、个性、流行度、品质和体验等，从这几个指标来看宝马大部分在特斯拉之后。

在他看来，"特斯拉是典型的技术驱动，技术驱动的创新变革，重新定义业态形态，是 the new generation（新一代）。所以在年总销量不及福特一款车型一个月销量的情况下市值超越福特等（2017 年 4 月 10 日，美国股市盘中，特斯拉市值数次超越通用汽车，成为举世关注的焦点），并非资本市场选择性失明，而是资本在为产业的代际更替、为未来投票"。

的确，消费者和媒体舆论对特斯拉的赞成票越来越多，特斯拉的全新"高势能品牌"正在被越来越多的人群接受。如表 30-2，在由企业家人群对奔驰、宝马和特斯拉"品牌势能"打分的调查问卷中，有效的 53 份问卷显示：特斯拉的平均分是 82.8 分，奔驰的平均分是 79.2 分，宝马的平均分是 78.7 分。

特斯拉爱好者和车主，对特斯拉的整体感知带来的"品牌势能"的认可，已经完全超越了对某个要素的特定评价。没有人抱怨暂时的不完美，大家都希望和特斯拉一起进步。

---

① Data Center of China Internet 的缩写，意思是"中国互联网数据中心"。

表 30-2 特斯拉、宝马和奔驰的"品牌势能"打分统计

| 品牌 | 特斯拉车主及爱好者（采集自企业家社群，有效问卷 53 份） | | |
|------|------|------|------|
| | 人数 | 总分 | 平均分 |
| 特斯拉 | 53 | 4473 | 82.8 |
| 宝马 | 53 | 4250 | 78.7 |
| 奔驰 | 53 | 4275 | 79.2 |

"高势能品牌"让电动汽车竞争的天平渐渐开始倾向曾经多次游走于失败边缘的特斯拉，它的竞争对手正在感受到一种窒息般的压力。

在奔驰、宝马等高端汽车品牌与特斯拉的竞争中，他们主要是在产品的技术研发上发力，并且通过品牌的影响力不断向用户传递"我们也有高端电动汽车"的信息。而丰田、通用这样的汽车巨头同样没有放慢电动汽车研发的脚步。但他们都没有勇气大胆喊出"汽油车将被淘汰"，或许他们也在祈祷颠覆的那一天晚一些到来，他们都有历史的"包袱"，这个"包袱"更多不是基于思维的局限，而是利益使然。

在特斯拉的中国追随者们中，比亚迪曾经最接近成为特斯拉一样的伟大品牌，曾经还有巴菲特为之背书。但是他们一直纠结于性价比和低端车的产能，在品牌势能的战场上完全溃败。并且到现在为止，比亚迪似乎也没有明确而清晰的品牌战略，以协调低端车的普及和高端车品牌势能的关系。而蔚来汽车等后起之秀，正在快速崛起，他们和特斯拉拥有相似的基因，但品牌势能的引领性上刚刚起步，基础量产正在紧锣密鼓地筹备。特斯拉依然在整个电动汽车产业链的最前沿，用"高势能品牌"引领着行业，甚至引领着人类的创新脚步。而所有人都耳熟能详的"乐视汽车"，更是由于贾跃亭的疯狂打法在诞生之前就已经输掉了品牌的战争。

或许人类最无法复制的就是不同的人生，所以特斯拉为用户开启的全新人生体验已经成为全世界企业家的研究课题。有了定义人生的标签，商战由用户

开打，让大众相信只有它可以定义汽车的未来。

2014 年的深秋，王先生，一位 30 岁出头的年轻特斯拉车主，押送着一辆大货车载着他的特斯拉从北京返乡，回黑龙江省的齐齐哈尔市。坐在驾驶室司机旁边的他，一直惦记着背后的"战利品"，于是在高速公路的服务区，他决定钻进大货车车厢坐在特斯拉的驾驶位，这样心里才踏实。

头顶上，漆黑夜空点缀着几颗闪亮的星星，风意渐寒。他小心翼翼地摆弄着方向盘和车灯，眺望前方接近 2000 千米的回家之路。虽然伸不开腿，也不算温暖，但这位年轻人抱着方向盘悄然进入梦乡。

作为这座寒冷小城市的第一位特斯拉车主，他注定会成为当地充电桩的拓荒者，检车、上保险、交税费都需要他"吃螃蟹""趟地雷"。**但他认为这些都是荣誉和责任——不管头顶上那颗最亮的星星是否就是马斯克所说的火星大本营。这位年轻的"特斯拉传教士"已经拥有了全新的人生。**

# 第 31 章 边缘战略：

中国手机崛起的深刻逻辑

## 战略思维分析

《边缘战略：中国手机崛起的深刻逻辑》一文从理论层面系统研究了从"边缘视角"到"边缘战略"模型，全面揭示了以华为、OPPO、vivo 和小米为代表的中国智能手机巨头的崛起之路，从中可以看到中国智能手机市场的全景竞争格局。

这篇文章也是一篇国际研究合作文章，可以说是笔者和英国剑桥大学嘉治商学院院长洛赫先生在 2019 年 10 月联合创作的。之前，我们在英国剑桥大学深入交流过几个小时，并且通过半年多的书信交流分享了彼此对中国智能手机行业的认知和理解，应该说这是周掌柜战略咨询团队和英国剑桥大学的全球顶尖管理学家的一次深度交流，最终我们用一部分内容成文这篇文章，获得了业界的认可和好评。这篇文章和其他的手机行业报道有很多不同，其一就是文章从边缘视角的历史性、战略性分析，对消费电子和科技行业创新做了白描似的勾勒，揭示了从边缘到中心的过程确实体现了一个普遍性的创新规律；其二是这篇文章结合中国文化的太极思想建立了边缘战略模型，这个系列模型后来也成了战略咨询项目中"周掌柜战略矩阵"的核心模型。所以，这篇研究虽然主要跟踪华为手机，但是超越了华为手机，也包括对 OPPO、vivo 等品牌的研究和归纳，立体展现了科技产业边缘战略的进化规律。

在研究过程中有一个很有意思的细节，就是西方管理学家对于中国哲学的认知过程，不妨和读者分享一下。在剑桥大学酒店餐厅的交流中，笔者曾经把我们研究的一些管理学模型分享给洛赫院长，他当时表示这些模型从太极、围棋、五行的思想出发，结合欧美管理学模型技术很有新意。这位麦肯锡欧洲高管出身的大学商学院校长给的这个评价很高。后来在交流中，当我们详细阐述太极的辩证思想的时候，他反馈了一句鼓舞人心的话："没想到中国的战略顾问用中国文化中如此简洁的战略思维分析问题。"这句话的背景在于我们共同拥有美国顶尖咨询公司的工作经验，了解包括麦肯锡、波士顿在内的顶尖公司都是一个大系统模型的表达，但是这种模型在实战中其实容易陷入复杂逻辑的分析误差。总体而言，在这篇文章上和洛赫院长的合作，以及我们和剑桥大学多位管理学教授的交流，都让我们战略管理的研究受益匪浅，也对于我们后来形成"周掌柜战略矩阵"的战略咨询模型提供了很好的借鉴作用。

## 《边缘战略：中国手机崛起的深刻逻辑》全文

即使从全球视角看，中国的智能手机行业也是一个英雄辈出、活力无限的领域。在这个行业里，大家见过恐龙的灭绝，见过武士赢得了闪亮的盔甲之后又再次丢失。今天还被奉为真理的事情，明天就可能变成失败的导火线。在这样一场智慧和创造力相互角逐的极限战争中，有人在保卫中心地位，有人在创造新的边缘机会，但所有玩家的目标只有一个，就是成为新一代霸主。

常识是，我们每个人都知道，想要成功就必须高度聚焦。如果你同时分散精力去做很多事情，那么不会每一件事情都做得很好。对公司来说亦然，想要成功就必须战略聚焦。公司可以有自己的"中心"战略，公司也可以掌握和主导它们自己的核心市场、核心技术。与此同时，这些公司也有一些周边领域，也就是有长期潜力的边缘领域探索。这些领域和它们的主营业务相关，甚至可以在未来为它们带来很多机会，只不过由于目前公司没有大力将资源投入其中，导致其发展还是受限。

悖论在于现实往往是"在资源有限下聚焦"。如果我们过分聚焦，其实也有风险，这会直接导致你无法调整自身，从而无法跟得上外界变化万千的世界。在生物进化中，许多拥有某一方面超强特质的动物都因周围环境的变化而灭绝了。如果企业过分聚焦，那么就很难改变它们的聚焦点，无法从中心走到边缘的未来中心，时代变了就会被淘汰。不得不承认，这其实是一个进退维谷的局面，因为转移聚焦点确实很难，而且越是大公司，行动越缓慢。从另一个角度来说，如果你很快改变聚焦点，那么可能会导致你浪费很多手中的资源，从而走向失败。没有什么成功是可以轻易达成的。也正因如此，那些冉冉上升的新星和过气英雄的故事才让我们如此着迷。

回顾手机行业历史，手机作为智能消费电子的产业发展起步于 2007 年。那一年，苹果的 iPhone 横空出世，掀起了一场天翻地覆的革命——把手机从只能接听电话的仪器变成了我们可以随身携带的小型电脑。这并不是一场技术革命，毕竟这些技术此前就已经存在了。苹果是将这些既有的技术重新打包，从而改变了大家对于手机的认识。对于此前从未涉足过通信行业的苹果来说，这绝对是一场战略性的创新，是从边缘走向中心的变革。在 20 世纪 90 年代，苹果曾经尝试过开发名为牛顿的 PDA 私人电子助手，但并未获得成功。

手机变成了"通信与娱乐"工具。这一改变引发了产业内部的巨变。最直接的结果是，市场的"领头羊"诺基亚虽然可以做出最好的移动电话，并且还赢得了很多设计大奖，却无法跟上时代的步伐，最终面临被淘汰的命运，并于 2015 年退出了手机市场。亚洲市场的中国、韩国和日本在过去不断增长而且高手云集。这些手机厂商都时刻紧盯着可以用来通话、开视频会议、游戏、照相、存储的灵活的智能手机，时刻准备着，并且也有能力，可以利用好每一个隐藏在这小小手机背后的机会。

而在诺基亚走下神坛的同一时期，我们可以确认的就是在 2011 年到 2013 年之间，经过长时间孕育，在 3G 和 4G 切换的时间窗口里，中国手机行业市场重新洗牌的机会出现了。而之前的诺基亚、TCL、波导、HTC、三星甚至苹果等长期站在行业中心的巨头，就是被这一系列的"边缘"人和事打下了神坛。

本文是中国手机崛起历史研究的学术版，由周掌柜与欧洲知名战略管理专家、剑桥大学嘉治商学院院长洛赫先生共同研究和创作，通过实战洞察和学术思考的双重维度用边缘战略思想解构中国智能手机行业的发展变迁。这里的故事不仅独家，而且思想将高度创新。

## 历史：中心化傲慢让国际巨头衰落

这里我们从最有代表性的品牌华为谈起，来讲述中国手机行业。2011 年的三亚会议应该说是华为终端乃至华为集团的历史性转折，之前的华为 B2B 业务几乎都是"置于死地而后生"，某运营商高层曾公开对媒体讲："用华为的设备，我们的股价会跌。"诚然，作为民营企业的华为在与中兴的竞争中天然不具备民族企业的势能高地。经历了 2002 年的绝境，以及 2008 年经济危机的全球性挑战，华为勉强生存，且清晰地认知了可持续增长的重要性，深知稳定的现金流就是几万人的生路。而此刻，手机成了集团边缘业务中有着"奔小康"潜力的一个选择。

一位在华为工作 20 多年的老华为人私下吐槽说："之前运营商的兄弟也看不起华为手机，用苹果，只觉得通信网络是华为的技术制高点。"这或许也是激励新终端核心缔造者余承东及奋斗者们的一个心结。余承东在 2012 年被调任终端，客观讲，这是一个"边缘的事业"。好处在于，他可以聚焦一个更广阔的战场，可以自由地发明创造。

再谈 OPPO 和 vivo。虽然早在 2001 年左右，陈明永就作为步步高的少数派有了单干 MP3 的行动，但直到 2008 年，OPPO 都没有脱离长期以来公司做消费电子"打一枪换一个地方"的机会主义。有理由判断陈明永也是从旧的母体边缘，一步步走出来找食吃的"边缘领导者"。在 2015 年的 R7 旗舰机以 1300 万台的销量碾压华为之前，这家公司还谈不上什么霸气，也谈不上什么底气。陈明永和余承东的相同点在于彼此都处于企业绝对掌控者和弱势经理人之间，两者都是从一个相对边缘的位置开始实现自己的抱负，但显然后者具有研发基因和惯性，而前者具有工厂运营的惯性且高度关注最终用户体验。这两位"边缘领导者"与那时已经成为商界中心位置但渴望大成的雷军也算类似，承载雷军远大理想的金山软件在微软 Windows 面前一直不温不火。而 vivo 的当家人沈炜虽然本是江西人，但或许因为和段永平紧密合作得更久的缘故，明显带有广东人的实用主义，更多地传承了段永平做企业的低调和简单，但他能够让 vivo 脱离步步高时代的惯性，不断下重注，也展现了他的不同。

在 2013 年到 2014 年这段时间，在中国很多高速发展的地区涌现出了很多机会，从而引发了一场新老品牌错综复杂的竞争。把镜头拉回到 2019 年的市场，我们发现这些剑走偏锋的冒险家都走进了行业中心品牌的行列。华为和荣耀手机更是引领了这次新老交替，根据 GfK、BCI 等数据调研公司发布的 2019 年 8 月的中国区手机市场销售数据，长期立足于研发的华为和荣耀已经首次占有超过 40% 的市场份额。它们的成功要素可以总结为：华为发现了高端机配合独立芯片研发的边缘机会，荣耀应用了年轻化的边缘策略，OPPO 和 vivo 在城市的边缘构建渠道和品牌，小米从 IoT 的边缘机会中创造了新的商业模式。当然，曾经处于中心地位的苹果和三星从没有实践过以上这些打法。从故事里，我们看到了边缘突破的偶然与必然，那么这里先阐明一下边缘战略是什么。

我们必须承认，想要在要求高度聚焦的中心和要求高度适应性的边缘之间寻找到一个平衡点是很困难的。首先，边缘有很多可能，而这所有的可能都有可能是未来竞争的中心点。如果只是通过简单的分析就能知道哪一个边缘机会可能会在未来帮助我们赢得市场，那每一个人都能成功！显然，事情并非如此简单，在边缘机会上聚焦其实是有风险的。每一个成功案例的背后我们都能轻易找到100个非常大胆而凶悍的尝试者，只不过他们最终都没有成功。我们在前文已经提及了20世纪90年代的时候苹果失败的例子。除此之外，西门子、爱立信、微软（购买了诺基亚的手机业务）也都想要进军手机行业，然而都以失败而告终，这些公司在当时还都掌握着大量的资源。更不要说中国那些曾经呼风唤雨的巨头：HTC、酷派、乐视、魅族等。作为企业，随便看到个边缘机会就撒钱是行不通的，一定要学会选择。毫无选择地适应一切变化只会让适应的过程变得异常昂贵，那么边缘就变成了你的终结点。

这也就是为什么说寻找边缘机会对于大企业而言更有难度：在面前众多的选择中，哪一个潜在的机会是该选择的正确道路并且能推动生意向前发展？又是哪99个机会会导致失败？这其实也代表了与上述过分冒险态度相对立的另外一种错误的态度——过分保守、路径依赖。这背后有很多原因，首先是动力。大企业可能认为，如果不去挖掘这样的一个边缘机遇，其实是没有人看到这个机会的，直到某些成功的企业最终取代自己。不过，这种事情发生的概率实在是很低。所以，大企业总是感觉自己足够安全，不会出现这种被别人驱逐出市场的风险。同理，如果挖掘到这样一个边缘机遇，它的成功概率只有百分之一，那么一旦失败了，大家只会看到他们的失败。上述其实是一个多面企业战略管理的艺术：我到底可以有多少创新可以承受多少失败？失败到什么程度会让我失去CEO的宝座？有时候这又和傲慢以及自大有关——因为我们很强大、很有能力，我们自然比那些"侏儒"更好而且更聪明，谁能伤害我们？

对应中国市场边缘崛起的是中心的没落。苹果彻底走下神坛，它曾以用"极致产品"缔造"极致用户体验"的战略思想称霸世界并成为中国年轻人心中的巨人，现在却陷于创新乏力的困境。通信和半导体巨子三星在中国基本消失在人们的视野中，剩下的只有中国厂家对其屏幕的追捧。当然了，这种悲剧也可能发生在任何企业身上。今天还是金光闪闪的胜利者，明天就变成作古的

"恐龙"了。那些曾经在中国市场上叱咤风云的胜利者们站在市场的中心，然后鄙夷地看着挑战者们，他们认为这些挑战者的所谓创新不过就是边缘上的小把戏，不会成什么大气候，更不可能会符合消费者们的需求。

知名管理学家田涛与吴春波合著的《下一个倒下的会不会是华为》中有对更早的通信巨头摩托罗拉的分析，里面也有一段类似叙述："摩托罗拉对铱星的战略性投资失败，亏损近 50 亿美元，这是摩托罗拉走向衰落的分水岭。摩托罗拉不仅'对客户需求反应迟钝'，而且走向自我封闭的'象牙塔'。"而田涛总结的"无视客户、拒绝常识、技术至上"其实也是上一代通信巨头走向衰败的根本性原因，背后同样源自"中心化傲慢"。

最后，（对于事物的）评判是很难改变的。在中心的成功会塑造、限制你对于"什么是正确且适当"的审美判断标准。我们之前已经提到过诺基亚的例子，其界面以及产品设计极其出众，甚至为他们赢得了很多设计大奖。但是当时的领导层看了看智能机的样机，然后表示，我们是希望可以连接人们（当时的市场宣传语），我们是想做人际沟通，而不是一些让人分心的游戏和摆设。他们错误地判断了下一代智能机的潜力，因为他们一直都沉浸在对于自己简单质朴的沟通系统设计的喜爱之中。

因而，我们不但需要从过去失败的大企业的经验中吸取教训，还要从众多边缘尝试的失败经验中吸取教训。这无时无刻不在提醒着今天处于中心的企业，要保持一颗谦逊的心，要聚焦在战略上，获得更多的洞察。

从战略逻辑上看，我们发现"华荣米 Ov"（华为、荣耀、小米、OPPO 和 vivo）面临如此激烈的市场竞争，都在大手笔打破长期发展固定的中心化思考模式，努力思考行业未来的"边缘"所在。用边缘战略模型可以更清晰地解释"华荣米 Ov"的战略性转变，如图 31-1 所示。

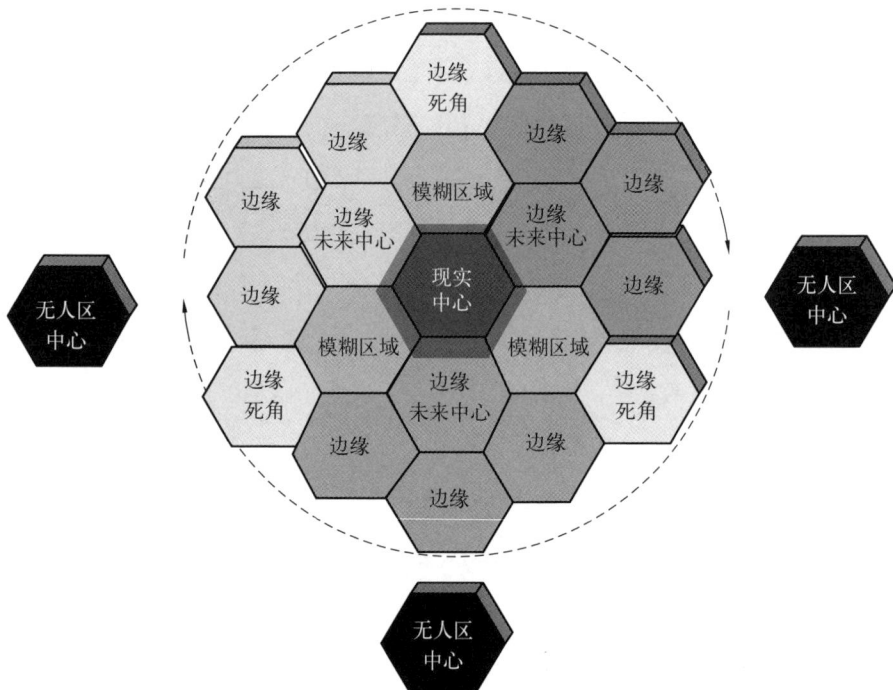

**图 31-1　边缘战略模型**

从中我们可以感知到巨头们边缘争霸的三个大逻辑：其一，打破现实的中心，目的是寻找新的竞争力之源；其二，优先考虑让边缘中心成为未来中心的实践；其三，不排除对更远的边缘中"无人区中心"的探索。可见，在这场智能手机的顶级商战中，边缘战略视角已经广泛应用于实战之中，去除了中心化傲慢的自我反思，每个企业其实都在重新发现自己。

需要重申的是，这确实是一个非常难以达成的平衡。因为你无法放弃当下的中心，因为你需要依赖当下的中心以赚取资源，才能投资到未来。但是你能坚持多久呢？如果现在就立刻放弃的话，那么恐怕会有现金流问题。如果一直依赖目前的中心，那么你会错失机遇之窗。想要探索边缘机遇，你所需要的可不只是深度的分析，你还需要在市场上去实践和检验这些机遇。如果同时在很多边缘机遇上撒过多的钱，颗粒无收也不是不可能。无论向左还是向右，你都有可能失败。大企业因而有变得非常小心的趋势，希望可以直接接盘那些成功的小企业。而小公司尝试得多，自然失败得也多。成功者的兴奋也总让人忘记那些失败者的悔恨。

从边缘战略的视角来看，竞争中危险和机遇共存。洛赫说："如果华为可以从特朗普的打击中活下来，那么他们会不得不变得更加低调并且有弹性。因为他们现在必须开始寻找新的伙伴并且在安卓生态系统之外重新定义他们的商业模式。如果做到这一点，他们会变得更加强大，而美国人很可能会在很多方面输掉这场战争。"同时，华为需要提防中心化思维的"中心傲慢"，成功对于华为没有价值，真正有价值的是边缘的机会和挑战。

## 现实：寻找边缘就是寻找未来

不可否认，眼下最大的热点就是美国对中国手机巨头华为和中兴的打压。但美国总统给华为带来的前所未有的危机其实也可以给华为带来很多机遇。如果把华为屏蔽在美国科技墙（比如芯片和安卓操作系统）之外，确实可以重重打击华为。所以现在华为没有什么骄傲和傲慢的空间了，能做的就是动用全部的资源去重新建立联盟并且开发一个可以与之抗衡的操作系统以及 APP 开发的生态系统，这就是新的边缘化中心。那时，美国供应商也会为他们当下傲慢、过度依赖目前市场霸主地位的行为而买单。

实际上，从 2012 年到 2014 年"华荣米 Ov"几乎都是从行业的边缘通过差异化的战略逻辑获得了高速增长；而从 2015 年到 2017 年，这几家巨头都在努力夯实自己的边缘战略中心；从 2018 年开始，随着产品差异化逐渐缩小、渠道的饱和竞争，它们又几乎不约而同地在寻找下一个边缘。客观讲，在手机行业中国品牌前所未有地表现出超越国际巨头的战略前瞻性，背后的持续增长引擎均来自"寻找边缘"。

相对于传统巨头苹果和三星的全面优势，中国品牌的边缘是从"中国特色"

开始的：首先就是差异化外资品牌以城市为主的中心思维，建立从农村到乡镇、中小城市，再到大城市和超大型城市的阶梯型渠道网络，配合打造贴近当地年轻人的品牌。外资品牌很难像这样下沉，而那些动辄对标苹果、三星的魅族、努比亚们日渐式微；其次，从以电视机和广告媒体为中心的品牌传播，走向以社交媒体和电视综艺合作为主的渗透式传播，这一点充满着文化壁垒；再次，从以代言人为主题的明星效应到以手机产品为主题的科技领导力引领，这一点发挥了中国产业链的快速支撑优势；最后就是从中国主战场到全球市场的全面竞争。几乎每一步都与中心化巨头存在高度的差异化。今天看来，确实是这些寻找到自身边缘的公司成功了。

"建能力，打中心，找边缘"已经成了中国品牌的战略共识，而找到边缘后，突破则需要撒手锏：华为终端产品线总裁何刚的战略思维其实也是不断寻找新边缘化技术增长点，辩证地看，Nova 系列本身也是 Mate 和 P 系列形成中心势能后的一种边缘突破。大中华区总裁朱平区别于 Ov 的广告和阵地战打法，提出"圈层"的垂直营销战略，就是一个层级一个层级地差异化渗透。和 Ov 的指向年轻人的品牌引领之间的区别是，华为更重视不同层级的政商人群对其高端机的口碑作用，所以营销中学习 Ov 的营销渗透，差异化地进行了圈层口碑渗透，而荣耀总裁赵明在坚持"轻资产、高效率"的同时，找到了被广泛忽视的极客"圈层"进行全球性的年轻化运动，通过"锐科技"谋求差异化。与此同时，OPPO 的领导者陈明永借鉴华为投资 100 亿做技术研发并重用年轻人，vivo 的沈炜不惜重金请咨询公司打造研发型全球化组织，而小米学习其他竞争对手弥补自身管控的短板。这些互相借鉴学习的案例在某种程度上也是一种边缘突破。尤其，华为系的崛起其实借鉴了小米和 Ov，但并没有复制对手的策略，而是摸索出了适合自己的打法。

在对华为和荣耀的研究中，我们总结了品牌认知的"边缘进化"模型，同样可以反映出高水准战略竞争背后的边缘逻辑，如图 31-2 所示。

农村—乡镇—小城市—大城市—中心城市—国际化城市—全球化

| 主观维度 | 血源型人际关系 | 价值型人际关系 | 多元价值观 |
|---|---|---|---|
| | **从众**<br>信任/低风险/可对标 | **身份**<br>炫耀/人群/个性 | **思想领导力**<br>观点/洞察/思辨 |
| 客观维度 | **品质**<br>可靠/耐用/极限检验 | **先进**<br>超前/特性/效率 | **生活方式**<br>健康/普世/多元 |

中国呈现典型的农村和城市二元结构。城市是人口聚居的，农村是人口散居、血缘关系聚合的。因此，二元结构需要从主观维度和客观维度并行分析，"边缘进化"是对品牌的核心牵引。

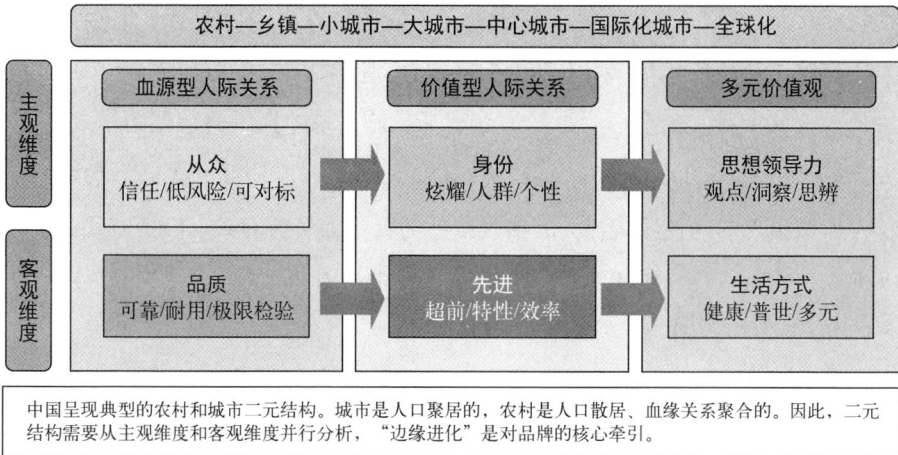

**图 31-2  品牌认知的"边缘进化"模型**

从这个模型的大背景我们可以感知到：中国呈现典型的农村和城市二元结构，城市是人口聚居的，农村是人口散居、血缘关系聚合的（在英国也存在这种二元结构，发达富庶的南方和贫瘠落后的北方拥有完全不同的视角，这一点也可以从脱欧的投票结果中看出来，害怕全球化带来负面影响的北方是坚定的脱欧派，而享受全球化红利的南方则是留欧派），而全球化市场其实兼具两者的特点。因此，多元结构需要从主观维度和客观维度并行分析，重视"边缘突破"方向中的品牌逻辑。

通俗一点说，看中国的二元结构，底层在消费电子需求上更接近于"从众"和"品质"两个视角，这要求消费电子厂家形成低风险、可信任、可对标、可靠、耐用及经得起极限检验的产品；而对于上层的工业化和城市化人群，更接近于"身份"和"先进"两个视角，要求厂家对炫耀、个性、超前、特效和效率要素深度关注；放到全球视角，主要的两个要点则是"思想领导力"和"生活方式引领"。

这种城市与乡村人口之间的差异并非只存在于中国。诸多的文化研究表明，越是在贫穷的国家，社会越是层级分化明显，人们越是遵从这种社会秩序；而在富裕的国家，往往主张平等主义，人们表现得更加具有个人主义倾向。为什么会这样呢？因为穷人更加依赖彼此帮助以走出自己面对的困境，因为他们彼此依赖，需要一个很好的互利互惠的关系才能维持彼此团结。因而，如果一个人开始炫耀了，那么会招致其他人的反感，并且下次也不会帮助他了。而城里人的这种炫耀行为其实是跟他们富足的资源有关。因为富足，所以不那么依赖他人，从而不那么需要其他人对他"看得惯"，自然就能表现得更加随性。

此外，鉴于该文化研究在过去 30 年内重复了两次，你可以看到有一些国家已经变得更加富有，随着人们已经不再依靠他们的家族活下去，他们变得更加以自我为中心（炫耀自己的花销能力其实是在这种情况下产生的，而不是因为是家族给予的！）。而中国社会的城乡二元结构正好就展现了这一点，所以给企业的启示是：要了解你的客户人群的文化标识。即使在同一个国家，他们之间也可以有很多不同之处。我们可以得出的结论是：感知到消费者的情感收益是品牌寻找边缘的基础思维方式。

## 理论：东方哲学融合西方科学

实战，注定要比学术思维更加丰富，但学术层面的探索往往更有哲学的趣味。

2019 年，随着中美贸易战向科技战演化，华为成了全世界范围内被讨论最多的科技品牌。任正非对外展现出的思想领导力也得到广泛好评。与此同时，Ov 和小米对于生活方式品牌的快速拉升也引人注目。中国手机行业几乎成了中国制造中融合西方科技美学最充分的行业，当然，骨子里也渗透出浓郁的东方哲学思想。

通过以上战略分析和思想对话，似乎可以有一些更加大胆的结论。从边缘化战略实践推理来看，如果用未来 5 年到 10 年的大周期看目前的手机巨头竞争，那么 Ov 和小米的突破方向大概率会在海外市场，人们曾经认为的"厂妹机"不仅会永远停留在历史里，甚至可能获得美国和欧洲的市场份额，这个边缘突破，也许他们自己也没那么确定，但在不断探索边缘的过程中愈发清晰。反而华为品牌在寻找边缘的过程中，面临的最大战略挑战可能是中国市场中心化成功、功能至上这两个战略陷阱，在寻找边缘的过程中，不排除围绕 Android 操作系统或者自身鸿蒙操作系统构建全新开发者生态，围绕芯片的能力扩散形成基于基础能力的开放平台架构，全面开放授权。荣耀反而有可能突破长期与华为品牌的中心化捆绑，更差异化地探索"锐科技"边缘，比如突破为泛 IoT、家电、手机的全渠道品牌。以 10 年甚至更长的周期看，华为系的消费电子基因更加纯粹，它大概率是边缘延展的必然结果。华为本身就是从运营商网络到无线业务，再到终端业务、泛 IoT 和云服务业务这样边缘突破而来，有理由相信，这也是任正非所言"熵减"的真实路径，边缘同样是对中心的耗散和再造。

　　另外，两个手机功能边缘化的临界点可能很快出现：一个是消费者兴趣目标的偏离，比如从视觉拍摄到多媒体或 AI 的可能性，另一个是消费电子市场饱和后的消费降级，有可能让柔性的服务替代刚性的设备增长成为新的战略边缘。对华为终端而言，由于长期对于产品高度聚焦，而品牌、用户运营和云服务则一直处于边缘地位，华为系的最后增长点也大概率就在这里，我们应该可以看到云服务更激进地引领边缘创新。

　　这一系列边缘战略的逻辑推演和转化，有意无意地体现了中国传统文化中太极的阴阳辩证思想（见图 31-3），不妨作个对比：其一，太极图中没有绝对的中心，一切都是运动中的黑白，正如中国手机品牌自己和友商其实互为战略映射；其二，太极图中的"鱼眼"是逻辑反面的映射，它们是一种走向另一端的驱动力，也就是说，别人的战略动能很可能是你未来的战略增量逻辑；其三，"阴阳"本来就是同一事物的正反两个方面，非黑即白的战略思维注定被运动和时间吞没，就是灰度，从运动的角度看，手机争霸其实也是阴阳融合的过程。从这个哲学思想来说，太极的本质也是"中心和边缘在运动中"的逻辑关系。

所以，华为和荣耀都像是一个太极系统的黑白，Ov 彼此也应该如此，甚至也可以把华为系和 Ov、小米放在太极中感受它们的动态渗透和变化的大逻辑。

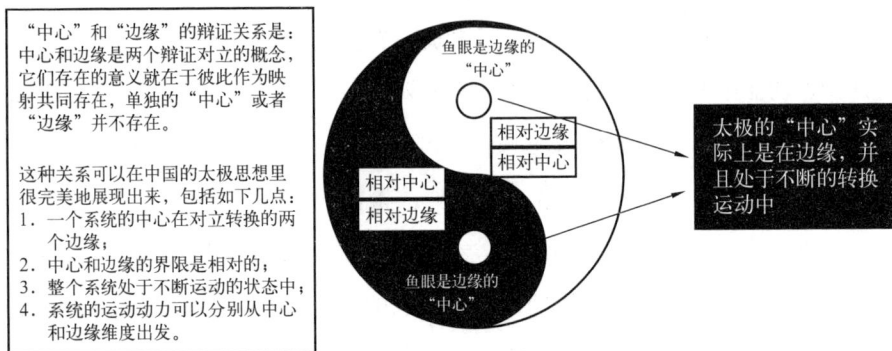

"中心"和"边缘"的辩证关系是：中心和边缘是两个辩证对立的概念，它们存在的意义就在于彼此作为映射共同存在，单独的"中心"或者"边缘"并不存在。

这种关系可以在中国的太极思想里很完美地展现出来，包括如下几点：
1. 一个系统的中心在对立转换的两个边缘；
2. 中心和边缘的界限是相对的；
3. 整个系统处于不断运动的状态中；
4. 系统的运动动力可以分别从中心和边缘维度出发。

鱼眼是边缘的"中心"

相对边缘
相对中心

相对中心
相对边缘

太极的"中心"实际上是在边缘，并且处于不断的转换运动中

鱼眼是边缘的"中心"

**图 31-3  边缘战略与太极思想**

中国企业阶段性成功的背后，确实充满着值得总结的深刻战略甚至哲学基础，边缘战略思维不仅符合东方哲学的阴阳辩证，也基于西方科学精神的解构主义。

其一，边缘战略承认一个组织应当是多维的，因而它的"战略核心"是模糊的——它可能追求高销量，也可能是希望可以做出让顾客满意的产品或者是得到"组织好"的声誉，边缘战略模型就是突出强调组织活动"中心"的动态模糊性。所谓的中心就是你投入最多人力、物力，当下营销最侧重的地方。这个你认为的"中心"可能是在某个维度的中心位置上，并且在驱动你的组织，但是它不是其他维度上的中心，在其他的维度上它是无力驱动组织的。随着我们的视角的变化，中心也在发生着变化。而这正好也反映了中国手机品牌的模糊性和多面性。

其二，边缘战略模型也承认变化在无时无刻地发生。今天或许还被我们当成是战略制高点，明天就变成了累赘。在如今全球多元动态的商业环境中，问题并不是所谓的"变不变天"，而是"什么时候变天"。因此，我们当下所经历

的"中心"可能在，也可能不在，或者说可能在你的价值主张定位之内，也可能不在。也正因如此，边缘战略模型内化了战略变化的本质。它鼓励你不要只关注眼下，而要用更长远的视角去思考，组织从何而来，又去往何处。

综上，中国手机行业历史性崛起的深刻逻辑在于行业领先的战略能力，在这场世界性的顶级公司参与的强手争霸中，中国手机品牌不仅学习对手，也不断从自身的边缘视角寻求机遇。"华荣米 Ov"五大品牌不仅体现了东方哲学的实用主义，也同时深刻地学习西方管理科学，模块化推动战略和组织的联动变革。而今，中国手机品牌几乎成了中国制造最闪亮的名片，从更高级的战略竞合关系中，通过不断寻找新的"边缘战略"动能，在变化中体现着生机。

究其根本，顶级商战中，"边缘战略"对于"华荣米 Ov"来讲不仅是中心化的防腐剂，更是牵引未来的核心思想。边缘视角不仅让各大厂家谦虚学习友商和奋斗自强，更能从未来看现在，勇于突破、坚定聚焦，这或许就是中国手机品牌崛起的深刻逻辑。

公司传记篇 >>>

# 第 32 章

## 荣耀手机的战争与和平

## 战略思维分析

　　荣耀手机很好地理解了战略竞争、战术竞合和战场竞技的关系，无论是在其作为华为终端核心品牌的时期，还是独立运营的时期，都是如此。应该说荣耀总裁赵明一直以来都很好地把握了战略、战术和战场的平衡关系，从外面看波澜不惊，稳扎稳打，内部却充满了斗志和激烈争论。

　　荣耀手机也是周掌柜战略咨询团队的早期重点客户之一，我们在国内多个省份对荣耀的市场销售做过深入研究，也在法国、比利时、德国和英国等地做过调研。基于对一线的走访与观察，在 2017 年 9 月，我们发表了这些沉淀与思考的成果，以飨读者，应该说《荣耀手机的战争与和平》这篇文章也是对荣耀发展历史的系统梳理，以及对赵明等高管的领导力的研究分析。

　　总体来看，从早期荣耀作为华为集团华为品牌的备选，到 2021 年成为独立法人公司，应该说荣耀手机的发展非常稳定，也很艰辛。最初的访谈中，我们听到这样一句很感人的表达，荣耀人说："我们是给华为手机高端品牌策应护航的，想动我大哥要从我身上走过去！"这句话质朴，很生动，也很真诚。试想哪个品牌团队不希望自己能够成为行业领袖，并且获得更多尊敬呢？但当初荣耀在集团战略中的定位就是为华为"保驾护航"，并且直面小米的互联网打法竞争，基层团队贯彻这点还是充满悲壮的。我们曾经给荣耀高层建议增加大型商场的旗舰店投入。从调研中看，荣耀虽然借助了华为手机的一些基础支撑能力，但其在上海等主要城市的线下规模和投入水平几乎只有华为的十分之一。尽管如此，其产品销量却超过华为手机销量的一半，背后有效率的优势，但确实存在投入不足的问题。

当时华为品牌整体战略设计认为华为手机已经是重资产投资，荣耀如果同样是重资产，会给集团带来系统性风险。现在看来，华为集团高层确实有谨小慎微的战略倾向，荣耀也确实在独立之后才开始更快更好地发展，虽然荣耀现在已经不属于华为集团，但在某种程度上为华为集团的调整做出了历史性的贡献。还有几点值得一提，一是作为荣耀掌门人的赵明是一位低调内敛但是很有洞察力的管理者，他对荣耀发展节奏把握得很好，并且事无巨细地对很多棘手问题都作出了很好的安排；二是荣耀的团队在独立之前的凝聚力非常强，面对小米的创新能力和Ov的经验优势，荣耀从互联网起步并且在线下拓展，在很少资源投入的情况下，团队竞争意识确实非常强；三是荣耀独立之后吸收了很多华为的人才，也收复了华为品牌失去的部分高端市场，团队的内部磨合总体上做得非常不错，这是难能可贵的。但这一切都基于荣耀人长时间顾全大局、锋芒内敛地付出，这一点存在超越商业本身的、值得尊敬的品格。

总结来看，从战略竞争角度说，荣耀手机在独立前很好地贯彻了华为集团的战略意图；从战术竞合角度说，面对和小米的竞争，荣耀与华为手机的合作策应体现了高超的运营能力；从战场竞技角度说，荣耀手机在电商领域从学习者到领导者，确实打得也非常坚决。未来，荣耀在高端手机、全球化市场方面的两个潜在突破点都非常值得关注。

# 《荣耀手机的战争与和平》全文

**荣耀和小米竞争的白热化程度，外界并不清楚。**

2017 年 5 月 15 日早上 8 点 30 分，荣耀手机北京总部，市场部负责人大伟拿着一沓文件早早走进会议室，即将讨论的是"京东 618 营销方案"，核心是"开门红"，与小米争第一。

会议 9 点开始，大家 8 点 45 分开始陆续走进办公室，一边等着同伴进入，一边也开起了玩笑，所有人都很关注大伟的"压力肥"。"压力肥"是荣耀手机市场部的一个高频词，意思就是每次重要的营销推广活动，参与的成员都会因为饮食不规律胖上一圈。内部叫作：丰满的代价。

会议准时开始。很快，笑脸全部消失，所有人陷入了焦虑。

GfK 及赛诺公布的数据报告显示：2017 年 1 月到 4 月，荣耀整体销量及销售额双双反超小米，但优势并不明显。最近小米的数据正在强劲复苏，正在超着"618"筹备大动作对抗荣耀。这次会议需要形成严密的计划向荣耀总裁赵明和销售与服务部部长倪嘉悦汇报。没有友军的支持，荣耀要带着大领导们的期盼，对抗强烈渴望逆转颓势的小米，可能惨败，也可能艰难获胜，一切都是未知数。眼前最迫切的任务就是实战性沙盘推演，确保在各种情况下都不会输。

首先，6 月 1 日的"开门红"必须从销量上挫败小米的锐气。小米从雷军开始都对"开门红"非常重视，所以他们可能把热门且畅销的产品集中在 6 月 1 日放货，但弱点是产能不足。所以荣耀的策略就是逼迫小米第一天最大限度地透支小米 6 这样的热销品，为撒手锏荣耀 9 在 6 月 16 日放出做准备。

其次，6 月 1 日到 18 日之间分 3 个时间段梯队式冲击销量，在对方的空档期要设计多种营销方式拉开距离。假设荣耀"开门红"失利，必须在 6 月 2 日到 5 日之间把主动权夺回来，"节奏的主动权，就是成功的主动权"，倪嘉悦曾反复强调。

再次，遇到销量落后的特殊情况，必须在 4 个节点反超：6 月 6 日的"中国国家品牌日"、6 月 9 日的京东"超级秒杀日"、6 月 14 日的"超级神券日"，以及最后一波，也就是 6 月 18 日的最后冲刺。荣耀设定的就是前三波尽早掌控节奏，最后一天做出致命一击。

这样的准备会在"618"之前开了几次，几乎所有荣耀高层都参与了作战部署，可直到 5 月 29 日 30 多人的核心运营团队住进了京东亦庄总部附近的如家酒店，大家心里依然没有底。

本文是周掌柜战略咨询团队"华为深度解密系列"的第二篇，将从荣耀手机这位互联网手机新霸主谈起，通过对京东和天猫电商业务、线下实体店和海外市场的访谈和调研，探求荣耀品牌的进化历程以及华为终端双品牌"兄弟竞争"实践。我们始终带着两个业界的关切和怀疑："荣耀打法"的核心竞争力是否存在？华为终端是否有能力让两个手机品牌同时成功？

## 线上肉搏战

互联网手机的竞争极其残酷，每个人都在前线，24 小时都在战场。

京东"618"开战的头一天晚上，亦庄的京东大厦灯火通明。5 楼为每个厂家都安排了"作战室"，一个 10 平方米左右的小房间，配备了一台 40 寸战况播报电视机，早早围满了人。大厅里，满眼"618"的广告语，鲜红条幅上的黄色大字格外醒目。走廊里不同部门的京东员工穿着不同颜色的衣服紧张穿行，时不时吆喝的话语中几乎都是耳熟能详的品牌。"就连推车卖方便面和饮料的阿姨也一个个精神抖擞，脚步匆匆。隔壁'作战室'的鸡血往往也影响我们，让人毫无睡意。"现场的一位女孩回忆。

倪嘉悦亲自坐镇现场指挥，赵明远程 24 小时拍板决策。作为"618"现场唯一的女性高管，倪嘉悦对当时的场景记忆深刻："那是一种大战来临的感觉，所有人走进京东大厦都很兴奋，像吸了纯氧一样，眼睛里似乎可以看到成千上万消费者涌入。""作战室"里大屏幕上的数据不停地滚动，让身处其中的人都能感受到跳动数字背后的用户身影，而与竞争对手数字的对比，更加给人一种战场的味道。

直到 5 月 31 日 10 点左右，大厦才安静下来，每个厂家都完成了营销方案的布局，屏气敛息地等待零点一刻准时开打。"618"的战场就这样轰轰烈烈地预备，静悄悄地开始，每个人都全神贯注地投入到线上的营销对抗中。

6 月 1 日，"618"第一天，荣耀和小米就打得昏天黑地。据说当天小米本来的规划是放货 13 万台即可获得销量冠军，但荣耀的进攻逼迫小米放了 30 多万台，而且只打成平手。中间还出现了让所有荣耀队员目瞪口呆的一幕：接近 6 月 1 日晚上 12 点的最后几分钟，竞争对手的销量突然放量反超，超常规的大笔订单让大家措手不及。一位女孩子甚至扭转不了一天胜利者的情绪转而失声痛哭，但被领导安抚了下来。

6 月 10 日，召开上半程总结会的时候，"618"手机销量的排行榜主要在荣耀和小米之间胶着。小米出了撒手锏，一款专门打"618"的产品红米 Note 4X 特供版，价格是 799 元，试图通过立体宣传从低端产品获得销量优势。这个产品把备货卖完了之后，又把天猫、苏宁等渠道的货源调配过来。抵抗红米的是 1199 元起的荣耀畅玩 6X 和 1099 元起的荣耀 8 青春版，贴身肉搏毫不示弱。

整体的战况是：6 月 1 日到 5 日荣耀 8 青春版和畅玩系列手机很好地抵抗了小米的进攻，荣耀销量领先；6 月 6 日到 15 日荣耀和小米销售额僵持，但小米在销量上形成反超；6 月 16 日荣耀旗舰产品荣耀 9 和 OPPO 的 R11 同一天上线，战火更加激烈，荣耀 9 凭借强大品牌势能和性价比，让荣耀的销售额再次获得领先。

在这场对决中，荣耀聚焦几个爆款单品，而小米准备了十几个单品的庞大产品线。在荣耀主推的中高端机的价格是小米均价 2 倍的情况下，最后的结果是荣耀销售额折桂，小米销量第一，双方打成平手。

整个京东"618"，除了"作战室"的现场队员，荣耀的支持团队同样 24 小时参与战斗：每天 9 点到公司，10 点到 11 点应对第一波购物高峰，下午挺过 2 点到 3 点最困的时间开始第二波战斗，晚饭后困倦再次来袭，喝杯咖啡坚持到晚上 10 点的黄金战斗期，这波紧张和兴奋的对抗到凌晨 2 点到 3 点结束。

最后两天包括现场的倪嘉悦在内所有荣耀负责人几乎连续奋战48小时，远程指挥的赵明挂着耳机，后半夜还在深圳坂田的家里等待前线的消息。

除了战场上的营销运营团队，后勤人员同样24小时轮班坚守。负责监控各品牌仓库订单的20人团队分成6组，每半小时通过手工下订单监测其他品牌仓库的型号库存，一个机械的姿势，无比枯燥的工作，通宵达旦，坚持了18天。连总部派来现场稽查的审计负责人都在最激烈的时候被派了活儿一起战斗。

据说，事后赵明在摆满龙虾的庆功宴上高度赞扬了团队，特别提到了"不刷单"的原则，提到"开门红"第一天23点58分的小插曲，安慰了那位现场流泪的女同事。

以上的场景源自周掌柜战略咨询团队在访谈中的多角度还原，在整个"618"的18天逐渐清晰的过程里，我们发现互联网手机竞争确实有不一样的商业逻辑。荣耀从"骑兵"到"特种兵"转变本身非常有挑战，华为的正规军管理体制客观上又给荣耀加上很多对手没有的束缚。比如，华为内部审计稽查会全程审计"618"营销费用的支出，甚至细化到对个别网页广告投放效果的追查，目的是保证业务的合规性和保证公司利益不因为个别管理者的冲动受到损害。这种比市场竞争要更严格的监管，不仅刷单完全没可能，现场负责人判断失误带来的"过度营销"都可能受到追查。

竞争和管理规范倒逼荣耀团队必须做到像素级精细化运营，既要保证规划的合理性，现场作战又要有血性和冲击力，自我磨合加竞争磨砺让互联网手机的巅峰对决惊心动魄、高潮迭起。如果结合小米在2017年第二季度的复苏来看，互联网手机品牌对线上流量运营的核心竞争力是独特存在的，由此可以推论，荣耀和小米这两家线上巨头重新挑战Ov线下地位的新轮回已然开始。

## 线下多米诺骨牌

但是，荣耀线下能力基础曾经非常薄弱。

从数字来看，早在 2015 年年底，1999 元到 2499 元的价位上，荣耀的一款产品在线上已经占有了 46.4% 的市场份额，线下却只占这个价位段 4.2% 的份额。这意味着风风火火的线上巨头，线下几乎没有存在感。最让荣耀尴尬的情况是，很多消费者出于对荣耀品牌的认可在线下进店询问，往往找了很多店却看不到产品，由于铺货有限导致口碑转化率极低。

建成独立的线下渠道也非一日之功。在相当长时间里，华为手机和荣耀手机的渠道在某些地方是共用的，可由于两者也存在一定程度的可替代性竞争，荣耀手机无法在华为手机渠道获得经销商的更多支持。荣耀团队开拓新渠道不仅经验不足，渠道商对荣耀的信任度也很低，一旦发力线下，需要承担巨大的投资风险。"荣耀这个品牌是在所有客户的批评和嫌弃中长大的。"荣耀的多位高管在访谈中均感慨。

2016 年 2 月，当时线上销售已经颇具规模的荣耀手机在主要的 9 个销量大省，线下只有 3 个人，这 3 个人只能维护最简单的荣耀零售渠道沟通，相对于一般线下品牌 25% 到 28% 的利润空间，荣耀给的利润也捉襟见肘，O2O 立体运营几乎是不可能完成的任务。几个人，几条枪，一个城市一个城市地拜访，走街串巷地考察。

唯一乐观一点的信息就是线上 60% 到 70% 的市场基础已经带来稳定的收入和盈利，带给线下拓展较高的容错率。一位北京的零售商回忆起最初和荣耀接触的情形，印象非常深："荣耀的人都很年轻，不像传统印象中华为人老道专业那种，最开始接触，给我们的利润空间很有限，我们确实是看着华为品牌的面子和他们试着合作的。"从这个视角看，荣耀线下拓展获得了华为品牌背书，但并没有因为"富二代"的身份获得太多照顾。

一位 25 岁毕业就加入荣耀的山东小伙儿回忆说："荣耀当时在全国很多地方没有办公室，有时候各个城市的线下推广团队早上 8 点都约在麦当劳吃早餐，用 Wi-Fi 简单处理一下公司邮件，之后就各自奔向不同的合作伙伴那里拜访和推动。"

　　"综合对线下几家厂商的研究，以及和华为手机差异化的考虑，荣耀必须对线下门店形成超越小米之家的创新才有可能独树一帜，获取市场份额。但这非常有挑战。"一位荣耀合作伙伴高管显得并不乐观。

　　起步非常艰难，主要还是靠与渠道商合作。但地推团队渐渐地获得了一部分经销商的信任，他们渐渐发现了前所未见的亮点：一方面，进店买荣耀的一般是18岁到35岁的年轻用户，对荣耀的忠诚度很高，成交效率进而也比其他品牌高很多，说服成本低；另一方面，由于华为系的品牌认可和线上积累的口碑，荣耀产品在线下的周转率非常高，这极大地弥补了利润空间有限的短板，而且，荣耀的线上营销能力客观上给线下门店带来了O2O营销导流的可能性。品牌势能、共赢思维和O2O营销，这三根线下的"救命稻草"正在点燃荣耀手机全线挺进的星星之火。如表32-1所示，荣耀手机的竞争力和战略地位确实具备一定的后发优势。

　　对比中我们发现：放大到O2O的全局上看，荣耀手机的战略地位与包括华为手机在内的全球智能手机巨头有明显的差异化。从技术研发的角度看，荣耀依托华为集团大平台底层研发及"黑科技矩阵"创新的支持，品质有保底，让华为系多了一个创新引擎；从线上渠道的优势看，荣耀已经获得了很好的品牌美誉度和流量支持，具备了用流量重新定义O2O的基础；从线下渠道看，虽然没有Ov的海量店面，甚至和小米的小米之家对比也大大落后，但同样没有Ov的渠道泛滥和老化压力，而且荣耀完全可以差异化小米"吃独食"的小米之家进行更加广泛的经销商及品牌合作，进而形成多米诺骨牌式的连锁效应。也就是说，目前所有的手机巨头只有荣耀在线下渠道上是一张白纸，可以形成后发优势。

　　业内人士的推测也非常具体：荣耀如果能够创新性地定义渠道，完全有可能用后发优势超越线下渠道面临老化的Ov，并借助华为大平台品质优势与华为手机一起压制小米，最有可能突破Ov在二到五线城市构建的渠道"马奇诺防线"。而荣耀的国际化也完全有可能和华为手机形成合力，在华为品牌没有重兵投入的印尼、越南甚至南亚、非洲、欧洲局部市场获得突破，进而提高华为终端全球销量挑战三星的可能性。

表 32-1　荣耀手机的竞争力和战略地位

| 品牌 | 技术研发 | 线下渠道（中国区） | 线上渠道（中国区） | 荣耀竞争力 | 荣耀战略空间 |
|---|---|---|---|---|---|
| 荣耀 | 依托集团大平台底层研发及"黑科技矩阵"创新，"创新"支持年轻人对全年龄"时尚化、年轻化"具有引领作用 | 具备线下重构，推倒渠道升级多米诺骨牌的潜力 | 线上渠道获得流量领先之后，将推动线下渠道O2O进化 | 1. O2O：重新用流量运营定义O2O的潜在机遇<br>2. 多米诺骨牌式合作：区别于小米，采用渠道推倒多米诺骨牌式创新的潜力<br>3. 年轻科技潮品：荣耀手机的存在客观上支持了华为Mate和P系列的高端化，阻挡了竞争对手垄断做大的可能性，并拥有依托华为做大终端人群定位的潜力 | 1. 荣耀国际化：荣耀手机退出或者不适合高端市场推广的市场空间，拥有较强的超越Ov和小米的能力<br>2. O2O渠道重构：荣耀手机拥有华为系独特的渠道创新和重构的潜力，具备O2O流量机制重构渠道的颠覆力量<br>3. 双品牌：荣耀和华为双品牌在全球市场的立体整合和品牌错位将极大推动大华为终端在未来3年获得全球市场引领地位 |
| 华为 | 依托集团大平台底层研发及"黑科技矩阵"创新，支持华为手机高端的Mate和P双旗舰成功狙击三星和苹果 | 面临渠道创新和现有业务进化的选择，面对苹果"教堂"和三星"百货"战略需要立体战略创新 | 构建线上流量机制有利于降低线下渠道成本，迫切需要线上基因归的O2O运营 | | |
| 三星 | 依托三星集团整体产业链研发支持，将屏幕、内存等研发优势最早应用于竞争 | 缺少渠道认同感，重新获得认可的营销成本成倍提高 | 线上渠道缺失，重新构建渠道和产品的时间窗口几乎关闭 | | |
| 苹果 | 全球化前沿创新研发，以欧美市场需求导向为主，通过全球化分工和独创性研发引领智能手机进步 | 教堂式的美式渠道在中国市场一线城市外缺少穿透力，很难下沉和高效反应 | 线上渠道缺失，重新构建渠道和产品的时间窗口几乎关闭 | | |
| Ov | 通过与高通、三星等厂商紧密合作，基于中国市场需求进行本地化创新，依托立体营销渠道形成竞争力 | 先发劣势形成，拥有线下渠道商业模式老化的巨大风险 | 线上渠道缺失，重新构建渠道和产品的时间窗口几乎关闭 | | |
| 小米 | 通过与高通、三星等产业链，结合自身MIUI的软件创新能力，通过品牌传播优势和高性价比低端手机打造互联网手机后向收费能力 | 拥有线下渠道创新先发优势，渠道黏性高，但直营渠道可能影响竞争效率，且生态链产品毛利率难以支持业务进化，生态链为主的做法长期来看不是看点是手机小米之持续，主要看点是手机小米之持续的支撑力 | 线上渠道面临荣耀激烈竞争，但目前O2O将拉高营销成本，运营保持领先 | | |
| 金立 | 应用型研发依托高通、三星战略性支持的实用性突破 | 机遇在于深耕三到五线城市及农村的中低端用户升级 | 线上渠道缺失，重新构建渠道和产品的时间窗口几乎关闭 | | |

从这个全局战略的角度分析，荣耀的后发优势的确有可能成为改变中国乃至全球智能手机战局的一把钥匙，表面上看荣耀手机直接对标小米，实际上未来荣耀最可能穿透的市场是 Ov 在中国区 2000 元到 3000 元价位的相对垄断；从表面上看，荣耀和华为手机也有竞争，但"兄弟合力"反而形成了对对手的立体挤压。

作为华为终端的"小儿子"，和"大儿子"华为手机相比，最初对荣耀的定位是互联网手机、年轻人科技潮品和轻资产样板。终端希望荣耀可以规避华为品牌潜在的全球化风险，并且成为防范消费电子"黑天鹅"的备用品牌。但不得不说，荣耀对互联网手机理论和实践的创新不经意间对于华为母体形成了一种有意无意的突破，华为手机的中国区也在开展 O2O 的尝试。对荣耀放羊式的管理和宽容在客观上也带给华为终端另外一种可能性，而荣耀和华为的竞争和摩擦力，让华为集团避免了无论是战略还是品牌的趋同性风险。

很多新发现和新迹象给了力主互联网品牌的终端负责人余承东以及集团高层更多的信心。如果说原本设计荣耀的时候，是为了"养儿防老"、多一种选择，那么今天荣耀和华为手机的平行进步则转变为"世界足够大，可以容下华为的两个梦想"。

## 荣耀新思维

以上对荣耀战略潜力的分析，实际上荣耀高管们并不适应。访谈中，很多荣耀高管对于过早暴露荣耀的战略意图非常抵触，他们既不想过多体现"戴着镣铐跳舞"的艰难，也不想表达业绩之外的过多决心。

不过，对荣耀团队和外部合作伙伴的密集访谈，让笔者从外部视角对已经拥有 400 亿元人民币年销售额的"荣耀打法"和"荣耀新思维"有了系统化的认知，很多差异化战略定位思维有其独特性和可借鉴性。

如表 32-2 所示，周掌柜战略咨询团队经过对荣耀多位高管的访谈，提炼了这套打法背后的新思维。

表 32-2 "荣耀打法" 战略思想

| 类别 | 荣耀打法 | | 苹果式布道 | | 小米式差异化 | | 独特性 |
|---|---|---|---|---|---|---|---|
| | 理念 | 实践 | 理念 | 实践 | 理念 | 实践 | |
| 产品思维 | 用户战爆 | 用顶级制造和高效率运营打造满足用户前沿、极致、高性价比需求的科技潮品，核心是对用户的同理心，提防主观和盲目自信 | 极致单品 | 苹果的单品旗舰虽然升级速度很慢，但是每一次力求满足用户每一期待，释放销量并创造需求 | 生态链 | 通过手机形成的高科技品牌势能，降维打击多行业对手并获得渠道和销售平台粘性 | 荣耀的竞争对手都是有很强营销能力的公司，而且无论是有像还是一样严密的管制和约束，具备灵活性。所以竞争对手往往在通过"踩着手机做生态""用融资手段支持打价格战""通过传播获取品牌势能"，进行营销小众单品，推销低价档位的错位营销，而荣耀缺少灵活性，必须在竞争本质、长期性和计划性上超越对手， |
| 产业合作 | 无限合作 | 荣耀提法叫"朋友哲学""保持边界，克制欲望"，在渠道合作上荣耀经销商认为与用户是朋友哲学和经销商合作可能出现多米诺骨牌式的引爆效力 | 垄断生态 | 苹果通过高利润支撑的大手笔独立研发，保证每个进入这个品类在行业内的绝对领先性 | 金融杠杆 | 通过投资产品供应伙伴获益，通过公司估值拉升获资本去打价格战 | |
| 创新理念 | 科技触点 | 把 AI、双摄和 VR 等落地到生活场景里，强调拥有触点和极致感知，不做过于抽象的研发 | 颠覆创新 | 荣耀和苹果、华为手机一样强调"综合解决方案能力"，不过于传播黑科技细节 | 黑科技 | 通过有效传播形成的新可感知的科技创新认知，从用户角度阐述科技 | |
| 用户运营 | 荣耀范儿 | 不把年轻人当粉丝，而当朋友，力求打造"荣耀范儿"的生活方式，不"豢养"用户，而真正把用户当上帝 | 科技宗教 | 苹果构建的是一种科技的信仰，苹果专卖店像教堂一样传播最新科技 | 粉丝经济 | 通过放大口碑以及战略传播，形成独特的用户运营思路 | |
| 性价比 | 价值聚焦 | 建立在质量基础上的性价比最优方案，做长跑选手，发挥笨鸟精神，不参与价格战，但直面正面价格竞争 | 高质高价 | 由于基于发达国家购买力市场，苹果强调以高质高价获得充裕收益，可持续研发 | 性价比第一 | 围绕个别单品的性价比营销，"杀伤"对手，同时通过内生态软件盈利 | |

产品思维：荣耀提法叫"用户战壕"，即用"顶级制造"理念设计满足用户前沿、极致、高性价比需求的科技潮品，核心是对用户的同理心，提防主观和盲目自信。这一点上和苹果的"引领用户"是完全差异化的，因为荣耀认为中国市场用户多样性比欧美更加明显，普遍需求是贴近式的创新，所以荣耀需要与用户在一个战壕，有针对性地为他们开发产品。

产业合作：荣耀提法叫"朋友哲学"，荣耀高管喜欢时不时提醒团队"有朋友才有未来""保持边界，克制欲望"，在渠道合作上荣耀就认为用朋友哲学和经销商合作可能出现多米诺骨牌式的引爆效力。苹果在这方面是通过"垄断生态"的方式最大化攫取利润，实际上是一种赢家通吃的思维，而荣耀更多地希望自身聚焦手机，而将边缘化创新交给合作伙伴。

创新理念：荣耀提法叫"科技触点"，即把 AI、双摄、VR 等落地到生活场景里，强调拥有触点和被感知，不做过于抽象的研发。在此基础上，荣耀在全球第一款人工智能手机荣耀 Magic 里就已经把 AI 的创新情景化，开发了很多实用功能，也由此让这款手机一机难求。

用户运营：荣耀提法叫"荣耀范儿"，即与年轻人"零距离"，不把年轻人当粉丝，而当朋友，力求打造"荣耀范儿"的生活方式标签。不俘获用户，真正把用户当上帝。为定义"荣耀范儿"，他们在中国请年轻人中人气爆棚的胡歌做代言人，在美国的发布会请过布鲁克林·贝克汉姆作为荣耀全球形象大使，在德国柏林赞助欧洲年轻人喜欢的极限障碍赛 Xletix，在马来西亚联手《X 战警：天启》预热宣传。聚焦的无一例外是最热最潮的国际化元素。

性价比：荣耀提法叫"价值聚焦"，是建立在质量基础上的性能和价格最优方案，做长跑选手，发挥笨鸟精神，不夸大价格战，但直面价格竞争。低质低价是荣耀最反感的，从电商中服装行业的价格战可以看出端倪，最后生存下来且发展良好的品牌都是聚焦高质量产品和良好口碑的，很多品牌反而在价格战中逐渐淡出公众视野。

　　和华为长期倡导的思维方式一样，"荣耀新思维"充分体现了"笨鸟基因"：不吝啬（巨资投入研发）、不封闭（汇聚全球最优秀的资源）、不投机（做极致的产品）、不妥协（近乎"变态"的品控）、不独享（有朋友有未来）、不忽悠（互联网应传递正能量）。

　　荣耀的战略思想非常直接和差异化，往往直面问题。2017 年赵明在荣耀内部信中有一句浓墨重彩的反问："我们要反思：我们花钱的效率是不是比小米、OPPO 和 vivo 高？我们的脚步是否足够轻盈并有杀伤力？"客观上，荣耀现在不仅站在自身 O2O 战略升级的十字路口，也站在中国智能手机行业新型全球化的全新机遇面前，这对于年轻的团队和赵自身的领导力而言，都是巨大挑战。

　　据说 2015 年 2 月，华为集团高层打电话给赵明，表达了管理层对他执掌荣耀的看法。赵明只问了一句：为什么是我？后来他得知任正非和余承东等商量人选的时候，确定荣耀作为互联网手机品牌，应该找一个比较外向、活跃，并且能"网上对撕"的创业者，否则"关键时刻顶不上去，丢人"。熟悉赵明的人认为他没问题，任正非还半玩笑地说："下次让他给我们来个 Table Dance（桌子上的舞蹈）！"

　　今天的荣耀手机离大成还有很大距离，但无论是"战争的血性"还是"戴着镣铐跳舞的和平之心"，荣耀带给中国乃至全球智能手机行业的颠覆式推动，正在超越更多人的预期。

# 第 33 章

## 华为手机的光荣与梦想

## 战略思维分析

对华为手机成功要素的系统分析，主要包括了"以大博小"的研发矩阵思维和"价值不易得""信任不急取"的厚积薄发思维。应该说，华为手机的成功是建立在华为集团 20 多年全球化积累的基础之上，其特点是具备华为一以贯之的竞争力逻辑，同时也自然同华为集团一样面对同样类型的挑战。

《华为手机的光荣与梦想》这篇文章撰于 2017 年 9 月，是早期系统分析华为手机的研究，确切地说可能是第一篇系统访谈华为手机内部人员并且进行战略性梳理和呈现的文章。在此之前，华为在中国的媒体公众面前非常低调，像一个隐形巨人一样存在于公众的视线之外。文中主要从三个方面系统介绍了华为手机的核心战略，一是黑科技矩阵的研发体系，二是制造能力的锤炼和养成，三是对于 AI 人工智能的投入和畅想。应该说 2017 年的时间节点正是华为手机大爆发的起步阶段，凭借雄厚的研发能力，华为手机在之后的 4 年时间里一直飞速发展，也包括手机产品的快速迭代，最高峰甚至华为和荣耀品牌占据中国手机市场 50% 以上的份额，堪称一家独大。

从这篇文章中，我们可以看到华为不为人知的一面，这也是很值得外界学习的几个方面的能力，这里不妨做一些总结。第一点，华为手机的饱和式研发确实对于快速提升竞争力起到了重要的支撑作用，因为华为长期在通信领域和欧美巨头竞争，深刻地认识到研发、专利锁定体系的重要性，这方面的巨大投入在后面的几年发挥了很好的效果。第二点，华为的成功实际上也是世界产业合作的成功，更是世界先进技术融合的成功。作为具有全球视野的跨国公司，华为在全球近 200 个国家都有业务，这就让其较早地认识到在各国建立能力中心的重要性，也获得了宝贵的全球化经验，这些经验都对华为手机崛起起到了重要推动作用。第三点，以余承东为代表的华为手机领导者具备很强的领导力，拥有突破运营商业务的 B2B 经验，应该说这一点也非常重要，如果一直延续运营商业务的惯性，特别是用之前的陈旧的低效率流程管控系统，就很难达到消费电子行业的竞争水平。总之，多种因素促成了华为手机的历史性崛起，这也代表着中国企业历史性地达到了一个巅峰，华为手机崛起的案例值得我们铭记和思考。

## 《华为手机的光荣与梦想》全文

华为手机的领导们喜欢晚上开会，据说是为了把人凑齐。

2016 年 9 月 15 日，晚 8 点，深圳大梅沙喜来登宾馆，3 楼会议室。

余承东似乎被演讲者的情绪感染，兴奋地走到讲台前。会议没有被打断。台下坐着的十多位华为终端 EMT 成员（最高决策层）和核心技术骨干同样非常激动，丝毫没有被影响。大家继续听软件部总工程师王成录博士的分享，不时有人插话追问。

这次汇报是关于华为终端一个秘密进行一年多的研发计划——"安卓底层手术式优化"。对于华为手机来说，这是一个引领性的重大研发投入，用于解决安卓系统长期使用后变慢即卡顿的问题，他们为此"下了血本"。从全面技术积累的能力上看，全世界能给安卓"动手术"的公司只剩下谷歌和华为了，能对安卓底层"开刀"的专家，全球应该也不超过 100 人，其中三分之一在谷歌，三分之一在华为。如果谷歌不"自我革命"，只有华为有能力冒险。

王博士的汇报中，数据似乎证明了成功：Mate 9 开始的性能优化和软件质量提升，总投入近 5000 万美元，实验室实测 18 个月老化试验数据表明，优化后的华为安卓长期使用性能已接近苹果 iOS 系统。软件老化测试模型和方法已经获得了欧洲著名测试公司 Connect 认可，双方已在安卓老化测试方向开始长期技术合作。谈到这里，他压了压语调："集中抽调的上千名软件工程师已经去了新的项目，我们还有大概 300 人在继续优化，目标是将安卓变成'抽屉式可替换'架构，争取在 1 到 2 年内和 iOS 系统不分上下，持续夯实竞争力。"讲完，他抬起头关注大家的反应。

余承东又被点燃了。

"我们曼哈顿发布（华为产品内部代号）只讲这个，我们甩别人太多了！太牛了！"老余说。而对 1.1 亿行安卓代码的优化方案对于现场工程师高管而言，值得品味，且意味深长。

会议仍在继续。大家不愿听到的坏消息也浮出水面：谷歌开天价加绿卡挖走了这次安卓优化的技术骨干充实到美国团队。更大的挑战在于，华为公司研发人员已经成了全球科技公司的猎物，在软件、AI、芯片、材料甚至色彩研究方面的最新创新，都成了竞争对手学习和模仿的对象。这对于一直低调学习借鉴的华为来说"不是一个好消息"。

在华为手机最近 4 年在全球快速崛起的背后，其实这样跌宕起伏的会议每天都在上演。本文是"华为深度解密系列"的第一篇，周掌柜战略咨询团队被允许对华为手机关键岗位中的软件、硬件、芯片、应用的数十位负责人乃至科学家进行深度访问，力求还原华为手机成功背后的大逻辑。

我们带着读者调查中三个最尖锐的问题挑战每一个受访者的开放讨论底线：为什么号称技术驱动的华为似乎没有黑科技？什么底气让华为旗舰机的价格对

标苹果？华为手机是否只会模仿不会创新？问题的答案关乎公众对民族工业的期待。

## "黑科技矩阵"的战略决心

探究第一个问题，需要从王博士谈起。

王成录，"华为土著"，1971 年出生，毕业于哈尔滨工业大学，金属材料专业硕博连读，1998 年来到华为，工作至今。现实生活中的他是标准的工程师高管：低调，不善言辞，不易兴奋，充满技术危机感。

启动"安卓底层手术式优化"项目之前，卡顿是整个安卓生态的顽疾，困扰着全世界安卓系智能手机厂商。如果把手机操作系统比喻成一个大屋子，由于安卓开放性带来的无序，屋子里横七竖八地装满了各种箱子和物品，安卓底层优化就是把这些箱子中挡路的搬走，没用的扔掉，然后按照主人（用户）的体验要求把东西摆好，重新布置。

"这非常难，一旦出现问题，华为手机可能全军覆没。"王博士这样评价项目的艰巨性。过亿行已有的安卓原生代码中，仅器件驱动层就有超过 120 万行代码。用最成熟的软件工程师，按照一个人一个月改 300 行，一个月 22 个工作日每天加班 2 到 3 小时，80 个核心工程师就需要一年半，还不算辅助的编写人员。"但只有这样甩别人一条街的技术才是华为手机成功的关键，为了长期竞争力，竞争逼迫我们一定要把这块骨头啃下来。"他说。

华为 EMUI[①] 软件总体的人员投入成本超过 2 亿美元，配套的研发硬件环境投入也是惊人的，不仅包括老化测试装置的 5000 万美元，还做了很多系统效能的测算试验。在武汉研究中心，1 万个测试盒子，每个盒子 8 台试验手机，8 万台手机 24 小时按照编写的满负荷操作模型挑战着安卓老化的极限。

---

① 华为基于安卓开发的情感化操作系统。

不仅华为，实际上竞争对手小米也在操作系统 MIUI 上投入巨资，营销推广一波一波，从来没有中断过，也有接近 3000 人的软件团队负责这方面的研发和迭代。另外三个中国市场的竞争者 OPPO、vivo 和金立同样分别拥有差不多 2000 人的软件研发团队，但他们的研发讨巧而容易被传播，竞争对手大量的"黑科技"基本上覆盖了主流人群对技术创新的理解。

华为的解决方案是对底层进行颠覆式改写，这是华为典型的"黑科技"模式，但用户感知到 18 个月不卡顿的设计效果需要很长时间。现实中，竞争对手则围绕软件应用类创新进行"黑科技轰炸"，让华为手机一直淹没在对手的海量传播中，进退失据。

公司内部对于如何应对产生巨大分歧：一部分人认为，销量低于 500 万台的产品都应该算是"小型机"，华为是矩阵式黑科技研发，没有必要将销量还不到 500 万台的机型所使用的技术宣传为"黑科技"，这不严谨；反对观点针锋相对，认为再好的技术都需要让用户认知，华为的"黑科技矩阵"必须传播出去。领导也很纠结：通过单点传播"黑科技"的叫法来跟随对手是否会被"带进沟里"？"黑科技矩阵"的战略听起来也不太容易被理解。

"黑科技矩阵"到底有多复杂？为什么公众很难理解华为的黑科技？周掌柜战略咨询团队根据访谈信息用表 33-1 进行了还原。

探究起来，华为手机的"黑科技矩阵"传播的最大障碍在于过于严密和专业化，是分层次的研发梯队，科学研究、技术研发、黑科技应用、能力开发和产品落地实际上是在不同层次上实现。具体而言包括以下两个部分。

第一，最基础支点是"华为集团基础研发大平台"。华为终端业务的核心研发都是背靠集团的长期技术积累的，比如终端测试实验室有 9 类 23 个，配备 7000 余台高精尖设备，280 项测试能力世界领先，2 项国内唯一，这些很多是 2012 实验室[①]长期技术积累的结果。集团的加持保证了华为手机底层的材料、

---

① 华为公司的技术研究与创新中心。

表 33-1　华为终端"黑科技矩阵"

| 双品牌（Branding） | | 华为品牌 | | | 荣耀品牌 | |
|---|---|---|---|---|---|---|
| 旗舰（Flagship） | | Mate 商务系列 | P 时尚系列 | Nova 年轻系列 | 荣耀系列 | Note 系列 |
| 特色功能（Function） | | AI 智能 | 徕卡拍照 | 杜比音乐 | 系统速度 | 价格比 |
| 手机能力中心（Capability Centre） | | 性能：通过整体性能测试提高稳定性和质量<br>功耗：通过功耗优化方案降低持续改进功耗水平<br>安全：开发底层安全平台，优化安全解决方案<br>AI：通过人工智能技术应用提高用户体验 | | | | |
| 华为终端"黑科技矩阵"（技术应用） | 黑科技应用（Application） | 多角度录音机 | 手机克隆 | 支付安全中心 | 驾驶模式 | 魔镜 |
| | | 5G 增强 | 极致定位 | 语音助手 | 护眼模式 | …… |
| | | 手机找回 | 双微信 | 运动监测 | 智能遥控器 | …… |
| | 黑科技开发（Development） | 石墨烯电池 | AR/VR 研发 | SoC 芯片 | VoIP | 超级备份 |
| | | 超级大屏 | 指纹/生物识别 | 光学防抖 | 伏羲推荐 | 天际通 |
| | | 潘冬颜色研究 | 环境识别 | 超级省电 | NFC 功能 | …… |
| | 底层颠覆技术（Technology） | 安卓颠覆式优化<br>麒麟 AI 芯片研发<br>华为徕卡双摄拍照技术 | | | | |
| 华为集团基础研发（科学研究） | 应用研发中心（Research） | 巴黎美学中心<br>东京材质研究中心<br>东莞松山湖生产中心<br>北京研究所测试实验室 | | 美国用户体验设计中心<br>伦敦设计中心<br>欧洲 5G 研发中心<br>上海应用软件开发中心 | | |
| | 科学实验室（Science） | 华为 2012 实验室：华为 2012 实验室由任正非发起，聚焦底层核心技术研发。源于对数据洪水的预言，希望在数据洪水来临之前在多项底层技术上获得突破，打造华为未来"诺亚方舟" | | | | |

通信、品质和用户体验的国际领先性，但为此终端也需要在内部结算每年支付集团大平台几亿研发费用。

第二，华为终端黑科技矩阵最核心的两个层次是"底层颠覆工程"和"黑科技小组创新"。颠覆工程的定位通俗地说就是"安卓手术"这样长时间、大手笔、高强度战略性技术投资，华为喜欢在未来10年技术趋势上押注别人望而却步的赌注，"安卓手术"之外，麒麟芯片成功前后经历了快15年，据说两三代华为人为此奋斗坚守。而华为徕卡的拍照技术研发虽然只有2年多的应用，但是已经规划了未来5年在德国徕卡合作实验室的深度规划。"黑科技开发"则更加显性一些，顾名思义就是持续跟进某项技术的研究和商业化，比如石墨烯电池研发，或者把金融级芯片解决方案做手机里，等芯片有安全能力之后替代U盾、车钥匙、门禁和电子身份证等。"黑科技应用"则是华为体系对标外部"黑科技"的主要形态，都是用户容易感知的功能，比如"安全支付""手机找回"和"多角度录音"等，每一个功能在华为手机都有一个二三十人的小组来负责，这样的小组一共130多个。

可见，华为终端的"黑科技矩阵"是底层研究加应用的饱和式研发，全世界拥有这样大手笔投入的公司只有华为和苹果，一般的公司不太愿意把钱花在不容易被感知，不好宣传加分的地方。而这背后也是华为研发投入位列中国公司首位的根本逻辑。

虽说华为手机设计"黑科技矩阵"是战略选择，但对于这样的投入规模，华为内部也存在巨大争议。据说很多华为高层有这样的疑问：华为手机是否需要维持这样高成本的大规模研发团队？为什么不能像竞争对手一样仅维持简单的功能点？是不是开发的太多了？批评者直言不讳地说，华为手机1万人的研发团队是所有竞争对手人数之和，但并没有独霸一方的气势，研发"茶壶煮饺子——倒不出来"；也有人说原因是缺少用户导向，没有灵气。

余承东和产品线的高管们一边顶着内外部的质疑，一边斯巴达矩阵式同步推进，非常坚定地维护和捍卫着华为手机的"整体解决方案能力"。"咬住苹果

PK 整体解决方案的创新，华为手机才有可能称雄世界"，这是华为手机主要高管的共识，因为这句话，也有人开玩笑说苹果图标上的缺口是余承东咬掉的。尽管外界对华为手机的进攻性颇多质疑，但内部仍对超越三星、苹果矢志不渝，"不破楼兰终不还"的气势并未减弱。

华为的自信大部分来自于这种"技术理想主义"。

## 向世界文明学"制造"

对华为手机挑战的第二个问题更加尖锐，质疑的是高端价格的承载力，不仅涉及技术能力，也涉及品质控制。华为手机到底凭什么价格比肩苹果？访谈中最有说服力的回答来自质量控制部门负责人。

马兵，华为终端的首席质量官，对研发全流程"一票否决"，也对 130 多个黑科技小组的创新质量进行严密监控，被认为是"黑科技杀手"，因为很多消费者体验不完美的创新都被他干掉了。

其履历如下：男，44 岁，毕业于浙江大学机电工程系，曾是中国科学院院长路甬祥浙江大学研究所成员，1997 年加入华为，服务华为 20 年，据说轮换过 10 个岗位，自认为是热爱运动和科研的标准理工男。

他真实的表达是："来华为既不是被伟大使命感召，也不了解任老板，完全是偶然加巧合，之后在华为奋斗且随遇而安。我读大学的时候，本来要上博士的，有一天早上起来宿舍人都不在，我在学校找了一圈发现他们都在参加华为的面试，我说他们太不够意思了——好事不想到我，于是大家给了我一个凳子，最后我是唯一一个被录取者，鬼使神差地加入华为。"来到华为，他从最初的硬件研发"鬼使神差"地成了首席质量官。

他在华为 20 年的工作经历丰富而传奇，恰巧见证了华为品质的进步阶梯。他回忆说："上世纪九十年代末的华为产品质量经常不能满足客户的需求，被客户骂、被老板骂几乎成了产品团队的常态，我们产品不好但客服态度好的事迹也被编成很多段子。但 2000 年开始，质量控制成为华为核心战略，2005 年左右，华为高层去全世界调研质量管理达到高潮，大家系统学习《质量免费》的理论，高层提出了'高质量是节约成本最好的方式'。在这个旗帜引领下，加上华为奖惩分明的文化，品质被列为一号工程！"

从他口中我们也了解到华为历史上很多关于质量的笑话：曾经在做手机之前，一个无线产品的质量缺陷一直没有找到答案，面对领导的压力，最后被研发团队辩解为"受太阳黑子影响"。这个让人啼笑皆非的回答被批判了好几年。访谈到这个案例的时候，在场的人都哄堂大笑，因为非常有画面感，那个可怜的研发人员似乎在颤抖地辩解，内心承受巨大压力，但不幸的是他并没有像哥白尼一样传颂真理，却被钉到了质量管控的耻辱柱上。

今天的华为手机站在华为 20 多年的失败教训和品质进化的肩膀上，已然形成了完整的方法论（表 33-2）。

首先，华为的品质理念非常清晰，简单犀利。第一是"质量来自投入"，要求研发团队不绕路、不取巧，这里举一个多少有点夸张的例子：华为"胶水"性能的研发实验室就有接近 20 人。第二是"质量只能长期积累"，在华为内部，质量控制细化到年度 KPI，大概每年至少需要提高 20%，不做运动式质量管理。第三是"质量沉淀于标准和流程"，华为北研所的终端自动化测试实验室中央控制大屏幕检测系统几乎对所有型号手机的检测和出厂流程进行了全方位监控，仅生产环节就有 2000 多个测试标准项。第四是"质量核心驱动力是一种意识和文化"，强调长期对研发人员的训练和教育。这几点感触用马兵的话来说，就是"质量是投出来的，是血泪教训换回的经验"。他说他不怕竞争，因为对手都太聪明了，没有几个老板像华为领导这样舍得"傻傻地"为提高品质花钱。

任正非对华为质量控制有很多论述，其中非常具体地谈及了和品牌的关系，大逻辑是：品质传导出的口碑就是品牌。华为从上到下对此有高度共识。访谈中，一位研发人员对笔者展示手机耳机插口的时候，同时举着三星、苹果

表 33-2 华为品质进化方法论

| 方法论 | 步骤 1 | 步骤 2 | 步骤 3 | 步骤 4 |
|---|---|---|---|---|
| 阶段 1：价值观念 | **投入为王**<br>质量来自投入！这是华为手机最根本的一个质量观念。华为认为没有重度投入不可能有质量提升 | **积累沉淀**<br>质量只能长期积累。从 2002 年开展运营上定制业务起，华为手机的质量管控体系经过了十几年实践不断沉淀和再造。华为不做运动式质量管理 | **确定流程**<br>质量沉淀于标准和流程，华为手机在质量控制方面形成了 600 多篇标准文档，覆盖设计、开发、制造全过程，仅生产环节就有 2000 多个测试标准项 | **文化沟通**<br>质量核心驱动力是一种意识和文化，意识和文化是通过长时间的培训和要求潜移默化的。对全员长时间的培训和要求潜移默化成的深刻影响 |
| 阶段 2：学习方法 | **德国精工制造**<br>德国对技术性能、参数和制造流程的精细化要求很高，制造工艺必须达到最高水准 | **日本零缺陷**<br>日本要求批次货物零缺陷，单一产品检测出的个别缺陷往往导致整批产品无法交付，要求很高 | **欧洲适用性**<br>欧洲多国有自己的相关标准，需要产品具有极强的通讯性和适应性，并且具备多条件应用的创新 | **美国免维护**<br>美国客户一般采用免维护的方式，对产品质量和稳定性提出更高要求，需要确保质量可靠性 |
| 阶段 3：实践落地 | **工艺示例**<br>华为手机及背靠的大平台拥有接近 1 万个实验室，对充电线材质的检测可以精确到元素级，还有专门的胶水实验室检测所有黏合材料 | **生产工艺示例**<br>华为手机松山湖自动化生产基地聘请日本松下前社长等 20 多名日本专家和德国专家，根据世界最顶尖的生产工艺标准完善工艺 | **创标准示例**<br>为达到 Android 的操作系统 18 个月不卡顿目标，华为手机 40 多名世界最顶尖安卓专家（全球也就 100 名左右）引领 1500 人软件团队用 20 个月完成整体安卓底层优化 | **伙伴合作示例**<br>华为与徕卡、索尼等顶级全球供应商，对最前沿的拍照等技术进行深度合作，华为手机承担技术先行的应用责任，提前 2 年交流技术方案 |
| 阶段 4：创新应用 | **"黑科技小组"竞争**<br>华为手机研发部门拥有 130 多个"黑科技小组"，这些小组独立负责某项黑科技的研发和优化。黑科技小组的技术由产品经理选择，面临激烈应用竞争 | **KPI 管理**<br>每年"黑科技小组"需要提出至少 20% 以上的性能优化 KPI，并且不断基于产品使用反馈进行迭代，达不到 KPI 管理标准的小组可能被淘汰 | **产品经理筛选**<br>以 Mate、P 和 Nova 三个系列为主的旗舰总体产品经理需要根据总体产品升级创新需求对标准对"黑科技小组"最新成果进行取舍 | **用户满意度反馈**<br>华为 VOC（voice of customer，用户反馈）系统投资 500 多万美元建立用户调研平台，抓取各大社交媒体、电商、科技论坛、花粉俱乐部等反馈对"黑科技小组"工作进行修正 |

和华为三款手机说："华为耳机插孔四周的注塑圈厚度为 0.15 毫米，三星 S7 是 0.25 毫米，苹果 iPhone 6 是 0.1 毫米，我们最新工艺可以超越苹果。虽然这个细微的差别几乎所有用户都感觉不到，但是华为工艺讲究这个。"

华为品质管理的经验还来自于对世界制造业强国的学习和改进。在松山湖的华为手机自动化生产线里，日本松下一位前社长带领 20 多名日本专家和德国专家，一直在改进制造工艺和产品质量，由于工艺的改善，员工数量也由之前的 60 多人减少到 20 多人。

"华为向日本学习零缺陷管理——日本人真是苛刻到单品出现瑕疵，整个批次的货物给你打回来；向德国学习精工制造和参数管理；向欧洲学习标准认证，一个批次产品要通用多个欧洲国家检验标准；向美国学习的最大经验是免维护，美国人工成本太高，一旦给美国人，这个产品和你没关系了，不允许你进机房。"马兵概括了华为品质进化基因的源头，在他看来华为的品质管控经验博采众家之长。

从"黑科技矩阵"到"品质进化方法论"，华为的研发思维和品质思维实际上是产品的左右手，既有高强度的竞争筛选，也有苛刻的应用性淘汰，以保证最终呈现的是真正的"科技"，其次才是"黑科技"的炫酷。

## "天使级智能"畅想

第三个问题是对于华为创新能力的质疑，实际上这个问题在二十几年的创业历程中一直伴随着华为。

技术的"拿来主义"在中国的创新语境中被认为是"无能"的表现，很多媒体把"创新懒惰"的标签贴给华为，曾经有一位外媒主编质疑华为公司的新总部和苹果存在巨大差距，完全模仿欧洲建筑，由此批评华为人只是一个勤奋的奋斗机器。

访谈中，我们带着这个疑问和华为手机人工智能研发部门进行了深入的交流，试图探寻华为在全球最前沿的 AI 技术上的真实水准和能力，没想到背后有一个很长的故事。

华为人工智能的起步，需要追溯到 2011 年 10 月任正非和德国电信 CTO 关于 ICT 未来的讨论，二人探讨了一个找戒指的故事：一个人和太太在船上玩，太太的戒指掉进了水里，如何找到？戒指代表有价值信息，水是海量信息，水同时也在时间轴上快速流淌。为防止冲走，需要准确且快速，找戒指不是挖金矿，容不得精工细作。所以任正非总结出三条标准，并分享这个故事给当时负责大数据的 Felix 等研发人员：第一要处理大数据量，第二要快，第三要准。

对技术趋势的诸多设想，加上受到《2012》这部讲述世界毁灭的电影的启发，任正非认为数据洪水一定会到来，并且信息洪峰一定会带来大数据和智能革命，在洪水到来之前，华为需要构建面向未来的诺亚方舟，于是才有了 2012 诺亚方舟实验室，该实验也奠定了华为人工智能研究的基础。到了 2016 年 6 月，这个团队已经有数百人规模，他们将人工智能 AI 作为华为未来的战略性机会，并将人工智能升级为"人机智能"的全新战略。

"谷歌的口号是从 Mobile First（移动第一）到 AI First（人工智能第一），明确认为这是一次再洗牌的机会，认为有可能颠覆移动终端的格局。华为手机的愿景是 From smart phone to intelligence phone（从智能手机到人工智能手机），这可能是我们一次重要的跨代技术突破，成功了就会与中国本土竞争对手拉开明显差距。"作为现在华为手机 AI 的主要负责人，Felix 对此踌躇满志。他认为对于 AI 来讲，感知并理解用户是本质，前期并不一定能够找到刚需，要按照游戏的思维来做。

Felix 经常和华为负责芯片和硬件战略的 Fellow 级专家[①]一起探讨和憧憬人工智能的未来，谈到了很多区别于外界观点的前沿设想和生动描述，如表 33-3 所示。

---

① 指获得华为 Fellow（院士）称号的技术人员。

表33-3　人机智能进化阶梯

| 主体 | 智能类别 | 进化阶段I | 进化阶段II | 进化阶段III | 进化阶段IV |
| --- | --- | --- | --- | --- | --- |
| 手机 | 终端智能 | **宠物级智能**<br>示例：语音助手<br>阶段特征：是跟随和响应型的智能，务为成主人特性，在某些领域可延展用户特定的智能态，通过户体深度理解语义和上下文形成有效的管理指令。在这个阶段，手机成有效的管理水平跟宠物的差不多，比如双摄对视觉的增强，降噪技术对听觉的增强，生物的智能和安全等 | **伙伴级智能**<br>示例：AI手机解决方案<br>阶段特征：智能手机具备一定的主体性智能态，在某些领域可与人类平等对话，能力提供伙伴级智能辅助决策，包括基于用户理解和推动主动的服务和信息的选择。在这个阶段，手机要有足够的传感器感知并理解人和世界，比如智能手机语音助手产生购决策 | **教练级智能**<br>示例：AlphaGo/智能秘书<br>阶段特征：智能手机拥有数据规模上，在某些领域感知和认知能力的基础上，具备这些领域超越人类的推理和决策能力，通过云端可持续学化和增强能力，推动全面数字化社会，具备超高效完成特定任务的能力，符合教练智能化的主要有两种状态，可以根据像AlphaGo这样智能化的某种行程；一种是高于人类某种能力的决策能力 | **天使级智能**<br>示例：电影《her》中的助手<br>阶段特征：AI无处不在，潜移默化融入人手机所有需要的功能特性中，可以持续学习成长，智能手机的智能水平与人类具备同比，人类获得这样的备独立性及依赖性，人类并没有智能立体社会，人类与这种高级智能形态产品，但是科幻电影《her》一直是工程师们推崇的一种高级智能形态 |
| | 云端智能 | **指令中心**<br>示例：云服务<br>阶段特征：中央智能体现为云端信息承载及云端对终端算力需求的反馈，形成高效率协同计算，协助云端优化算法，同时保护终端智能隐私和个人信息 | **交互中心**<br>示例：手机云解决方案<br>阶段特征：中央智能体现为云端对双主体性识别，形成人类主体和机器主体信息融合，响应人与机器协同决策 | **决策中心**<br>示例：超级智能中心<br>阶段特征：中央智能自动响应智能手机的应用需求，平台服务于智能手机个体，与人类差异化提供计算资源支持 | **驱动中心**<br>示例：电影《her》中的云智能<br>阶段特征：中央智能的云化智能终端成终极驱动力，对智能手机和终端形成一定程度的管理式掌控 |
| | 智能资产 | **算法**<br>示例：语音助手应用<br>阶段特征：手机智能帮助中央智能逐步形成对分布式算法，推动云端应用数据集成 | **数据云应用**<br>示例：云生态<br>阶段特征：手机逐步将人类能力云化并帮助中央智能形成的分布式响应，推动云端应用数据集成 | **智能共生传感器**<br>示例：无<br>阶段特征：手机的教练级智能人格属性，智能与人一起生活，共同理解世界 | **智能共生协议**<br>示例：无<br>阶段特征：手机与人类形成新的协议关系，通过终端和中央智能形成新协议界定主体归属和相关类别 |
| 人类 | 个体智力 | **功能延伸**<br>示例：可穿戴设备<br>阶段特征：人类生理能力在手机互动训练中进行增强，促进人类自身处理能力进化，人类协同创造全新信息，智力和认知方式在训练中形成提升 | **主体延伸**<br>示例：无<br>阶段特征：人类辅助工具增强，通过特移部分人类功能主体性，获得信息处理能力进化，人类协同创造全新信息时代全新的主体延伸 | **智能延伸**<br>示例：无<br>阶段特征：手机主体的独特属性，智能与人一起生活，与人类一起理解世界 | **文明延伸**<br>示例：无<br>阶段特征：人类文明进入双主体的文明阶段，可能形成崭新UI，驱动人类构建全新文明伦理和定人类接受协议委托管理手机和中央智能 |

Felix 首先认为智能时代是"人"和"机器"双主体,并且是平行进化的,由此对未来的定义是"人机智能时代",这个判断有别于外界对人工智能的夸大和恐惧。"人机智能"的进化分为以下四个阶段。

**宠物级智能**:跟随和响应型的智能。智能手机以完成用户特定任务为主,开放性逐步提高,延展用户对设备的使用效率和体验,通过深度理解语义和上下文形成有效智能指令。在这个阶段,手机智能水平跟宠物差不多,延展某些生理功能,比如双摄对视觉的增强、降噪技术对听觉的增强、生物识别的智能和安全等。

**伙伴级智能**:智能手机具备一定的主体性智能形态,在某些领域可与人类平等对话,主动以辅助类能力提供方式进行伙伴级提醒和辅助决策,包括基于用户理解的服务和信息的主动推送和策略化的选择。在这个阶段,手机要能有足够的传感器感知并理解人和世界,比如智能产生语音助手的语音提醒和采购决策。

**教练级智能**:智能手机拥有教练特质,在端侧感知和认知能力的基础上,具备某些领域超越人类的推理和决策能力,通过云端可持续的泛化和增强能力,推动全面数字化社会,具备主动高效完成特定任务的能力。符合教练特征的主要有两种形态,一种是更加智能化的智能秘书,可以根据外界反馈安排行程;一种是像 AlphaGo 这样,具有高于人类某种能力的决策参谋能力。

**天使级智能**:AI 无所不在,潜移默化融入手机所有需要的功能特性中,可以持续学习成长。智能手机的智力水平与人类具备智力可比性,具备独立性及依附性,人类获得神性智能支持。目前人类并没有这样的产品,但是科幻电影《her》呈现的一直是工程师们推崇的一种高级智能形态。

一位受访的高级专家 Abner 描述说:"天使级智能是整个世界的回响,像天使陪伴一样。世界随时在等待响应、服务人、满足人。"

"有一本书叫《奇点时刻》,里面的描述我非常认可。目前的机器智能水平达到人的智能需要 10 的 18 次方每秒的运算能力,现在世界上最大的超级计算机也没有做到这个水平。但全球超算目标是 2020 年到 2021 年整个数据中心达到这个水平。"Abner 认为超级计算机已经非常接近人脑的计算水平了。

他大胆推算:"一个人脑的体积与超级计算机有 100 万倍差距,超级计算机 2000 万瓦功耗对比人的大脑 20 瓦能耗(葡萄糖耗能),差距也是 100 万倍,100 万倍即 10 的 6 次方,一切顺利的话 30 年可以搞定超级计算机到大脑智能、体积、能耗水平的进化。但是大脑有大约 1 升的体积,手机体积大约 0.1 升,智能从大脑的体积进化到手机的体积还需要再加上 5 到 10 年,也就是说,人类造出和大脑智能水平相当的手机智慧体至少还需要 35 到 40 年的时间,但是那时的数据中心的计算能力会是人脑的 1 千万到 1 亿倍,手机或者新脑机接口终端会像天使一样陪伴人,因为背后有更强大的网络支持。"

Abner 试图用这样科幻式的推理为华为的研发和技术正名——"理想主义"(突破核心技术)、"实用主义"(围绕用户需求和痛点研发)和"拿来主义"(广泛借鉴和合作)结合起来才是真实的华为。他认为:"无论是网络还是手机上,华为都是实实在在地将 4G、双摄拍照等新技术最先应用于实际产品的。华为也许不算是个技术概念的创新者,但华为一定算是个技术产品的创新者。手机的成功本身就验证了华为文化的想象力。"

回顾起来,从 2003 年为运营商提供简单终端产品开始,华为手机从不足 100 人经历了 15 年发展到今天,经历了几波人的奋斗和积累,几次因为"看不到希望"险些被卖掉,直到最近几年的爆发式增长。从 2011 年底历史性的"三亚会议"提出面向高端、面向开放市场、面向消费者的三个核心战略开始,华为手机在华为集团的"主航道"上航行仅仅 6 年。

但工程师文化和整个团队一直在用"一次次对技术趋势的豪赌""一次次向对手谦卑地学习""一次次阵地战中煎熬和拉锯",低调地超越自己。

聊到这里,华为手机的故事似乎没有我们预判得传奇,光荣浸透着苦难,像水滴对岩石的侵蚀,但从残酷竞争到放飞梦想,中国制造的技术崛起,已然开始。

# 第 34 章

## 中国平安的"大象鼻子"

## 战略思维分析

中国平安是构建战略的"复杂性系统"和"生态型系统"的典范，并且拥有极强的战略捕捉能力。这家公司拥有超过 10 万亿的资产，其保险业务的特质注定了公司需要具备极强的趋势性判断能力，以及更强的战略变革能力。2018 年 10 月，从中国平安的深度研究中，我们发现这家公司不仅具有欧美咨询公司帮助打造的"复杂性系统"专业管理体系，也有着基于中国国情和发展脉搏的"生态型系统"全方位战略能力。

前者体现于公司管理多个业务的复杂性和专业性，应该说"专业"一直是中国平安各个业务给外界最为突出的印象，包括保险、银行、投资、医疗等多块业务的中国平安很像一个超大型的象群，复杂性可想而知，但专业几乎一以贯之地在各个业务中体现，也让每一个业务都具有很强的竞争力；后者主要体现在"生态型系统"的战略构建上，中国平安"生态赋能金融"的理念非常清晰，并且在行业里具有很强的引领性，虽然外界环境发生了各式各样的变化，包括房地产等主要投资业务都出现了一定的风险，但中国平安总体上还是非常稳健的，这也体现了其构建的生态系统的稳健性。

中国平安也一直是资本市场的宠儿，虽然到了 2021 年公司受宏观因素影响出现了一定程度的股价波动，但资本市场对其的关注依然不减。**这篇文章分析了中国平安在其发展进程中把握的几次重大的历史性机会，包括：**"当老百姓需要财产保护的时候，平安人骑着自行车开始'送保障'；当老百姓的财富增长和个人价值需要被尊重的时候，人寿险随之'送健康'；当科技创新成为核心驱动力的时候，平安没有盲目追求规模霸权，而是为了获得战略制高点而专注科技创新，'送科技'。而面对未来 10 年甚至更长时间，平安在此基础上延续了对科技的信念，围绕用户场景做生态式创新探索，'送智能'。我们不得不承认：平安这头大象，用粗壮的象腿踏准了每一个时代节奏，用灵敏的象鼻不断找到新的水源。"而当我们进一步分析平安的战略布局后，发现公司始终保持着阶段性的灵活的战略重点调整，并且组织随之进化，这对于超级巨头来说难能可贵，也值得企业家们广泛借鉴和参考。

当然，在宏观经济发生波动的时候，险资[①]特有的投资属性有可能使其出现一定的业绩摇摆、投资风险挑战。不过，基于专业化趋势洞察和专业管理的维度，研究中国平安还是具有抗周期的参考借鉴意义的。

# 《中国平安的"大象鼻子"》全文

**在整个亚洲甚至世界的金融猎头眼中，中国平安是一块大肥肉。**

"肥"的原因很直接，就是这家公司持续保持着旺盛的高端人才需求，特别是对外籍人才的需求在增加。目前平安前 100 位高管中国际化人才占比超 60%，他们来自美国、加拿大、新加坡和韩国等的顶尖企业，平均工作经验超过 20 年。"一般内地金融公司的组织架构还不够专业化，外籍空降兵难以生存，中国平安是例外。"香港资深金融猎头卢长生（化名）先生对周掌柜战略咨询团队表示。

---

① 一般指保险资金。

2018 年国庆节前的最后一个工作日，消息传来，中国平安负责保险和健康业务的高管李源祥获得了中国政府颁给外国专家的最高奖项"政府友谊奖"，这不仅颁给了金融行业很稀少的荣誉，也是奖项历史上第四次奖励金融人才，前三次分别是前平安集团总精算师斯蒂芬·迈尔、前平安银行行长理查德·杰克逊、现陆金所联席董事长兼 CEO 计葵生。此次获奖的李源祥是平安保险集团副首席执行官兼首席保险业务执行官，在平安寿险的管理架构和人才培养方面功勋卓著，据说对中国医疗体制改革也有贡献。卢先生做了充分资料整理后分享给同事说："平安喜欢找外籍专家，你们要盯紧了平安。"

**而从内部视角看，平安自身的品牌部门在宣扬业务人才上则有些"保守"，他们更关注 170 万员工的集体主义认同感，也就是所谓的"共情意识"。**

年初，平安准备为纪念创业 30 年写一首主题歌，找到了著名歌手李健，李健的朴实、率真、有才华让大家一致认为他是创作者最佳人选。品牌负责人认为："平安员工简单朴实，一定不能创作浮夸空洞的歌遭人骂。"最终，李健接受了这个挑战，一曲《懂得》唱得很多老员工感动落泪，他们认为：这首歌没有一句歌功颂德，只有农民、快递员、乡村老师、快餐摊主和职场小白，代言了平安，也代言了自己。

以上是中国平安人才管理和员工管理的两个侧面，由此周掌柜战略咨询团队走进这家市值超万亿的金融巨头。**此刻，中国民营企业在进退间徘徊，中美贸易战带给社会很多焦虑和犹豫，国企混合所有制改革也在路上探索，我们认为平安的历程不仅对于平安人，对于很多企业家来说，也有可以汲取的精华和营养。平安如何与改革开放一路同行？人才组织架构如何专业化和全球化？平安竞争力的本质是什么？这些都是我们访谈中对平安管理层的质朴追问。**

## 发展逻辑：生于改革，盛于人才

理解平安，或许需要一个跨越百年的铺垫。

1872 年是一个重要时间点，面对大清的日渐衰落，后来心灰意冷感言"一代人做一代事儿"的李鸿章那时还充满希望。他给清政府上奏折建议"洋务运动"创办轮船招商局，它就是后来创立平安的中国招商局的前身。彼时，中国船运业无立锥之地。

而轮船招商局从创立之日起，便遭到列强围堵。他们对付招商局的武器就是"保险"，一条价值 10 万两白银的轮船，一年需缴纳 1 万两白银的保险费用。外国资本先是建立了游戏规则，再用这种垄断式天价保险压制招商局的货运权。但是，被迫交足"保护费"的招商局轮船"福星号"在 1875 年沉没之后，面对几万两白银的损失，英国保险公司求得使馆的庇护仅仅支付 3600 两白银的赔偿金，这让招商局的进步官僚感到无限屈辱。当年年底，他们推动创立股份制的保险招商局，中国民族保险于屈辱中诞生。

时间拉回 110 年后的 1985 年，时任蛇口工业区劳动人事处小组长的马明哲还是一个毛头小伙儿。那个时候，他正在为管理蛇口外资企业的社保公司发愁，平安历史资料显示：马明哲创立平安之前，茫然奋斗而无明确方向。直到 1986 年轮船招商局成立 100 年华诞的座谈会上，马明哲得到了讲述自己想法的机会，他结合上述招商局办保险的历史，讲述了大清朝的昏庸腐败和如何受制于人，力求组织支持他的业务新设想。之后，他又想尽办法找到招商局负责人袁庚当面陈情。据说，袁庚听清楚了马明哲的意图和决心后，把手重重地拍在桌子上说："我支持你们！"这次重要的决断直接推动了平安的创建。

**简单概括起来，中国平安源自民族苦难，因改革而生，背负百年屈辱。**

周掌柜战略咨询团队合伙人宋欣在研究平安史料的过程中，对于这家拥有如此曲折坎坷出身的金融巨头非常感慨："我不仅仅感慨于平安的历史，也同样感慨于它推动公司治理不断进化的现代企业精神，而且，平安的业务琐碎，与风险相伴，与老百姓迫切的需求相连。这家公司像是在泥坑里打桩构建的混凝土城堡。"

与大部分人对平安的仰慕视角不同，宋欣将平安看作一家业务、公司治理和组织人才平行进化的服务型公司，**其背后的成长动力是"闻着客户气味"的"象鼻进化法则"**，她把平安的艰辛发展历程分成四个阶段进行了梳理，希望从平安身上找到"可以借鉴的成功轨迹"。

**宋欣将中国平安创立以来的每 10 年作为一个研究区间。**

**第一个阶段是从 1988 年平安创立到 1998 年的"全保险"风险管控时期，公司治理维度的提法叫"探索现代保险，搭建制度平台"。**从业务上看，在这个阶段客户有两个需求变化：跨省服务和保护个人财富。平安起家于财产险，最初的平安无法实现全国理赔，不得已打破常规全国开办分公司，也就是所谓的"跨省服务"。而全国布局之后，在这个时期平安更重要的一个战略突破就是从财产险到个人寿险的战略升级。1993 年马明哲对台湾的保险行业有过一次细致的考察，通过对标台湾国泰人寿和富邦财产险的业内实践，他发现专营个人寿险的企业拥有更好的长期发展动能，于是在麦肯锡等咨询公司的帮助下迅速完成了基于个人寿险和其他新型保险形态的新型战略体制构建。业务发展之外，这一时期平安敢为天下先的几个公司治理层面的举措应该说一举奠定了未来 30 年发展的制度基础，现在回忆起来依然都是可圈可点的大手笔，比如，1992 年，平安获得全国性保险牌照，走向全国，并战略性引入了新股东平安综合服务（平安职工合股基金）并持股 10%，这个举措奠定了平安"姓社会"的多元股份结构雏形。这个 10 年，平安引入国际顶尖咨询公司、审计公司、人力资源咨询公司，对专业管理和制度平台投入巨资。也正是这种对公司治理的锐意改革和大手笔投入让平安牢牢抓住了第一个 10 年的时代红利。

**第二个阶段是从 1998 年到 2008 年的"全金融"价值管控时期，公司治理维度的提法叫"专注全金融运营，探索创新制度保障"。**这个时期的客户思维潜移默化地有了很大转变，一方面，客户要求保险创造投资收益，其他行业竞争对手比照国外模式也为保险增加了投资属性；另一方面，客户对全金融的立体需求凸显，希望获得一站式的服务。平安行动非常迅速，在这个阶段大胆并购：2003 年收购福建亚洲银行，2006 年收购深圳市商业银行，获得银行牌照，在人寿险基础上扩展价值投资能力，夯实主业竞争力，平安逐渐进入混业经营时期，极大降低了资金成本，为保险客户提供价值增值。此时，马明哲力主建立的业务"大平台"初见规模。平安先后于 2004 年在香港上市，于 2007 年在 A 股上市。2006 年 1 月 9 日平安收盘价格 16.25 港币，市值突破 1000 亿港币，这些成绩都是在这个时期获得的。这个 10 年最可圈可点的是平安对"10 年战略规划"的重视，从 1998 年开始聘请麦肯锡做 10 年抱负和远景规划到 2018 年，与麦肯锡合作已经有 30 个年头，这 30 年平安以麦肯锡为杠杆向全球前沿金融专家学习，成绩卓越。据说 2017 年马明哲受邀在麦肯锡年会演讲的时候，曾经有一位合伙人评价：麦肯锡似乎没有太多新东西可以教平安了，这个虔诚的学生在很多领域在世界金融行业位居前列。这个时期，平安同样持续不断地推动寿险流程改革、投资体系改革和人力资源体系再造等，这些都为今天的人才专业化和全球化奠定了坚实的平台和基础。

　　**第三个阶段是从 2008 年到 2018 年的"全科技"提高生产力时期，公司治理维度的提法叫"强化公众公司，构建创新平台"。**这个时期的中国经济在加入 WTO 之后进入快车道，互联网等行业创新已经创造了 BAT 等行业巨头，"互联网＋"已经深刻改变了很多行业。金融客户在认知上发生了两个重大变化：一是技术驱动的公司值得信赖；二是创新的核心是技术升级。这个时期平安急需在第二个阶段的并购基础上更上一层楼，于是 2009 年启动深发展并购，使银行规模超出集团业务一半，从客观上来靠并购提高规模的阶段完成，全金融布局之后对科技生产力提升提出了深刻的需求。马明哲在这个时期的讲话多次强调"技术驱动"，他亲自推动公司依靠客户需求场景建立创新矩阵，筛选和孵化人脸识别、AI 等金融应用技术提升自身和客户竞争力。其中，有着金融背景的平安孵化的人脸识别技术成果突出，技术准确率在国际权威人脸识别数据库 LFW 公布的结果中居世界第一，在海关、机场、金融、社保等 200 多个场景成功运用，累计调用量超 10 亿人次。平安也在这个时期提出了"专业让生活更简单"的新口号，将引进高科技人才特别是互联网创新人才作为人力资源重点。

　　**第四个阶段是 2018 年以后的"全生态"赋能民生时期，公司治理维度的提法叫"智能平台服务大金融，社会化平台赋能民生"。**这个时期客户端发生了两个可预见的新情况：一是贫富差异让经济消费升级和消费降级并存，二是智能社会各行业生产关系升级。平安高层和战略部门深刻意识到：在新的人工智能时代，只有通过大面积应用人工智能技术，才能驱动业务高效支撑用户全场景需求，让公司于无形中支持社会进化。这个时期提出的"助智扶贫"理念应该说非常具备前瞻性，平安内部形象地将其类比为服务土壤。公司投入百亿级别扶贫资金，并且将人工智能等成熟技术应用到客户的生产创新，帮助提升管理能力，形成对客户乃至社会的全生态赋能。关于未来的业务判断，战略部一位负责人认为：平安必须用全息视角从老百姓的视野推动业务动态变革，也就是构建全息的以用户为中心的服务生态。

　　研究平安的进化和演进，大体分为上面的四个时期。我们可以很清晰地感受到平安围绕市场和用户需求发生的敏捷变革，以及通过公司治理和人才梯队建设不断夯实成绩。当老百姓需要财产保护的时候，平安人骑着自行车开始"送保障"；当老百姓的财富增长和个人价值需要被尊重的时候，人寿险随之"送健康"；当科技创新成为核心驱动力的时候，平安没有盲目追求规模霸权，而是为了获得战略制高点而专注科技创新，"送科技"。而面对未来 10 年甚至更长时间，平安在此基础上延续了对科技的信念，围绕用户场景做生态式创新探索，"送智能"。我们不得不承认：平安这头大象，用粗壮的象腿踏准了每一个时代节奏，用灵敏的象鼻不断找到新的水源。

　　从组织角度来说，平安"视人才为公司的生命线"，对人的投资毫不手软。用马明哲的话说："战略是方向，文化是灵魂，人才是保证。"对于人才培养，大手笔不断，"每年培训费用相当于薪酬总额的 5% 到 8%，业界最高。2015 年之前，仅其投资培训学院就耗资超 10 亿元"。一位培训部门负责人透露：大投资的背后是高强度竞争的淘汰机制，每年平安会在分层级的职位序列中找到前15% 到 10% 的潜力人才，给这部分高潜力人才得到晋升、获得更好资源的机会，而每年面临主动淘汰的员工达 5% 到 10%。

平安集团董事会秘书盛瑞生接受周掌柜战略咨询团队访谈时表示："纵观平安发展史，老百姓的需求是平安大树的根，业务创新像叶子一样，而人才主导着整个光合作用，光合作用确保公司大而不僵。"他认为：平安的成长秘密是业务和人才的平行进化。

## 战略逻辑：双矩阵驱动，为客户赋能

在马明哲眼里：平安不需要媒体闪光灯下的光鲜。

在决定走综合金融道路时，马明哲用"别无选择"四个字定义战略，平安的高管们也习惯性地将"别无选择"传递给他们的下属，这是一家危机感极强的公司。乍听起来似乎毫无英雄挥斥方遒的力量感，但在马明哲看来，平安持续进化的动力来自于对外部环境的深刻认知，需要"主动变革"，平安的战略就是在"别无选择"中大胆选择。

访谈中，负责银行业务的一位资深高管总结了平安的三个根本性发展动力。第一个是文化危机感。大家一直认为从马明哲开始，平安所有高层始终保持危机感，即使在很赚钱很稳健的时候，几乎每个人每一个时刻都担心公司的生死存亡。第二个是企业家精神驱动。这也是马明哲经常讲的"成就感"，一种超越了纯物质的精神需求。平安的管理层都知道，马明哲曾经有机会进入政府担任深圳副市长，但他却婉拒邀请，认为自己的能力有边界。他私下认为自己的边界就是商业服务。第三个是创新"强迫症"。很多人曾经对公司不断冒险非常不理解，"平安曾经把业内 3 天完成的车辆出险服务提升到十几分钟，又自己逼迫自己将十几分钟提升到五分钟，偏远地方十分钟到场"，最后创新技术部门提出了"无须到场理赔"，很多业务部门和员工都是被这个组织的创新"强迫症"逼迫着挑战极限。

**正因如此，平安"强迫症"驱动着拥有 80 多家子公司的平安形成了一个**

系统的战略布局。如图 34-1 所示,平安的战略布局关注"效率"和"土壤"。

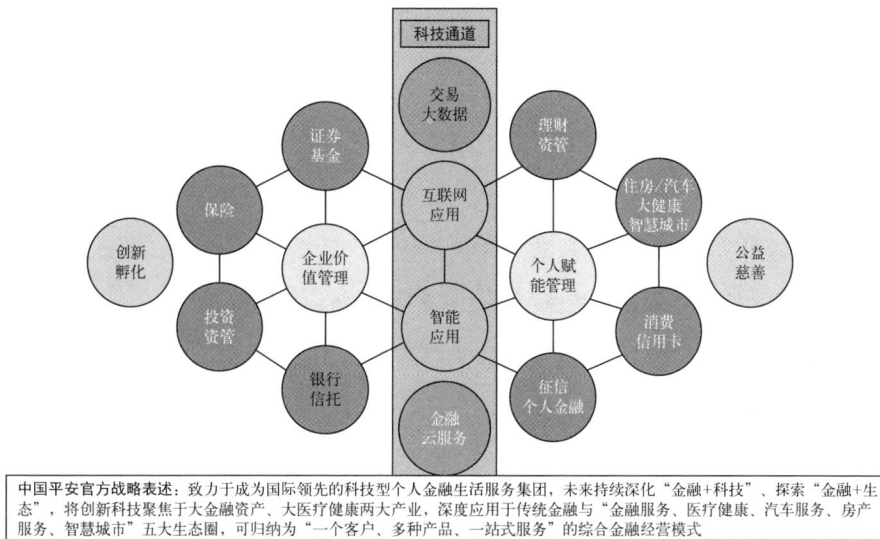

中国平安官方战略表述:致力于成为国际领先的科技型个人金融生活服务集团,未来持续深化"金融+科技"、探索"金融+生态",将创新科技聚焦于大金融资产、大医疗健康两大产业,深度应用于传统金融与"金融服务、医疗健康、汽车服务、房产服务、智慧城市"五大生态圈,可归纳为"一个客户、多种产品、一站式服务"的综合金融经营模式

图 34-1 平安"双矩阵驱动"模型

第一点,中国平安目前核心的战略枢纽是"科技通道",公司对底层的金融云服务有诸多大手笔投资,对智能应用和互联网应用的重视程度超出同行,而把交易大数据与智能的结合看成公司未来的真正"战略制高点",多少有一点金融"亚马逊"的味道。曾经有很多业内研究专家将平安的科技战略类比为"独角兽乐园",在科技部 2017 年公布的 20 位独角兽名单中,中国平安就占据了 4 席。平安好医生(1833.HK)是直接孵化上市并获得 654 倍超额认购的典型代表;而平安医保科技和金融壹账通于 2018 年初分别完成规模为 11.5 亿美元和 6.5 亿美元的首次融资,迅速成了新的独角兽。

第二点,平安战略的两翼专注于长期社会价值创造,包括"企业价值管理"矩阵的"创新孵化"和"个人赋能管理"矩阵的"公益慈善"。这两点从业务的角度来说似乎分别在企业和个人业务之外,但从平安的战略部门来看,对科技创新的孵化不仅可以帮助企业做价值管理,还可以让平安的保险、证券基金、投资资管、银行信托等业务最先应用高科技提高效率和运营质量，也是企业价值管理矩阵长期真正的价值翅膀；而面对中国社会的贫富差距拉大、商业社会分化，平安作为社会支柱的金融公司，在"理财资管""住房／汽车／大健康／智慧城市""消费信用卡"和"征信个人金融"之外，也将"公益和慈善"作为公司战略组成部分，这是对个人赋能管理长期健康发展的平衡。马明哲在2017年平安年报的发布会上明确提出"平安除利用科技提升自身的金融业务的竞争优势以外，逐步开始让这些领先的科技走向社会、提供服务，形成新的利润来源"，这是对"两翼"战略的一个很好的诠释。

**第三点，平安战略矩阵的构建思想并不以利润获取为核心关注点，而是以新鲜血液融合、保持机体活力为最终目标。**就像前文提到的"光合作用"的辩证法则，平安的战略思想似乎是在平凡的管理中更在意赋能和助力成功这样的核心思想。这背后体现了一种新型的竞合关系，比如平安一方面自己投入500多亿做AI、区块链、云计算和大数据等研发，另一方面吸引阿里巴巴、eBay、甲骨文等公司与平安科技合作，构建内部创新和外部创新双向的竞合机制。

我们之所以将平安的这个战略模型叫作双矩阵驱动，是因为这家公司具备明显的B2B和B2C融合的战略特点，这和西方的传统保险巨头有明显的不同。包括美国国际保险集团和德国安联保险在内的超大型巨头，战略方向指向往往是单矩阵的"价值保障"，简单说就是通过金融的底层垄断性构建"平行赋能"个人和企业的保障体系，中国平安则在"平行赋能"之外增加了"平行驱动"战略。这里说一个细节：平安旗下平安好医生、陆金所等几十个互联网和AI创新指向的都是对用户端"生产力提升"的支持和驱动。

可见，平安的战略思想体系非常关注系统的生命力和活力，把金融的使命感和普惠性当成长期生存空间的保障，让科技的领先性成为眼前竞争力的支柱，通过灵活应变的组织牵引价值创造，以创新创业矩阵的赛马机制筛选新的增长点。这一系列独特的思想和执行力，让1988年13个人开始创业、制作财产险的平安在20年后的2008年进入《财富》世界500强，并且在2018年在世界 500 强的排名从 2008 年的 293 位上升到 29 位。平安还蝉联中国非国有企业第一名，这不得不说是值得称道的成就。

平安的 30 年历程，虽然还没到值得歌功颂德、写入教科书的地步，但确实是值得深度研究的战略创新活化石。外界经常拿它与同在深圳的华为公司进行对比，列举了很多相似之处。第一点是对于公司治理的重视，华为的任正非只有 1.4% 的公司股份，公司由 9 万名公司奋斗者持有，任正非作为公司股东没有追求控股权和财富最大化，这和马明哲在平安创立之初，就将员工合股基金分配给了近 2 万员工异曲同工（马明哲本人在合股基金里仅持有极少的股权）。任正非一直将人力资源的发展看成保证组织持续竞争力的重要保障，马明哲在公司创立的 30 年时间里不断通过公司治理架构的创新为平安这艘大船"加注燃料"和"上保险"。第二点是关于人才特质，任正非在华为最艰难的时候花大价钱聘请美国的 IBM、Mercer 等顶级咨询公司构建了华为的管理体系，让今天的很多华为人具有咨询公司级别的咨询和管理能力，而平安早在 1997 年就重金聘请了麦肯锡构建符合全球金融公司管理规范的战略体系和管理体系。第三点就是对研发的痴迷，华为的轮值 CEO 徐直军曾坦言他在 21 世纪初期主持对研发的投入长期每年超过百亿人民币，平安同样在 AI、互联网等科技创新的投资超过 500 亿人民币。这些相似性的背后，体现了两家深圳公司对于企业成长大逻辑的共同认知，也包括对企业人才价值的深刻洞察。

以上就是我们用最粗线条勾勒的中国平安，这家在人们视野之中但意料之外的金融巨头。坦率地说，平安这个"在泥坑里打桩构建的混凝土城堡"确实拥有史诗般的传奇，但同时拥有朴素的平民情怀和全球化的精英视角。平安的战略似乎并没有太多惊为天人的理想主义，由平实辩证的大逻辑组成，"闻着客户需求的味道不断前行"，却在组织和人才的牵引中逐渐显现出了不平凡的轨迹。

**"中国平安的战略进化更多依靠的不是大象一样的身躯，而是嗅觉灵敏且执行力超强的鼻子。"**周掌柜战略咨询团队荷兰籍顾问顾思·凯德（Guus Keder）如此表达自己的洞察，"象鼻"的比喻代表着他对"大而不僵"的追问和好奇。

# 第 35 章

## 德国博世百年风雨启示录

## 战略思维分析

从德国博世百年风雨历程看"要素挑战""平衡挑战"和"系统挑战",可以让我们从中感受到一家持续进化、抵抗历史大周期的企业波澜壮阔的百年创业历程。《德国博世百年风雨启示录》这篇文章从 2018 年 11 月开始连载,历经 1 年,期间我们在中国和德国穿插调研和访问,回顾了博世走过的百年风雨路,可以说这是周掌柜战略咨询团队重度投入的研发产出。德国博世是德国工业历史的骄傲,这家公司也是德国汽车业的真正支柱,正是因为有以德国博世为代表的德国汽车巨头的不断创新和突破,德国汽车工业的超级品牌在和美国、日本汽车的竞争中逐步获得了高端车的领导地位。

这家公司经过两次世界大战的洗礼,确实有着"向死而生"的苦难历程。这篇文章的完整版分为上、中、下三篇,讲述了德国博世整个的发展历程,总体基于周掌柜战略咨询团队的多次德国调查以及查阅的近 10 万字德文历史档案编写而成,也获得了德国博世中国区的好评,成了公司的培训教材。值得一提的是,德国博世很重视考证和编写公司历史的工作,所以可供查阅的史料非常齐全。坦率地说，每家公司在这项工作中都存在美化公司的成分，但即便如此，商业历史学家讲述的德国博世发展历程依然值得我们品味和学习。伟大公司不是一天炼成的，而且往往经历了很多生死磨难才能最终获得大成。

从战略基本逻辑的角度看，德国博世面临的"要素挑战"也成了要素优势，就是在核心的燃油机发动机系统上，一直长期保持着世界级的竞争力，于是不断提升性能算是面对要素挑战的博世思维；从"平衡挑战"的角度看，德国博世在发展过程中，多次面对国内市场和国外市场的平衡问题、政府关系的平衡问题，以及老博世的家族利益和公司利益平衡问题等，"平衡挑战"贯穿于德国博世百年发展历史的始终，也一直是管理层跟踪解决的问题，在这方面公司处理得非常恰当；从"系统挑战"的角度看，对于德国博世，当前主要是战略创新的问题，我们看到智能电动汽车已经在全球市场上获得了很高的份额，并且取代传统燃油车应该是情理之中，智能电动汽车大概 70% 以上的价值体现于汽车电子，传统燃油车的动力系统都会被新的三电系统替代，这也是一个行业发展趋势，德国博世在大概 10 年前果断投资了汽车半导体的业务，也让自己今天能够从容面对"系统挑战"，这个切换顺利且非常成功，这也是这家老牌超级巨头给我们上的一堂生动的战略课。

本文受到一位广为人知的企业家垂青，据说他曾让秘书把四五万字的全文打印出来看过两遍。虽然这里不方便透露其姓名，但可见博世经验对于中国的企业家来说何等宝贵。

# 《德国博世百年风雨启示录（上）：向死而生》全文

德国工业巨子博世集团的奋斗历程告诉我们：实业是国家强大的基石，企业家造富于人民。

研究博世，我们需要从 200 年前的欧洲谈起，德国工业的历史性崛起和今天中国制造的全球化有着相似的故事。18 世纪中叶，英国制造独领风骚，英格兰中部地区发起的工业革命席卷英国，迅速蔓延至欧洲大陆，一路强劲的创新风潮触达美国。经历了这场深刻影响欧洲乃至世界格局的技术革命，英国不但拉开了与欧洲大陆劲敌法、德的距离，还确立了其在全球工业强国中不可撼动的霸主地位。英国制造也因其精湛的工艺和可靠的品质远销海内外：从曼彻斯特棉纺织品到谢菲尔德刀具，再到钢铁制品与机械设备，世界工厂无可匹敌。

　　工业革命的成功极大促进了出口，同时让世界财富加速流向英国，也给英国企业主带来始料未及的烦恼：其一是山寨货层出不穷，冲击传统优势市场，大量法德工厂模仿英国企业，争夺用户；其二是知识产权保护受到挑战，英国人认为商业机密被大量国外间谍窥探，工厂管理和生意经营策略也被复制，从烦恼走向愤怒。

　　这是否很像当今美国对中国的抱怨？只不过英国抱怨的对象并不是远隔大洋的国度，而是大批量生产低质、廉价商品的"邻居"德国，他们认为"德国制造"正在用龌龊的手段侵蚀英国的繁荣和尊严。面对大量山寨产品对欧洲市场乃至英属殖民地的冲击，英国厂商决心联名抵抗，他们推动英国议会于1887年4月23日通过了《商品法案》，明文规定进口商品必须写明出处，"Made in Germany"（德国制造）由此诞生，用意在于区分和高品质英国制造的差异，遏制德国人，这种原产国标识的做法带着英国强烈的自信甚至傲慢。说白了，就是"立法打贸易战"！

　　然而让人始料未及的是，德国工业并没有在英国人的愤怒中停下脚步，而是很快显示出青出于蓝而胜于蓝的势头。究其原因，一来是当时德意志帝国皇帝对内实行的工业和贸易保护主义政策，坚决保护本国市场，二来是德国人举国上下向英国虔诚且不计成本地高强度学习，模仿先进经验后迅速投入生产，在市场的检验中修正进化，当时整个德国很像放大了的中国深圳。此外，德国还加强对军工部门的投资以构建超越消费制造业的工业基础，由此推动基础研究和工程科学迅速发展。简单说，这和今天美国抱怨中国的问题颇为类似，而中国学习欧美发达国家的策略和当时的德国异曲同工。英德制造在19世纪后期和 20 世纪初期的猛烈碰撞与今天中美激烈摩擦相比有过之而无不及，利益碰撞让制造业的勤劳美德显得苍白无力。谁拥有先进制造业，财富就会流向哪里。

　　而结果如何呢？英国法令生效十年之后的 1897 年，时任英国殖民大臣的张伯伦对德国产品有如下评价："无论是食品饮品还是纺织用品、仪器设备、武器装备，德国制造都不但在价格上更便宜，在品质上更是完胜英国产品。"这背后的心态可谓五味杂陈。在这个感慨的背后，是勤劳、谦卑和进取的德国工程师文化用时间赢得了对手的尊重，德国成功走上了一条新型工业化升级道路，一批享誉全球的德国企业如雨后春笋般诞生和发展起来，这其中就包括今天人们耳熟能详的戴姆勒、宝马，更包括本文的主人公——德国博世。

　　今天的博世是一家名副其实的工业巨头：全球雇员超过 40 万名，在超过 60 个国家有 440 家子公司和区域性企业，分布世界各地的 125 个研发基地持续供给智力资源；从其规模来说，2017 年全球销售额达到了约 781 亿欧元（约合 6248 亿元人民币，略超过 2017 年华为集团的约 6036 亿元人民币全球收入），海外销售额约占总额 80%（1960 年约占 20%；1990 年约占 51%；2000 年约占 72%），年度研发投入始终保持在营业额的 10% 上下（华为 2017 约占比 14.9%），达到约 73 亿欧元（约合 584 亿元人民币，华为则是约 897 亿元人民币）。

　　德国博世也是一家典型的在英德贸易战中崛起的世界性工业集团，是诸多支撑德国"实业立国"的标志性公司之一。浅显地概括：博世创始人罗伯特·博世的创业起点不过是乡村工厂的小学徒，曾债务缠身，一生饱经战乱，无数次清零之后倔强地从头再来。博世的一生与他的事业博世集团紧密相连，历经磨难，对极致品质的追求痴心不改。

　　本文，周掌柜战略咨询团队多位欧洲合伙人通过研究大量博世公司高管访谈资料、德文史料和权威历史学家的论述，为大家用轻传记的方式讲述德国博世的传奇故事，深度解读德国制造华丽转身的成长道路。我们希望能为中国企业提供一个贯穿历史和全球化的坐标系，为中美贸易战下的中国带来关乎国家命运的深刻思考，"实业＋普惠"的德国工业化道路能否为"中国特色"带来借鉴？这也是我们贯穿始终的追问。

## 出身于小农场主家庭

在德国南部的巴符州有一个名叫阿尔贝克的小镇，因为地处交通要塞，很多来往于德、法、瑞、奥的旅客和商人都在这里落脚。镇上有一家名为克朗的旅店，店主是一对中年夫妇：丈夫叫塞尔瓦修斯·博世（Servatius Bosch），他太太叫玛丽亚·玛格丽特（Maria Margaretha）。

老博世虽然一辈子都没离开过镇子，但从小接受过良好的教育，博览群书，思维敏捷开放。年轻果敢的他还加入了以精英阶层为主导的德国共济会。他太太玛丽亚在外人看来是一个勤勉的老板娘：每日都是鸡未鸣就起身给住店的旅客备好早饭。她在儿女们的眼中也是一个不折不扣的慈母：无论哪个孩子生病了，玛丽亚哪怕再忙也会亲自下厨给他们做菱角麦芽糖。

勤劳的博世夫妇二人一方面照料着旅店的生意，另一方面也在不断拓展自己的经营范围。由于夫妇双方都继承了可观的农场，于是也逐渐开始做一些农产品和啤酒的买卖。时间在忙绿中一日日过去。在1861年9月23日，博世夫妇迎来了他们的第十一个孩子，是一个男孩，夫妇二人为他取名罗伯特·博世（Robert Bosch），本文的主人公由此诞生。

## 从工厂学徒起步

小博世八岁这年，年过半百的老博世做出了一个让外人错愕的决定：关掉旅店，举家搬往阿尔贝克旁边的城市乌尔姆。父亲的想法很简单：膝下的成年儿女无一人愿意接手这生意，只能自己来，而再过几年，等这周围的铁路线一修通，在镇子上落脚的人便不会那么多了，与其担惊受怕，不如现在收摊到周边的城市过几年清闲的生活。博世一家老小很快便搬去了乌尔姆。

单纯从学习成绩来说，博世没有展现出任何神奇和出众之处，并不是一个传统意义上的好学生。小学毕业之后便也无心再继续读初高中，于是便去了一所职业技术学院。在职业技术教育发达的德国，选择职校并不是一件"丢面子"的事情，相反，在工厂内的几年经验往往可以保证青年人未来的工做出路。只不过由于课本和"土得掉渣的老师们"实在是无法满足他的好奇心，所以他很快便对学校失去了兴趣。倒是大自然为他打开了另一扇通往知识的大门，千奇百怪的动物花草让这个翩翩少年流连忘返。

小博世从技术学院毕业的时候已经十五岁了，面对未卜的前途难免有些心慌。对于学校已经厌烦的小博世决定不继续进修，而是去当学徒。老博世给儿子在乌尔姆找到了一位精密机械与光学仪器制造的师傅，名叫威尔海姆·麦伊。他希望儿子在麦伊手下可以学得一技之长，将来靠这门手艺吃饭。无奈麦伊实在难以称得上是一个合格的师傅，不但平日里很少在车间里工作，在学徒期的三年间给小博世的指导也是少之又少，而且在指导过程中也很难把其中的原理讲得清楚。

## "看世界"就要不断踏上征程

在麦伊手下的三年让博世暗自笃定，等熬完了学徒期，他便要离开，离开这个禁锢他的小城。他要走出去，出去探寻更大的世界。意气风发的乡村少年就此踏上了征程，他先后到了海德堡、普福尔茨海姆和卡尔斯鲁厄，然而无论哪里的工厂，都将他拒之门外。猛然间他意识到，凭自己的三脚猫功夫，在大城市根本没有出路可寻。思前想后，还是决定去投奔他在科隆的大哥卡尔。卡尔比他大十八岁，在科隆开了一家专门做煤气和水管的小工厂。在得知弟弟来投奔之后，便设法把他安排在厂里做工。博世起初还干得挺带劲儿，只不过没几个月便又觉得无趣，他不想妥协，更不想委屈自己，于是在十八岁这一年的冬天再次收拾好行囊起身前往改变了他人生也被他改变了的城市——斯图加特。

在斯图加特，博世迎来了人生中第一个重大的转折：他加入了当时电气工程界的翘楚——泛音手电钻。他在泛音第一次切身感受到了电气工程师的职业魅力。但是，博世并不希望止步于此，他的目标是更广阔的天空。于是在几个月之后，他便再次踏上了征程，前往法兰克福周边地区，在哈瑙找到了下一个落脚点，开始在一家链条厂里日复一日勤勤恳恳地工作。在熟悉工厂的同时，博世不断追问自己，机器是如何被商业化投入使用的，正因如此，他也渐渐萌生了对于商业的兴趣。

就在思考人生、展望未来的时候，他接到了来自乌尔姆的信件，父亲去世了。至亲离世，作为儿女却不能守在身旁，自然是悲痛的，但悲痛之余，博世也告诫自己不能走父亲的老路。他始终认为父亲正是因为过早进入了退休生活，才精力不如往日，最终早逝。他相信工作让人产生活下去的动力，也正是带着这样的信念，直到生命的最后一刻他还在工作。

1881年的春天，20岁的博世再次回到了他哥哥卡尔在科隆的工厂，希冀从哥哥那里获得更多的商业知识。半年过后，他被迫回到乌尔姆服了为期一年的兵役。服完兵役之后的两年时间，博世又开始了他的旅途：从纽伦堡的电测量仪表厂到格平根的弧光灯厂，他不断进行尝试，不断推敲工业与商业逻辑。在实践中，博世明显感觉自己理论知识不够过硬，于是在22岁这年选择回到了斯图加特，并且在斯图加特理工大学注册听课。半年的听课经历自然不足以让博世转身成为一名科学家，但至少让他克服了对于专业科学术语的恐惧。在这里，博世明白了什么是电压与电流，何为电动车马力。

## 与"外企"爱迪生相遇

在斯图加特理工大学听课期间，他又决定前往电气工程更加发达的地方——英国和美国。博世认为只有向世界上工业最发达的国家与企业虚心学习，才有可能最大程度让自己受益。这个想法很快就获得了老师的认可，老教授衷心祝福年轻的小伙子，并且还在临行前给了他一封推荐信，告诉博世这封信会是他去纽约爱迪生电力公司的敲门砖。

带着对于美国无限的遐想，博世在 1884 年 5 月 24 日乘上了从鹿特丹驶向纽约的轮船，即将开始"外企"的打工之路。在船上的两周时间对于他而言是难熬的，时而焦虑，时而兴奋。他渴望成功，但是也忧心忡忡。他在日记中写道："我希望自己可以无知无畏，勇往直前。既然来自全世界这么多国家的这么多人都可以在美国成功，我自然也没有什么理由会成为一个例外。"

来美国之后的第一份工作便是如他所愿在爱迪生工厂做工，制作各种电器设备，这其中包括弧光灯、电灯组件、遥控直读式温度仪还有留声机。然而，工厂枯燥单调的生活很快让博世感到了无聊乏味，他不想做重复无意义的事情，他想要学习新的知识。避免低回报的精力与时间投入，才能在高回报的机会到来之时全心全力。正是这种理念促使他毅然决然从工厂辞职。

## 先成家后创业

在远渡美国的这一年间，博世在事业上并未有太大的起色，在心灵上却找到了归宿——他好友的妹妹安娜·凯瑟。在与安娜的信中，博世总是不惜笔墨长篇表达对于安娜的思念与爱慕，他写道："无论世事如何变幻莫测，我都希望可以与你共结连理。哪怕要为此付出高昂的代价，我也会一往直前，因为我无时无刻不在感知你对我的爱。"

在思念与等待中，双方在信中决定在博世回到德国后正式订婚，于是火速订了返程的船票。虽然心切，但他还是不甘心就此放弃在出发前设立的学习发达国家经验的大目标，几经犹豫后还是在英国下了船。伦敦发达的经济与五光十色的生活景象让他感到震撼，他决定在此逗留，不久便在伦敦伍尔维奇找到了下一个雇主——西门子兄弟。

一如往常，博世很快就厌倦了工厂的生活。他明白能让自己的求知欲得到满足的地方不会是这里，不必再浪费时间去寻求或许本就不存在的"使命终点"。于是在 1885 年圣诞节，博世回到了德国，20 个月的海外学习让他下定决心不再给别人打工，必须走向更广的天地，而通往他人生新篇章的路径便是——创业。

博世此时手头里只剩下 6 年前从父亲那里继承的 1 万德国马克[①]，他决定拿这笔钱作为自己生意的启动基金，虽然数额不大，但是足够他撑起自己的门头。在公司所在地问题上，博世最先想到的是科隆：一来哥哥卡尔在科隆已经打拼了数年，可以有所照应；二来他也相对熟悉那边的经商环境。然而，他一旦在科隆创业便又要和未婚妻分离，对于爱情忠贞的他思量再三，把公司放在了离未婚妻家乡不远的斯图加特。于是在 1886 年夏天他再度回到了斯图加特，这是个梦想开始的地方。他于 11 月 11 日在罗特布尔大街上开了一间名为精密加工和电气工程的车间。这时候在博世身边的只有两个人：一名技术工和一名使童。

在车间开门后一年的 1887 年，博世和安娜正式登记结婚，这一年他 26 岁。

## 起步靠举债为生

万事开头难，车间刚开门的时候没有太多的订单，博世为了保证自己的员工们有活干，都能够按期拿到工资，面对杂乱的定制品类，也只能是有什么订单做什么，没法挑挑拣拣。博世企业后来的理事会成员古特劳勃·霍诺尔德回忆称，他在在博世车间做学徒工期间经手的电子器件种类多到数不胜数：电子速记机、照相机、打字机、里程器、照相机快门、电话软线、电话机、线路开关、电铃、水位表，有的时候便是连钢笔、量角规、按钮这种订单也要接，后来更是连雪茄架、水龙头的订单博世也无法推掉。

---

① 1924 到 1948 年通行的货币单位。

即便把受理业务范围放得如此之宽，博世还是无法改变订单数量少的现状。面对巨大的财政压力，博世不得不放下身段跟身边人借钱。他先是从母亲那里筹来了一笔钱，但是没撑多久便又不得不向身边人甚至是邻居借贷，好在他的父母当年都算是体面的人。有家人做担保，博世每次多少都可以筹得钱款。然而车间业务始终没有起色，靠借钱挨日子终究不是长久之计。到了车间开业第六个年头的 1892 年，博世已经快到山穷水尽的地步了，他不得不进行裁员，把员工数量从 24 人砍到了 2 人。创业六年，一无所获，一切又回到原点。

## 事业偶然性转折

1888 年，当博世每日为订单愁眉不展的时候，突然有一个当地的工程师来找他，问博世的车间是否可以帮他复制点火器。工程师说他之前在离斯图加特不远的绍恩多夫看到过非常好的一个电磁点火式点火器模型，如果博世的车间可以做，他愿意多订几个。

博世和他车间里的工人此前从未经手做过，但是他们没得选，只得硬着头皮接了活儿。为了了解其中奥妙，博世即刻上路，马不停蹄赶到了绍恩多夫，希望可以有机会看一下这个装置。几经辗转他见到了这台客户口中的发动机，仔细端详和与他人交流过后，他明白了点火器的基本原理：电极产生电火花，之后点燃在内燃机中的可燃混合气体。

他还注意到这台机器其实是早已在业界小有名气的科隆发动机生产厂——道依茨（Deutz）出产的，然而发动机上的这个点火式点火器配件却并没有专利保护。回斯图加特后，博世迅速制做出了几个仿制品。但是博世一如同时代的德国企业家，并不满足于单纯"山寨"他人产品，低价出售复制品，他每日都在不断思索、琢磨如何更大程度提高产品性能，例如他用小的 U 型条形磁铁取代了原来笨拙的大的直条磁铁棒，通过不断"微创新"，最终将加强版点火器交付给了客户。这个小故事似乎有着"窃取"知识产权的嫌疑，但确实是真实的创业起点。

在此后的几年间，车间或多或少也会接一些点火器的订单，虽然数量不多，但是相关业务始终在稳步增长：1888 年他们一共交付了 9 个点火器，1889 年交付了 23 个，1891 年交付了超过 100 个，业务量占车间的一半以上。从 1891 年起，点火器业务就成了博世车间业务的基石。博世企业生产的第一代点火器主要是为大型固定发动机而设计的，这种固定发动机往往体积大、重量大且转速慢，只能达到 120 转 / 分钟，即使在后来的几年内提高了性能，也只是达到了 200 转 / 分钟到 300 转 / 分钟。这就意味着这种发动机和点火器无法应用在转速必须达到至少 1000 转 / 分钟的三轮或者四轮的运输设备上。

1897 年，博世迎来了事业的新机会，他接到了英国汽车生产界的先驱人物弗雷德里科·西姆斯的订单，西姆斯给他带来了一辆由法国德·迪翁·布通生产的三轮车。西姆斯的想法很简单，虽然目前的点火驱动装置性能相对较好，但是稳定度不高，并且突发事故率很高，他知道电磁点火更为安全，因此想为这辆车加装一个电磁点火式点火器发动机。

博世和他的车间的技师们仔仔细细研究了一下这辆三轮车，直觉告诉他们即使是他们所能提供的最高性能的 600 转 / 分钟的发动机，也不能达到这个车最常规的转速需要。为了验证猜想，他们在车间后面用空葡萄酒桶堆了一面墙，学徒马克思·洛尔毅然坐上了车，奋力冲向桶墙。在经过了多次实验之后，他们得出了结论：原本的发动机的速度可以达到 1800 转 / 分钟，靠他们现有的技术是不可能达到的。博世和他的技师们并没有放弃，他们日夜尝试新的方法提高发动机转速，最终阿诺德·策林格提出了一个全新的设计理念：在此发电机中用体积小的轻便振荡叶片取代大体积的笨重电枢。

这个独辟蹊径的设计帮助博世企业攻克了这一具有跨时代意义的难题。人们蜂拥而至，希望换上一个安全系数更高且性能更稳定的博世电磁点火发动机。生意也自此打开了局面，1898 年他们便在英国伦敦开了第一家销售办事处，1899 年又相继在法国和奥地利开了两家办事处。次年，博世又将自己赚的第一桶金投入到了更大的厂房建设中去，为了确保新的厂房可以更好地反映他的理念，他更是亲自参与到了博世工厂的设计之中，他提倡用钢筋混凝土作为主要的建筑材料，大而宽的窗户确保了充足的光线，先进的通风系统保障了整个厂房内空气的流通。1901 年 4 月 1 日博世和他的 45 名员工正式搬进了新的博世电气工程工厂（见图 35-1）。

图 35-1　部分员工在距离新工厂几步之遥的庭院合影

同日，博世偶遇了此前在博世车间当过学徒的的古特劳勃·霍诺尔德工程师，并且劝他重新回来工作。古特劳勃在离开博世车间之后的日子里在不同的工厂工作过，也在斯图加特进修过专业知识，再遇老东家又惊又喜，很快便答应了。博世为他在工厂的一角辟出一块儿空间作为他的工作间，并且交给他一个极具挑战性的任务：解决断路火花杆问题。由于当时运输设备型号众多，如何做到让火花杆满足不同发动机的需要，是亟待解决的挑战。在经历了无数次的实验和再试验之后，古特劳勃于 1901 年 12 月提出并制造出了一种新型高压电磁点火装置，在这种新型装置中他选用火花塞取代了不稳定的断路火花杆。博世在看到这种新型装置的时候十分激动，他大声喊道："就是这个！就是这个！"

博世的这段创业经历，起点和发展与 1980 年到 1990 年国内知名的万向集团创始人鲁冠球的经历极为相似。同样都是出身平凡，鲁也是从乡镇企业起步，靠着 4000 元的原始资本从简单的汽车零部件"万向节"做起，稳扎稳打，最终打开了全球汽车零部件市场的大门。彼时，博世抓住了欧美汽车业大爆发的历史性机遇，也与中国的华为公司在通信领域成为 ICT 龙头有着类似的时代背景。华为在信息技术时代从最简单的交换机开始，而博世抓住了"电磁点火器"，这些器件当时都不是核心技术承载的主流产品，却为公司持续研发提供了机会窗口。这两个有趣的对比多少提示我们：实业的制造能力是从小到大的，重视制造业产业链的中小企业，往往会孕育出持续创新的工业巨头。

## 全球化一波三折

博世企业火花塞业务此后进入到了快速发展阶段，博世也开始了全球化初探，很快其生产的高压电磁点火火花塞热销海内外。博世借着这股东风在欧洲主要市场建立起了核心阵地：为了确保国内的供应，在斯图加特西部建起了更新更大的厂房；为了满足法国市场，在 1902 年和英国人西姆斯合资在巴黎创建了他们的厂房。海外业务的拓展并没有让他在追求极致品质这个问题上做任何的妥协。恰恰相反，为了保障这一点，他不惜和当时他最倚重的英国合伙人西姆斯分道扬镳，独自经营当时欧洲最重要的英法两大市场。

从 19 世纪后半叶开始，工业革命重心逐渐从英国转向了美国，开启了超越欧洲市场的全球化之路。当时的美国，拥有全世界不同文化背景的人纷沓而至，希望在这片土地上实现他们的梦想。人才和劳动力源源不断地向美国输送，产业技术更新和转移，工业化进程不断加速，汽车行业蓬勃发展。这一切，博世都看在眼里，并且记在心里。对于当时的欧洲工业而言，美国市场是检验他们产品的终极考验。博世企业在欧洲市场业务稳固之后，大胆踏出了企业全球化的重要一步：进军美国市场。1906 年，古斯塔夫·克莱恩前往美国与最大的汽车制造商进行谈判。凭借先进、过硬的技术，古斯塔夫所向披靡，短短数周间就锁定了价值百万美元的订单，凯旋归来。在之后的几年间，火花塞业务在美国的销售成绩飞涨。为了避免交付高额的关税，博世很快决定在马萨诸塞州的斯普林菲尔德建立生产线。自此美国成了博世企业最重要的市场，博世搭上了美国汽车业崛起的快车。

战争对于企业经营一定是灾难性的，而博世正处于欧洲四处火药味的年代。1912 年，当巴尔干半岛危机爆发的时候，博世就强烈感知到了这背后更深层的危机，他坦言："如果我可以用 1000 万马克阻止这场战争，我会毫不犹豫地写这张支票。"然而作为企业家的博世无力阻止这场人类灾难，一战爆发，博世主要经营的海外市场迅速缩水，销售成绩严重下滑。

这段时间对于博世而言是内忧外困：外面战火纷飞，而家里他的独子罗伯特生命垂危。在物质和精神的双重压力下，博世开始感到体力不支，身体上日渐强烈的不适感让他不得不直面他人生中的又一个难题：谁能在他身后来掌管博世企业？在不安与悲痛中博世于 1917 年与他最主要的公司管理成员联合创立了罗伯特·博世股份公司，博世持有 51% 的股份，而其他的主要经营管理人持有 49% 的股份，这意味着博世开始从一家私人公司向合伙人治理结构转变。

1919 年一战以德国的战败告终，博世未曾参战，却因为是普鲁士人而被迫为战争买单，博世企业旗下在海外的工厂被充公，海外的工业产权、技术专利还有品牌所有权也被相应没收。此外，博世在战前的主要利润来自德国以外的全球市场，这着实让英法美政府眼红，在 1914 年到 1918 年期间这些国家投入人力物力投资建设自己的汽车供应链体系，意图阻止肥水流向博世的外人田。一战后这些汽车零部件供应商自然也成了博世企业最大的全球市场竞争对手。博世的人生也在一战后的几年充斥着生离死别的场景：独子离世，他最亲近的几个合伙人也相继离世，事业由于国家命运转折陷入低潮。

## 战争逼迫战略升级

面对一战后近乎一切业务归零的窘境，博世并没有坐以待毙，而是思考着突破战后制裁，重新夺回制高点。他很快便确立了业务重新全球化的策略。为了打破海外市场对他们的限制，必须要有所妥协，博世一方面主动积极联系战前的一些海外生意伙伴；另一方面大量投资，在全球的汽车服务中心内专门设立博世汽车服务点，希望保留博世企业在海外的品牌形象。

当然上述两点不是长久之计，要想重新打开局面必须进行更加深度的外部市场开拓、经营管理改革、业务多样化调整，深刻的自我革新箭在弦上。首先，在开拓市场方面，除了要再度站稳欧美市场之外，更重要的是要寻找业务"增量市场"。嗅觉灵敏的博世很快察觉了南美蒸蒸日上的汽车行业，于是于1921年前往南美洲并火速选择在阿根廷首都布宜诺斯艾利斯成立第一家博世销售店，拓展整个地区的业务。

其次，对于企业业务范围，博世也进行了大幅度的"生态化拓展"。博世明确意识到只靠制造火花塞和汽车照明这两种零部件是没有长远发展前景的，同时他也认同业界关于柴油发动机安全系数高于汽油发动机的判断。面对这种情势，博世企业迅速调整研发方向，从横纵两方面进行开拓性尝试：横向涉及汽车鸣笛、电池、伺服制动器、挡风玻璃、雨刷和转弯指示灯等；纵向开始向柴油发动机研发迈进。这一切都是围绕制造能力的周边多元化，很好地构建了零部件生态解决方案能力。改革很快就显示出了成效：1923年到1924年，博世公司成功开发了柴油喷射泵样机，1927年11月正式投入生产，受到了业界的认可，并且收到了德国声名显赫的曼集团的订购单。

再次，博世在企业经营管理方面也进行了相应的调整。1925年到1926年是全球汽车制造业的寒冬，博世销售额同比锐减了35%。为了能够保证企业的高生产效率和在全球范围内的竞争优势，博世在企业内部进行"流程管理创新"。比如，他引入了流水作业线系统，进行了一定规模的裁员和工作时间调整，大部分员工一周只有三天时间工作。他还完成了管理层的架构调整，把原本 12 名管理层人员减少到了 3 名核心管理成员：汉斯·瓦尔兹主管商务，霍夫曼·费尔梅兹主管工程研发，凯尔·马特尔·威尔第主管销售和人事。可见，博世在商业的寒冬期，更关注"练内功"和"拓市场"。

经过早年坎坷创业和中年大刀阔斧拼搏的博世，到了 1927 年，已经是一个年近七旬的老人，愈发感到自己体力极限的他更多地把公司运营管理交给新管理层，只在必要的时候提供支持与建议。他从日常的繁忙中抽身出来之后开始更多地思考更长远的公司计划。纵观当时的全球工业发展总体状况，博世深谙企业要想活下去，只靠在汽车行业打拼是不够的，博世企业要"远离汽车行业"，或者说把鸡蛋放在不同的篮子里。

"业务重心多向转移战略"确立之后，公司很快在接下来的几年收购了不同的电气工程产业的多家厂商，短短数载便从汽车零配件供应商转型成为全能的电气工程企业。20 世纪 30 年代推出的电动剪发器标志着博世该战略的成功，这款产品的推出也意味着博世企业在研发上的新突破。发动机变小了，可以被放置在工具把手中，这使得电钻和冲击钻成了可能。现在享誉世界的博世电钻就是在这个创新之后奠定了近百年的强盛。

博世在完成了电气业务调整的第一步之后很快便决定再进一步：1932 年再次出手收购了容克燃气设备公司，在其原本技术之上进行创新，推出了博世供暖设备，1933 年还先于市场推出了首款冰箱。此后公司又先后进军了无线广播、电视、电影以及相机领域。这些看似多元化的扩张，背后依托的逻辑都是工程师制造能力，以及对生活场景渗透的战略思考。博世企业在一战结束之后不到 20 年的时间完成了两次大规模战略升级转型：用前 10 年完成了由单一汽车零部件到多样汽车零部件供应商的转变，此后又用了 10 年完成从汽车零部件供应商到电气工程企业再到以电气工程为核心的工业集团的蜕变。这两个重要的战略飞跃，一举奠定了今天博世集团的战略框架。

## 二战后博世再度崛起

20 世纪 30 年代的高速发展非常短暂，战争阴云很快袭来。随着德国纳粹上台，希特勒的野心让博世非常不安，他常言，"如果我可以用 1000 万马克阻止这场战争，我会毫不犹豫地写这张支票"。然而事与愿违，最终二战还是无情地于 1939 年爆发了，此时年近八旬的博世累了，他选择回归家庭与久违的自然。1942 年 3 月 12 日，对战争极度失望的博世离开了人世，了解他的人都认为这是"上天对他的厚待"，避免了他再次直面后期工厂被希特勒征用制造武器零件、德国战败和业务再次归零的惨状（见图 35-2）。

**图 35-2　废墟中的博世工厂**

1945 年德国战败，无条件投降，二战正式结束，然而却给博世企业带来了毁灭性打击：其一，同盟军重点轰炸了德国的工业重镇，由于战争时期为德军制作军备，工厂成了同盟军的轰炸对象，博世失去了大部分在德国的厂房；其二，为了限制德国和德国工业的发展，所有的大型德国企业都被要求交出海外经营权，博世虽然在某种程度上保护了自身的架构，但是国际资产均被所在国政府侵占，而且还要被迫将所有的专利披露给竞争对手；其三，博世在战争前超过 50% 的营业额来自于海外市场，战争结束后一切再次归零。

面对废墟，无数人落泪、失眠甚至恐惧，但离开博世的管理层坚定地推动企业重建，再次白手起家：第一步，公司组织员工们从废墟中拣取钢铁制的头盔、手推车和雨伞等，高温熔化后制成烹饪锅，拿到市场上去换取其他生活必需品，让大家活下来；第二步，企业积极维护和同盟国之间的联系，并于两年后开始再次生产火花塞，为同盟国军用车辆所用；第三步，在挨过了最艰难的 5 年之后，博世企业于 20 世纪 50 年代借助赛车运动重新向世人展示了博世技术的优越性，证明了在极端恶劣的环境下博世火花塞技术的可靠性和耐用性，从而促使自己的业务逐步重回正轨。

二战后的欧洲因为美国马歇尔计划而显示出勃勃生机，经济一片繁荣。对于西德的制裁也因为欧洲一体化进程的开始而停止。这一切都给了博世企业复苏的机会。在 20 世纪 50 年代，博世看准了市场机会，大量推出了 DIY 厨房电器、电钻和车载收音机等产品。购买该产品的消费者可以按照不同的安装方式将器械组装，用于地下室、车库和花园作业中。商品一上市便供不应求，销量很快便突破了百万大关。博世加快了在该领域的研发，并于 20 世纪 60 年代推出“新时代”的食品加工机，大大简化了女性的家务劳动。这款产品不但可以快速处理大量的水果蔬菜，方便保存，还具有切菜、揉面、研磨、按压削皮等功能。因而特别受到了生活在城乡的女性劳动者的青睐。另外，博世企业在 20 世纪 50 年代时机成熟之时再次回归汽车汽油喷射系统的制作与研发中来，提高战前技术，提高性能，减少耗油量，还成功开发了专门为航空发动机开发的汽油喷射系统。虽然西欧的汽车市场对于博世至关重要，但是管理者认为企业需要不断多样化其业务和服务，因而博世在 20 世纪 50 年代中期正式进军电子领域（晶体管、集成电路等），并且于 1958 年正式推出第一款电子元件，次年又开发了电子控制汽油喷射系统，并且登陆环保规格要求高的美国加州市场。在 20 世纪 50 年代后期又研发了汽车液压装置、医疗电子产品和无线电技术。后来，博世在 1963 年创办了包装机械公司，通过收购成立了自己的相关技术部门，在 20 世纪 80 年代又大举进军电信行业，开发航天卫星和手机技术，并且部署公共和私人电信网络。到了 2000 年的时候电信业务已经占据超过 25% 的公司份额，然而公司还是毅然退出了电信领域，只保留了安全系统部门，这背后是一系列复杂论证和对企业制造业能力边界的思考。

九死一生的奋斗中，博世管理层始终牢记创始人的宗旨，把企业业务所得应用在研发中。因此 1968 年，博世将研发资源整合，集中投入到了全新的研发中心，专注于如集成电路等重点项目，旨在突破瓶颈。很快研发投入为博世带来了前所未有的商业回报：先是在 1976 年成功开发了废气测量传感器，使得喷射系统的电子控制装置持续调节油气混合物的构成，确保汽油的完全燃烧，从而使得环保内燃机成了可能，减少了 90% 的有害排放。公司又于 1978 年凭借在电子元件上的突破推出了 ABS 防抱死制动系统，使其在行业中占据了绝对领先地位，并且成为汽车工程领域的技术标准。

在海外业务不断拓展之时，博世企业于 1983 年重新获得了对于品牌的完全使用权，自此在全球市场卷土重来的态势已全然明朗。二战后重新崛起的战略与一战后的战略有相似之处，但也有很多不同：其一，在二战后加快融入生活场景，提供消费级产品，这完全突破了 B2B 的基因，但也让博世品牌家喻户晓，建立了新的防火墙；其二，抓住二战后新的技术革命时间窗口，毫不吝惜对领先科技的研发投入，却很辩证地看待自身竞争力，对通信行业等无法占据制高点的业务果断进行切割；其三就是坚定的全球化思维，让业务的触角渗透到更多国家，成为遍布全球的技术平台型公司，这也是这家老牌工业巨头的灵活商业模式变革。这些路径在博世的历史上有章可循，其面对新时代的灵活应变能够给目前没有经历过经济周期和战争的中国企业带来启示：一个企业能够在一个时代迅速成功并不难，难的是如何超越时代和周期让企业基业长青，这背后就是对企业价值观、研发投入等的执着坚持。博世的答案，就是回归商业价值创造本身的大逻辑。

## 企业家精神的星火传承

1989 年，柏林墙倒下，冷战随之正式结束。面对新的国际格局，博世很快做出了迅速调整，他们的目光也更多转向了铁幕以东的中东欧和亚洲。很快，公司在捷克、波兰、匈牙利和俄罗斯等开设了 13 家工厂，顺利打开了中东欧市场。之后，在亚洲，特别是中国的局面逐渐打开。1989 年正式在北京设立了一个代表处，1994 年取得执照，此后摸着石头过河，逐渐在中国市场上站稳了脚跟。

在产品创新和新领域发展方面，博世在 20 世纪 90 年代之后在多个重点领域有里程碑式的突破。第一，在 20 世纪 90 年代推出了汽车的微机械传感器，此后开发了运用于智能手机和游戏机的微型消费电子产品传感器。从 1995 年以来博世已经生产了约 50 亿个该零部件。第二，1995 年博世还推出了具有跨时代意义的可以避免车辆侧滑的 ESP 电子稳定系统，以及具有路线指引和语音输出功能的 TravelPilot 导航系统。第三，在 2000 年之后便着力开拓智能领域。先是从熟悉的传统业务开始，推出了智能螺丝刀等小型轻量化设备。2011 年又相继推出了电动自行车传动装置等。最后，博世还在智能驾驶与物联网等新领域不断探索。物联网为博世开启了多个新的业务领域和合作模式：从智能家居到智慧城市，从互联交通到互联工业，结合自己在传感器技术、软件领域的专业知识和自身的云平台，为客户提供整合式跨领域的互联创新解决方案。当今的博世，并没有在通信领域成为前沿巨头，但是在通信和制造业结合的应用场景中，始终占有一席之地，也一直跟踪着最前沿的需求和技术趋势。

## 小结：博世公司的凤凰涅槃

以上，就是我们调研后呈现的博世集团发展历程的传奇经历，一个不断面对死亡，不断奋斗超越的创业故事。在《德国博世百年风云启示录（中）：企业家苦难》中我们将从博世的企业家精神养成角度分析企业成长的另一个维度，在《德国博世百年风云启示录（下）：实业强国》中我们将通过数据分析呈现国家强盛和实业兴衰的逻辑关系。这个大故事关乎企业家，关乎国家，也关乎每一个奋斗者，乃至背后的消费者。

博世向死而生的创业之路始终带给我们一种贯穿"工业革命"到"智能革命"的企业家精神，也有落后国家追赶先进国家的悲情和磨难。今天细读和品味，我们除了钦佩之外，不由得感慨：奋斗兴邦，苦难是企业永恒的大学。

# 《德国博世百年风雨启示录（中）：企业家苦难》全文

从事业角度来说，博世先生的创业故事历经坎坷，但他所创建的企业向死而生，最终傲然屹立，不断走向更大的成功。

可光鲜背后，博世在生活中承受了多少妻离子散的痛苦、蹂躏心灵的磨难？他如何从一个平凡的小学徒蜕变成一代实业领袖？追问答案，注定更多是旁人无法感知的心路历程，对此，研究博世发展史的德国商业历史学家做了深入探寻，周掌柜战略咨询团队也希望通过对海量德文史料的研究跨越时空，和读者一起走进博世的内心世界。**简单说，平行于事业的感情和生活线，博世凄苦而无助。**

《德国博世百年风雨启示录（中）：企业家苦难》将为大家呈现一个充满战略智慧、铁骨柔情却饱含无奈的跨时代企业家，以及个人领导力的平行进化，还有他最终超越利益回馈社会的奉献精神。博世的精神肖像折射出西方工业革命开启后，东西方一大批优秀企业家相同的实业理想，与当今中国制造的实业领袖们有着跨越时空的契合，此刻品读，不乏似曾相识之感和历久弥新的人性质感。我们的故事继续。

## 婚姻坎坷与家庭不幸

前文讲述了博世童年和少年的成长经历，下文就从 20 多岁的青年时期谈起。

博世的家庭生活不时阴云笼罩。结婚后没多久，博世和妻子安娜先后迎来了他们的两个女儿：玛格丽特（1888 年）和宝拉（1889 年）。虽然博世相对于妻子在男女平等方面有更进步的看法，然而他还是期待可以有一个儿子将来继承他的事业。如博世所愿，1890 年他们迎来了儿子的降生，博世为他取名为罗伯特，和自己一个名字。这从中国人的视角看非常奇怪，因为父子同名在中国有所忌讳，不过在欧洲并不少见，他们的中间名并不相同。这种表达方式在欧洲代表了一种希冀之情，可见博世对儿子能够成为自己和超越自己有所期待。3 年之后，他们的小女儿伊丽莎白出世，无奈不满一岁她便因为急性糖尿病去世了，这也给家庭蒙上了一层阴影。但终归这个时期，博世有了一个完整的家庭（见图 35-3）。

**图 35-3 博世的妻子安娜（左）和三个孩子（右）**

小罗伯特在出生那一刻起就被父亲寄予厚望，父亲希望他成为家族事业的继承者，因而他在 11 岁那年便被父亲带到了工厂，开始了解熟悉环境，甚至帮衬父亲打点生意。他从 18 岁那年开始在厂里做学徒，可惜好景不长，小罗伯特在车间工作了 1 年之后便因为眼疾被迫离开了岗位。而这也是他最后一次帮衬父亲，在此后的 10 年间小罗伯特始终被疾病缠身，虽然母亲一直在旁悉心照料，然而他的硬化症还是爆发了，即使博世拥有超出常人的财富，但在疾病面前他依然束手无策。医生们回天乏力，小罗伯特于 1921 年 4 月 6 日去世，享年仅 31 岁。

博世悉心培养的唯一儿子去世了！白发人送黑发人！何况他那么年轻，很多影像时不时徘徊在他的眼前，这让博世内心无比悲痛，痛苦到他不能直面这个现实。在儿子弥留之际，实际上，他选择了远赴拉丁美洲出差。"我知道他终会离开我，我甚至只是希望他可以走得平静一些。如今他走了，这让我痛到了灵魂深处。有很多次我都在质疑自己，为什么要让他在这么年轻的时候就离世，而我却还活在这世间。"读到博世这段文字的每一个人，几乎都有流泪的感动，因为爱而远离的父亲，无比思念年轻辞世的儿子，企业家在人情方面并没有超越常人的坚强基因，他们的愧疚则放大了痛苦。

小罗伯特的离世同时也让夫妻间产生了更多裂痕。博世总是希望通过高强度的工作压抑自己内心的悲伤，他更加积极地参加社会活动。而他的妻子由于无法在任何人面前掩饰自己深切的痛苦，不但从公众的视野中逐渐消失了，也变得更加沉默寡言，总是独自一人在角落里用自己的方式默默缅怀他们的儿子。有一种传言说苛刻的企业家父亲累死了年轻的儿子，这更让博世有一种撕心裂肺的自责。他曾对妻子坦言："每每我谈起罗伯特总是让我无限感伤，对我而言最好的方式便是独自承受。我无法改变这一切，我唯一能做的也就是接受它。"最终二人在 1927 年为这段婚姻画上了句点，这一年博世 66 岁。

博世在和安娜离婚不久以后就选择了再婚，而对象是比他小 27 岁的当地护林官的女儿玛格丽特·沃尔兹。玛格丽特从决定嫁给博世那一刻就明白，所有人对博世夫人这个角色的期待就是希望她能够尽快为家族生下继承人。玛格丽特也是不负众望，次年便为博世生了一个儿子。出人意料的是博世仍为其取名罗伯特，其苦心与用意让人唏嘘不已。此后两年间他们又迎来了一个女儿，名为埃娃（见图 35-4）。

图 35-4 玛格丽特（左）和她的儿女（右）

玛格丽特是一个极富生活智慧的女人，她知道如何营造一个温暖轻松的家庭氛围。她知道博世喜爱自然，所以每逢先生急躁恼怒的时候，她便请来博世农场的管家跟她先生聊聊牛马，又或者直接陪他到农场里待几天；她知道博世性格有些古怪，所以当博世逐渐从公司前线退下来，花更多的时间留在家里的时候，她便在适当的时候请来一些能陪先生找乐子的朋友。用这种方式，两个人的婚姻精巧地维系着，博世第二次找到了家庭的温暖和希望。

但这个家庭的快乐很快被席卷欧洲的阴云笼罩。1933 年德国国家社会主义者上台，希特勒对外扩张的意图昭然若揭，这让博世深感忧虑，更让博世身边的人深感不安，但也都束手无策，不知道如何安慰这位年过七旬的老人。对政治洞察敏锐的博世对局势的变化非常失望，也因此逐渐从大众的视野中隐去。1939 年二战爆发后，博世决定举家搬到他们在巴伐利亚州的农场去，在这里博世安享了他人生最后的几年时光，与妻子和儿女们的天伦之乐让他可以暂时忘记外面战争的纷乱。

在农场的日子里，博世仿佛又回到了他的少年时候，每日尽情徜徉在自然之中。心情好的时候，他还能提上自己的猎枪，和几个好友一同去打猎。从年轻时起，他便非常看重打猎这项活动，在当时能被博世邀请去打猎本身就是一种殊荣，当然被邀者也承受着巨大的心理压力，因为博世多年来坚信不能一起打猎的伙伴是不能一起做生意的（见图 35-5）。

图 35-5  博世与好友们在野外

**然而，树欲静而风不止。博世越是想远离政治，越被其所困扰。**1941 年，为了避免在斯图加特被国家社会党授予"劳动先锋者"的称号，他特意选择在远离斯图加特的德国北部城市巴登巴登庆祝八十岁生日。然而终究未能如其所愿，当时劳工阵线党主席罗伯特·雷还是追查到了他的下落，并且亲自把这枚勋章带到了他的生日派对，强行给博世戴上。也是从这年冬天开始，博世不断遭受病痛的折磨。即便如此，他还是强撑着处理一些工作（见图 35-6）。

这个时候几乎很难有人可以设身处地地理解博世的痛苦，他曾经无数次在事业上力挽狂澜，在家庭上努力创造希望，但长期的劳累和心情抑郁最终击倒了他，躺在床上的这位伟大企业家，或许心中还有未尽的事业，以及无限遗憾，也有对国家前途的担忧。而此时，工作是他唯一可以抓住这个世界的手，以表达自己内心的眷恋。"**直到去世前的两三天他还在伏案工作。他当时头上还绑着绷带，一边工作一边因为病痛而呻吟。**"他的私人助理如此描述。

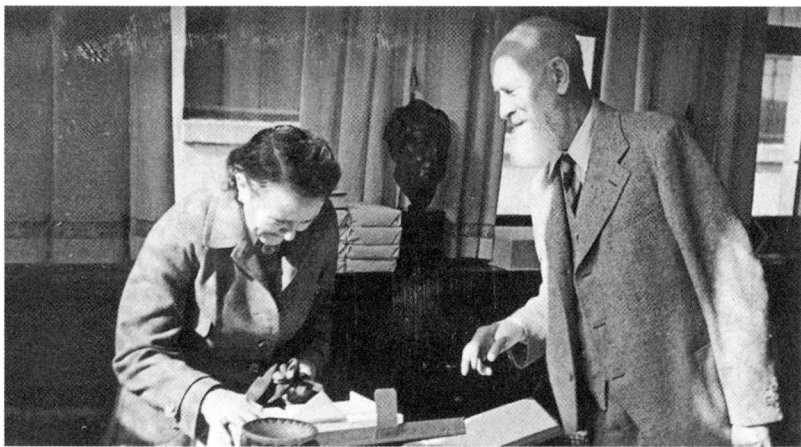

**图 35-6 晚年的博世**

1942 年 3 月 12 日，博世因中耳炎引发的并发症与世长辞，享年 81 岁（见图 35-7）。这一年他的小儿子罗伯特还是一个未满 15 岁的少年。

**图 35-7 博世的葬礼**

博世去世的消息很快就引起了当局的注意，柏林方面很快致电给博世的遗孀，告知他们将于 3 月 18 日为他举行一场国葬。博世的离世让很多人感伤，但或许也正因为他的提早离开，这位奋斗了一辈子的老企业家才避免了直面自己的工厂被征用为纳粹德国生产大量的军备武器、使用强迫劳工以及最终被同盟国军队轰炸的悲痛现实。传记家西奥多·霍伊斯在完成了《罗伯特·博世传》之后坦言："这对他而言是仁慈的祝福。"

哀悼博世离世的众多讣告中或多或少都提及了博世作为企业家的个人成就，然而更为人称赞的是博世的社会责任感和他身上体现出的人性光辉。博世从年轻时期起就时常告诫自己："**永远不要忘记你的人性。特别在与人相处之时，切记要尊重他人的人格尊严。**"即使后来成了技术工程师和企业家，他也一直把与"人"之间的相处放在最重要的地方，而领导力是他最大的力量来源。

## 回归本质的经营哲学

博世的去世，并没有让博世企业停止脚步。通常，优秀企业家留下的遗产绝对不仅仅是一家赚钱的公司，或者巨大财富，他们赋予企业的文化烙印往往长时间地影响继承者的价值判断。从价值观和管理思想上来看，博世确实也是如此，他还深深地影响了同时代的德国很多企业。

周掌柜战略咨询团队欧洲区的两位合伙人，近距离观察博世和博世管理者，概括出下面四个重要的经营哲学：极致品质追求、新型竞合关系、奋斗者文化和实践领导力。下文一一剖析。

### ▨ "极致品质"是事业奠基石

在博世车间里工作是一件严肃的事情，所有人都要严格遵守博世定下的基本准则：杜绝浪费、极致品质、准时律己。

这几条准则在 1921 年被公司定为"博世精神"，其目的就是为了生产出最符合客户要求的高质量产品。博世生前如此解读他的原则："一直以来我都严以律已，遵守我定下的这几条准则。我向来都是宁愿少赚钱甚至是赔钱，也不愿意违背我的准则。我所承诺的每一个字、我对于我生产的产品的质量的信念还有我的荣誉是比眼前的利润更加重要的。"这是种典型的德国式价值观宣扬，后来不仅深刻影响了博世，也影响了后来一批德国企业的经营哲学。

博世在质量问题上是一个绝对不和任何人妥协的人，他一旦发现车间里出现了浪费材料和工作态度敷衍的现象，便会毫不顾忌对方颜面地严加指责，甚至勃然大怒，"整个车间都会感受到老板的震怒"，不过"这震怒往往如狂风暴雨般，并不持久，很快便又会雨过天晴"。

对于品质的极致追求是博世精神的核心。为了实现这一目标，他愿意投资买最好的、最先进的设备。哪怕是在生意最难做的 1890 年前后，他也愿意拿出微薄的利润投入其中：为了能够保证与顾客更好地沟通，他不惜每年投入 150 马克装了一部电话，这在当时而言是一笔相当可观的投资（见图 35-8 左）；为了保证车间员工们能够了解最新的信息，他常年订阅《电气科技专刊》杂志；为了能够保证签单成功率，更多地走访客户，他更是自己掏钱买了一辆自行车，每日穿梭在大街小巷之间（见图 35-8 右）。

图 35-8　博世买的电话（左）与自行车（右）

## ■ 新型竞合保持公司竞争力

经过两次世界大战的洗礼，博世不断间歇式重建，只能抓住空隙和平期快速发展，这让博世一直处于一种创业饥渴状态。这种压迫式的外部环境，与此刻中国很多企业家大喊的"狼来了""冬天来了"有着本质的不同，战争和经济周期不同，对企业无异于地狱降临。博世的生存环境与和平年代相比，更加充满挑战。而其后期业务的急剧扩张也带来了新的问题，就是竞争的场景和竞合关系发生了深刻变化，新思维在商业环境中开始酝酿，倒逼企业有所改变。打拼了一辈子的博世深谙商业和科技进步的本质内涵就是无穷无尽的竞争。竞争无法避免，随时随地让企业面临失败的风险。若想要确保自己长久地立于不败之地，除了不断自我调整，保证高质量高效率的生产之外，也要构建新型的竞合关系，以保证公司"超越竞争"，基业长青。

和最强的伙伴通力合作，化竞争为共赢的基石，不断巩固在全球市场上的整体领先地位，是他不断思考后沉淀的新型"竞合哲学"。

基于这样的商业哲学，博世于海内外先后进行了一系列的尝试：在欧洲境内，于 1924 年与斯图加特最大的竞争对手艾泽曼合并；1928 年与法国企业拉瓦莱特合资在巴黎开办了拉瓦莱特 - 博世工厂；1931 年与其英国最大的竞争者约瑟夫·卢卡斯股份有限公司合资在伦敦开设了 C.A.V- 博世生产线；1935 年与意大利企业共同在意大利开设了 MABO 工厂。在欧洲以外，博世为了避免缴纳高额的关税，把许可证发送给他们在日本、澳大利亚和阿根廷的当地合作伙伴，让他们可以直接生产博世的产品。此外，在中国天津开办的宝世洋行成为与中国市场之间最早的纽带（见图 35-9）。

简而言之，博世用利益纽带化解"敌我"竞争，通过合作放大业务边界，降低探索新世界的成本，同时也对企业核心竞争力进行动态思考和把握。从长远规划的角度考虑，博世往往又很精妙地在合资企业中设计长期掌握控制权的方法，以保证合作的巨大成功最终融入公司躯体中。

图 35-9　博世在中国天津开办的宝世洋行

## ■ 让"奋斗者"领导企业

从微观角度来看，在处理公司与员工、管理者的关系上，博世同样拥有洞见。他在开车间的时候就明确表示过，车间里没有"老板"和"员工"的概念。从某种程度上而言，他们都是博世的"合伙人"。这与国内很多企业的"奋斗者文化"很类似。

工作上，博世对于产品质量的高要求让这些伙计们承担了巨大的心理压力；但在工作之余，他们也得到了老板的尊重和宽容：哪怕是在车间运营最艰难的时候，博世也绝不拖欠工资，老员工在回忆起这段岁月的时候经常坦言"我们的日子要比博世好过，他总在保障我们，却没有人为他提供任何保障"（见图 35-10）。在车间里大家喜欢边唱歌边作业，作为老板的博世虽然也希望跟大家一起高歌振奋，但是为了避免破坏大家的兴致，还是选择一个人躲在办公室里听大家唱。夏天酷热难耐的时候，博世也会突然跑到车间里告诉所有人放下手头的工作回家休息；在后来公司业绩好的时候，博世也会组织一些团队建设的活动，带领大家一起到斯图加特周边的山里去踏青。

图 35-10　1926 年的博世生产线

　　在竞合关系不断深化的同时，博世的生意全方位在全球铺开，企业发展欣欣向荣。博世的经营哲学帮助企业走出了一战的创伤，然而企业发展又不可避免地被二战打断。二战爆发前他就清楚一个事实：无论德国此战是输是赢，公司海外市场业务都会不可避免地再次萎缩。彼时的他面对巨大的身心压力，难以独立继续支撑企业的管理工作，这让他决定于 1938 年淡出企业，由一直看重的商务主管汉斯·瓦尔兹接班。虽然博世的隐退和几年后的离世让企业上下所有人感伤唏嘘，但博世企业并没有产生崩塌式的坍塌，反而不断地进步和超越，这多少和博世信奉和推行的"奋斗者文化"传承相关（见图 35-11）。

图 35-11　博世早期员工

### ■ 实践领导力特质

最后我们试着概括博世最重要的个人领导力特质，其中主要就是"实践论"。这种"实践"超越身体力行的初级阶段，还包括激发鼓励、一线奋战、沉淀方法和文化引领等多个维度的立体"实践"。

博世在员工们的心中是像"教父"一样的存在的老板，是一切企业行为的带头人，他个性异常却又鲜活。**首先，作为一名工程师出身的老板，博世事必躬亲。**"每日未必见其人，但日日必定闻其声。"他的严谨和勤劳也为他吸引来了更多有才之士。1886 年，博世刚成立自己的厂房的时候，他可能未曾料想到他的一举一动都被楼上四岁的奥拓·菲舍尔看在眼里。小奥拓看到还未到而立之年的博世每日骑着自行车忙进忙出，和厂里为数不多的两个人时常加班熬到下半夜。十九年之后，奥拓在完成了学徒期之后毫不犹豫选择了加入博世。之后当博世了解到这个故事的时候，便到他工作的试车间与"老邻居"相会。老板的格外关照更加激发了奥拓的积极性，他在古特劳勃·霍诺尔德的手下工作，大幅度提高了火花塞的性能，并且将其成功运用到了赛车和飞机发动机之中。**老板带着员工实践，往往可以激发员工的创造力和战斗力。**

**由于经常在第一线战斗，博世也体恤员工。**在博世工作的员工明白只要努力工作，便可以获得优厚的待遇。博世将这一点归结为"共赢原则"，并作了如下的解读："我并不是因为钱多所以给大家发高薪，但我富有的原因却是我给大家发高薪。"随着企业不断壮大，为了提高公司的生产效率，博世更是先于时代采取了"8 小时"和"两班倒"工作制度。或许因为自己在青年时代的学徒期收获甚微，让他几度对工程师这个职业失去兴趣，所以他对如何激励员工有很多反思。基于此，博世不希望任何青年学徒在他的工厂里有类似的经历。他在还是一个小作坊主的时候便立下规矩：一个师傅不同时带两个学徒，每个学徒必须接受全面的培训。在事业逐步走上正轨之后，他更是于 1913 年单独成立了一个部门，专门负责制定对于学徒的培训。即使是在进行整改，更注重专业人

才之时，博世也从未放弃全方位的培训原则。正是他的这份坚持与执着让更多
的青年才俊选择了博世并且留在了博世。

**博世很重视企业文化建设。**他除了拉近自己和每一名员工的距离之外，也
在内部发行了名为《博世点火器》的刊物。1919 年 3 月 15 日刊物正式发行，
它的创办初衷便是为了"建立每一位为公司日日打拼的人与公司的连接"，让
"每一个将自己的力量、智慧与才能贡献给公司的人与这个集体的命运、沉浮还
有希望紧密相连"。现如今这份被翻译成 9 门语言的《博世点火器》已经是遍布
全球的博世人的必读之物（见图 35-12）。

图 35-12　博世内部刊物

## "红色博世"的隐形财富

纵观博世的一生，他早年受他父亲的影响，从小便认识到了"公民自由"
与"法制"的重要性。他在海外闯荡的几年，特别是在美国的经历，加深了他
对于"法律面前人人平等"原则的认识。博世的多年经验让他形成了自己作为
企业家的价值观：博世在回到德国开始经营自己的生意之后，尽量保持和地方

的组织的距离，进而故意没有加入符腾堡冶金工业家协会；与其他资本家相比，博世总显得对于工人"过分"关照——博世的员工工资高于社会平均工资。这一切的一切让他获得了一个绰号：红色博世。

然而，随着公司的快速发展，博世很难再同时在企业利益和社会责任中间寻求一个平衡点，劳资矛盾同样困扰着他。1913 年，工厂的工人们集体大罢工，让博世苦不堪言。他在此后坦言："要想做一个有社会道德的企业家不是一件简单的事情。"企业的利益和工人的利益在很多维度上是不可能兼顾的，"如果选择站在其中，最终只会招致两边对你的忌恨"。博世在此后进行了良久的思索，也为后来对博世的历史性架构设计留下伏笔。那时，他得出结论认为力所能及的便是"工厂高效赚钱，高度回馈社会"，他的社会责任感不应当局限在自己的工厂内，而是应该惠及更广泛的大众。应该说，博世作为一个企业家，或者是当时的资本家，对奉献社会的认知也有一个发展的过程。

基于对于法德关系的思考，博世之后进而进化成为一个泛欧主义拥护者，他非常认同康登霍韦·卡乐基伯爵关于建立一个"欧洲国家联盟"的观点（见图 35-13）。伯爵认为博世之所以认同这一观点，不只是基于他对于市场的考量，更是基于他内心深处对于欧洲和平发展的呼唤。

**图 35-13 博世晚年参加宴会**

　　然而博世作为企业家在政治变迁中的无力感是客观的。企业家群体一般天生热爱和平，和平才有公平交易，才有生意，但还是没有能力阻挡法西斯主义的凶猛浪潮。1933 年 3 月希特勒上台，9 月他便邀请博世共商未来大计。很快博世就意识到希特勒在政治上的用心之险恶，他在回到斯图加特后便对身边人说："希特勒是想站在万人之上，根本不懂得何为公正！"那时起，博世明白德国和欧洲免不了又要遭受战争的摧残。为了公司的利益，他也不得不做出一些妥协：公司主要的负责人汉斯·瓦尔兹与其他两位董事会成员正式加入纳粹党。但即使如此，博世还是在积极走动，不希望纵容险恶的纳粹势力的扩张。

　　为此，他招揽了一批年轻的犹太学徒在工厂内，雇用了被追查的犹太工人，在资金上支持犹太慈善机构，希望他们可以帮助犹太人远逃他国。最后，他还把一些犹太后裔安置在自己的车间中，并且向外宣称他们掌握了武器制造的最核心技术，因此对于工厂是必不可少的。通过种种方式，博世帮助了大量犹太人避免了被迫害的命运。也因此，1969 年，汉斯·瓦尔兹代表博世在以色列的大屠杀纪念馆前接受了"国际义人"头衔，以表彰其在纳粹时代为援助遭受迫害的犹太人所做出的贡献（见图 35-14）。电影《辛德勒名单》中的情景，很多人应该也历历在目，在那个疯狂的时代，无数德国企业家通过雇佣的方式保护了大量犹太人，他们极力避免贴近政治、影响事业的基业长青，但往往也因为成功的效应而无法彻底摆脱政治。周旋其中的滋味或许只有亲历者才能体会，企业本身就是社会秩序的一部分，但当企业推动的商业秩序被剥夺和侵害，实际上企业家间接地成了政治受害者。

　　而从博世对政治的态度以及诸多善行可以感受到，实业家群体大部分源自底层的奋斗者，他们对人民苦难往往感同身受，这让他们在复杂的政治环境中在某种程度上承担了社会稳定剂和黏合剂的角色。每一个企业都有一个内部生态的小环境，在博世这种十几万规模的企业，也包括当今中国很多十几万或者几十万的大型企业集团中，企业家的胸襟和见识注定会为一方水土、一方人带来福祉。

**图 35-14  汉斯·瓦尔兹接受"国际义人"称号**

如果放大到整个的欧洲工业文明发展历程来看，似乎有一个粗线条的结论可以提取：企业家与员工的财富差异和雇佣关系其实并不是社会稳定的根本性障碍。因为劳资的关系在优秀的企业中是建立在共同事业基础上的，只要企业内部生态中呈现出共赢关系，市场竞争的公平性便无须外部势力介入就可达到平衡，商业社会和市场经济大环境早已解决了"劳资矛盾"的零和性历史残留，过分干预企业管理背后很可能是一种渗透商业的权力提取，对企业、对社会甚至对国家，非常有害。

## "三权分立"的长期治理架构

博世对商业传承的创新贡献也值得一提。

这里面完整的因果逻辑是这样的：博世在年过七旬之后已经日渐感受到了公司继承问题的迫切性，一直考虑企业传承问题。随着一战的爆发与结束、丧子离异之痛以及希特勒的上台，他更是备感压力。他意识到，单纯凭他于 1917 年成立的博世股份公司是无法确保企业"强劲和隽永地持续发展，并且引领与创造未来"的长久计划，他必须要重新改革公司的管理机制。因此博世于 1937 年进行了公司改制，回购了全部股份，将拥有 18 万员工的博世股份公司改为股份有限公司。

改制完成后博世于 1938 年立下遗嘱，首先，他明确企业和企业继承者应当秉承的原则，即"保证博世股份有限公司的长久发展"；其次，他强调"博世应当最大限度地确保财务独立、自主自治、有能力采取适当的措施"；再次，他坚持维护家族企业的原则——"博世企业必须和博世家族紧密连接"；最后，他表明要将企业的一部分盈利用于回报社会的慈善与社会事业中。

博世将企业的管理和未来的发展委任到他最信任的七个心腹手中，他希望这几人在未来时机成熟的时候可以通过一个更好的方式实现他的遗愿。在这七名博世选定的集体接班人中汉斯·瓦尔兹后来被选为董事长，汉斯于 1912 年加入博世并且一直在博世身边，是他的私人秘书。他于 1924 年成为理事会成员，此后一直是博世的左膀右臂（见图 35-15）。博世对于汉斯的信任是无条件的，在 1940 年他更是在给汉斯的一封信中直言道："在过去的 20 年中，有什么关于公司和我的事情是你没参与的吗？"

图 35-15　博世去世后的管理层

博世于 1942 年 3 月 12 日凌晨去世，在他身后几位高管一直致力于维护创始人的遗愿，为了确保公司的独立，他们竭尽所能与希特勒政府划清关系，并且在二战后被同盟军猛烈轰炸之后全力复兴，重建博世集团。1964 年，博世领导层认为时机已经成熟，再次进行了改制。首先，让于 1921 年成立的主要用来管理创始人股权的博世资产管理股份有限公司收购了博世家族掌握的大部分公司股权，持有 92% 的股份。1969 年，博世资产管理股份有限公司改制成为非盈利机构——罗伯特·博世基金会，拥有 92% 股份的分红权，而其 92% 股份的投票权则转移到了新成立的罗伯特·博世工业股份有限公司。罗伯特·博世工业股份有限公司又和罗伯特·博世股份有限公司合并成为罗伯特·博世工业信托公司，掌握 93% 的投票权，全权负责公司的业务决策。而公司剩余的 7% 的股份分红权与其相应的投票权则保留在博世家族手中。如图 35-16 所示，博世家族拥有一小部分博世的收益分配权，但企业由奋斗者掌控，最大利益回馈基于服务公众的博世基金会。

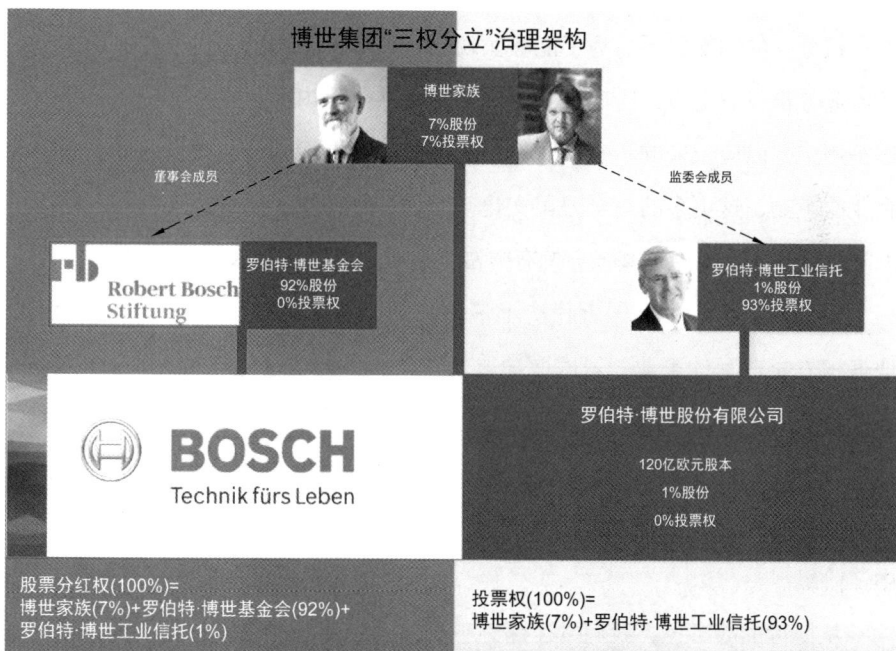

**图 35-16 博世集团"三权分立"治理架构**

博世家族因而维持着和博世架构的所有机构的密切关系：博世的孙子克里斯朵夫·博世一方面是家族的发言人，同时也是罗伯特·博世股份有限公司的监督委员会成员，还是罗伯特·博世工业信托的合伙人与博世基金会董事会成员。博世基金会将股份带来的全部红利运用到慈善与社会事业中，涉及教育、医疗、文化、科学领域以及国际关系等领域，意在维护欧洲区域以及全球的稳定。与此同时博世基金会还在斯图加特有罗伯特·博世医院。作为全球最大的基金会之一，从创始之日开始就不参与任何企业决策，全力投入公益事业，不但保障股份的安全，并且承载了创始人实现世界和平的愿景。

## 小结：企业家造富于人民

最终，在博世过世 27 年之后，博世集团形成了有限公司、基金会和博世家族三权分立的制衡关系。为了能够实现创始人对于公司独立经营的凤愿，公司任何业务都没有上市，所产生的全部利润留在企业内部，或投资于科技研发或作备用金，以应未来的不时之需。用这样的制度框架创新，博世保证了家族对企业的影响，这更多的是对公司文化基因的一种捍卫，同时给"奋斗者"以更大的发挥空间，也通过基金会持有财富并达成自己对社会未尽的心愿。

罗伯特·博世，德国近代史上最伟大的企业家之一，一辈子"向死而生"地追求着实业家的事业，家庭凄凉，从"自私"的奋斗走向"无私"的奉献，最终挣扎着传承给后代一份实业品牌的荣耀，留下一个经过百年时间检验、二次战争摧残仍生机勃勃的制度框架。博世股份内部分红的大部分进入了博世基金会，这家基金会守护财富，回报人民，也支持着持续贡献消费力的德国中产阶级。

从博世的故事里，我们可以深刻感受到：**企业家往往质朴而单纯，也充满着清教徒式的理想主义。**肯尼斯·霍博和威廉·霍博所著的《清教徒的礼物》里对清教徒式企业家有所描述：1.出色的机械天赋；2.先集体后个人的道德观念；

3. 非凡的组织能力；4. 建造人间天国的坚定信念。无疑，本文所述的博世和博世企业拥有同样的特征。实业家精神超越历史，跨越国界，本质是一种人类共同拥有的奋斗情感。单纯从劳动的角度来看，他们往往最乐观、最勤劳、最能拼搏，而从回报的角度来看，他们也只和普通人一样衣食住行，甚至要求更低。他们的家庭则往往间接地为这份事业牺牲了很多，仅仅获得了别人眼中闪闪发光却无法在现实中享有的荣耀。回顾眼前的中国，正是工业革命、电气革命、信息革命和智能革命浪潮催生世界工厂的历史性时刻，中国精英和公众终究需要清醒认知人类近代文明如何造富和如何传承的全球性经验，进而理清"谁为社会创造价值？""谁和人民分享财富？"的问题。

　　终究，对企业家的认知不应该是意识形态问题，也不是"中国特色"阶段性的权宜之计，这不仅仅涉及中国传承世界工业革命精神的文明融合性，更体现了"实业立国"的根本性国情需求。**企业家不仅是"自己人"，也是造富人民的"同路人"。**

# 《德国博世百年风雨启示录（下）：实业强国》全文

　　上文讲到德国博世"向死而生"的发展历程，以及创始人罗伯特·博世"企业家苦难"的领导力进化，本文我们力求从更宏观的视野分析博世在竞争中胜出的战略特质，以及博世作为一家欧洲工业瑰宝带给我们的"实业强国"启示，这些宝贵经验非常值得年轻的中国产业界借鉴和学习。

　　先从博世如何在全球汽车产业链中胜出谈起。从大格局看，这和德国汽车工业与美国、日本的竞争格局有关。背景是：在二战后的 20 世纪 70 年代，主要是德国汽车工业与美国、日本竞争，美国这边的福特、通用两家巨头借助美国超大汽车市场在竞争中异常强势，而日本主要是通过性价比、低油耗策略抓住了石油危机后的机会窗口快速逆袭，这里我们主要做德国和美国的汽车工业对比。1908 年福特汽车公司生产出世界上第一辆属于普通百姓的汽车——T 型车，为"装在汽车轮上的美国"立下了不朽功勋，世界汽车工业革命就此开始。1956 年福特上市之后，一口气收购了马自达、捷豹、路虎、沃尔沃等品牌。而 1908 年成立的通用汽车曾在不到 2 年的时间里大举并购了 20 多家公司，同时也成为华尔街评价最高的公司之一。

　　而对比同样独领风骚的德国宝马和奔驰汽车，我们会发现：德国汽车工业与美国最鲜明的差别就是重视基础研发和品牌打造，在资本运作方面相对于美国并不擅长。1916 年成立的宝马（BMW）前身是一家飞机工厂，最初以制造流线型的双翼侦察机闻名于世。1923 年，BMW 研制了第一台摩托车发动机，1929 年，宝马才宣布进军汽车制造业。卡尔与戈特利布分别于 1885 年和 1886 年制造出了各自的第一辆汽车，他们各自的奔驰公司和戴姆勒公司分别于 1894 年和 1896 年推出了世界上第一辆汽油机公共汽车和第一辆汽油机载重汽车。两公司于 1926 年合并，正式成立戴姆勒－奔驰汽车公司（简称奔驰公司）。粗线条地概括，美国汽车工业更多的是通过市场和资本驱动快速发展起来的，而德国汽车工业基于核心技术研发和高端品牌定位与美国车企打持久战。

　　这个汽车竞争格局当然会深刻影响背后做汽车零部件的博世集团。那么这个竞争背后的景象如何呢？业内人士介绍，美国汽车工业和日本汽车工业的零部件体系框架类似，最初都是厂商主导的垂直产业链。例如，德尔福（Delphi）曾经是美国通用汽车的子公司，而电装是从日本丰田公司独立出来的。德尔福一直到 2005 年才将霸主地位拱手让给德国博世，此后的若干年经历了破产保护和业务重组，但再也没有能力挑战博世在全球汽车零部件领域的地位。周掌柜战略咨询团队欧洲合伙人顾思·凯德（Guus Keder）指出，德尔福衰落的根本原因在于其 CEO 长期讨好华尔街带来的"唯市值论英雄"的资本市场文化。华尔街只看 3 个月的报表，所以德尔福当时的 CEO 就不断根据华尔街的需求砍成本、缩减研发规模以及用自动驾驶等新技术部门不断炒作热点概念。而博世得以发展 133 年至今，一个重要的原因就是博世是非上市企业，最大的股东是罗伯特·博世基金会，独特的股权结构使得博世能够不受资本市场的短期营利性影响，得以进行长期前瞻性的投资，最终在行业技术竞争中胜出。

博世中国副总裁蒋健认为："当我们用 100 年的尺度去看汽车工业竞争的时候，确实发现前台和后台虽然有着此起彼伏的竞争现象，但终究是一些大逻辑在影响着产业和行业的发展。"坦率地说，欧洲整体的工业基础在二战后是呈衰退趋势的，英国、法国和意大利这些传统的工业强国都在萎缩，目前德国主要的支撑产业就是汽车、化工、高端机械产业链和中小制造业。在大的产业衰退环境下，德国汽车工业一枝独秀的背后有着竞争战略和产业政策的立体支撑，这个亮点尤为可贵。

## 战略第一：追求可持续增长

**细化研究德国博世的战略思想，我们发现这家公司是非常质朴的，有一些中国人所言的"守拙"的味道。**举一个例子，博世一百多年来长期坚持对未来趋势的多角度分析和研究，形成 MegaTrend 大趋势报告。这个报告有几百页，几十名全球各行各业的专家都参与其中，完全超越了汽车和零部件的格局，所有的商业推理都基于朴素的大逻辑，例如老龄化趋势、基因科学最新进展，事无巨细，包括社会万象。这家公司更像一个经过精密计算，并且有板有眼地执行和落地的巨大时钟，随着时代滴答作响。具体而言，我们可以将博世的战略归纳为如下几个方面。

**战略思想：博世强调拥抱趋势，并坚持前瞻性研发驱动。在每年一度的大趋势研究中，博世不断反思现有竞争力和未来竞争力的占位，这些都是基于趋势研究和消费者洞察。**现任博世集团 CEO 沃尔克马尔·邓纳尔（Volkmar Denner）博士认为博世传统的核心竞争力是机械和电子的结合，但是在未来的世界里汽车电子的趋势将更加信息化和智能化。于是他推动大胆在传感器领域投资，在传感器行业进入微机电传感器的时间节点，把汽车制造中积累的传感技术进行放大。2017 年，博世宣布投资 10 亿欧元在德国德累斯顿建立第二家晶圆厂。这些都出自这位曾经是一位物理学家的高级管理者之手。据蒋健介绍，博世对 ABS 系统的投资最早在 20 世纪 60 年代开始，但到了 70 年代末奔驰才开始采用，这期间博世持续投资了 15 年，ABS 市场起步的时候竞争对手远远跟不上博世的创新步伐。从中国区战略负责人刘敏的角度看，博世的战略特点与她职业生涯中经历的其他公司也有很多区别。用她形象的比喻来说，**企业界有老黄牛的文化，也有狼群的文化，博世战略文化更像一只老鹰。**第一，公司坚持"有所为有所不为"，每一个战略决策都会深入分析，确认"自己能做什么""给客户带来什么"，想得比较清楚；第二，德国人主导的公司文化是做事情严谨，不轻易制造概念，也不轻易下结论，得出结论之前非常实在；第三，博世没有"搏"的概念，不会在准备不充分的情况下贸然推动，也不认为以小可以搏大；第四，博世制定战略从来不靠感觉和想象，这一点很像德国球队，这是一种基于系统流程的推演，德国球队没有太大的球星，但这个组织换谁做前锋都可能进球。

**战略落地：博世往往尊重简单清晰的技术导向。**如果说善于捕捉趋势的博世集团在战略上清晰是基于洞察，那么在战略落地上主要依靠工程科学。目前，Volkmar Denner 推动公司制定了 3S 战略框架，即传感器（Sensors）+ 软件（Software）+ 服务（Services），这已经完全超越了从点火器起家的零部件厂商的范畴，也超越家电和电工的应用格局，是一个面向 IoT 时代的全方位战略姿态。而博世中国的阶段性战略演进也非常清晰：第一个阶段的战略可以概括为 Localization in China（在中国的本地化），从 1909 年开始先是通过销售代理公司将产品引入中国，到改革开放后快速持续投资建厂、本地采购，重点是从国外拿最先进的技术产品到中国，增长中国市场的收入；第二个阶段是从 2010 年左右开始聚焦于 IoT 战略，这与 IBM 提出智慧地球几乎是同一时期，最早的一个显著变化就是博世将传统汽车业务板块的"汽车技术"改名为"汽车与智能交通解决方案"；第三个阶段是 2016 年之后，提出 China for Global（中国为全球）、Innovation in China（创新在中国），立足于将中国变成研发中心。应该说博世在中国的本地化现在已经超越了生产阶段，开始借用中国市场的充分数据环境，面向智能时代布局博世全球的下一个战略机会点。博世集团也依托中国创新能力，快速地完成了从产品中心到解决方案中心，再到服务中心的转变，不断变化，寻找面向未来的地位。虽然博世集团的家电业务、电工设备在全球也有着很大的市场空间，但博世在制定未来战略时其实并不优先关注业务的放大，而更在乎技术角度的能力构建。

**决策体系：博世混合"铁三角"决策加信任管理。在博世全球的体系中并不是单一的垂直管理，甚至各个区域有一定的竞争关系，应该说是比较彻底的全球化思维。**在一般情况下，博世在一个大市场会建立决策"铁三角"，这是一个三人委员会。比如，过去多年来博世在中国的管理层包括中国区总裁、高级销售负责人和商务职能负责人，大部分的决策是这个中国管理层团队拍板，重要和复杂的决策向总部的董事会成员汇报。总部的董事会成员几乎每个月都用一周时间在一起，做方向性决策和解决区域棘手的问题。而这样的决策体系对中层的管控更多基于"信任管理"。对内，博世决策体系基于专业协作，不太强调竞争性挤压的领导力文化。

**组织管控：充分本地化加企业文化塑造。博世现任高管王宏宇 2003 年加入博世，是博世电子驱动和车身电子事业部的第一名中方员工，时任项目工程师。**据他所言，博世本地化的速度远远高于其他竞争对手。往往新业务进入中国市场，先由德国总部派人，之后 3 年之内逐步进行团队的本地化，经过了 5 年左右的时候基本上就是以中国员工为主。而德国同事最关注的往往是博世的文化传承。概括起来，这也是一种超越竞争、超越执行力、基于文化认同的信任文化。很多博世中国区员工有十几年服务博世的经历，公司对员工非常放权，自由度较高，让员工真心热爱公司，并且发自内心地忠诚于公司。如蒋健所言，公司的员工基本都是博世产品的忠实粉丝，内卖会上大家购买自己公司的产品都很踊跃，员工很少因为业务产生摩擦、导致人际纠葛。这种基于彼此信任的企业文化在全球主要市场，如日本、印度等市场也一样。

根据以上的简单概括，我们发现博世是一家非常全球化并尊重本地市场的公司，同时把控战略投入的时间和精力超出常规。**公司从战略长期稳定性考虑，并没有采用攻城略地、垄断一切的"刚性增长"，更看重核心技术供给和服务供给，在掌握了汽车行业诸多核心知识产权的情况下也没有贸然走上前台发布博世汽车品牌，而是通过支撑、服务和合作的方式支撑前台厂商的竞争，以确保自身立于超越竞争的不败之地，这种"柔性增长"的战略思维非常值得中国企业借鉴。**由此，博世不仅支撑奔驰、宝马这样的德国汽车巨头，客户还包括其他欧系、日系甚至美系车企。对于内部，博世在保证公司持续竞争力和市场地位的同时给了员工更多空间，愿意善待和相信员工，减少组织摩擦。周掌柜认为在内外部都超越恶性竞争，是超级巨头最合理的一种战略姿态。

## 实业精神：远离"金融化"诱惑

博世还有很多细节是值得玩味的。比如，博世背后的博世基金会每年会从全球选出 30 多名拥有不同文化背景的年轻精英加入"博世基金会大使"计划，这些人从商业和非商业的多个领域中选出，也不仅仅基于学术或者事业成就的标准。博世每年都为新的一批大使提供经费，让他们在全球各个国家开展落地的公益活动。对于政界青年政治家，博世也有相应的"领导力发展计划"，在这些年轻人年轻的时候就和他们互动，让他们了解博世（见图 35-17）。这些博世基金会主导的项目，**经过 100 年的积累最终在全球枝繁叶茂，上万名年轻人或许现在已经不再年轻，但他们成了博世和全世界（其中甚至包括全世界政府）的纽带。**当然，一部分人也可能加入了博世。

图 35-17　博世推动中德交流

　　据说这些做法和博世创始人罗伯特的经历有关，和公司经历两次战争重建的思考也有关系。博世希望在和政治有一定边界的同时，形成更好的外部环境，支持业务可持续增长。**这个历经百年的工业巨头深刻地清楚：政治不在企业的经营范畴内，但敏锐地洞察和跟随政治趋势方能让企业基业长青，通过支持年轻政治家带来柔性影响力比较符合商业和政治的边界原则。**同理，博世对慈善也有类似的观点，博世中国慈善中心负责人郑莉惠女士介绍：博世慈善理念第一是增加企业和社会的关系，第二是对员工的熏陶，第三是匹配战略且匹配需求。背后的逻辑是建立企业和社会、国家乃至世界的纽带。

　　围绕这个大话题，我们再跳跃到美国汽车公司背后的政治大环境，这个对比也很有意思。因为如果说博世的背后是社会责任，那么美式大公司背后更多是股东责任，这个原点让两者在竞争中的战略选择产生差异。美国政府发布的数据显示，2016 年美国金融保险业的产值约占美国国内生产总值的 7.3%，2008 年金融危机前曾超过 8%，相比之下，20 世纪 40 年代仅为约 2.5%。对此，美国密歇根大学社会学副教授格蕾塔·克里普纳（Greta Krippner）判断，20 世纪

70 年代以来，美国已从一个制造业占主导地位的经济体，变成一个以金融业为主导的经济体。这是美国汽车工业发展的一个历史性背景。

**其实更早的时间在 21 世纪初，美国等发达国家纷纷向金融服务业转移，打造所谓的"华尔街模式"。**自满于已经统治世界工业 100 年的美国精英想法非常激进，他们认为靠美元的强势地位、靠军事实力的压倒性优势，美国不仅可以保持其在经济领域的收割者角色，也可以在德国、日本这样的制造业大国崛起之时当头一棒地扭转乾坤，"赚快钱"的思维弥漫在美国商学院等商业精英聚集之地，几乎也是从 2000 年之后，美国的工资收入最高的往往是华尔街的投资银行家，商学院毕业生第一职业选择都是高盛、摩根斯坦利这样的顶级投行，企业家在美国商界的地位对比 20 世纪初极大下降。这些人都看不起德国车间里的敲敲打打，认为德国产业界既没有大规模转移制造业，也没有在虚拟经济上投入巨资，错过了最完美的赚钱机遇。华尔街的精英经常把德国当成墨守成规的代名词，称之为"老欧洲"，博世在美国竞争对手的眼中也一直被认为是"平庸者"。

美国企业过度金融化的趋势应该从 20 世纪 70 年代到现在最为明显，很多制造业因为这个大环境发生了明显的战略转变。从 1970 年左右开始，美国就逐步向服务业转移，20 世纪 80 年代通过大规模兼并、拆分重组在资本市场上重组实业部门，而同时大量资本从当时不看好的制造业中退出，转而投入更容易获取高利润的金融、保险和房地产行业，当时**有人将这样的情况概括为"火烧经济"**①。**在这个时期，股东利益最大化的导向在美国制造业占有绝对上风**，这意味着对于通用、福特这样的制造业公司来说，评价每一个 CEO 成功与否的标准不在于公司拥有什么样的长期竞争力，而在于企业是否能够维持高股价，是否可以不断地为金融资本创造收益。由此，企业家的动作开始变形，上文提到的并购重组都是基于资产负债表的"金融工程操作"，放大到整个国家，

---

① "火烧"源于 fire，而 fire 源自 finance（金融）、insurance（保险）和 real estate（房地产）的首字母。

美国政府越来越像一个金融机器一样通过产业政策和内外政策支持美国金融业的繁荣，普通老百姓的视野里充满着理财、投资这样的金融素养词汇，即使是一直以来高歌猛进的硅谷创业精英，背后也是金融资本以小博大的身影。在金融化的短期利益面前，美国民主党和共和党拥有少见的共识。1999 年美国国会通过了《金融服务现代化法案》(*Financial Services Modernization Act*)，获得了两党共同支持。法案从法律上消除了银行、证券、保险机构在业务范围上的边界，其结果是商业银行开始同时大规模从事投资银行的活动，这也意味着金融融合实业有了法律保障。2000 年，美国国会又通过《商品期货现代化法案》(*Commodity Futures Modernization Act*) 实质上终止了对金融衍生工具的绝大部分管制，这间接导致后来引发 2008 年金融危机的各种赤裸裸的投机和欺诈行为。

观察美国过度的金融化运动对企业影响，最有代表性的案例就是通用电气 (GE)。在韦尔奇 1981 年担任总裁到 1998 年期间，公司通过资本运作保持着高增长，仅仅在 1998 年公司就投资 210 亿美元收购了 108 家公司，当时公司的一个战略思维叫"专业多元化"，就是通过资本的方式收购行业前三名的公司，并且持续扩张，形成公司多点开花、持续盈利的管理架构。这个时期由于韦尔奇的明星效应，中国企业界大规模模仿。专业化和多元化本来不是一个属于企业界的争论，但在一段时期内似乎多元化扩张是做大做强企业的必然选择。通用电气的金融化模式并没有发生在博世身上，当然，博世也没有出现过"韦尔奇神话"这样的超级繁荣。通用电气因为有实体产业的 AAA 信用评级，所以可以低成本举债，这家因爱迪生发明电灯起家的全球制造业王者，实际上将业务中心转移到了金融部门。吃进的是债务，吐出的是真金白银。它的业务范围从起初的帮助人们购买家用电器，发展到为快餐连锁店、发电厂和郊区豪宅提供融资，还提供铁路油罐车、写字楼和飞机租赁服务。在这期间，通用电气还在研发新型飞机发动机并向股东派息。2009 年 3 月通用电气股票收于每股 6.66 美元的低点，公司濒临破产。2018 年全年通用电气的股价下跌 57%，标普道琼斯公司将 GE 从道琼斯工业平均指数的成分股中剔除。可以说，美国靠金融支撑的制造业时代有了一个惊叹号作为休止符，但与此同时，过度金融化对于美国实体经济的危害还在继续。

当我们从德国博世的企业战略分析到其竞争对手的战略时，站在几十年后的今天，周掌柜战略咨询团队的多位合伙人惊奇地发现：**专注于制造业，专注于实体经济的博世并没有因为"保守"而被淘汰。看似老旧的"德国战车"其实历史上每次都能首先驶离经济危机的泥潭。**

过去的几年时间里，国际金融危机和欧洲主权债务危机两场风暴接连袭来，但是凭着雄厚的生产制造能力，德国的就业率、工厂订单和经济增速等指标在短暂波动后总会很快转好。这清晰地验证了实业对于国家持续繁荣的历史性贡献。

**当然，德国博世并非像圣人一样的存在，即使今天，也面临着内外部严峻的市场挑战，甚至某种程度上其领先优势正在被来自中国的竞争对手化解和追赶。**对此，博世高层始终认为目前博世最大的风险来自于能否转型成功，有着 130 多年工业历史的燃油汽车正在被智能新能源汽车冲击甚至颠覆，如何从汽车零部件公司转变为物联网公司，如何在软件产品和传感器等核心器件上保持领先。在德国传统工业的母体里并不一定拥有这样的基因。况且，船大难掉头，管理架构不一定能支持内部跨部门联合创新，德国文化保守的一面也需要更有创新力的文化影响和改造。

**但出于德国人的性格特点以及博世 133 年来的风雨历程，博世深入骨髓的精神肖像就是危机主义——基于强烈的危机感认知当下，布局未来。**以科学家和工程师为主导的博世领导层小心翼翼地驾驶着这艘大船，从海洋航向天空。而实际上，国家工业的大洋正是因为有了一艘艘巨轮才有了生命，一个国家中伟大公司的命运其实已经和这个国家紧密相连。**"实业强国"的大道理在大洋中，也在巨轮上，更连接于未来的天空。**

# 第 36 章

## 用百度打败百度

### 战略思维分析

用"小数据"和"全息思维"分析和理解百度非常恰当，这家公司的核心竞争力、发展潜力和战略性挑战都是非常显性的。关于对百度的分析，周掌柜战略咨询团队前后写过三篇深度报道的文章，分别是《百度的兵工厂》《百度是否被低估？》《用百度打败百度》。第一篇是在 2017 年左右，当时百度已经遇到了很大的挑战，我们主要分析了百度的技术能力突出但是应用和商业变现能力落后的情况；第二篇是在百度股价跌破 90 美元的时候，我们认为百度被极度看空并不合理，所以这算是一篇全面看多百度的深度分析文章，后面也印证了我们的判断，百度股价最终达到 300 多美元的高点；第三篇发表于 2020 年 11 月，是对百度智能化战略的全面、深入的分析和研究，也代表我们对百度的长期判断，以及对百度 AI 战略的长期看好。

总体来看，我们认为，百度作为 BAT 的核心公司，没有做到腾讯和阿里巴巴的规模有多方面原因：一方面，这家公司在李彦宏温文尔雅的科学家个性影响下，确实不是那种具备狼性攻击力和过强占有欲的公司，这可以解读为相对积极和健康的一面；另一方面，和整个公司顶层设计的治理结构也有关系，公司每年都巨资投入研发，关注长期竞争力的积累，和腾讯、阿里巴巴的业务导向有很大区别，更接近于欧美科技公司的战略思维。不过，这个缺点也被媒体多方面放大，有了一些人身攻击、阴谋论，这一点笔者并不认同，百度的不完美应该也是其长期价值的"硬币反面"。不过，团队的业务拓展执行力确实是外界公认的百度战略挑战。

　　然而从技术战略来看，百度应该会更加让人信任和乐观。本文分别分析了百度旗下人工智能助手小度的战略潜力、汽车智能化业务的发展机遇和智能搜索再造三个方面，这些也是百度核心价值的组成部分。从这三个方面来看，百度面向未来的技术战略结构是非常清晰和扎实的，小度小看是手机，但是往大了说是智能电视，后面小度做电视也确实是向两边拓展的方向发展；汽车智能化业务虽然面对着主机厂的某些博弈影响，并没有达到获得大客户充分信任的战略预期，不过其积累的能力在集度汽车上的应用同样值得期待；而智能搜索正在潜移默化地再造外界对于百度的认知，语音正在成为外界和百度沟通的主要介质，数字人也正在慢慢形成全新的人机对话商业模式，这一点长期看也会是百度的核心价值之所在。用我们的战略逻辑概括，百度的 AI 生态战略让公司正在成为一家"无限智能"且"时刻进化"的公司。

　　对于百度的三篇分析文章，我们用的都是"小数据"和"全息思维"，"小数据"背后是我们做了大量访谈，累计近百位百度员工、前高管和业内人士接受了我们的访谈，每个人都讲述了他们了解的百度与百度战略机会和挑战。这比我们从枯燥的发展数据，甚至一些不准确的行业数据来看更加直观；而"全息思维"是从一个业务切面看整个百度的战略挑战，这方面也获得了很好的效果，通过对多个业务的切面式分析，我们可以洞察到集团层面百度组织的优势和劣势。因此，看大公司和复杂战略的时候，"小数据"和"全息思维"价值很大，这几篇文章几乎都得到了百度高层的认可，虽然里面存在很多批评和不同意见，但我们总体是从建设性的角度对企业提供第三方视角，这两种思维方式客观上也是周掌柜战略咨询团队的两个重要方法论心得。

# 《用百度打败百度》全文

小度独立融资、收购 YY 直播……20 岁年龄屡屡重拳出击的百度，还可能大逆转吗？眼下问这个问题，可能多数人先入为主的回答是"不会"。

资本市场辩证一些。看空者一般基于高预期，他们认为短期内不到 500 亿美元市值的百度追赶上腾讯或阿里巴巴已经不可能。但做多者同样异常坚定，一位香港投资经理就乐观地表示："我告诉投资团队，现在投资百度可以赚大钱！"我们追问为什么，他拿出厚厚的技术分析报告，半开玩笑地说："这帮人痴迷于写原创代码，这样的标的全球范围内都很稀缺！"

眼前来看，全球投资者偏乐观。他们不仅关注搜索、信息流、云手机和直播等移动业务，也会深入研究小度、Apollo 和百度大脑这样的底层 AI 架构，极端一点的甚至认为独立融资的小度将来就值现在百度的市值。然而，公众和媒体对百度的看法依然是基于问题导向的悲观预期。这种悲观预期往往有三个假设，其一是品牌决定论；其二是人才决定论；其三是市值决定论。总而言之，这个视角是带有情绪和意见的。

而从产业的角度看一家企业，显然不能简单判断。应该说，目前百度处于新老业务竞争性切换的时间窗口，总体看其长期发展其实非常符合 S 曲线的创新周期，在技术突破周期内百度表现强势，在管理周期内公司进攻性钝化。所以，我们判断百度大概率面临的是周期性挑战，而非系统性衰退。从百度股价最近半年触底 82 美元后强烈反弹到 144 美元也可以看到投资者对其充满期待。

本文，我们超越以上是非争论和围绕市值的多空判断，力求深入剖析百度智能化变革，为百度的投资者提供一个多视角的决策参考，一个灵魂追问是：百度为什么豪赌 AI？

## 看清小度

先从用户有更多感知的小度谈起，这是最近关于百度最大的新闻——小度独立融资后可能独立上市。这块业务看起来简单，看清楚并不容易。

那么，小度到底是什么？简单的回答一般会把小度等同于语音助手，但准确地说，小度是百度的 AI 智能助手，通过内置的对话式人工智能系统，让用户以自然语言对话交互，有覆盖影音娱乐、信息查询、生活服务和出行路况等功能的 4200 多项技能。这就意味着小度的本质是智能时代的新形态 OS（operating system，操作系统），也是 AI 时代的重要入口，战略纵深是一个"软件 + 硬件 + 服务"结合的软硬服一体化生态。按照智能生活事业群（SLG）总经理景鲲的提法，小度是基于"一屋一屏"理念构建的智能交互入口。再看亚马逊、谷歌、小米、阿里巴巴、华为等在这个领域竞争的决心，也就更清晰了其战略价值。

小度的产品形态目前主要是智能音箱和带屏音箱（智能屏）。从 Canalys 统计数据中的销量来看，它无疑是第一梯队的，以 2020 年上半年智能音箱销售量来说，亚马逊 1203 万台，谷歌 881 万台，百度 863 万台（环比增长 33%），其他的天猫、小米的销量和增长都低一个级别，百度是名副其实的第一军团。而以带屏音箱（智能屏）2020 年上半年的销售来说，百度以 560 万台出货量居全球第一，占全球的 41%。从应用效率来说，今年 6 月，小度助手月语音交互次数达到 58 亿次，比去年同期增长了 57%。在 2020 年小度还发布了小度智能早教机、小度智能屏 Air、小度智能音箱 2（红外版）和小度教育智能屏等多个产品。无疑，在这个领域小度已经拥有了先发优势。

小度本身也是一个平台，这被很多人忽略。和 Apollo 架构类似，小度采用的是开放平台模式，帮助合作企业通过百度智能音箱接入，不同于国内其他品牌的半开放式平台策略。这样一来，百度原来具备的较好的内容生态会帮助百度通过智能音箱等互动设备完成生态闭环。换句话说，小度的战略形态是一个典型的生态思维，更多硬件销量、更好的智能数据训练、更广泛和多元的服务延伸，就会形成量变到质变的智能突破。这应该也是投资者如此期待小度分拆独立的原因之所在，一旦分拆，小度的题材的稀缺性和高成长性大概率引爆市值。

搞清楚小度的战略纵深，再看独立上市预期。显然这已经成了百度股价坚挺的重要因素，投资者确实嗅觉敏锐。如果我们从百度全局战略来看，可能性确实存在。其一，百度走向智能底层架构的同时，小度向 2C 业务走，这是两个独立的逻辑。分拆上市可以给小度更大的独立发展空间，形成独立的品牌认知和发挥最大的市场拓展潜力。其二，小度需要打造的 2C 能力，百度最具挑战的是战略创新，以强运营能力在新组织里补足也是上策之选。其三，大百度如果在百度大脑的周围，形成爱奇艺、小度以及智能搜索等一系列生态型业务单元，也就意味着百度在智能时代找到了类似腾讯、阿里巴巴在移动互联网时代的生态投资战略逻辑，完全可以分别单独融资做大，显然这个"八抓鱼"形状的智能 AI 矩阵更具进攻性。所以，这个消息不仅符合逻辑，更可能是百度重新跻身 BAT 阵营的最重要战略选择。从趋势上看，业内人士评价小度说："小看是手机，放大是电视，更大是车载系统。"这个评价并不为过，客观上小度已经具备了全系列消费电子的扩张基础。

小度独立创新的最大难度应该还是在与现有业务协同运营上。首先看品牌，B2C 的消费级品牌塑造是高难度课题，已经超越了百度的能力基因。我们从前面数据可以看到百度有屏音箱已经达到如此高的市场占有率，百度无线智能耳机的很多能力领先于华为终端、小米等消费电子厂家，但其影响力和美誉度并没有和后两者达到同样级别。其次看渠道，小度的全渠道运营能力和消费电子企业比还比较初级，无论是直营式还是代理制，消费电子厂家都需要一个强大的渠道推力，特别是线下终端分销能力，这也是一个系统而复杂的管控难点，难度应该远远大于搜索引擎的广告销售。再次看营销，如何把技术创新优势转化为产品力的引领也至关重要，在行业通用技术快速迭代的情况下，如果百度不能讲好独特竞争优势的故事，消费者不大会为简单的技术优势买单。最后看领导力，这个业务对管理者领导力的要求非常高，即使小度分拆上市，具备巨大战略纵深的小度既要协同支持百度其他业务，也需要独立形成立体的竞争战略，快速决策、快速获取业界顶尖人才都需要果断的领导力。

不过，一旦如传言那样独立融资成功，可以预见小度的爆发力注定是非常强的。在 B2C 领域，不仅可以想象小度手机，也存在小度平板、小度电视的可能性，并且从战略逻辑来说，小度的小度助手智能操作系统完全有机会成为真正的下一代封闭 iOS，盈利潜力巨大。那么，简单对比以"消费电子＋新零售"进行立体创新的小米，这块业务起码是一个 5000 亿元人民币以上的赛道空间。

总体来看，小度是百度豪赌 AI 的消费电子核心布局，野心大、难度大、进攻性极强。

## Apollo 的本质

小度之外，百度 AI 战略大手笔投入的另一个场景是自动驾驶，其战略价值仍然可能被低估了。

我们看到，谷歌旗下 Waymo 在 2020 年 10 月 8 日宣布将在凤凰城向公众开放没有安全员的无人驾驶出租车服务后，百度在 10 日就迅速做出反应，自动驾驶业务正式在北京开放，可见 Apollo 的技术储备和实力真实存在。9 月召开的百度世界大会展示的重点也同样是自动驾驶。这一次，总体动静很大，背后不仅有央视动用多位明星主持人资源背书，也有李彦宏的全程讲解。时间节点非常特殊，正是举国上下讨论"卡脖子"的时间点。

Apollo 的名字就野心勃勃。阿波罗计划本源是美国科技振兴最核心的战略举措，它让美国建立和完善了庞大的航天工业和技术体系，有力地带动和促进了一系列高新技术的快速发展。例如数据传输与通信、光学通信、高性能计算机、电子技术、自动控制和人工智能等。后来，该工程的人工智能、机器人和遥控作业等许多技术成果又转移到民用领域。美国在 20 世纪的最后 10 年能够保持高速、高效增长，在很大程度上得益于阿波罗载人登月工程派生出的上千种应用技术成果或专利在经济领域的应用。百度借用这个叫法带有极强的进取心。

Apollo 计划也传递了一个重要信号——百度没有被"卡脖子"。这个长期重大投入型基础创新的战略决心必然来自于李彦宏的决断。作为顶尖技术精英，李彦宏看百度和中国互联网的出发点，一定不是市场规模，也不是通过投资控制多少企业，大概率还是出于技术视角直接对标美国一流公司。从他喜欢在家里研究很多白皮松等植物也可以感受到，这位领导者拥有一种超乎常人的耐心和技术导向的力量思维。

这里不妨拿百度和如日中天的特斯拉做一个对比。在坏事和好事两方面，两家技术驱动的公司都有很多共同点。实际上两者都是外界攻击的易感体质。2003 年创立的特斯拉直到 2012 年发布 Model S，才让公司洗脱了广受诟病的"大话王"，但那个时候并没有人相信特斯拉能如今天一样伟大，直到一年前的 2019 年，经历了连续亏损 15 年的质疑，特斯拉股价维持在当前的十分之一左右。在 2019 年，天天喊着智能电动车将引领未来的马斯克和今天 All in AI 的李彦宏一样，受到广泛争议。但百度被看衰的背后逻辑对比特斯拉来说，似乎恰恰相反：特斯拉在 2019 年被质疑的是长期巨额亏损，百度被质疑的是长期不合理的高额盈利。

从技术角度来说，两者的自动驾驶各有千秋。百度实际上早已跻身自动驾驶汽车世界领先军团，2020 年知名研究机构 Navigant Research 发布的最新自动驾驶竞争力榜单显示，唯一上榜的中国玩家"百度 Apollo"的排名再次跃升，首次挺进 Navigant Research 报告国际自动驾驶"领导者"行列。Apollo 自动驾驶相关技术专利领先，路测里程领先，覆盖场景最全。中国在自动驾驶上依托百度建设自动驾驶国家新一代人工智能开放创新平台，各地自动驾驶路测牌照发放时无一例外百度优先，均体现出百度 Apollo 自动驾驶的领先地位。换句话说，在中美脱钩的大背景下，百度完全可以集成百度大脑、Apollo 自动驾驶平台、百度地图等一系列核心技术、平台、产品，让中国在这个领域领先世界。在中国，百度几乎是唯一一家具有这种大格局战略平台的公司。

那么，这意味着什么呢？意味着百度正在超越移动互联网时代以搜索引擎为中心的消费级互联网战略，用 AI 平台架构向垂直多场景的企业级互联网延展，Apollo 战略的格局完全可以比照 Android 对智能手机的渗透。Apollo 平台的 AI 通过向制造商免费提供操作系统，使整个行业的操作系统标准化。有了 Apollo，原始设备制造商和汽车供应商专注于制造、品牌推广以及与客户的关系，而不是软件工程。通过开源的方式，百度使得全世界任何一家汽车供应商都有可能在不巨幅增加研发开支的情况下，组装出具有自动驾驶能力的汽车。考虑到自动驾驶的巨额研发投入，只有极少数企业承担得起研发投入，所以，Apollo 计划是主机厂的刚需。

这也是奔驰、宝马、福特、捷豹等多家一线汽车品牌和百度合作的原因，也包括因特尔、英伟达、微软、博世等供应链巨头。从数据来看，Apollo 是全球涵盖产业最广的无人驾驶生态系统，在其生态合作伙伴中国外企业占比超过 30%。可见，Apollo 的竞争优势也是客观存在的。

不过，百度 Apollo 计划要想达到谷歌 Android 广泛应用的高度，确实也难度不小，百度希望用 Apollo 联合其他厂家也势必需要一个"超级品牌"势能牵引，这一点百度还有待加强。但这些在理论上都是可以克服的，Apollo 是百度的新赛道，现在大舞台搭好了，唱 80 分还是 90 分的大戏不太会影响 B2B 的观众热情。

所以从理论上来说，李彦宏选择 Apollo 的出行场景进行突破的豪赌，成了将一锤定音地获得搜索业务之后的利器，败了无非是用沉淀积累的能力平行切入新赛道的问题，并不会失去太多。

## AI 大反攻

对比百度对消费级互联网的升级布局，以及 Apollo 等企业级互联网的探索，总体来看，我们认为外界高估了百度的挑战，低估了其技术能力和战略能力。再还原一下这个战略逻辑：不同于腾讯企业级战略升级关注补足研发竞争力和全新投资机会，也有别于阿里巴巴围绕电商业务做的底层技术迭代，甚至不同于华为在 ICT 产业链全域研发布局的产品整合，百度的战略转型异常坚定、高度聚焦 AI 能力复用，而且是带有强烈的互联网"原教旨主义"的技术升级换代思维。

品味其战略决心，这个升维大概率是李彦宏基于对百度成功和失败教训的痛定思痛的思考，力求战略性解决下一个 AI 智能时代互联网入口的问题，形成百度技术嵌入行业场景的能力，让百度回归最擅长的基础研发技术基因。这不禁让人回想起 2000 年李彦宏创业百度的时候本来就定位给新浪、263 提供搜索技术引擎的 B2B 模式，这也注定是当时创业团队判断的核心竞争力之所在。这样看，百度的进取心依然存在，而且很强烈，如果夹杂着外界对其不理解则反映为更加迫切。

进一步看百度 AI 战略的核心——百度大脑，其技术架构复杂性处于谷歌大脑同等级别。百度目前以三种形式开放 AI 能力：开源代码、开放能力、开放数据。百度曾表示："开放能力是基于 API 或者是 SDK，可以通过标准公开方式来获取百度提供的能力。代码公开，大家可以运用，可以一起参与开发。"从核心技术层面来说，百度大脑包括视觉、语音、自然语言处理、知识图谱和深度学习等 AI 核心技术和 AI 开放平台，对内支持百度所有业务，对外全方位开放，通过百度智能云赋能行业客户。其中，飞桨（PaddlePaddle）是集深度学习核心训练和推理框架、基础模型库、端到端开发套件和丰富的工具组件于一体的技术先进、功能完备的开源深度学习平台，已被中国企业广泛使用，深度契合企业应用需求，拥有活跃的开发者社区生态。迄今为止百度大脑已经向开发者开放了 270 多项 AI 核心能力。我们梳理了一张百度大脑和谷歌大脑的战略对比图，如图 36-1 所示。

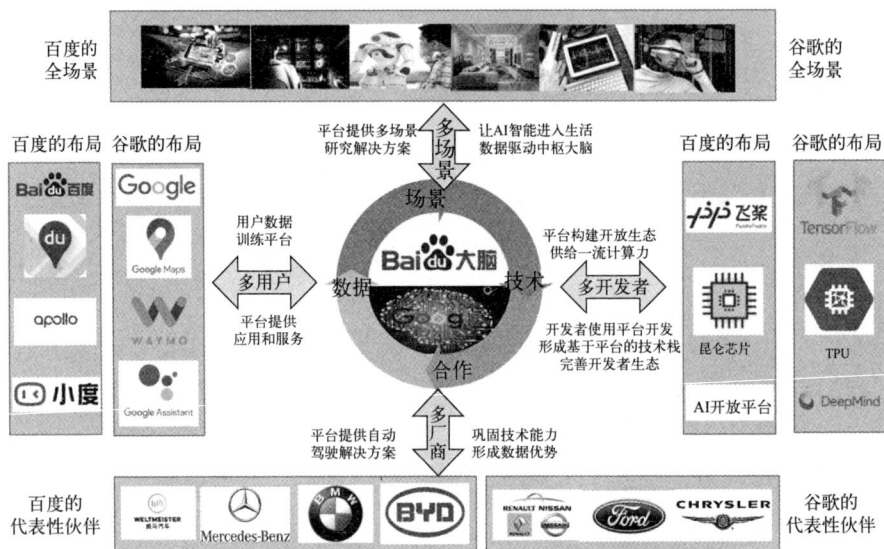

图 36-1　百度大脑和谷歌大脑的战略对比图

对比中我们发现百度和谷歌的这场技术竞争不仅长期存在，而且已进入白热化阶段。

其一，两者都将新一代的 AI 智能引擎完全建立在开放和开源之上。从整体来说，谷歌在基础上有更好的积累，包含 TensorFlow 和 DeepMind 领衔的底层开源 AI 生态，为开发者提供了行业领先的 AI 开发生态。百度的飞桨对标 TensorFlow，这两年发展很快，几乎是国内最早也最成熟的深度学习框架。很多开发者认为，飞桨在部分领域实现了超越，可以感知到巨大的投入和极高的门槛。

其二，两者新的软件架构和芯片等硬件架构都是平行开发。我们看到，在更底层，谷歌开发了针对 TensorFlow 的 TPU，百度也开发了深度适配飞桨的昆仑，都试图在生态最底层构建坚实的基础并形成竞争堡垒。百度芯片业务布局延伸也很值得期待。

其三，两者都用纯智能互联网的方式构建了应用和服务生态。一方面，用户的使用极大方便了生活，反过来看，用户的使用所形成的数据训练了平台，使得 AI 核心获得了最重要的生长动力——数据。在应用场景方面，百度除了自动驾驶和相关的运输物流领域外，更要通过 V2X（vehicle to everything，车联网对外信息交换）进入到智慧城市，并通过广泛的企业合作进入到智能制造和 IoT 等诸多领域，这让百度在未来的场景方向更有想象力。而且，百度大概率会受益于中国更开放的 AI 社会环境，获得更丰富的数据训练百度大脑。

其四，两者侧重点不同。在自动驾驶方面，谷歌大脑要逊色于百度大脑很多。也许是因为谷歌一开始试图推出革命性的自动驾驶汽车，而并没有太多考虑开放性的合作，因此其合作的规模、广度和层次都不够，而百度在一开始就试图构建一个全面开放的自动驾驶生态。美国加州车辆管理局（DWV）公布了《2019 年自动驾驶接管报告》。其中，百度北美自动驾驶团队首次击败谷歌旗下自动驾驶公司 Waymo，排名第一。谷歌通过 Android 模式逆袭了苹果的一体化封闭模式，结果谷歌 Waymo 反而跟苹果越来越像，而现在百度 Apollo 正在复制 Android 的开放模式，实现后来居上。这多少有点墙内开花墙外香的味道。从百度 AI 落地应用的角度看，Apollo 自动驾驶就成了出行和智慧城市场景战略突破的急先锋。

图 36-2 是 IDC 中国 AI 公有云服务产品数量的统计。大胆推断，未来 5 年到 10 年时间内，百度智能云将依托百度大脑面向各行各业提供的解决方案和服务成为百度对外提供的最核心产品，而搜索引擎的智能升级成了其中在知识资讯领域的一个场景应用。2005 年谷歌收购 Android 之后成功成了智能手机操作系统的霸主，成了现在匹敌苹果 iOS 的超级巨头，这是谷歌和百度价值差别的最根本分水岭，当前的战略机遇很像是历史重新展开，难度也等同于李彦宏带领百度"二次创业"。这个对比也让我们看到，这的确是一场没有硝烟的战争，而且这场科技战争已经超越企业，是中美科技竞赛的核心战场。

中国AI公有云服务产品数量统计

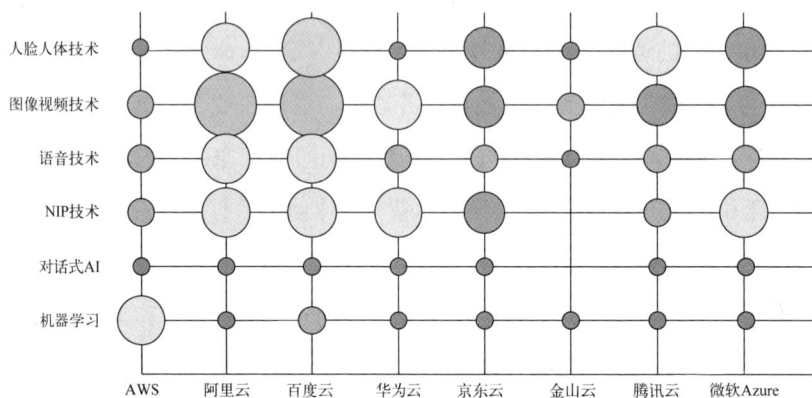

来源：《IDC中国AI云服务市场研究报告（2019）》
备注：1. 上图为截止到2020年4月底，公有云厂商开放的AI能力。
      2. 其中，对于AWS以及微软Azure，统计的是该公司在全球提供的AI能力。

**图 36-2  中国 AI 公有云服务产品数量统计**

文末，基于我们对百度的全方位对标，不妨在百度已经实现的价值基础上展开想象：关于小度做手机——小度带屏音箱放大后，未来必然可以成为家庭电视，这个战略可以放大到整个消费电子，再放大到汽车电子，从最乐观的角度看，百度 AI 智能化战略应该可以完全颠覆外界对百度作为搜索引擎巨头的认知，是一场根本性的蜕变；关于百度造车——Apollo 即使不自己造车也没问题，完全可以通过加大对威马等造车新势力的投资在实际产品中验证能力，推动 Apollo 成为世界最领先的开放式智能交通引擎；关于百度大脑——基于百度大脑的 AI 开放平台以及百度智能云提供的技术、产品和服务，极有可能上升成为 AI 产业公认的通用型行业标准，这个过程注定艰难而漫长。有一点值得关注：李彦宏是目前全球范围内有动机、有能力和有资本支持的为数不多的敢于挑战谷歌级别技术创新的企业家。

从风险来看，百度目前展现出来的挑战和压力是战略切换期必然存在的。如果百家号、智能小程序、托管页这些移动生态要素不能获得根本性智能升级，在短视频颗粒度信息时代，百度的广告份额注定会继续下降；如果智能交通不能做到足够大的规模，则自动驾驶商业化很难推进；如果智能云不能持续、坚决地投入，形成自己独特的品牌定位，则 AI 应用很难"分食蛋糕"。

而从底层逻辑来说，我们依然可以做出两个基本判断：百度不仅是国内为数不多的纯粹靠技术驱动的基础设施型公司，也是数一数二的能在 AI 等底层技术架构形成生态布局的颠覆式创新企业。而且，百度还不是那种"时势造英雄"的公司，恰恰相反，这家公司最根本的特质就是用技术创新开启新时代。2000 年创立的百度实际上是互联网泡沫破灭后的幸存者，靠的就是技术至上。从 2001 年开始，百度与谷歌同时开启了竞价排名商业模式，开启十多年"躺着赚钱"的美好时光。直到 2015 年之后，才开始真正面临业绩下滑等挑战，但 AI 战略也几乎同时开启。

总的来说，百度重生的难度被夸大了，其战略决心和爆发力反而被忽视。现实丰满且果敢，"流量百度"老兵不死，"AI 服务百度"破壳待出，从移动战略到 AI 战略大换挡，换到任何企业都是高难度挑战。搜索业务好比老百度的心脏，通过流量供血支撑了所有业务的进化，而 AI 战略无异于通过手术加上心脏起搏器的过程，有风险，但势必让生命更强有力。

百度的故事也很像希腊神话中普罗米修斯从宙斯那里为人类盗得火种，之后有些人看到了文明之光，有些人看到了邪恶之始。作为"盗火者"的百度，注定会承担对抗潘多拉魔盒的使命。此刻确实是百度重生黎明前最黑暗的时刻，但我们判断：当百度打败了自己，也就超越了趋势，因而依然有机会成为一家伟大公司。

# 第 37 章

## TCL 的十一道年轮

## 战略思维分析

　　这篇发表于 2022 年 3 月的 TCL 系统研究文章《TCL 的十一道年轮》也是我们系统研究 TCL 发展历史后的一篇深度总结。应该说在研究过程中，参与的团队成员均反馈收获很大，其一是对于 TCL 近 40 年的创业历程感慨唏嘘，觉得在中国做企业确实非常不容易，做企业家则是难上加难，不仅要面对市场创新和激烈竞争，也要面对国有企业改制这个特有的现象存在的诸多矛盾，应该说成功地完成 TCL 改制是其长期发展中一个重要的"战略支点"；其二是李东生个人领导力随着公司发展壮大，特别是随着全球化的一波三折，一直在快速进化，而且带有守正出奇的坚韧，在多个重要的公司发展节点，他的判断非常果敢和坚毅；其三是对于 TCL 战略性地投入华星光电和中环半导体的决断由衷钦佩，这两个"战略制高点"锁定了未来 10 年高速成长的基础，从消费电子公司向产业科技型公司进化是一般企业家很难下定的决心，这是一个勇敢者的判断。

　　虽然从目前的全球政治经济格局来看，我们还很难武断地说 TCL 已经获得了稳定的世界级成功，并且不见得未来会一帆风顺，但是可以确定地说，和过去 40 年经历的风雨一样，TCL 未来的创新之路必定充满坎坷和荆棘。即使这样，TCL 依然有几个看点非常值得我们期待，第一个是面板业务在柔性屏、元宇宙创新趋势面前的爆发力，应该说这两个产业都是清晰可预见并且高度结合 TCL 华星光电核心竞争力的，如果对此有很好的跟随，公司必然会上一个台阶；第二个是公司在产业科技型公司战略的底层是否能够打破人才结构的限制，形成研发和创新的中台基础设施，这一点决定了 TCL 最终是一家大公司还是一家伟大的公司；第三个是公司并购天津中环，在光伏半导体领域的突破，很有可能搭上新能源革命这次快车，获得意想不到的成功；第四个是李东生个人领导力对于团队年轻群体的影响和支持，企业家长期奋斗必然会积累丰富的应变和管理经验，这方面的"思想领导力"积累对于公司长期发展尤为珍贵。不过，更大格局的战略竞争注定也需要强大的组织支撑，特别是英雄辈出的年轻人创业文化。从这个角度看，李东生未来有着极强的内部压力去培养新一代管理者拥有领袖气质。

这篇带有企业传记特点的文章，对整个 TCL 的发展历程做了深入的梳理，应该可以带给读者很多跨越历史的认知和思考，也可以让我们感知到 TCL 独特的抗周期战略思维。

## 《TCL 的十一道年轮》全文

2021 年的 TCL 一枝独秀，逆势创造了 40 年创业史上的最好业绩，和此前相当长时间的低迷相比，这家公司的大逆转堪称神奇。

公众对 TCL 一般有三个传统印象：其一，公司是消费电子和科技行业活化石，但还不是前沿科技领导者，只是阶段性大红大紫；其二，在多元化、全球化上的失败教训都很惨痛，但似乎并不避讳问题；其三，TCL 创始人、董事长李东生作为公司代表人物，善于寻找趋势性机会。一般性共识是，这家科技巨头从未远离消费电子前沿，有着强烈的进取心，全球化之路越挫越勇。这些应该是传统印象中的客观、公允评价。

但 2021 年的业绩预期势必刷新以上认知。从业绩预告看，预计公司 2021 财年内半导体显示业务利润同比增长约 330%，TCL 科技利润 2 倍增长，归属上市公司股东的净利润为 100 亿～103 亿元，同比增长 128%～135%，半导体显示和半导体光伏及半导体材料两个核心产业创新业务同时发力。TCL 一夜之间再次站到媒体聚光灯下，又一次走上弄潮者的风口浪尖。要知道，就在 3 年前的 2019 年，公司还受到诸多质疑，包括业绩增长缓慢、投资回报率不达预期。

2021 年的大逆转意义非凡。和李东生的踌躇满志相比，中国企业界充满悲情，好消息乏善可陈，坏消息接踵而至。此刻的绝大多数企业家，不仅需要直面中美科技竞争下全球的不确定性挑战，同时被国内经济的"需求收缩、供给冲击、预期转弱"三大挑战压得喘不过气来。在顺应国家意志调整产业结构和重构底层经济逻辑的基础上，全球性领先科技制造公司如何重构全球本地化战略也成为发展关键。很多人好奇这个翻盘故事的背后发生了什么？TCL 何以穿越周期逆势增长？

本文基于对 TCL 的系统研究和访谈，力求通过案例分析方法解读这家逆周期增长的全球性巨头。这确实是一个集历史性、复杂性和辩证性于一身的研究对象，也正在成为战略研究领域的全新标杆。

## 创业史研究：40 年奋斗历程穿越四大周期

纵观 TCL 的发展历史，其复杂性甚至超过了很多明星公司，背后的三大关系线索紧密地将时代、政府、公司、企业家和奋斗者们黏合在一起。

第一条线索是时代企业和时代企业家的关系，这涉及国企改制和股权激励的大背景，李东生从一家地方国企的早期参与者到股份制企业的领导者，自始至终推动公司整体变革，最终达成多方共识的增量改制充满智慧；第二条是政府和企业的关系，这涉及计划经济和市场经济的融合进化，政府的开明监管一直在 TCL 发展中起到重要作用，李东生也很好地平衡了政策导向和市场需求的关系；第三条是全球化竞争和产业合作的关系，这涉及 TCL 如何深入洞察全球化机会和平衡全球化风险，达成"拥有全球化能力却不会成为逆全球化靶子"这一几乎不可能完成的任务。这些复杂性远非一般公司可比，对李东生提出了极高的领导力要求。总体来看，以上三种关系最后也聚焦到了 TCL 发展战略与李东生个人领导力双主线逻辑，也是两个生命体同时发展、进化、融合的过程。

下面简单回顾和总结一下 TCL 从 1981 年成立到 2021 年这 40 年的发展历程。结合《万物生生》等企业史著作的描述可以看到，TCL 作为"生命体"的进化年轮和穿越周期的路径交织在一起。用周掌柜矩阵模型还原之后，每一个阶段的主题确实也像年轮一样清晰可见，呈现出企业穿越周期的独特能力特质，如图 37-1 所示。

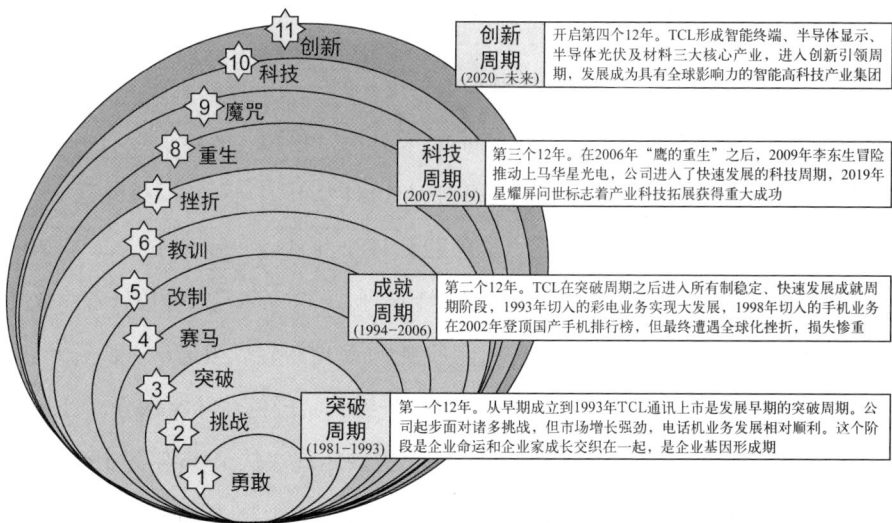

图 37-1　TCL 生命进化年轮与穿越生命周期路径

如果以大颗粒度看 TCL 的发展史，那么从 1981 年到 1993 年是公司发展的"第一个 12 年"，从早期成立到 1993 年 TCL 通讯上市，我们定义为发展早期的突破周期。公司起步面对诸多挑战，但市场增长强劲，电话机业务发展相对顺利。在这个阶段，企业命运和企业家成长交相辉映，企业基因形成。从 1994 年到 2006 年是公司发展的"第二个 12 年"，TCL 在突破周期之后进入所有制稳定、快速发展成就周期阶段，1993 年切入的彩电业务实现大发展，1998 年切入的手机业务在 2002 年登顶国产手机排行榜，但最终遭遇全球化挫折，损失惨重。从 2007 年到 2019 年是"第三个 12 年"。在 2006 年"鹰的重生"之后，2009 年李东生推动上马华星光电，公司进入了快速发展的科技周期，HVA、星曜屏等一系列技术和产品的问世标志着产业科技拓展重大成功。而从 2020 年开始，公司发展进入了创新引领的新周期，我们认为这是"第四个 12 年"的开始，是智能终端、半导体显示、半导体光伏及半导体材料齐头并进的创新引领周期，TCL 全面构建公司全球供应链和比较优势，发展中国领先的科技制造产业集团。

TCL 的发展历程穿越了上述四个周期，且每一个周期都包含多个主题，像年轮一样记录着公司的成长过程。比如，第一道年轮从 1981 年开启，关于"勇敢"，记录了这家公司"卑微"的创业起始之路。这一年 TCL 的前身 TTK 家庭电器有限公司成立，由惠阳地区机械局电子科开办，是中国最早成立的 13 家中外合资企业之一。听起来很高大上，而且颇具传奇色彩，实际上是白手起家，甚至是略显简陋的创业故事。第二道年轮从 1984 年开启，关于"挑战"，这一年影响 TCL 命运的关键人物出场。李东生于 1982 年加入 TTK 公司，25 岁初出茅庐的他当时只是一名技术员，但是到了 1984 年，这位年轻人凭借着专业成绩成了车间主任，这第二道年轮就是从他带领 20 多位年轻人引进进口设备开启，1985 年成立新公司 TCL 并开始生产电话机。当时氛围依然非常保守，公司投资方曾经发生剧烈震荡。第三道年轮实际上更多体现在从 1986 年到 1989 年李东生的个人命运之上，关于"突破"，但他只坚持了 9 个月就黯淡离场。这次挫折不仅来自于年轻的李东生和创始投资人的矛盾，也是通信产品打不开销售局面带来的严重挫折。从 TCL 离开之后，他不仅补习了相关管理课程，还在参与招商引资业务。他在长驻香港的过程中了解到日本、美国等知名公司的管理经验。而在 1985 年到 1989 年，TCL 的其他早期创业者通过以命相博的方式打开了电话机的销路。之后多种因素促使他重回 TCL。这段波澜起伏的故事确实有着"宰相多起于州郡，猛将多出于行伍"的味道。没有人是天生的企业家，但回顾企业家的成就之路可以发现，真正的企业家往往就是在大浪淘沙中坚守的那位。

我们分析 TCL 早期创业历程起码可以得到 3 个结论：第一，公司创立之初面临着所有制、资源能力、技术实力等多重制约，虽然拥有国企的身份，但仍算是艰难起步；第二，李东生作为主导 TCL 发展近 40 年的企业家靠的并非天赋和机会，而是通过个人奋斗才逐渐获得了更多主导权；第三，国企的身份和背景在市场化大潮下还不是成功的必要条件，也有其包袱和挑战的一面在。

而我们继续分析后面成就周期的四道年轮，包括"赛马""改制""教训"和"挫折"，横跨 12 年，从 TCL 通讯和 TCL 电子的分立到进军彩电业务、手机业务，称霸行业，可以看出这家企业擅长抓住时代机会并且乐于挑战前沿产品和技术，这也是公司 20 世纪 90 年代末开启强劲增长直到达到辉煌顶峰的攀爬时期。但在这个周期的最后，TCL 在收购汤姆逊电视机业务和阿尔卡特手机业务后经历了一次"濒死体验"，不过这次巨大失败从另一个角度看也为全球化再出发和成立 TCL 华星埋下伏笔。据说李东生在压力最大的 2005 年下半年，一下子瘦了 20 多斤。

最终让 TCL 重生并获得今天的成就的 3 道年轮——"重生""魔咒"和"科技"，实际上是从 2007 年开始的近 12 年的"再次创业"。当 TCL 2006 年跌入低谷之后，李东生那篇 2000 多字的文章《鹰的重生》现在看起来依然字字啼血，让人感受到这家企业经历了 25 年的创业拼搏之后拔掉每一根羽毛的痛苦。而或许正是这次痛苦的煎熬，让企业真正走上了向上游探索的产业科技型公司发展之路，并在 3 年后押下重注——创建 TCL 华星。在后来突破"千亿魔咒"的"有规模不增收"瓶颈后，TCL才真正在科技创新驱动下在半导体显示和半导体光伏及半导体材料两个底层的高附加值技术产品上形成了比较优势。

于是，直到2020年，公司获得了前所未有的业绩和成就，也有了今天的业绩火箭式增长，正式进入了创新周期的"第4个12年"的领先科技制造的全新征途。仔细梳理TCL的发展史之后，不禁感慨这家企业孕育今天成就的道路之曲折，等待之漫长。

这个年轮和周期的研究对于我们洞察企业发展的阶段性进化轨迹应该具有很强的借鉴意义，每个阶段跨越周期进入新的发展阶段都有着完整的因果逻辑。

## 战略变革研究：以持续变革推动战略进化

从以上的建模分析中可以看到，TCL是企业周期研究名副其实的金矿，一般企业经历的挑战和问题它都经历过，却一直坚韧地执着前行。

我们来进一步挖掘，抽象提炼公司的战略进化逻辑。通过建模分析，我们发现TCL一直在动态重构和升维之中，这与一般企业长期维持要素增长和业务范围放大有着本质的区别，如图37-2所示。

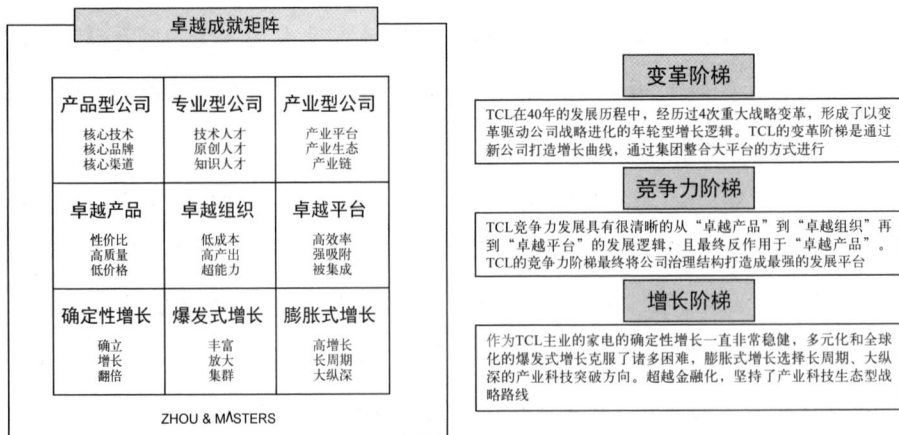

**卓越成就矩阵**

| 产品型公司 | 专业型公司 | 产业型公司 |
|---|---|---|
| 核心技术<br>核心品牌<br>核心渠道 | 技术人才<br>原创人才<br>知识人才 | 产业平台<br>产业生态<br>产业链 |
| **卓越产品** | **卓越组织** | **卓越平台** |
| 性价比<br>高质量<br>低价格 | 低成本<br>高产出<br>超能力 | 高效率<br>强附能<br>被集成 |
| **确定性增长** | **爆发式增长** | **膨胀式增长** |
| 确立<br>增长<br>翻倍 | 丰富<br>放大<br>集群 | 高增长<br>长周期<br>大纵深 |

ZHOU & MASTERS

**变革阶梯**

TCL在40年的发展历程中，经历过4次重大战略变革，形成了以变革驱动公司战略进化的年轮型增长逻辑。TCL的变革阶梯是通过新公司打造增长曲线，通过集团整合大平台的方式进行

**竞争力阶梯**

TCL竞争力发展具有很清晰的从"卓越产品"到"卓越组织"再到"卓越平台"的发展逻辑，且最终反作用于"卓越产品"。TCL的竞争力阶梯最终将公司治理结构打造成最强的发展平台

**增长阶梯**

作为TCL主业的家电的确定性增长一直非常稳健，多元化和全球化的爆发式增长克服了诸多困难，膨胀式增长选择长周期、大纵深的产业科技突破方向。超越金融化，坚持了产业科技生态型战略路线

图 37-2 TCL 战略进化矩阵

首先，从"变革阶梯"来看，TCL 在 40 年的发展历程中，经历过 4 次重大战略变革，逐渐形成了以变革驱动公司战略进化的年轮型增长逻辑，但 4 次变革的背后实际上有 3 个阶梯要素——产品型公司、专业型公司和产业型公司。TCL 的变革阶梯是通过新业务打造第二增长曲线，放大新产品业务，形成专业化沉淀，通过集团整合大平台或内生的方式向更高阶梯攀爬。也就是说，TCL 的变革都是为了让公司升维到更高的战略层次。

其次，从"竞争力阶梯"来看，TCL 竞争力发展具有很清晰的从"卓越产品"到"卓越组织"再到"卓越平台"的发展路径，且最终反作用于"卓越产品"。TCL 的竞争力阶梯最终将公司治理结构打造成强大的发展平台，具有高效率、强吸附和被集成的特点。

再次，从"增长阶梯"来看，TCL 主业之一——智能终端业务——的确定性增长一直非常稳健，多元化和全球化的爆发式增长克服了诸多困难，"膨胀式增长"选择长周期、大纵深的半导体显示和半导体光伏及半导体材料产业作为突破方向，并超越金融化，坚持了产业科技生态型战略路线。

最后，我们全面审视 TCL 目前的战略现状会发现，公司 40 年的奋斗历程实际上就是从产品型公司（定位）、卓越产品（竞争力）和确定性增长（方式）的三大基础，努力向产业型公司、卓越平台和膨胀式增长跨越的过程。

李东生在这个跨越中起到了决定性作用。有人评价说："李东生是那种哪怕摔倒后头破血流也不回避问题的人，每一次关键时刻都做出了有决断力的行动。"比如他在对全球彩电业务竞争格局的分析中，洞察到 2000 年到 2010 年这 10 年日系电视品牌相对于韩国品牌竞争力下降较快，三星逐渐超越日本东芝、索尼、夏普和松下，成为全球彩电业第一品牌。而三星能够超越日系企业，最关键的一点就是三星拥有上游的半导体显示产业。这个洞察让他果断成立 TCL 华星，以及推动 TCL 的系统战略变革。

如果剖析李东生的领导力特质，则需要和 TCL 企业精神平行展开，我们试着通过他的重要发言和内部文件对他的特质进行建模分析，如图 37-3 所示。

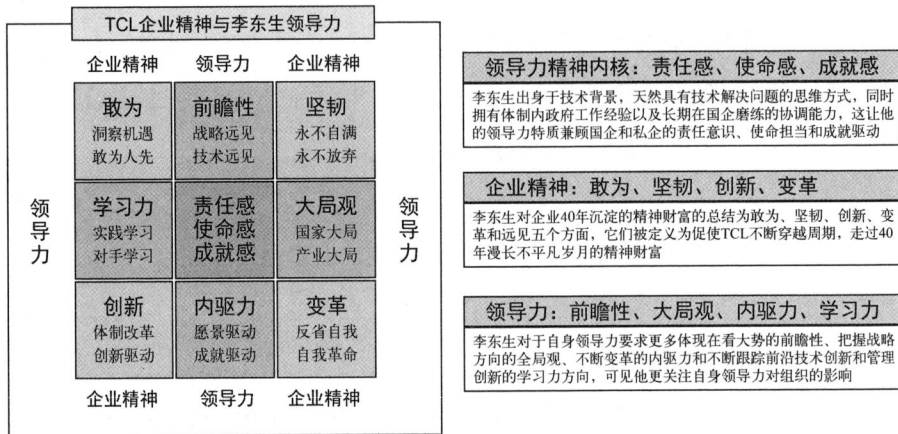

图 37-3 TCL 企业精神与李东生领导力

这个模型表达的核心内容是：TCL 的企业精神打上了清晰的李东生的烙印，李东生也一直在被他的团队感染和激励着。我们提炼的领导力精神内核包括责任感、使命感和成就感三个核心特质。李东生出身于技术背景，天然具有用技术解决问题的思维方式，同时拥有体制内政府工作经验以及长期在国企磨练的协调能力，这让他的领导力特质兼具国企和私企的责任意识、使命担当和成就驱动。而在企业精神方面，同样有着李东生打造公司的烙印，他定义 TCL 40 年沉淀的精神财富为敢为、坚韧、创新、变革和远见五个方面，这五点被认为是促使 TCL 不断穿越周期，走过 40 年漫长而不平凡岁月的精神财富，而这五点中的"远见"我们认为更多是他个人的领导力特征。

以上是我们从正面的角度对 TCL 和李东生能力特质的提炼，当然，TCL 成长过程中同样暴露了公司和他个人的一些弱点，有行业专家评论认为：TCL 虽然经历 40 年发展持续进步和壮大，但依然存在一定程度的大公司病，产品垂直突破获得行业绝对领导力的能力较弱，以及存在一定的创新钝化等问题。对于李东生而言，他最为推崇的三星拥有着技术创新、资本架构和全球化能力等多重优势，但把三星作为追赶榜样的 TCL 目前与三星对比，无论是从体量还是创新能力来说都有明显的差距。

不过，这些高标准要求的瑕疵依然不能掩盖李东生对于 TCL 事业的主导性贡献，可以确定地认为，他的平衡领导力在推动这家地方企业成为世界级产业制造巨头的过程中发挥了关键作用。

## 宏观研究：全球化挑战与全球竞争力经验

实际上，TCL 的战略管理研究价值还不止于企业发展史和企业家领导力，当前中美战略竞争中，TCL 稳健的全球化架构和前瞻性的趋势洞察也很值得关注。

从全球宏观环境上看，无法回避的现实挑战就是目前中美两国的战略竞争，高科技企业必然受到深刻影响。美国带头推动对中国科技的封锁已经是不争的事实，这使得中国产业特别是高科技产业开始受到明显制约，也让中国科技企业面临供应链环节缺失的严峻局面。比如集成电路产业，开始时受到一些高端装备方面的限制，这使得中国在做更高精度的集成电路工艺制程时无法采购到相应的设备。后来是一些材料和器件对中国的出口限制，甚至很多高端实验仪器也开始对中国企业进行审查，"卡脖子"已经成了中国前沿科技公司无法回避的挑战。

此外，由于中国企业巨大的产能需要向全球释放，诸多企业也面临着全球市场的反倾销挑战。在多种因素影响之下，作为目前为数不多的在全球市场全面展开业务的中国公司，TCL 的全球化视野和全球化能力尤显珍贵。下面的图 37-4 清晰地展现了中国全球化公司的诸多风险。

| 受科技战影响较大 | 全球化风险较高的中国企业类别：<br>■ 被认为是带有军事或意识形态色彩的高科技企业，代表：海康威视<br>■ 被认为是对别国前沿高科技领域带有威胁的高科技企业，代表：华为<br>■ 被认为是占据他国市场但与所有国价值观有潜在冲突的中国背景企业，代表：字节跳动<br>■ 被认为是带有政府背景、受到政府支持进行全球化扩张的非民营企业，代表：国家电网<br>■ 被认为是带有市场垄断地位和低价倾销可能性的中国企业，代表：鞍钢 | |
|---|---|---|
| 受科技战影响较小 | | |

|  | 条件 | 举例 |
|---|---|---|
| 第一类 | 拥有自主研发的核心技术且与全球科技公司有着紧密合作关系 | 大疆、TCL等 |
| 第二类 | 全球化生产布局，创造本地就业且海外充分本地化的中国公司 | 联想、福耀玻璃、TCL等 |
| 第三类 | 拥有清晰的法人治理架构的民营以及混合所有制企业 | 万达、腾讯、复星、TCL等 |

**图 37-4  中国全球化公司风险分析**

从上图可以看出，全球化风险较高的中国企业目前基本上都已经受到了制裁和反倾销的影响。而受科技战影响较小的企业普遍具有三个特点：拥有自主研发的核心技术且与全球科技公司有着紧密合作关系；全球化生产布局，创造本地就业且海外充分本地化；拥有清晰的法人治理架构的民营以及混合所有制企业。而这三个特点 TCL 恰恰都已经具备，这不得不说是长期变革的结果和成就。

但尽管如此，TCL 等全球化公司进退两难的情况也在发生。据 TCL 内部研究分析：一方面，中国把科技产业供应链的每一个环节都事必躬亲地做到做全肯定是不现实的，在欧美开放市场有可能封闭的情况下，这个投入成本也面临巨大风险；另一方面，如果不能对国外垄断的项目、装备和材料形成安全供给的产业链，中国企业就很难集中力量发挥比较优势，受制于人会让战略全面被动。目前，TCL 海外市场 2021 年营业收入预计超 1100 亿，同比增长超 55%，如果继续保持增长就必须更好地维护全球化产业布局、全球化经营能力和全球产业链和供应链体系的安全性。

围绕以上提到的中国企业全球化挑战，李东生对外输出了很多有见地的务实思考。在今年两会期间，他提出了《关于推动中国制造产业升级构建全球产业链的建议》，并提出明确观点："在当前全球经济格局和投资贸易规则变化的形势下，中国制造要从输出产品转变为输出工业能力，带动国内材料、器件、装备出口。通过布局全球产业链，打破贸易壁垒，提高全球化经营能力。"

他还提出了用 GNP（国民生产总值）作为和 GDP（国内生产总值）同等的指标来衡量中国经济发展的建议，目的是统筹思考中国企业的全球化战略和国家发展的关系。这也委婉地向社会和政府表达了中国全球化公司面对的挑战需要各方面的支持，应该说在全球化经验上面，早在 2006 年就有收购汤姆逊电视地业务和阿尔卡特手机业务惨痛教训的 TCL 确实最有发言权。

但坦率地说，即使有如此清晰的洞察和行动，全球化长袖善舞的 TCL 在下一个 12 年或许依然会面对多个方面的不确定性挑战：其一是自主创新，TCL 在 2021 年 9 月推出"旭日计划"，将投资超过 200 亿元支持产业链生态建设推动创新升级，但长期坚持自主创新的阵地保持领先非常难；其二是全球政治对立挑战，目前 TCL 在东南亚几个国家都有产业基地，包括越南、菲律宾、印尼等，但生产基地多也意味着要面对多国复杂的政治环境；其三是反垄断挑战，在液晶显示领域，中国企业可能已经占到全球产能的 60% 到 70%，三星已经宣布退出 LCD 了，但在这个领域未来不可避免中国企业会受到反垄断的压力；其四是产能过剩的潜在风险，TCL 华星在过去一年多宣布建立两个 LCD 的工厂，从商用显示到中型显示器、IT 显示、手机都有，但产能全面开动之后公司必然对需求端的变化更加敏感，不过关于这一点，TCL 内部也认为新产线只要达成技术提升和迭代的既定目标，就能够通过满足增量高端需求应对挑战。以上挑战意味着这家公司未来的发展注定不会一帆风顺，不过也恰恰说明了这家有着40 年坚韧发展历史的企业已经进入了更高维度的战略竞争。

最后，我们试着再次总结 TCL 和李东生带领团队奋斗 40 年的苦难辉煌。不得不承认，真正像李东生这样聚焦一家企业、一件事且百折不挠的企业家并不多见，他驾驭复杂环境的能力异常突出，而 TCL 这家企业的丰富性和成长性势必受到更多的关注。TCL 集团高管的一句话也很形象地概括了 TCL 奋进的40 年，他说："拔得高、沉得深、走得快、退得稳，起起伏伏，风风雨雨，沉淀为 TCL 的年轮，也融入了 TCL 人的青春和生命。"这也是本文"年轮说"的由来。

这家公司从未走过一条捷径。李东生偶尔勾勒神来之笔，依然需要用双脚丈量 TCL 这个巨幅画卷，或许"平凡人在平凡世界"的奋斗故事就是李东生和 TCL 带给我们的质朴价值。

商业评论篇　〉〉〉

# 第 38 章

## 抖音的新现象与新思维

## 战略思维分析

抖音的崛起体现了很好的"群众视角""时间视角"和"边缘视角"。抖音很好地通过用户体验抓住了年轻人,抓住了社会上缺少表达平台的广大弱势群体的需求,并且给予了普通人的认知盈余很好的激励,这些既是"群众视角"也是"边缘视角"。敢于面向未来进行战略性投入,以获得行业领先地位,这是一个"时间视角",即具有长期思维的战略逻辑。虽然多角度的言论杂乱情况受到很多诟病,但是从商业战略来说,抖音无疑是成功的。

2018 年 7 月,周掌柜落笔撰写《抖音的新现象与新思维》这篇文章时,字节跳动这家公司已经成为过去 10 年中国互联网崛起最强势的新型企业,海外版抖音即 TikTok 也在快速发展壮大。彼时,周掌柜战略咨询团队曾经在泰国、日本和印尼等国对 TikTok 做过深入调研,已经可以判断字节跳动还存在巨大的向上空间。感触最深的有三点,一是这家公司的年轻团队极具战斗力,二是张一鸣的领导力简单清澈,三是抖音对于用户体验抓得很准,形成了跨文化的互联网平台。但我们也发现抖音的媒体属性越来越强大,深受年轻人的喜欢，用户增长非常强劲，从长期看这也会给其全球化的战略定位和全球本地化公关带来系统挑战。

延展一点看抖音（包括 TikTok）的成功要素，从群众视角看，抖音非常善于把握年轻人的用户体验需求，并且在内容流量机制上给予了在很多传统媒体上没有话语权的普通人一定的表达支持，这就是一个颠覆式的创新逻辑，因为传统的社交媒体都是 KOL 牵引的内容创造。此外，对于年轻人的喜好，抖音把握得也非常准确。当然，也不可否认抖音和今日头条给予普通底层老百姓平等的言论表达空间和话语权也带来了新的问题，就是它们成了社会矛盾和观点冲突的爆发地。从时间视角上看，抖音不仅通过年轻化吸引了未来互联网的主流人群，还在发展早期果断地大手笔投入 APP 推广——5 年前每年超过 10 亿元的 APP 下载推广预算绝对算是大手笔。现在从结果来看，可以说获得了非常好的面向未来的时间窗口。本文是早期从全球视角介绍抖音成长的文章，对于读者了解高速成长的互联网公司的竞争力应该有很大帮助。

# 《抖音的新现象与新思维》全文

"很难想象，中国互联网的'游击队'有这么强的战斗力！"

2018 年初夏的早晨，雨后的日本东京还不算炎热，涩谷街头衣着正式的上班族举着花样标准的雨伞，略显忙碌地奔走着。开篇的感慨来自于一位刚刚访问过抖音日本"总部"的媒体记者，她被眼前看到的一切震撼到：正在共享办公区工作的 5 人小团队，栖身在不到 20 平米的一个小房间里，看起来很像一个大学社团。"很难和一家中国知名互联网公司联系在一起。"她说。这个团队没有独立会议室，开会需要预约会议室并支付约 1400 元的租金，没有自己的打印机，简朴到令人发指。

从多个角度看，这并不像是一个标准意义上值得展示的团队或者参观目的地，但很显然，抖音所属的字节跳动公司对展示自己的创业氛围充满自信，也不忌讳把亚马逊的文化口号贴在墙上———"Work Hard, Have Fun, Make History"（努力工作，享受乐趣，创造历史）。这个小团队从 2017 年夏季开始运营 TikTok，它登陆日本市场 3 个月后即登顶日本 iOS App Store 免费榜，或许这就是极度自信的来源。数据进一步显示：以今日头条和抖音为代表的字节跳动公司产品，在 2017 年夏季进入日本之后，已突破文化障碍和不信任感，目前获得 1000 万月活用户，数量相当于日本人口的十分之一。

以上创业团队组织和全球化成绩带来强烈的反差。本文，周掌柜战略咨询团队将基于半年时间里对抖音在中国、日本、泰国和印尼等亚洲主要国家的实地调研，结合与快手、微视的对比研究，从商业模式、技术趋势和战略思想三个角度分析抖音崛起之谜。同时，我们也关注了网络上对其"内容低俗、洗脑、用户低龄"的铺天盖地的质疑，力求对其有平衡的认知。

## 商业模式：抖音用"AI 运营"颠覆"流量运营"

不可否认的是，抖音成就了很多普通人。

**日本**：きぐるみ母さん（可爱的妈妈）将一家人装扮成玩偶鸡的形象，拍摄了很多搞笑、卖萌、跳舞、做家务的视频，在 TikTok 上的粉丝数已经超过 10 万，成为小有名气的创作达人。21 岁的滨田看起来非常瘦弱，目前在一家艺人学校学习表演，从 2017 年 11 月起在 TikTok 上录制舞蹈视频，目前已经有了 10 万粉丝。他坦言：TikTok 让他离靠演艺赚钱又近了一步。调研中我们在日本 TikTok 上发现了很多"人生逆袭者"，他们不是思想家也不是演艺专业人士，甚至个人条件不甚突出，但他们在 TikTok 平台上找到了自己的拥趸。

TikTok 在日本已经成了一种现象级互联网应用。在一次对东京新宿和涩谷等繁华区域的随机调研中，76 位路人接受访谈，8 位是 TikTok 用户，65 位听说或了解 TikTok。日本电视台 NTV 早间新闻和社会资讯类节目《SUKKIRI!!》用 15 分钟报道了 TikTok，视频节目的气氛非常轻松，主持人也亲自体验视频模板

"捧脸杀"的录制。这个视频模板要求录制者先把一只手放在摄像头前，然后让另一个人远远地靠近并把下巴"放在"录制者的手掌上。这个简单而亲民的视频模板在日本的体验次数接近 2 万，播放量超过 3000 万次。这似乎超越了传统互联网内容"大制作大成本得天下"的逻辑，但几乎每个人都可以从这样朴素和简单的行为中找到乐趣。

**泰国 & 印尼**：被称为泰国周杰伦的 Saksit Vejsupaporn 于 2017 年底入驻 TikTok，目前已经拥有 12.5 万粉丝；另一位叫 Pattie Ungsumalynn 的女艺人则被对应为泰国杨幂，目前有 43.7 万粉丝。印尼的 Cathy Fakandi 今年 18 岁，长相甜美，由于擅长技术流、手势舞获得了近 70 万粉丝。访谈中，她给出的数据出乎意料："在印尼雅加达我们读书的高中里，班级有 50% 以上的同学拥有 TikTok 账号。"在印尼、泰国这些不同文化市场上，TikTok 穿透了文化差异，带着中国公司的明确标签，征服了本地的消费用户。

对于抖音的迅速崛起，**明略数据的郭瑞龄说："抖音努力通过内容创新来垄断场景，进而垄断用户，但这背后体现的是用户需求洞察能力和设计思想的领先性。"** 确实，每一个火爆的抖音视频都值得玩味，肯定不是批评者所言的"容易上瘾"那么简单，抖音的崛起伴随着用户角度的"大逻辑"。

**首先，从内容消费端来看，抖音的用户体验符合时尚化和年轻化要求，符合"手机电视化"趋势。** 15 秒的短视频在信息量和承载力上恰好符合手机内容传播载体的特质，这和 140 字的微博逻辑非常相似。抖音单视频、全屏、下拉的全新交互方式，极大降低了"找内容"的成本。这种体验从文字版的 Twitter 到图片版的 Pinterest，再到今天的抖音，实际上一脉相承。**洞察娱乐创始人宋月雷对此评价称："这种用户体验符合娱乐思维，容易让人上瘾。"** 抖音对文字和图片的替代或许可以类比为互联网的"电视化"，但比优酷等视频网站具备更高的黏性，是一个必然的趋势。

**其次，从内容生产端来看，抖音海外版极大降低了用户生产高质量内容的门槛。** 拿上述日本"可爱的妈妈"为例，用户只需要对软件有个简单的理解，就可以创作短视频内容，这几乎相当于专业版的卡拉 OK，加上了一个超级巨大的互动社区。抖音通过很多应用上的视频处理工具降低内容生产的门槛，让 UGC（个人用户生产内容）的个人或者小团队可以生产出 PGC（专业生产内容）质量的内容，体现了极强的内容工具属性。其中一个细节很值得玩味，抖音发明了一个贴在手机背后、可以用两根手指夹在中间的手机把手，这样录制视频的时候可以创造镜头旋转切换等专业效果，可见抖音对制作内容工具有着独特的多角度理解。而抖音上"像一棵海草海草"等多个 BGM（背景音乐）非常风靡，因为这些音乐推动了年轻人参与 PK，参与模仿。抖音还把很多适合对口型的经典歌曲段落演绎成人人可以参与的"模仿秀"，其中有一个很火爆的视频以"哦，这么大的太阳你不热吗？耶（"热"的谐音），耶耶耶耶"开头，之后视频的录制者画风突变，身体灵动地开始跳舞。外界批评较多的所谓"洗脑""没营养"应该针对的就是这样的模仿秀，但以真实的体验来说，不同人演绎的差异性会让人觉得非常有趣，并无低俗感。本质上，这种乐趣与"超级女声"等素人选秀展现普通人的趣味和能力非常类似。

**再次，抖音海外版和国内版拥有相同的价值观内核，就是"年轻化趣味"。** 周掌柜战略咨询团队调研了抖音的很多宣传海报，感受到了极强的年轻化思维，或者说可以肯定这些海报来自于极其年轻的创作团队，语言脱离商业、清新且有活力，非常吸引年轻人。比如抖音的一个口号叫作"记录美好生活"，一句广告语是"美好就是音乐响起我在跳舞"，而最初说出这句话的是一位街舞少年，抖音原汁原味地引用了他的语言，很有代入感。

但抖音目前采用的是单个短视频瀑布流加 AI 智能算法的呈现模式，和快手的一屏多视频有明显的不同，虽然对于新的内容生产者给的流量相对有限，但确实保证了内容质量，融合了纯互联网的主动选择逻辑和电视台的播放逻辑。但批评者认为，这样并没有真正体现创作者的平等性和草根性。

对比分析，虽然抖音、快手和微视目前都是以年轻用户为主，都属于很典型的智能时代的 AI 级应用形态，背后都是算法推动的内容分发，但三者也有明显的不同：**抖音强化了"潮流制造者"的 AI 智能分发，同时也用专业的编辑团队像电视台一样保证内容的质量，即以内容为核心，更强调内容精品的可参与性，收入模式主要是广告相关；快手更强调普惠的短视频流量分发，给内容创业者机会提高影响力并获得粉丝，以直播达人的草根明星为主，收入模式主要是直播分成；微视的基因本质和快手类似，但能感受到其战略是以平台为核心，其更大的潜力在于打通腾讯全平台之后与社交的深度融合。**但客观地讲，由于抖音更坚定地推动 AI 战略和内容战略，通过分布式智能和中央智能的深度协作创造智能资产，所以在智能的竞赛中，目前抖音已经有了一定优势。如图 38-1 所示，根据周掌柜战略咨询团队 2017 年发布的智能战略框架，可以将今日头条和抖音按照中央智能和智能资产维度进行排布，从战略上看，它们拥有一定的领先性先发优势。

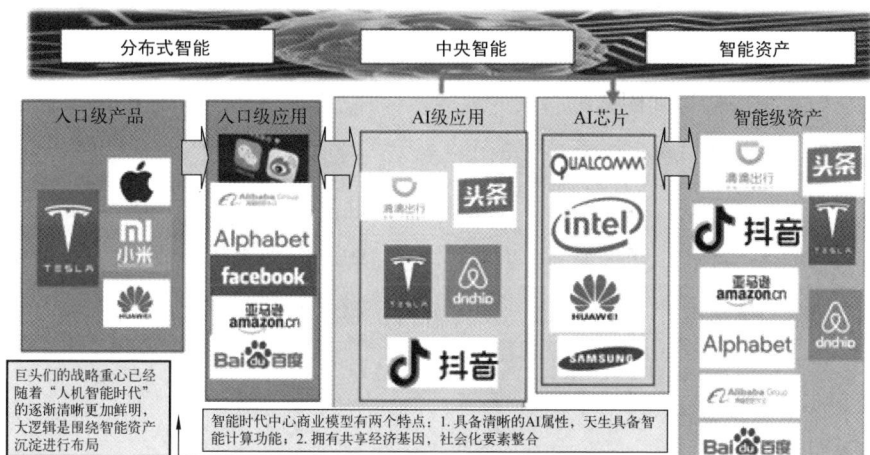

图 38-1　全球顶级巨头的智能生态布局

　　**最后，也可以明显感觉到张一鸣的目光不仅仅局限于年轻人，背后有做大全年龄的野心。**抖音在吸引年轻人和展现年轻文化的同时，极力推动的就是内容的多样化，以适应不同人群的需求。他给抖音定义的战略是靠全球化普世文化的拉力获取跨国、跨年龄段的更广泛用户群体。从这个角度上看，抖音确实更了解年轻人的审美喜好。由此，似乎可以理解最近围绕抖音的多起纷争。

抖音在抓住年轻人的同时，确实存在很多突破普通社会群体价值观的内容形态，有一些是低俗和不健康的，但由于监管的漏洞也呈现了出来，带来了很大的负面效应。但瑕不掩瑜，在目前抖音智能化资产逐渐沉淀、智能水准飞速提高的大背景下，如果其竞争对手不能从战略高度深刻反思，很可能被新的 AI 短视频时代淘汰。**而这个竞争的实质是对内容属性深刻理解的智能分发 AI 的进化，并不是流量导入以及广泛投资布局的传统互联网思维。**

在目前的技术框架下，如果抖音证明了 AI 短视频真实满足了年轻人群体的稳定性自我表达需求，那么离下一代微信或许只相差一个具有社交属性的短视频"朋友圈"和具有通信属性的"视频通话"。通过 AI 短视频完全颠覆下一代即时通信并非不可能。或许这也是让腾讯等竞争对手感受到压力巨大的地方，AI 级应用突破的速度应该大大超越了 BAT 等巨头的预期，并且这次是率先在中国而非美国形成了全球化突破。

周掌柜战略咨询团队的合伙人宋欣认为："这背后是年轻人审美趣味的深刻变化：抖音的短视频形态确实使其已经不仅仅是一个内容制作工具，它和美图秀秀有本质的不同。从大趋势上讲，当今互联网的主流商业模型确实是社交，但'90后''00后'已经不太强调互动，更多的需求是自我表达。他们的价值观导致他们不再拥有'70后''80后'等经济扩张期出生的人群的社交扩展偏好，更多强调在价值观认同的小圈子充分互动，体现个性趣味。"

在即将到来的'90后''00后'主导商业创新的全新时代，或许抖音所代表的自由表达将更加普及，抖音打破了内容生产者和传播者的用户边界后，开辟了新大陆、新赛道、新战场。

## 行业趋势："AI 互联网"掀起智能军备竞赛

从技术维度来看，抖音所代表的"AI 分发"和"AI 运营"正在突破 BAT 的固有格局。

为了说清楚这个趋势，请允许我们做一些历史铺垫。或许需要从 1995 年中国互联网正式诞生谈起。这 20 多年，互联网行业一直是国内最前沿且竞争最激烈的行业，用"各领风骚三五年"来形容一点都不为过。中国互联网从 1995 年左右开始发端，到今天形成了世界级的 BAT 巨头格局，并不断进行全球化扩展。这 20 多年几乎没有常胜将军，"新巨头打败老巨头"成了互联网行业的历史周期律。其中缘由值得玩味，放在互联网进化的大背景下看抖音，我们有了很多全新的发现。

我们将中国互联网行业的发展大体分为五个平行阶段，这五个阶段在时间上和公司跨度上是有重叠的，但是总体框架也比较清晰。

**第一个阶段是 1995 年以后的"信息互联网"时代。**这个阶段的特征是通过信息门户提高信息传播及应用的效率，以搜狐、新浪等门户的崛起为时代特征，信息流平台构建技术是这个时期的主流技术，媒体随之进入了新权威媒体时代。这个阶段的时代机遇是通过构建超大型互联网平台形成初始化品牌。

**第二个阶段是 2000 年以后的"社区互联网"时代。**中国互联网在全球互联网泡沫废墟上重建，这个时候 Web 2.0 等商业逻辑红极一时，这个时代的天涯论坛、赶集网等都是用户社区的代表，互联网媒体也由此进入了社区分众时代，开始探索很多基于超大型用户规模的全新商业模式。

**第三个阶段是 2010 年之后的"移动互联网"时代。**在这个时代，基于 iOS 和 Android 系统的细分应用创新快速崛起，移动互联网的创新创业得到极大的发展。这个时期 BAT 开始出现分化，占领了移动社交阵地的腾讯和占领了移动电商阵地的阿里巴巴继续保持和扩大用户领地，而此时欠缺账号体系和移动用户黏性的百度则快速衰落。应该说 TMD（今日头条、美团点评和滴滴出行）都是这个时代崛起的，王兴占据了广义服务电商，张一鸣占据了新型媒体平台，程维占据了智能交通，这些都属于创新型移动互联网。这个时代也同样属于拥有极高想象力的 APP 创业投资 VC（Venture Capital，风险投资）。从媒体属性来说，这个时代是社群媒体时代。时代机遇是通过占据用户分众需求圈地特定需求用户。

**第四个阶段是始于 2013 年的"泛化互联网"时代。**这个时代有两个重要特征，一个是"互联网+"的广泛扩展，一个是智能手机的历史性崛起。泛化互联网时代表面上看是 BAT 展开史上最凶悍的扩张，也包括第二梯队 TMD，但背后也有巨头们对于颠覆式创新的恐惧，互联网公司既担忧智能手机阻断其与用户的数据交互关系，也担心权力中心从软件转移到硬件，更担忧 5G 时代全新的智能应用形态彻底颠覆现有的用户逻辑。"泛化互联网"时代增加了手机玩家，包括华为、荣耀和小米等。从媒体属性来说，这是自媒体时代。时代机遇是通过跨界创新获得全新战略机遇。

**第五个阶段始于 2016 年，似乎到了一个所有人重新站在全新起跑线的"AI 互联网"时代，也可以套用"AI 时代"的叫法。**智能时代是否还需要之前意义上的"互联网"？这是一个值得追问的问题。这个时代正在从之前的"连接"逻辑向"智能"逻辑进行深刻的转变，正在由"分布式智能硬件""5G 视频化应用"和"无限云基础设施"构建一个全新的智能生态。有迹象表明 TMD 在这个时代更加活跃和有创造力。从媒体属性来说，这是一个内容生产者时代。时代机遇是积累智能资产，形成长期领先优势。

从以上互联网进化的大格局看，不可否认的是抖音乃至师出同门的今日头条对于传统巨头都是存在巨大威胁的。这个威胁更多的不是体现在同维度的用户竞争，反而是一种技术趋势性的引领。虽然传统巨头在传统互联网时代拥有广泛的用户基础和用户数据，但同时也有明显的路径依赖和价值观依赖，而智能技术带来的"智能资产"几乎是和传统数据完全不同的，无形中让彻底基于 AI 的创新公司有了比较优势。**举一个例子，字节跳动的多个应用已经集成数百万级别的用户标签以及相关性、环境、热度、协同等模型（智能资产），以了解用户的状态变化，从而推荐最合适的信息。**

还有一个与平台技术平行进化的主线，就是广告技术。值得一提的就是以抖音、快手为代表的新型广告，因为用户主动智能化选择带来的用户行为精准把握，很容易地带来了极高的投放准确度溢价。一位国内 50 亿元规模收入的游戏公司董事长私下透露，目前他们在今日头条和抖音上买的游戏导入流量已经超过 50%，而且质量很好。即使从表面看，抖音上出现大量游戏广告也预示着，抖音对腾讯的潜在挑战不仅仅是短视频战术层面，它确实正在动摇腾讯的根基。如果抖音再加入创新社交、创新视频通信甚至创新游戏入口方式，腾讯的即时通信＋游戏的整体战略格局将在全球范围内受到巨大冲击，也会让腾讯的战略不得已变成与阿里巴巴、头条系的双线作战。也可以由此推断，字节跳动和腾讯的正面碰撞不可避免，现在仅仅是一个开始。而张一鸣突破腾讯系流量生态的思维很明显，腾讯如何反制其实取决于对智能时代"All in AI"的战略决心，最有可能的路径是在微信平台上实现 All in AI 的战略性突破。大胆预测，微视在半年之内应该会在获取手机 QQ 流量入口之后获取微信的流量，以扩大腾讯短视频阵地，但如何俘获年轻人和形成更高效的流量分发逻辑值得期待。

　　一个全新的 AI 时代技术趋势正裹挟着新老巨头的进取心，在 5G 即将到来的黎明中，于爆发的临界点孕育。

## 战略思想：张一鸣的"超限战"思维

　　在分析了抖音乃至今日头条的商业模式和 AI 时代的技术趋势之后，周掌柜战略咨询团队对张一鸣的大部分对外演讲做了深入分析和研究。**我们概括出张一鸣"豪赌 AI 级应用，豪赌短视频，豪赌全球化"这三个根本性商业战略，以及"平台超限战""技术超限战"和"组织超限战"这三个根本性战略思维。**

　　从今日头条（字节跳动公司的应用程序）的海外成绩单和全球业务布局可以看出，张一鸣豪赌全球化时代的 AI 创新，投资了多个在国外拥有影响力的 AI 级应用。

　　基于以上的战略扩张，张一鸣对于公司内部运营的战略思维也有很多独到的看法。我们将他的系列思维概括成"超限战"战略思维，这种战略思维往往是颠覆式创新者或者后发追赶者的一种全新战略逻辑，也可以说是在目前 BAT 框架下的一种大胆突破。顾名思义，"超限战"体现了超越之前瓶颈、惯性、限制的战略突破意识，也是通过错位竞争塑造全新竞争力的思维方式。周掌柜战略咨询团队通过张一鸣的多次讲话对其战略思维做了梳理，将其概括为三个维度的"超限战"思维，如表 38-1 所示。

**平台超限战**：上一代互联网 BAT 时代的核心技术是平台技术，核心能力是用户获取和服务能力，本质上是撮合内容生产者和应用者的关系，简称平台赋能，所以 BAT 重视人和平台的关系。张一鸣创新地将平台技术分为两个维度，即用新工具推动新内容生成，用 AI 创新平台分发机制，打破 UGC 和 PGC 边界，通过重塑内容机制重塑社区，简称内容赋能。以张一鸣为代表的新思维重视人和内容的关系。

**技术超限战**：BAT 时代的核心技术战略有两个，即用户获取和流量增值，一切技术创新围绕这两点展开，简称为一种"技术房地产模式"。张一鸣将上一代互联网技术概括为平台技术，并在此基础上形成了独特的"内容技术"的全新思维，用技术驱动内容的潮流、文化形成，所以抖音、今日头条和火山小视频等产品都具备极强的潮流引导力，是一种"潮流引导"模式，这也是头条系应用敢于每年在全球几亿、十几亿元地投资于应用下载的根本信心所在。

**组织超限战**：传统组织的根本战略思想是组织替代人和约束人，用组织来规范人提高效率并降低个人决策带来的不确定性，其弱点是，更多应用于标准化产品带来的标准化流程和管控的前提下，不适合持续创新型管控。张一鸣力求打造一个基于互联网智能的组织形态，包括弱化等级、目标导向、平行激励三个重要维度，以最大限度解放创造力。其方法包括平行授权、垂直敏捷管控和快速决策反馈，其目的是通过可进化的组织，赋予人在创新中更大的决策权和活力。据说张一鸣曾经因使用会议室超时而被后面开会的团队"清理"出去，他对此也没有太多怨言，认为这是组织"游戏规则"的一部分。字节跳动内部有一个自己开发的专门会议软件，其中有一个特别的功能：几个人拉一个群讲一个项目，建群之后新拉入的成员可以见到之前所有的聊天记录，以确保沟通无保留、无层级、无死角。同时，这个软件的头条圈支持匿名吐槽，无法追溯信息来源。

表 38-1　张一鸣的"超限战"战略思维

| 类别 | 传统战略空间 | 创新战略空间 | 战略创新 | 战略制高点 | 战略目标 | 战略价值 |
|---|---|---|---|---|---|---|
| 平台超限战 | 上一代互联网 BAT 时代的核心技术是平台技术,核心能力是用户获取和服务能力,本质上是撮合内容生产者和应用者的关系,简称平台赋能,所以 BAT 重视的人和平台的关系 | 张一鸣创新地将平台技术分为两个维度,即用新工具推动新内容生成,用 AI 创新平台分发机制,打破 UGC 和 PGC 边界,通过重塑内容组合重塑社区,简称内容赋能,以张一鸣为代表的新思维重视人和内容的关系 | 构建基于内容生产机制的全新平台 | 无限智能:通过 AI 智能内容分发与用户需求匹配的沉淀智能资产 | "建设全球创作平台"是张一鸣提出的战略目标,可见其先天全球化基因,突破 BAT 时代用户本地化 | 突破现有格局,平台获取用户 |
| 技术超限战 | BAT 时代的核心技术战略有两个:用户获取和流量增值,一切技术创新围绕这两点展开,简称为一种技术房地产模式 | 张一鸣将上一代互联网技术概括为平台技术,并在此基础上形成独特的"内容技术"的全新思维,用技术驱动内容的潮流,今日头条、火山小视频等产品都具备极强的潮流引导力,是一种"潮流引导"模式,这也是头条系应用敢于每年在全球几亿、十几亿元地投资于应用下载的根本信心所在 | 用技术降低内容生产者成本并提高效率 | 无限 UGC:通过打破 PGC 和 UGC 的边界,扩大内容生产者范围 | "通过文化互联通,构建世界互联互通的信息基础设施",这一战略体现的是新一代互联网的新特征 | 突破现有技术格局,获取智能资产 |
| 组织超限战 | 传统组织的根本战略思想是组织替代人和约束人,用组织来规范人提高效率并降低个人决策带来的不确定性,其弱点是,更多应用于标准化流程和管控的标准型,不适合持续创新型管控 | 张一鸣力求打造一个基于互联网智能的组织形态,包括弱组织等级,目标激励,平台化造力。其方法包括以最大限度解放创造力,拆平行授权,垂直敏捷反馈,决策反馈,其目的是通过可进化的决策组织,在创新中更大的决策,组织,赋予组织和个人的决策权和活力 | 人才即组织:优先考虑用人才,人才在哪里,就把团队建在哪里 | 无限人才导向:无限接近用户及用户年轻化,建立智能化敏捷组织 | 超越现有竞争构建全球化人才高地,最大限度地发挥组织的创新能力,以达成组织和个人的平行进化 | 突破现有互联网人才格局,获取人才 |

也就是说，张一鸣的战略思想并非是像一个产品经理般对产品无限追求那样简单，他很清晰地展现出了对组织和战略思想的全新理念，这符合新一代互联网公司对领导力的要求。

**无论是有意还是无意，张一鸣为字节跳动搭建了一支极其年轻并且熟悉年轻用户需求的管理团队**，以保证"产品年轻化""领导力年轻化"和"执行力年轻化"，进而带来了"合作伙伴年轻化"和"内部沟通方式年轻化"的连锁反应。年轻就意味着活力和独特审美。就像《社交网络》这部电影里扎克伯格对肖恩·帕克说的一句话："Facebook is pretty cool."（Facebook 确实很酷。）从这个角度来看，今日头条确实有与 Facebook 类似的基因。而或许恰恰因为年轻化风气，以及目前用户的相对狭窄，让抖音更多属于并不被主流成熟公众思维接受的青年群体，也让抖音在公众层面遭受了一定的信任危机，比如个别价值观看起来不太健康的拜金或炫富内容。也有很多媒体人士认为，今日头条和抖音的公关团队对于腾讯与今日头条的大战反应过激，不够冷静。

**这个现象虽然看起来是孤立的，但是抖音同样面对"成长的烦恼"：其一，**AI 内容生态依然在社交流量生态的下游，如果海外的 Facebook、Twitter 和 Instagram 采取与微信同样的限制策略，抖音的发展将出现一定的瓶颈；其二，如何在 AI 运营和 AI 分发上形成更具创新的 NLP 算法也是一个重大挑战，名川资本合伙人王求乐就认为，抖音的成功在于产品设计思想，其技术的创新度和领先性还不够，可以说字节跳动是个有相当技术含量的、产品体验极度牛的公司；其三是内容审查与自有创作的辩证关系，如果抖音在智能化算法之外启用几千人规模的内容审核团队，不得不说在增加成本的同时，也会为商业模式创新带来沉重的负担。另外一点就是抖音在中国的实际情况，在被微信和腾讯生态切断了用户供给的生态后，自身生态造血能力如何提高，也同样是一个可以用天来计算的紧迫问题。

但不可否认，抖音成功克服了今日头条在内容端与其他平台内容生产者的博弈性瓶颈。2017 年 7 月 4 日，周掌柜战略咨询团队在《金融时报》中文网发表的《谁是 BAT 的接班人》这样阐述今日头条的战略性瓶颈（见图 38-2）："今日头条的核心战略是商业信息与资讯在用户端的匹配，核心挑战在于长期与内容生产群体商业效率零和式竞争，共生性缺乏。"目前内容行业有一种声音认为，今日头条的内容战略具有掠夺性，虽然最近两年今日头条也有很多内容扶持计划出炉，力求和内容生产者形成更健康的生态合作，可裂痕仍在某种程度上存在。但抖音的战略地位完全不同于今日头条，其原创独家内容的生产能力，因为其工具的先进性极大提高。通俗一点说，今日头条的头条小店等给予创作者的收入激励还不算明显，而抖音的内容生产者可以很直接地像电视台一样打造个人明星品牌形象，并且在抖音外有明确的商业变现通道。这一点差别让抖音真正成了张一鸣更有想象力的一张王牌。

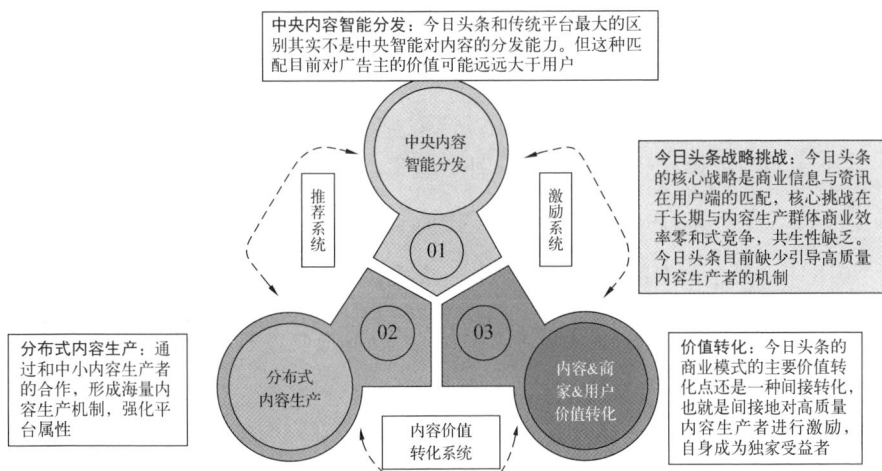

**图 38-2  今日头条生态图：资讯及商业信息共享生态**

相较于属于年轻人的轻松、愉快的抖音，这篇接近万字的文章似乎显得枯燥无味了。回归本文题目，**最简单的概括是：新现象——抖音深化了"手机电视化"的全新时代；新思维——融合 PGC 和 UGC 的全新 AI 智能发行方式将逐渐成为主流。**

未来已来！

# 第 39 章

## 小米的蝴蝶效应

## 战略思维分析

小米用商业模式创新构建了一种"能量场模式"，很好地通过小米之家、线上零售结合了手机和 IoT 获得了极强的综合竞争力。《小米的蝴蝶效应》发表于 2018 年 7 月小米上市当天，那时小米已经走过 8 个春秋。小米这家公司从创业开始就受到了多方瞩目，一方面因为核心创始人雷军本身就是一位"明星企业"家，客观地讲他早期参与推动的 WPS 软件也是最早肩负民族科技自立使命的产品，加上投资的辉煌战绩，自然广为关注；另一方面，小米这家公司具有很强的互联网思维创新能力，当时正值互联网公司的风口期，互联网思维被各行各业借鉴。这种能力不仅获得了媒体的追捧，也在和竞争对手的摩擦中火花四溅，吸引了舆论的眼球。

而且，小米的立体商业模式创新一直在动态变化中，笔者有多篇专栏文章对此进行解读，从总的基调来说，我们看到了小米成长中的不完美，也肯定了其创业品格和创新精神。这篇文章是在小米上市那天发布的，所以受到了广泛传播和关注，应该说是比较客观平衡地报道了小米的比较优势和战略性挑战，后面在小米处在最低谷时我们也发表了《小米的最坏时代和最好时代》，成功地预见了小米的大逆转。当然，这个大逆转与华为被制裁之后带来的红利有关，但注定也包含着小米商业模式和整体产品力的价值所在。

　　**这里我们想突出讨论的就是小米商业模式创新的"能量场模式"。**实际上，用大格局全景来看小米商业模式可以发现，小米并不是普通意义上的手机公司，更像是一家新型电商公司，连线下的小米之家都具有很强的终端零售属性。小米之家较早地在一个很好的时间窗口切入了商场这个渠道，不得不说是一个重大的战略成功。另外，线上零售是小米最开始做起来的，并且形成了强大的电商平台。加之产品线的总体布局是 IoT 为手机引流，IoT 通过合作创造了很多爆款产品，虽然在这个产品线和制造厂商的合作中后面出现了一些挑战，比如性价比侵蚀合作伙伴利润、合作伙伴离心力增强等，但总体上看小米 IoT 依然是成功的，并且在小米上市的时候几乎支撑了一半的股价。小米联合创始人刘德曾对笔者表示："小米商业逻辑与超级巨头的比较优势主要体现在决策反馈上，也就是说小米很好地利用了互联网公司的特点，高效地迭代和进化。所以，大家看到的很多缺点，实际上公司都在快速地改正！"

　　**从更大的格局看小米可以发现，**雷军实际上很好地解决了两个问题：一个是实业企业如何和资本投资紧密结合的问题，我们看到小米生态链快速发展，小米对高科技行业的投资都是非常灵活和高效的；另一个是雷军一直致力于保持创业公司活力，从结果来说这个思维取得了独到的成功，不过我们也看到，这两年小米更多强化了作为大公司的专业化合规问题，应对全球化不确定性的经验还是比较欠缺，而且手机、零售和造车业务分散了管理层很多精力，这也标志着小米进入了一个全新的发展阶段，或者说是全新的挑战周期。

　　综合这些，我们发现雷军和创始团队在构建小米商业模式的时候，力求建立的就是一个"能量场模式"，这和传统的"生长模式"有很多不同，不是一般意义的发展进化，而是带有一点"裂聚变模式"的特点，也包含爆品战略。总体来看，小米结合"裂聚变模式"的"能量场模式"还是比较成功的！

# 《小米的蝴蝶效应》全文

小米没有绯闻，但充满争议。

批评者认为，小米的商业模式就是"割韭菜"，先割投资人，再割经销商，之后割生态伙伴，最后割用户；拥护者认为，小米是学习苹果最彻底的新物种，其他中国厂商都在复制三星的"卖砖头"模式。

米粉[①]认为，小米有担当，雷军有个性，公司有希望；竞争对手认为，小米擅长营销，数据有水分，喜欢讲故事。"雷军可能是世界上管得最细的老板。"这是访谈中小米员工的真实评价。

对小米，仁者见仁，但对雷军，看法比较趋同：勤奋的创业者，事无巨细，无处不在。比如，小米在全国有 368 个金牌客户按等级分布在 3 个微信群里。第一个微信群有 400 多人，主要是核心 KA（经销商），现在改名叫"米 8 沟通群"；第二个 129 人的群叫"68 金牌客户群"，也称为"68 铁血"，是更加核心的 68 个大客户；第三个是由最顶尖的 18 个经销商组成的群，叫"18 蓝血"。雷军都在其中，并且非常关注。

一位经销商向周掌柜战略咨询团队透露："3 个群的群主都是小米的销售负责人汪凌鸣，雷军喜欢在群里转发每天动态、小米新闻和推广文章，时不时会激发很多合作伙伴表决心。"另一位经销商的看法更直接："很多经销商对雷军多少有一点崇拜，能在一个群里议事也成为可以拿来说事儿的荣耀。大家也清楚，目前没有人在小米赚到钱，大部分在观望，看小米能否在上市后兑现承诺。"

争议一直伴随着小米走到 IPO[②] 的时间点。2018 年 7 月 9 日上午 8 点半，伴随着小米在香港上市，顶级经销商将被邀请到北京万达广场见证敲钟。据悉，万达特意为此提前开门 1 小时。小米希望大家见证重要的里程碑时刻。"十几个顶级经销商大概每人被赠予了百万级小米股票，或许是为了捆绑并做一点补偿。"

---

① 小米品牌的粉丝团的昵称。
② Initial Public Offering 的缩写，意思是"首次公开募股"。

另一位经销商私下猜测。

目前，小米实体店有 3 种，自营叫小米之家，授权加盟经营的叫"小米专卖店"（由小米委派店长），还有一种叫"授权体验店"（小米不派店长）。为了激励经销商，小米 7 月 1 日将之前运营小米之家的所有团队调度到授权体验店支持经销商，并计划将除五彩城和世贸天阶这样被称为"朝圣的门店"之外的实体店，全部交给经销商，激励其"抢堡垒"。在经销商在万达见证敲钟的同时，小米全国所有体验店直播 IPO，并在全国的广告牌打出红色背景的广告语"谢谢"。虽然，目前经销商约 50% 亏本，约 30% 持平，只有约 20% 微利，但在上市氛围的激励下，几乎所有经销商都寄希望于小米 IPO 成为转折点。

正如周掌柜战略咨询团队 2017 年 3 月发表的《小米的新长征》中的预判：雷军和他的创业团队左右腾挪，激情满满，应该会找到一条通往"根据地"的"长征之路"。经历过像长征一样"30 万人剩 4 万人"的巨大损失之后，小米确实已经企稳，资本市场注定成了小米根据地。

本文，周掌柜战略咨询团队结合对小米近 3 年的近距离观察，以及对小米内部员工、经销商和业内合作伙伴的访谈，力求从第三方视角深入分析小米和雷军团队 8 年的奋斗历程，以及结合华为手机、荣耀手机、OPPO 和 vivo 等竞争对手，分析和研判小米的长期竞争策略。

## 小米的三个"战略机遇期"

大部分业内人士对小米讲述的故事耳熟能详。

大体有 3 个逻辑。第一个关于"财富奇迹"，雷军乐观的表达是"小米的估值应该是腾讯乘以苹果"。此前有媒体宣称小米上市后，持有股权的 7000 名员工中将会诞生 9 个亿万富翁，1000 个千万富翁。雷军始终坚信"造富"是体现小米成功的核心论据。第二个关于"全球化"，小米对外传播并反复渲染在印度 3 年就获得第一的传奇，这避免了直接面对中国市场数据的估值体系。第三个关于"商业模式创新"，小米上下传播口径对此高度一致，他们认为因为小米拥有极强的获取用户的能力，无论是生态硬件还是平台软件都具有互联网式的颠覆能力，所以小米不应该被对标。但中国证监会对小米的质疑一直没有得到公开回答：为什么卖手机收入占比 70% 以上的公司是互联网公司？

疑惑者大有人在，特别是了解小米的经销商。有人认为小米充满"泡沫"，所有的一切只针对市值管理和资本市场，对合作伙伴并不关心。"数据大部分是假的，外人看不出来，一波一波割韭菜。"一位经销商在访谈中看法偏负面。

不可否认，一系列眼花缭乱的传播背后，小米商业模式的新玩法前所未有。周掌柜战略咨询团队的合伙人宋欣有一个很生动的比喻："如果把华为系和Ov的对决比喻成美苏争霸，小米的再次崛起则重新上演了《三国演义》，但美苏争霸是有既有逻辑的，《三国演义》则考验想象力。"在她看来，中国智能手机行业发生了新情况，小米似乎成了最有进攻性的一方，是最希望通过颠覆式创新一统天下的"魏国"。从雷军公开信《小米是谁，小米为什么而奋斗》中的多处宣言可以感知到，"创新驱动的互联网公司"的背后是小米颠覆行业的巨大野心。

系统分析小米手机的成长轨迹，有一个重要发现：小米生命力无比顽强，很善于在竞争对手的"战略空档期"发动犀利的"闪电战"，遇到竞争对手的阻截之后往往寻找新战场开始新的闪电战。或者说，小米不喜欢"阵地战"和"持久战"，忌惮于传统商战的"贴身肉搏"，擅长在竞争对手的薄弱地带"速战速决"。

探究起来，小米手机第一个"战略机遇期"出现在 2013 年到 2014 年。这是其创业之后的第三个年头，那个时候三星在中国一家独大，苹果价格奇高，华为则是余承东刚刚接手终端业务立志转型高端的时候。从 2011 年 7 月雷军宣布进入手机行业之后，2011 年 12 月小米 1 就完成了 50 万台的销量，起步非常之快。小米的另一个轮子金融，其运转速度也非同寻常。小米在 2013 年 8 月的新一轮融资中估值 100 亿美元，成为中国第四大互联网公司，仅次于 BAT。

在 2014 年底的时候，小米崛起的第一个"闪电战"取得了辉煌战果，全年小米手机销量超过 6000 万台。IDC 数据显示，小米以 12.5% 的智能手机出货量市场份额，排名年度第一。年底小米完成了新一轮融资，总融资额 11 亿美元，公司估值 450 亿美元。但也有投行内人士对此披露："小米采用明股实债的方式融资，如果在 2019 年底不能以合适的价格上市，前期股东会要求小米赎回他们的股票，还有年化 8% 的利息，所以不排除本身这个估值就是被有条件地拉高！"但即使这样，这是小米借第一个发展契机快速崛起的真实过程，这个阶段的成功和资本市场带来的品牌效应正相关，但快速发展让小米错失了战略性进入高端的最好时机，也为后期的质量问题带来隐患。这一次，一骑绝尘的放量增长直到 2014 年 9 月华为发布 Mate 7 以及 OPPO 发布 R7 才开始受到真正的阻击，在此之前基本没有对手。从 2014 年开始华为和 OPPO 同时发力，加之荣耀等互联网手机迅速崛起，在激烈的竞争中小米在 2015 年和 2016 年上半年势头逐渐减弱。

陷入了中国市场的"阵地战"之后，从 2015 年到 2016 年小米开始"战略转移"。小米从 2014 年 8 月开始就在印尼电子商务网站销售红米手机，但是量并不大。小米真正地大规模进入海外市场是 2015 年初进入印度，这是后来印度战略的重要铺垫。

而小米手机崛起的第二个"战略机遇期"确切地讲出现在 2017 年，小米聚焦印度市场"战略空白区"发力。这一年，苹果价格过高，很难被印度的购买力接受，三星在设计和定价方面仍然和印度人的需求产生隔阂，而华为由于对整个终端业务给出了"重视健康的利润"战略，在印度、印尼和越南等几个人口大国都是战略收缩态势，荣耀手机则因为很难兼顾"要品牌，也要利润"的目标，取消在印度市场建门店的计划。小米的竞争对手都放弃了印度等新兴市场的"低端防火墙"，小米借此空档进入这些市场放量增长。据接近华为的人士透露：2017 年华为终端曾经有一个提法，叫"把枪口抬高一寸"，意思是在不同价格区间推进高端化，这让华为战略性地忽略了 500 元到 1000 元的价格区间，一年没有推出来对标小米的产品，就是这个时间窗口奠定了小米2017年的成功。

在这个时间窗口中，小米的创新故事获得延续，媒体美誉度触底反弹。小米抓住了这个战略机遇期复制了其在中国崛起的故事。并且，这个故事也是支撑其在2018年上市的最重要的核心题材。这一年，小米印度公司2017财年销售额增长696%，达到85.8亿元，净利润约合1.7亿元。这些数据对于整个小米上市功不可没。这里略带牵强地下一个结论：小米的第一个战略机遇期是苹果和三星给的，第二个战略机遇期主要是华为手机和荣耀手机给了如此舒服的姿势，可能还包括曾经印度市场的"领头羊"联想。

周掌柜战略咨询团队认为，小米的第三个"战略机遇期"有可能出现在2018年到2019年上市半年以内。这里面有四个"如果"："如果"小米在2018年下半年成功上市，并且获得较好的估值和社会影响力，那么小米不仅能获得大量资金支持扩张，也能用股票的方式对核心经销商低成本激励，必将带来新的一波渠道推力；"如果"华为终端和Ov在2018年继续延续2017年"重视利润"的战略判断，将利润贡献大的中国和欧洲市场放在核心位置开拓，那么小米在全球人口大国的低端设备量可能进一步增加；"如果"主要对抗小米的其他互联网品牌手机不能有更创新和差异化的战略形态，"双品牌"战略仅仅是"双马甲"的存在，那么小米的灵活打法在很多国家市场的势能也很难阻挡，以欧洲市场为例，周掌柜战略咨询团队2018年初在实地调研中发现，小米在2017年进入欧洲之后，基本上是在100欧元到250欧元的价格区间布局了十几款产品，同样以极致性价比为主打卖点，同档配置的价格平均比其他中国品牌低15%左右，一如既往打价格战；"如果"华为终端、三星和苹果在小米上市后在知识产权方面在全球范围内起诉小米，那么小米获得的高通的知识产权专利保护伞可能会大部分失效，届时，如果华为和其他竞争对手扣动"专利战"的扳机，小米招股说明书中所言的"2017年净利润为54亿元"可能迅速缩水，起码会极大地放缓小米的海外扩张速度以及利润累积速度。

综上所述，在第三个"战略机遇期"，如果前述 4 个"如果"的情况都温和地发生，那么小米极有可能借上市的品牌动能再上台阶。反之，小米上市半年如果没有兑现预期并且利好出尽，小米可能股价创新低。（历史上，小米每次融资之后都会出现一段时间的低谷期，或许这和冲业绩融资有关。）

从小米的成长历史来看，或许包括华为手机、荣耀手机、OPPO、苹果等传统对手，都低估了小米的战略能力和战斗意志，或者误判了小米产品技术差距和创业能力的关系，很多竞争对手认为和小米竞争的本质是"飞机大炮重武器"，但《战争论》的作者卡尔·冯·克劳塞维茨的一句话似乎更适合形容小米："恐惧来自对身体的关注，勇气则是出于对精神生存的需求。"小米的创业品质会让他们想尽办法弥补缺陷，雷军团队是一群喝了一碗小米粥就敢和巨头拍桌子的创业者，不可小觑。小米一直认为"决定战争的是人，而不是武器"。类比互联网行业初期，经过市值泡沫破灭的惨痛经历之后，BAT 等巨头都是在 SP 等移动增值业务的独特业务模式中生存并繁衍壮大，互联网行业对竞争的理解可能没有其他行业那样纯洁，但是他们确实敢于梦想，不畏强敌，不怕失败。这是值得传统制造业竞争对手面对的现实。

IPO 在小米竞争对手看来，无非是换了一件更体面的衣服，但整个公众和媒体很有可能把它当成胜利者的"桂冠"，由此，小米 IPO 的正面传播力大概率超预期。

## 小米创新的战略思想体系

让人感到意外的是，和小米并没有太多正面竞争的三星全球高层对小米极其重视。

三星的一位负责人向周掌柜战略咨询团队透露：三星手机全球最高层管理团队一直把小米看成重大战略威胁。从三星欧洲区一位高管的视角看，"小米威胁论"并非空穴来风，他曾经亲口告诉刚刚跳槽到华为手机的前同事："华为不是三星的真正威胁，小米是！"背后也有着他的逻辑：其一，小米是创业体制，决策效率高且不可预判，这和有着庞大组织架构的三星、华为、苹果有本质区别；其二，小米更愿意破坏式创新，也可以叫作颠覆式创新，不按常理出牌，有时候很难跟进；其三，小米在中国、印度、印尼等人口大国，甚至欧洲的葡萄牙、意大利等经济欠发达国家有大批追随者，在全球经济不景气的背景下小米有特定市场，特别是年轻人。加之小米于2018年初已经在欧洲的西班牙、葡萄牙和意大利等地开设了多家旗舰店，所以三星的高层对小米非常敏感，也有人戏谑称"华为、荣耀已经让人焦头烂额，又来了一个狠角色"。

三星高层对小米的看法多少让华为终端欧洲区国家主管有点"嫉妒"，虽然华为手机2018年第一季度在意大利、西班牙、德国、英国和法国这五个欧洲大国直逼三星，前所未有地取得了欧洲战场辉煌战绩，但三星认为"华为的战略战术可预见，执行力和三星类似"，华为被对手"完美忽略"，这多少让很多华为高层很不服气。但老道的三星人，在"敌人"还没有登陆欧洲的时候就开始研究对策，并非没有道理。

在小米犀利的进攻背后，确实有一套非常系统的战略思想作为支撑，周掌柜战略咨询团队通过小米的官方文献和对部分高层的访谈，总结出其6点"逆境求生"的思维方式。

1. **弹性竞争。**所谓"弹性竞争"，就是硬件、软件、内容、渠道和云服务协作的竞争方式，这种竞争方式通过媒体和营销放大了一个维度的竞争力，弥补了其他维度的不足，借此能和竞争对手开展"不对称战争"。举一个例子：打破固有的思维模式，创新地给经销商MIUI激活奖励分成，经销商每销售一台小米手机可获得每月1元的激活费，虽然目前对于大的经销商激活费每月也只有几千元，但这个创新模式和未来预期非常巧妙，给人希望。小米也在复制亚马逊在硬件、软件、内容、电商和云服务上立体的新打法，采用多种价值转移的方式打"弹性价格战"。其实亚马逊上市之后也是通过这种"弹性竞争"的方式不断调焦，改变资本市场对其亏损的认知，并获得支持，直到云业务崛起。总体看，小米的"弹性竞争"及背后的"弹性价格战"思维是有效的。

2. **无缝新媒体沟通。**小米一直不希望背负"只会营销"的名声，他们乐意被定位为技术和创新驱动型，产品质量也确实在提升，但小米营销体系的效率确实大大超越竞争对手。内部人士这样形容小米的传播执行力：雷总在微博发出一条传播内容之后，几乎全国成百上千的员工账号和公司账号会在 2 到 3 个小时内响应。而在竞争对手华为和 Ov 的内部，这样的公司高层多少对媒体有一点手生，不太会发起和控制话题。借助新媒体敏捷的传播方式，雷军作为"明星企业"家第一时间触达公众，让小米的品牌成功征服了很多精英年轻人。一位投资圈的 30 多岁的谢姓投资经理就在朋友圈宣称自己买过 20 多台小米手机，非常自豪。对他们来讲，有足够的理由追捧雷军和小米：雷军是创业教父，几乎没有太多的负面新闻；小米有挑战者新锐形象并拥有明确的品牌情感连接，年轻人更喜欢小米的个性鲜明。另外，小米和雷军与媒体的沟通很及时，也很愿意展示自己的想法，贴近用户。应该说小米无缝的新媒体沟通很好地传播了"小米价值观"，在这一点上，对标小米的荣耀手机、一加手机并没有为之代言的"超级偶像"。

3. **互联网轻运营。**小米的互联网轻运营大体有两个思维方式，第一个就是基于互联网的数据进行决策。拿小米进军欧洲举例，小米 2015 年进入俄罗斯、乌克兰；2016 年进入希腊、波兰、捷克；2017 年 10 月进入西班牙；2018 年 5 月进入法国、意大利；预计 2018 年还会进入德国、英国。其背后的逻辑都是基于开机数据，非常精准。通过开机数据决定在海外扩张的先后顺序，这种打法是一种典型的互联网决策方式。第二个就是"线上为王"的战略，小米在国内外基本都是先通过线上进行产品的宣传，引导消费者去线下店购物，形成 O2O 导流。在欧洲也是这样，虽然表面上看小米并没有直接进入运营商的核心门店，但是外部的公开市场压力和整体宣传还是有机会让小米"上牌桌打牌"。这几乎和外界感知的"重资产旗舰店"扩张完全相反，准确地说那并不是小米手机的商业模式，是小米之家新零售的。很多经销商和小米合作之后才真正见识了小米的运营能力，突然发现那么多微博大号和网络科技达人都在给小米造势。假设有一天小米将小米之家分拆上市，那么小米的"互联网轻运营"会更加清晰。

4. **用户临界点。**这是一个典型的互联网打法，在达到一定的用户规模之后再进行商业化变现，而在此之前只考虑用户数量的快速扩张，这个战略转变的节点，我们就叫作"用户临界点"。周掌柜战略咨询团队评估，小米的"用户临界点"大概在 MIUI 全球 3 亿的月活的节点。之后，小米大概率通过"全用户运营"超越手机用户范畴推广手机应用。有这样一份从小米合作伙伴处获得的内部数据（2017 年 5 月调研获得）：小米的应用商店和广告收入 2016 年在 35 亿元左右，2017 年差不多 45 亿元，2018 年约 60 亿元（小米招股说明书公布的数据为：2015 年 32.39 亿元，2016 年 65.37 亿元，2017 年 98.96 亿元），尽管数据有一定偏差，但不可否认的是，小米几乎是手机行业应用商店和广告运营能力最强的公司，几乎全部覆盖了应用商店、浏览器、小米视频、小米音乐、新闻资讯、小米天气等 APP，这部分收入具有极高的毛利率。这也是小米流量运营思维的集中展现，但是华为手机业务因为防范腐败的角度，以及从硬件视角看用户体验的原因（认为 APP 商店优先排序影响用户体验）一直对这方面不太重视。另一个打法可能会重新孵化一个面向互联网未来的杀手级应用，不排除米聊会成为小米上市后新的战略撒手锏。雷军在 2018 年 4 月曾经这样评价米聊："我一直清楚微信是 QQ 的马甲，小米很难在这个领域超越微信。但我依然很骄傲，我们在以腾讯为核心的战场里面还能活下来，拥有 1300 万的活跃用户。"显然，他对米聊有信心。于是在 2018 年 6 月，小米重启了米聊的 APP 版本，其首页的设计很直接地体现了新思维，第一栏是"消息"，直指微信的社交属性；第二栏是"广播"，目前看还是静态的图片为主，但是几乎可以 100% 肯定地预言未来这块的主要内容将是抖音、快手、微视一样的短视频。新版米聊可以很清晰地让人感受到这里就是微信的"朋友圈"和"游戏平台"。也就是说，小米在米聊上的布局是兼顾微信的即时通信、抖音的短视频、微信小游戏甚至小程序的全面战略铺垫，甚至可以看作小米未来面向 AI 互联网时代的一个全新的战略基点。如果小米突然变挡用软件推动用户运营，那么由于华为系、Ov 系几乎没有互联网产品成功运营的基因，所以这最可能是小米版的"很吓人的创新"。

5. **决策反馈。**"决策反馈"这个词是小米的联合创始人刘德接受周掌柜战略咨询团队访谈时多次提到的，也代表了小米高层认为可以打败和超越华为的重要武器，用雷军的提法叫"效率第一"。直白地说，刘德认为小米的组织比较扁平，在有问题有机遇的时候，决策会非常快，组织也会因此迅速迭代，在这个方面小米强于组织和决策系统复杂的华为。所以，刘德认为小米虽然表面上看处于弱势，但是进化速度会超出所有人的预期。客观上讲，刘德的判断有其合理性：一方面，华为的整个体系是基于运营商时代的研发和产品管理流程的，虽然严密，但是反应速度确实较慢；另一方面，这体现了小米互联网思维的开放性，小米更倾向于把决策看成一种试错的手段，会更开放地融合业界顶尖人才。这个逻辑很像本文标题中提到的"蝴蝶效应"，小米的创新翅膀在高效"决策反馈"之下，扇动得非常之快，他们不断地寻找每一个微小创新可能的颠覆价值。

6. **生态竞争力。**有两点是广泛被低估的，第一点是，小米几乎是华为国内所有竞争对手中云服务潜力最大的，而且雷军在 2005 年左右掌控金山云时就有这方面的成功实践，这方面小米有着比苹果和三星更加本地化的服务经验，而华为云服务之前一直是脱离华为手机业务管理的，未来要想统筹手机设备、生态链产品、云服务支撑的产品设计和管理，形成统一的管理体系，注定面临协同效率挑战。云服务在华为的解读中实际上非常美国化，主要考虑云存储、云应用等。而小米对云服务的认知几乎延续了 SP 时代的本土互联网思维，对盈利模式，账算得很清晰：其一，发展一个设备即使一分钱不赚，但是相当于推广了 MIIUI 及所含的 10 个核心 APP，每个 APP 推广成本 5 元，即获得了 50 元盈利；其二，未来有希望每年从一个用户身上获得的广告收入和应用推荐收入是 100 元；其三，付费视频、付费会员、付费游戏等产生的收入有希望达到每个用户每年 100 元。那么小米哪怕以成本价销售 1 亿台手机，也会节约 50 亿元的 MIUI 推广成本，按照小米招股说明书中披露的"1.9 亿月活 MIUI 活跃用户"计算，保守估计每年收入可以达到每个用户 200 元，1.9 亿 MIUI 用户的潜在收益就是每年 380 亿元。这种看似理想化的逻辑模型就是小米互联网的收入计算方式。第二点是，小米在智能音箱等生态链新品类上已经具有了领先优势，小米电视、小米手环、移动电源、平衡车等也斩获了十多个销量第一，在生态链价格、设计、体验、多产品联动方面，小米的优势非常明显。

基于以上 6 点对小米的战略思想的分析可以看出，小米作为互联网公司的所有假设，都基于"小米凭借低成本放量的手机销售长期垄断内生态盈利，妄图吃掉小米手机内其他互联网公司可能获得的收入。从这个角度看，小米模式真正成功之后最直接威胁的还不是专注于手机的华为和荣耀，而是基于互联网流量运营生态的阿里巴巴、腾讯甚至京东。当然，也存在小米在腾讯和阿里巴巴之间站队的可能性，而这种情况如果发生，可能会导致 Ov 站队互联网巨头的连锁反应。那时候华为系将面临巨大挑战，需要全新的竞合思维应对竞争，华为系迟早要面对互联网公司对其拥有手机权力制高点的忧虑。

小米战略的核心秘密，就是制造一种基于手机设备的全新垄断。

## 小米的战略性挑战

可见，小米的梦想极具侵略性。

在 IPO 基石投资人的选择上，小米这种侵略性的进化版初见雏形，这些投资者包括：国开装备产业投资基金认购 3047 万股发售股份、天海投资有限公司认购 1385 万股发售股份、中国移动国际控股有限公司认购 4616 万股发售股份、中投中财（CICFH）认购 8824 万股发售股份、招商局旗下 CMC Concord 认购 1294 万股发售股份、保利集团旗下 Grantwell Fund LP 认购 1454.4 万股发售股份、美国高通旗下 Qualcomm Asia Pacific Pte. Ltd 认购 4617 万股发售股份。雷军在对外传播和给员工的公开信中也反复强调：马云、马化腾和李嘉诚都参与了小米股份认购。进一步分析，我们可以感受到小米的基石投资人是基于"互联网化"和"新零售化"两个战略性指向同时布局的，而互联网的方向里同时布局阿里巴巴和腾讯或许是在为未来在 AT 之间站队做准备。大胆猜测，这就是雷军的战略底线，正如上文所言：如果小米在设备竞争中处于弱势，就选择在腾讯和阿里巴巴之间站队，或与拥有地产背景的大资本合作新零售，力求立于不败之地。

从雷军在路演中的讲述内容，我们也可以感受到小米战略的核心关注点。雷军重点介绍了小米的生态圈，小米有超过 210 家生态圈合作公司，他重点列举了美的集团和爱奇艺，小米投资爱奇艺成为其第二大股东，而爱奇艺做内容，相互导流增强。如今爱奇艺市值已超过 300 亿美元，小米收益颇丰。但其实美的的情况非常不同，虽然小米是美的的股东，但美的的战略几乎是与小米直接竞争。美的高层透露："不想被小米牵制。"两家也因为小米生态链投资美的的高管产生了一定的矛盾，这导致美的态度转变。其他超过 90 家公司聚焦在智能硬件和生活产品上，亮点是迅雷和华米科技。从雷军的表达中，我们可以很深切地感受到小米强大的生态整合能力。雷军也在说服投资人，表明他可以统领一个大家都接受的更大的梦想。有一个隐含的思路因为有别于实业定位并没有被传播——雷军实际上宣扬的是小米作为实业金融财团的投资能力。雷军在投资方面有能力、有"基因"、有成功经验，可以让小米成为相对于资本方的、在BAT之外的一个科技金融工具。

但客观地讲，对于实业来讲，金融收益永远是时代性的短期利益，就像外界批判的那样——即使是BAT，也不可能只用钱维持青春。小米目前主业的挑战是不容忽视的。

1. **低价策略形成战略包袱。** 按照雷军提出的开设2000家零售门店的规划，实际上小米现在每个核心城市的一两家店面需要扩张2到3倍，直接的影响就是更加摊薄了本来就不赚钱的经销商的收益。所以说，通过门店大规模放量的计划并不可能像外界想象的那么迅速，甚至不是"一加一等于二"的线性叠加关系。知情人透露，目前小米的自营门店号称有400万元到500万元的月流水，但按照这个预期，加盟的经销商发现自己类似的位置只能做200万元左右，毛利10万元。同样可对比的京东线下店也只有不到200万元的销售额。按照这个对比来看，小米的销量被大大高估了，背后原因不得而知。而对于小米一直宣扬的比肩苹果的小米之家的坪效比，业内也多有质疑。一位OPPO渠道负责人透露："小米大店的坪效比其实并不高，200到300平米的店铺的坪效比最高，这个面积OPPO好一点的店坪放在16万元/平方米左右，华为平均坪效在15元/平方米万到17万元/平方米，小米宣称27万元/平方米，实际上配合线上营销导流和小米生态链产品，差不多20万，并没有宣扬的那样高。"

2. **组织管控补课。** 周掌柜战略咨询团队调研小米的一级市场和二级市场后，发现了很多管控上的问题。一部分是经验问题，一部分可能是眼前利益驱动所致。小米的渠道管理并不规范，业内人士估计，正规的一级市场和外界非正式渠道的开放市场的销量比例大概是1∶1，大部分销量好的手机是外部渠道溢价卖的。这决定了所谓的低价策略根本不可能完全惠及消费者。另外，小米招股说明书中没有提及的一个重要信息就是小米对运营商的高度依赖，而运营商在 2018 年 7 月的补贴政策已经做出调整，这不得不说让小米的"低价"策略支柱渠道受到重创。低微的收益又造成很多经销商将门店的畅销产品放货到二级市场（小米之家之外的夫妻店等）的恶性循环。也有被迫串货的情况，有华北经销商反映："MIX 2 我们拿到 1500 台，其中 1000 台被迫交还给小米的某些渠道负责人，拿出去卖高价，我们得不到太多实惠。"他很隐晦地吐槽了小米的合规监管，这背后体现的都是小米互联网轻型化运作的"硬币背面"——工业企业需要更严密的组织管控体系。如果小米不能杜绝消费级业务的腐败，可能会千里之堤溃于蚁穴，但改变需要时间和决心。

3. **专利鸿沟**。小米上市后在专利方面可能面临密集诉讼。据报道，小米上市之前正在法院受理的专利费诉讼金额达到 1.3 亿元人民币。而业内人士评估，如果华为在小米上市后拿起专利大棒，小米潜在需要支付的专利费应该不少于每年 5 亿元人民币。这还不包括可能同样忌惮小米的三星和苹果。小米在专利上的薄弱是毋庸置疑的，但是专利战可以达到什么程度，则取决于竞争对手对小米"威胁"的看法。

4. **生态合作的脆弱性**。在生态链成功和创新的背后，隐忧也是非常明显的。目前生态链产品和手机的销量之比比是 8：2，而利润之比是 3：7。有小米经销商很犀利地将与小米合作比喻为"打黑工模式"，他们认为小米有一个"双峰理论"，即按照高峰规划配置，按照低峰规划价格。这样一来，从表面上看，小米占据了高性价比的道义制高点，实际上和小米合作的上游不赚钱（高通除外，这也是高通投资小米的一个重要原因），下游如上所言的经销商也不赚钱，大家都在帮小米跑量。生态链合作伙伴的这个问题也很突出，周掌柜战略咨询团队在访谈中主要发现了两个问题，第一个就是生态合作伙伴与小米合作的利润率很低，所以他们不把最好的产品给小米，比如上市公司"开润股份"，他们给小米的拉杆箱只是通过合资公司"润米科技"冲量，但自身努力发展高端并淡化小米的影响，两者合作的瓶颈就是开润作为上市公司不希望小米单一渠道一家独大，甚至不希望小米未来威胁自身的全局。而生态链高度捆绑的华米科技等手环、外设厂家，其高层也在私下里表达了摆脱小米体系掌控、独立在资本市场上市的愿望，因为单一渠道没法上市。一部分小米生态链的企业认为小米渠道是"鸡肋"，不赚钱，但是赚流水，所以还是短期利益同盟，长期有可能渐行渐远。或者确切地讲，小米生态合作伙伴在目前的战略框架下拥有明显的战略天花板，他们都清楚目前最大的受益者只有小米，他们对小米唯一的需求就是借用品牌冲量，但是一旦上了发展的台阶，并不太会全心全意支持小米，反而会产生离心力。生态伙伴的"私心"正在逼迫小米生态链做更深刻的创新。

5. **上市的负面影响。** 小米上市带来的媒体轰动效应，伴随着小米的传播和营销能力一定会形成广泛的社会共振，很多数据极具新闻价值、抓公众眼球，比如第一笔 500 万美元投资，今天的回报高达 866 倍。但硬币的另外一面是被忽略的，周掌柜战略咨询团队观察到，"冲上市"对常规运营的跃进式推动，多少体现出小米背后的美元基金对国际环境的担忧和急切心情，上市后小米大概率需要用较长时间消化之前的库存，甚至会出现业绩下滑。据统计，2018 年小米已经推出了 12 到 13 款手机，目的是激活市场做销量，但很多经销商还在卖 2017 年的产品，这也不符合像 OPPO 这样厂家单一旗舰放量分摊成本的行业规律。而且香港资本市场相对于内地更加理性，服务和地产类公司追捧度较高，一定会审视小米的利润贡献，很难长期容忍其扩大亏损。此外，路演中小米对标苹果也会带来很大隐患，苹果的市盈率只有 18 倍，小米必须保持强劲增长才可能长期获得投资人的信任，所以反而给了竞争对手进攻小米的最好时机，上市后的小米在内外逼迫中也有可能陷入战略保守的财务至上漩涡。人才不确定性也是大问题，小米的人才结构由于其 VC 式创业基因，大部分属于"交易性"人才，在这些人才中在利益兑现或者利益没有兑现的情况下，究竟多少人会因为梦想长期追随小米不得而知。小米上市，虽然短期市值可能冲高甚至超预期，但长期来看，资本反而成为困扰小米的新问题，可能削弱小米的竞争力，小米宣扬的轻资产也可能导致其银行融资成本提高等。由此预测，小米上市后的 3 个月到半年内应该市值会受到较大挑战，甚至内部矛盾激化，但也不排除其利用并购重组等业务外资本运作维护市值稳定的可能性，比如对其生态合作伙伴"普路通"和"卓翼科技"进行收购。

6. **AI 等核心研发能力薄弱**。从风险的角度看，如果小米走向用户运营的轻型运作方式，那么在 AI 等底层研发方面存在被华为系拉开距离的风险。从表面来看，高通支持小米，但也注定让小米受制于高通，成为高通利润的"提款机"，高通也需要在小米和 Ov 等其他伙伴间寻找平衡。从 AI 角度来看，小米、华为手机、荣耀手机和 Ov 共同的制高点其实就是云智能和端智能的融合，小米能否在基础研发落后的情况下，对智能时代有更快的反应速度，值得观察。

此外，对于小米 2017 年和 2018 年的销量放量，也有一种近乎"阴谋论"的分析认为是数据造假。这种分析的逻辑是，2017 年第四季度，在全球市场上，苹果、三星、华为、OPPO 和 vivo 的出货量均下降，小米的出货量却同比增加 97.4%，但所有人都可以感知到身边的小米手机普及率并没有明显提高，甚至可能在下降。只有小米分销商的出货量在成倍放大，这不排除两种可能，第一是分销商大量压货；第二是由于黄牛倒卖，销量形成了两次甚至多次的数据统计。但这本身并不创造真实价值，不愿意玩的经销商可能在略亏损的情况下退出了代理，之后新的一批经销商又补上来，因为这个梦想还没有破灭。而之所以没有经销商曝光甚至对媒体披露这些信息，多少是由于他们希望有新的品牌制约华为系和 Ov 系，给自己更多谈判筹码，同时也期望通过小米 IPO 获得实在的好处。

但小米的一位中层负责人在访谈中对小米的战略处境非常乐观，他说："华为终端和OPPO都把对抗小米的荣耀和一加等互联网手机品牌看成主品牌的低端马甲，其实这样做不仅不符合双品牌差异化战略的初衷，还分散了整体的能力，降低了专注高端、成为苹果的可能性。"他由此认为其他互联网品牌不足为惧。

有理由相信，小米是具有创业精神的团队，也是对前进道路上的多种挑战和优势劣势有系统思考的，或许创业思维能让他们避免风险，找到新路。

## 小米颠覆一切的可能性

很有趣的一点是，从对手层面来说，华为、荣耀、OPPO和vivo乃至京东等业内人士，对小米的看法冰火两重天。

一种认为其不足为惧，没有Ov销量实在，另一种则将其看成核心战略威胁，认为其战略创新能力会带来很多不确定性。华为和Ov人一直以危机感著称，对于小米的崛起，"危机派"最强烈的声音认为，自身的互联网品牌手机并没有输出独立的品牌人格以及清晰的价值观主张，这给了小米的年轻化创业精神极大的战略空间。华为一线很多业务负责人强烈主张荣耀手机通过更加独立的运作模式极力遏制小米，不能再轻易给予小米战略机遇期。

另一种声音也很有代表性：小米的威胁和Ov有本质的不同，Ov深度学习三星的渠道供应思维，对渠道赋能创造了新型的合作模型并具有长期竞争力；小米只是暂时在声势中获得了个人利益最大化，长期看不堪一击。但这种声音也承认：华为和Ov需要针对小米的战略变轨提前预判，荣耀和一加如果不进行深刻变革，那么华为Ov就可能遭遇"戴维斯双杀"。

但不可否认的是，即使如上文所述拿放大镜寻找小米的问题，这家公司眼前还没有系统性风险，但其创业基因和企业家精神正在给华为手机、荣耀手机、Ov甚至京东、苏宁带来真实挑战，逼迫他们做出改变。

其一，逼迫对手深度革新双品牌战略。小米的创新是极具个性的，这逼迫华为和 OPPO 的双品牌战略形成真正的差异化竞争力，不能仅仅是两个兄弟上战场的逻辑。或许双品牌中的"弟弟"需要拥有完全差异化"哥哥"的战略创新，甚至根本不应该区分"哥哥"还是"弟弟"。

其二，逼迫对手构建适合创新的消费级业务全新商业模式。华为的 B2B 级别的管控体系在某种程度上压抑创新，比如一个业务部门提出一个产品的创新方案，华为的强 KPI 考核体系一定会追问：能做多少销售产量？获得多少盈利？这种 KPI 先决条件也从某种程度上降低了更接近用户的一线人员的创新热情，试错成本高昂且没人愿意为此承担责任，最终可能带来华为系被迫跟随小米的"战略变轨"或者"颠覆式创新"，"东施效颦"是竞争中最大的战略性风险。"一想到做一个创新要开 20 个会，大部分人退缩了。"

其三，逼迫对手提升互联网应用、云服务和芯片等整合创新能力。小米对 AI 开放平台和云服务都是非常重视的，因为这两点本身也是互联网的重要趋势。这逼迫对手在提供互联网云服务方面进一步提升，拥有和互联网公司同样级别的用户服务能力。举一个例子，如果小米将 AI 开放平台拉升到创业投资的竞争层次，那么其背后的顺为资本的成熟打法就会显示出优势，华为系和 Ov 系的开放平台是没有投资杠杆的。

其四，逼迫对手突破年轻化和女性审美品牌盲点。从公开数据分析可以看到，年轻化用户和女性用户在智能手机竞争中至关重要。如果从互联网的角度审视小米和华为的用户结构，你会发现小米的互联网思维更容易吸引年轻用户。当然，目前华为系在年轻用户总量上应该还是领先的，但小米的趋势逼迫华为手机系品牌在年轻化和女性审美方面获得突破，拥有更加细腻和亲和的品牌风格，也逼迫 Ov 在广告之外有效率更高的品牌营销创新。

其五，逼迫对手以类互联网公司的形态支持用户运营。具体来说，是逼迫其对手在研发上从以功能为中心以用户为中心，或者保持之前硬件研发高水准兼顾应用研发的平行创新结构。否则，如果长期发展下去，可能会造成手机功能超载，导致强大的功能和用户可感知的体验的背离。目前外界对于华为手机"不够酷"的抱怨很多，对于"好在哪"则感知麻木。所以，不断软件化的小米自然逼迫华为的重度黑科技矩阵研发体系和 IPD 产品开发框架有系统创新，灵活起来，酷起来，美起来。

正如周掌柜战略咨询团队 2016 年 1 月 6 日在英国《金融时报》中文网发表的《雷军的战略瓶颈》中所言："小米的战略转折大概率需要重启一轮高势能的用户增长。"从今天的角度看，小米未来的三个创新方向已经逐渐清晰：第一个，小米学习亚马逊做超前的协同创新；第二个，小米重启米聊和开拓短视频等业务，将战场拉伸到互联网赛道；第三个，小米重度投资新零售，用手机和物联网能力构建一个超级的线下"京东"或者"沃尔玛"。这些都是弯道超车，但主航道其实只有一种战略选择，就是小米"超级旗舰"真正放量销售。以 OPPO 的 R7 神话和华为的 Mate 7 神话来说，两家公司都是通过超级旗舰的利润激活市场和经销商体系，进而启动高增长。小米别无选择。

回到本文的标题：蝴蝶效应是指在一个动力系统中，初始条件微小的变化往往能带来整个系统长期的连锁反应。这个现象很适合用来形容小米团队和雷军，因为他们每天都扇动着"翅膀"，在激烈的竞争环境中，搏取未来的可能性。

小米蝴蝶效应的三个出发点是没错的：其一就是以用户和消费者为中心，让创新翅膀掀起滔天巨浪；其二就是用创业者精神推动敏捷决策，简单驱逐复杂；其三就是时刻保持与公众沟通，能屈能伸，走进人群。

小米是一家拥有顽强生命力和进攻性的公司，但它并不是神话。

# 第 40 章

## 辩证审视比亚迪

## 战略思维分析

以"逆向思维"来看，比亚迪的长期竞争优势让我们在比亚迪历史低点发现了其独特的竞争优势，后来其股价爆发，达到了近 10 倍。实际上当时所有的微观迹象都表明比亚迪还是一家问题缠身的公司，但从战略逻辑分析，它确实存在爆发的可能性。在 2019 年 7 月我们分析比亚迪的时候，当时无论是产业还是资本市场，对它都不看好。有理性因素也有感性因素，理性地看，经过了多年发展的比亚迪确实没有人们期待的独领风骚的技术创新，长期受国家补贴支持，和特斯拉比，科技领导力非常薄弱，也似乎没有太多独树一帜的理念；而感性的因素则是普遍认为比亚迪品牌是一个中低端品牌，特别是对其车标和"唐""宋"这样的中文车系名称不太接受，觉得很土。了解比亚迪的人也会诟病其组织内裙带关系和任人唯亲等极端情况。那个时候，比亚迪刀片电池还没有研发出来。

就是在这样的大背景下，我们写了《辩证审视比亚迪》这篇对比亚迪的评论性文章，总体上看这篇文章支持和认可比亚迪技术驱动的长期产业价值，也做出了一定程度的投资价值判断。这里面应用的就是一种"逆向思维"，写作过程中我们反思了三个问题：比亚迪品牌老土的问题是否已经反映在股价上面？既然比亚迪不太会讲故事和做品牌，那么稳定的发展是否说明其技术的核心竞争力更稳固呢？一直批判比亚迪的人是否会因为其设计和技术基础，有一天在一款车型上突然开始成了力挺的人？这些问题都决定了资本市场上是否存在空翻多的可能性。

**这也是三个有代表性的问题，探究到最后，我们确认背后有两个大逻辑支撑比亚迪的长期发展**：第一就是比亚迪的问题已经反映于股价，第二就是比亚迪的技术进步和设计进步会拉升品牌。当然，我们也对照了华为手机早期的发展状态，发现两者有很多相似性。对于比亚迪这样的企业，技术领先的重要性应该是第一位的，和华为当初的海思芯片、鸿蒙操作系统的重要性逻辑类似，有了技术作为支撑，品牌、传播问题都会有解决的时间窗口，而不用做到100分依然可以有大逆转的机会。后来，当比亚迪的刀片电池技术成熟之后，股价开始飞涨，并且在比亚迪－汉的车型热销之后，之前的很多批判烟消云散。这些都和本文当初的主要判断完全一致。所以，引用这篇文章供读者对比思考，可以感受到"逆向思维"这个战略思维的价值和意义。

# 《辩证审视比亚迪》全文

比亚迪是汽车行业的哈姆雷特，不同的人从不同角度看到不同的东西。一面是对其基础实业能力的认可，一面是对其低端品牌形象的忧虑，还有一面掺杂着对中国新能源汽车产业的期待。但是，并没有人怀疑王传福是一位实业家，或者发明家。

长期以来，比亚迪并不是一家真正意义上的明星公司，至少有三个比较负面的评价：第一个评价是关于其营销，2018年7月爆发的"广告门"曾经让这家公司陷入舆论的质疑，11亿元的广告费竟然来自一家说不清头绪的公司，不由得让人怀疑其管理能力；第二个评价是关于其品牌和传播，相对于特斯拉的高势能品牌，比亚迪给人的印象一直是廉价车和低端车的代表，与特斯拉比几乎没有太多值得称道的亮点，即使与造车新势力中的蔚来汽车比较，无论是从品牌的深度和质量，还是从业内人士的关注度，比亚迪也都更像一个迟缓的巨人；第三个评价是关于其跟随战略，业内有一种有代表性的声音认为比亚迪的车型缺少原创性，虽然降低了研发成本，但是如果一直维系工厂化低成本基因，几乎可以断定在已经到来的电动汽车时代难有大成。

　　但客观地说，比亚迪的大梦想其实不仅仅基于轿车甚至电动车，比亚迪早已经是一家全球化运营的公司，其电动巴士早已在深圳甚至海外多个国家广泛应用。比亚迪还有电动卡车，云轨也霸气十足，或许比亚迪很多亮点谕贾跃亭来说的话，都可以"令人窒息"。而且，对于一家上市公司，有理由相信，广泛认知的悲观预期在资本市场必然有了先导性反应，这或许也是其在电动汽车飞速发展的过去 3 年中股价一直相对低迷的原因。但如果我们从辩证的视角看这些缺点，硬币的另一面则景象迥然：我们首先看到了这家企业作为"中国制造"的典型性，进化的路径不仅稳健，而且不乏进取心。它的缺点真实，但并不丑陋。比如，基于中国的国情，很多制造业企业是工程师建立的，他们天然不具备影响媒体和公众甚至很好表达愿景的能力。而工程师文化的实用主义，让很多制造业企业选择从低势能但容易形成购买决策的中低端产品切入。

　　最近笔者在对深圳、东莞、惠州等地的广东制造进行调查的时候，对这种实用主义感触很深。无论是 30 年前的发展阶段，还是现在，广东制造业的显著特点都是市场主导的应用型开发，随着客户的需求动态进化。比如在东莞，我们还可以看到街边工厂门店，加工服装刺绣或者小型零件，这些基础制造业虽然外表不好看，管理和合规几乎为零，但市场化意识极其明显，远远望去，师傅带徒弟的工作场面有着一种简陋中的美好。比亚迪就是在这样的大环境下发展起来的，其工程师文化和工厂化基因让其天然与中国社会相对底层的消费者打成一片，我们认为这为完善技术、提高产业链效率争取了时间。再如，从

"思想领导力"与"可持续发展"的关系来看，北京的创新企业处于中国媒体业最发达的地区，天然具有传播技术创新的基因，特别是要融资或者持续融资的公司，故事往往会通过逻辑包装减少缺陷，而不需要短期证伪的逻辑更具诱惑性。乐视是典型的"PPT造车"的代表。这样的好处就是像乐视一样短期缔造营销奇迹，以及巨大的关注度和话题性，打破消费电子或者制造企业的营销难题，也可以附着投资人和公众的无限期待；坏处在过去2年资本泡沫破灭后显而易见，很多公司没有大规模制造的能力，而大规模制造不仅需要资本，更需要长期积累的经验。回过头来看比亚迪，这家公司虽然没有超越我们的预期太多，但符合平凡人持续奋斗的进步特质。不可否认，中国资本市场散户为主的特殊性决定了，对平凡人是缺少期待的。

那么，比亚迪到底是否可以成为特斯拉？比亚迪是否可以成为下一代的宝马？带着这两个追问，本文将立足于未来10年甚至更长的发展周期，从多维度分析比亚迪，同时我们将对比同为深圳制造的华为、OPPO等公司的发展规律，辩证解构这个中国制造的样板类公司。我们主要从以下三个角度的辩证逻辑谈起。

第一，品牌和设计的缺憾是否可以成为比亚迪的后发优势？探究起来，对于任何一家消费级业务的公司，品牌和设计的价值都不仅仅是一个产品美观问题，更是一个利润增长和产品进化的核心战略。更学术一点说，关于品牌是什么，大体可以从消费心理学角度阐述为三个阶段。在 Awareness（意识到）和 Understanding（了解）的认知阶段，品牌就是引用率和知名度，也包括对其理念的理解，这一点比亚迪可以打80分。在 Belief（信任）和 Commitment（认同）阶段，品牌就是思想领导力和产品领导力，在思想领导力方面比亚迪差距较大，甚至连实业报国、引领中国制造、研发的核心作用都没有很好地体现出来，而在产品领导力方面，在特斯拉把"推背感"列入科技属性第一优先级来传递价值主张的时候，深圳的几万辆出租车司机在切身体会比亚迪的"推背感"的情况下，普遍的解释仅仅是起步较快，但不容易刹车。可见，比亚迪没有很好地传递自己在技术、电池能力、稳定性等方面的优越性，这一点打 60 分。而更进一个层次，在 Alignment（一致性、跟随）和 Action（购买使用）阶段，比亚迪的口碑是通过最基本的使用者经验方式传递的，缺少"圈层"的品牌质感，我们看到炫耀比亚迪产品的"90 后""95 后"年轻人大有人在，但比亚迪没有给他们提供有质感的口碑表达方式，这一点打 50 分。换句话说，品牌的潜力是巨大的。

应该说在品牌这样弱势的前提下，比亚迪并没有赚到更多的"品牌红利"和"品牌利润"。缺点显而易见，而优点呢？其实是被广泛忽略了。其一，有理由相信比亚迪的利润报表里拧不出太多品牌溢价的水分。可提高品牌很难吗？背后有两个决定性要素，一个是专业的战略设计和操盘；另一个是公司实力自然积累后的品牌溢出效应。但这两点都不难，不是根本性的技术壁垒和挑战，所以这两个悲观预期有理由随着时间推移而发生改变。其二，比亚迪的品牌有着长期被低估之后的爆发力。这个低估是显而易见的风险，主要表现在私家车对比亚迪的选择上。虽然没有第三方公布的数据，但我们调研中发现选择比例不容乐观。同样技术能力的雪弗莱、丰田等中低端车型都表现出强烈的品牌质感。比亚迪的唐、宋、元系列的品牌创意客观讲带有明显的中国元素，长期看会升值且拥有成为新潮品牌的潜力，比如中国李宁、中国华为都是这样跳升的，比亚迪注定同样拥有这样的爆发式潜力。

而从工程学的角度看，高科技产品的"产品主义"，也就是围绕产品创新夯实品牌正在成为主流。最有代表性的肯定就是华为，这家公司 10 年前受到的诟病也主要是缺少前沿创新基因，以及品牌能力低下，和比亚迪非常类似。但华为的蜕变不仅是由于任正非从低调到开放后的思想领导力产生了超级广告效应——这为 B2C 产品带来了底层价值观支撑，更重要的是设计理念在工程化思维下不断地迭代和进步，比如华为和徕卡合作，在巴黎开设美学研究所，和国际知名的潘东颜色实验室合作等。加之华为借助全球化的能力，通过欧美拍摄广告反馈中国社交媒体的方式，同样为品牌的全球化积累了丰富的内涵。从世界范围来看，德国制造享誉世界的西门子、博世在传播中体现设计和生活方式的能力也非常突出。但从比亚迪大手笔投资 BYD DESIGN 的全球设计中心行动来看，设计战略已经纳入第一优先级。新一代的比亚迪 e-SEED GT 跑车也让外界看到了品牌和设计突破的希望，可见这个后发优势客观存在，就看下一步比亚迪如何使战略和行动相匹配。

第二，比亚迪的大规模工厂生产基因能否改良为研发平台上的开放创新生态？这同样是一个关乎比亚迪未来 10 年发展潜力的核心问题。比亚迪的技术创新加大规模生产基因是一个双刃剑，这个基因是基于"活着"的基本需求，但高端产品缺失势必弱化其基础研发投入、全球化资源配置的能力和抗风险能力。小米 2011 年初入手机行业就达到 50 万台的销量，华为在 2015 年以 P6 手机 400 万台的销售爆发，OPPO 在 2015 年仅 R7 手机就销售了 1300 万台。对比手机行业发展历程来看，汽车行业的根本规律同样会是靠爆款降低成本、获取巨额利润，进入良性循环。而华为主攻高端手机战略获得的成功，比亚迪完全可以比照，如果没有高利润支撑，华为的低端机型很难支撑研发的持续突破。

为了探究这一系列问题和挑战的背后逻辑，我们对其发展历史作了简单的梳理。首先，从 1992 年成为金属研究院研发负责人开始，王传福一直专注于电池领域的技术创新和大规模生产，从 1995 年他第一次获得三洋手机的电池订单到 2000 年左右产能占据全球镍镉电池的 40%，从 2000 年比亚迪进一步获得摩托罗拉的订单到 2002 年在香港上市，比亚迪的技术积累始终围绕着大规模生产展开。其次，从 2004 年接手秦川汽车厂快速进入汽车产业开始，到 2008 年的大规模整车出现问题，又到 2009 年股神巴菲特的投资，比亚迪核心解决的依然是汽车技术和大规模生产的问题。不过客观地说，从 1992 年到 2009 年这 15 年的探索，比亚迪客观上以弯道超车的方式在电动汽车时代完成了德国传统汽车巨头早期近 30 年的产出。再次，从 2002 年比亚迪专注发展电动车到 2014 年国家对新能源产业的战略支持，再到 2018 年比亚迪真正形成了"7 + 4"的战略框架，在传统汽车基础上，形成了同一平台、多种动力的开放式开发架构，比亚迪才真正成了一家有产业基础、有战略方向和有核心技术竞争力的世界性汽车生产公司，但由此走向的 2019 年，比亚迪被中国汽车业的造车新势力热潮推向了新的阶段，我们可以定义为"智能新能源汽车引领阶段"。在这个阶段，比亚迪不仅面对着传统汽车行业友商的竞争，也面对着来自于跨行业技术、资本和创新的挑战，战略环境实际上恶化并且严峻了，因为这个时代比拼的竞争优势已经不是传统汽车厂家靠技术积累的根基，而更多的是消费电子行业的引领性创新、独特用户体验的引爆式进化。在这个阶段，友商的一个爆款可能压倒比亚迪长期打造的竞争优势，就像小米、Ov、华为和荣耀逆袭一样，也可能出现苹果对诺基亚的完全碾压，所以今天的比亚迪虽然进入了新阶段，但风险在急剧上升，比亚迪的战略逻辑更像诺基亚而不是苹果。概括起来，比亚迪的新战略向智能化开发者共生的开放平台突破，成则大成；而倒退回工厂思维的红海竞争，败则万劫不复。

第三，比亚迪是否有可能成为中国制造的下一个超级旗舰？最后我们看比亚迪的消费电子化、工程平台化和生态共享化能否实现。基于这个基础逻辑分析，我们再来对比一下比亚迪的战略逻辑和华为崛起的逻辑。首先，华为手机是集成思维加技术平台型突破，集成思维保证华为应用世界最领先的技术，比如日本东京研究所拆解华为 P30 Pro 后，发现其零件总成本 2500 元，62% 来自中国以外的公司生产，而 iPhone XS 零件成本 428.2 美元，仅有 0.3% 来自中国大陆。这说明了华为的成本优势来自于集成中国产业链，而其器件的技术优势来自于广泛地采集世界先进技术。在此基础上，华为的技术控制点第一个是高端芯片，第二个是对谷歌 Android 的底层改造，也包括"备胎"鸿蒙。从差异性来说，华为的芯片是为高端化提供动力，比亚迪的电池则是为产品提供零件，这可能意味着比亚迪放弃高端产品利润金矿，却陷入了和宁德时代比拼规模效应。而今年 1 月到 6 月，我国新能源汽车共销售 41.2 万辆，其中电池靠自给自足的比亚迪，其新能源车销量为 7.1 万辆，这意味着其余的 34.1 万辆新能源车，绝大部分电池由宁德时代提供，与宁德时代竞争注定是没有出路的。

另外，对于比亚迪自身而言，汽车智能电子方面的投入明显是不足的，背后深刻的根源是其工厂基因，而非华为式的研发基因。进而有理由判断，比亚迪对于基础材料领域、智能应用创新领域和汽车电子领域的基础投入都有待增加。不过，这个决心的背后，势必引出比亚迪必然要走的高端化路线，客观上只有高端产品才能拉动技术的根本性升级。

也就是说，高端产品路线对于比亚迪在新的阶段胜出是有绝对意义的：没有高毛利、高溢价，就不可能有足够的"子弹"投入基础研发、创新型研发甚至用户体验研发，没有高端的品牌势能，也不可能真正吸引开发者形成苹果式的开放平台，比亚迪就会继续陷入"工厂＋低端产品"的规模化陷阱里不能自拔。这个惯性王传福自己一定会意识到，但这个战略决心如何下、如何落地，或许是他正在纠结和谋划的。

下面我们再用金字塔模型对比亚迪的战略现状做一个还原，如图40-1所示。我们看到以"性价比产品""应用型品牌""技术领导力"和"智能电子生态"构建的比亚迪的战略制高点其实缺少进攻性；而在以"工厂制造人才""零件研发整合平台""制造业品牌"和"汽车电子应用"为基础的战略底线上，比亚迪是无比坚固的，比亚迪正处于一个战略进化的十字路口。

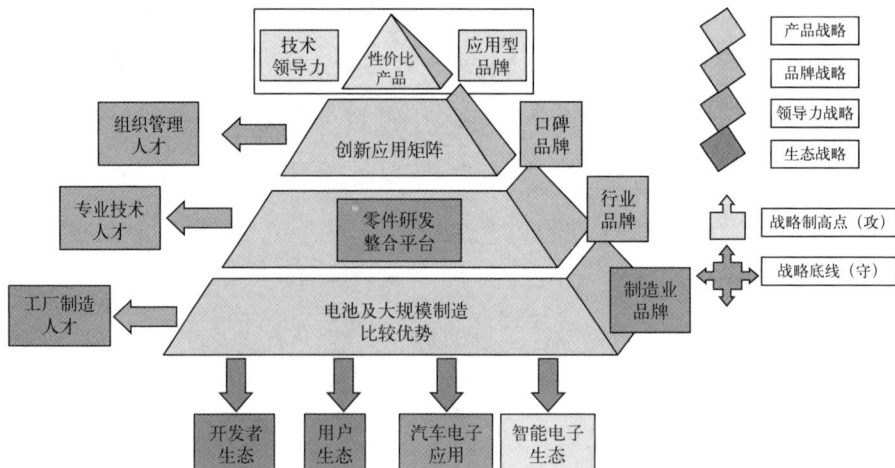

图40-1　比亚迪"金字塔"战略逻辑分析

综上所述，我们一方面从辩证的视角看到了比亚迪被批判的弱点，另一方面对其未来大成的可能也抱有期待，但总体来看，我们认为比亚迪现在到了战略变革最好的时间窗口。当然，背后的决定性作用来自于王传福和高管团队的企业家精神，华为这样的中国制造旗舰公司耗费巨资打造了一个"美式咖啡"的管理内核和人才矩阵，美的这样的传统制造业巨头不惜冒着跨文化管理的风险追逐德国制造业明星库卡，蔚来这样的互联网造车新势力们不怕道路坎坷，勇敢地冲到高端产品的第一线、快速上市的第一线，德国博世这样 133 年传承的汽车贵族面对新时代依然大手笔投资传感器作为物联网时代的新底盘，比亚迪缺少的显然不是好产品大卖那么简单。最能证明比亚迪潜力的显然更不是业绩，也不是规模，而是坚定走研发驱动和高端品牌创新的战略决断力。

从 2019 年 7 月 5 日比亚迪发布的最新销售快报中，我们看到上半年新能源车增长 94.5%，纯电动车增长 301.76%，但整车销售仅增长 1.59%，这是一个清晰的信号，它告诉资本市场：比亚迪自身正在进行价值重构和价值切换（用电动车创新的市盈率评估，比亚迪应该享受更高市值）。由此，比亚迪的确进入了一个黄金的"战略机遇期"，如果在这个阶段坚决地完成设计时尚化、品牌价值化、研发底层化和产品高端化，未来将不可限量。但如果错过了这个时间窗口，则大概率又会陷入工厂化效率与技术投入资本的历史博弈之中。

那么，对于比亚迪这样诚恳的奋斗者，这样毛巾里拧不出水来的中国制造，到底是否能够完成脱胎换骨的伟大"冒险"呢？也许答案还是来自于企业家精神对"冒险"向前的灵魂拷问。待王传福真正完成了自我超越，比亚迪冲向的目标必然是中国制造的下一个世界级旗舰，他将有可能和乔布斯一样伟大。

# 第 41 章

## 辩证审视蔚来汽车

## 战略思维分析

蔚来汽车的"一揽子方案"思想起步艰难但发展潜力充分，长期来看应该更具战略价值。2019 年 7 月写《辩证审视蔚来汽车》这篇研究文章的时候，正是外界传言蔚来会倒闭的紧张时刻，并且李斌被舆论打击得遍体鳞伤，甚至家人也受到了网暴。当然，这家初创的智能电动汽车公司之所以在被舆论捧上去之后呈现自由落体式下坠，也有其自身的诸多问题，对此，文章也给出了一些建设性的提示，比如"资本可以驱动并引领创新""颠覆式改写汽车行业"和"人才可以买到，组织靠'大佬'"，这是三个典型的批判式思维指向的内容。当时的蔚来汽车在对外宣传上，确实比较简单化地拉高了外界的预期，而且借助各种企业家的站台，实际上形成了一种虚张声势的品牌形象，拉高预期带来的预期崩塌应该是当时蔚来品牌的主要问题。关于这一点，后来李斌看到文章后也表达了感谢，并且转给了市场部负责人和我们交流，我们也建设性地给了一些意见，后来确实感觉到李斌和蔚来的表达方式产生了很多变化，比如更加务实，更好地发挥了会员运营的特点和优势。

文章后面是我们基于"边缘战略"思维对蔚来汽车战略的再思考，也提出了"最终超过 1000 亿元人民币的市值"这个目标的可行性。后来被验证的结果就是，蔚来汽车最多到了差不多 5000 亿元人民币的市值，而且到 2022 年依然保持在 2000 亿元人民币以上，单纯从这个指标来看，应该说蔚来汽车取得了创业之后的重要成功。这里面值得一提的是李斌领导蔚来汽车的格局还是非常大的，在我们前文提到的"一揽子方案"战略思维的指导下，蔚来对智能汽车做了非常立体的大格局战略创新，这也让公司具备了长期发展的潜力和后劲。估计随着时间的推移，这样系统的生态级战略的价值会更加显现出来。这值得我们期待！

## 《辩证审视蔚来汽车》全文

现在几乎是蔚来汽车和创始人李斌最需要成就激励的时刻，这家颇具传奇色彩的公司超越了自己，但正在被现实碾压。

你可以想象一群本来已经财务自由的成功创业者把西西弗斯大石推上去又看到它滑下来的那种滋味。但商业的世界就是这样质朴和残酷，贵族和平民在价值创造上有着平等的机遇，没有战士因为满身伤疤而成为英雄，公众只为凯旋鼓掌。这也意味着蔚来"富二代"或"创二代"的出身使它需要经得起更多批判和嘲讽，需要同样用寻常路的跋涉证明自己。

进入 2019 年，媒体上出现了多篇质疑文章，这些文章犀利但不乏诚恳。很多分析的主基调是"看懂了蔚来的挑战"以及"感受到确定的风险"，主要从三个角度挑战蔚来的创新驱动战略。其一是其对标特斯拉的领先性。要知道特斯拉价值主要是建立在用"智能"重构电动汽车的新系统，进而拉升了关于百年汽车业互联网化和智能化的想象，但从蔚来身上看，要在中国承载世界对特斯拉的追捧并没那么容易。其二是对产品力的完美主义的探究。实际上几乎每个试驾过蔚来的人都是好感居多，但对其安全系统的质疑也一直不乏报道，虽然这些还没有造成严重事故，但背后问题是——经济下滑和资本市场狂热退潮过后的消费心理正在趋于保守，这对蔚来是一个舆论挑战。其三是挑战蔚来在新一轮竞争中的比较优势。蔚来描绘的智能交通创新、智能终端创新、电动生态创新，本质都是通过智能和互联网重构汽车产业链。但对于大多数消费者来说，这开始显得遥远，也已经在后来者小鹏、理想、威马、零跑，以及上汽、广汽，甚至奔驰、宝马等传统巨头眼中都变成普遍布道的思维，具有先发优势的蔚来没有了一骑绝尘的效果。

没有神话的预期，注定眼前出现的都是柴米油盐的问题。用一位业内专家的话来说，智能电动汽车第一圈的长跑已经结束了，蔚来成功脱颖而出，奠定了探索者的地位，但第二圈注定关注制造能力和产品力，第三圈也许真正落地基础研发平台和智能生态创新，蔚来没有平庸，但做好所有事情需要时间。可见，客观审视蔚来，它获得了阶段性成功，但它必须挤掉之前拉高公众预期的舆论泡沫，和"预期"抢打地基的时间。本文，周掌柜战略咨询团队将从宏观视角分析蔚来战略进化的可能路径，我们认为蔚来必须打破基于5年前高亢资本市场环境出发的三个"战略假设"。

## 排除"资本可以驱动并引领创新"的战略假设

蔚来在行业的战略定位其实已经从"造车新势力"悄然转变为后发"新势力"的战略对标，这也就意味着，全行业可能潜移默化地通过对比研究消化蔚来的先发优势和势能。通俗一点说，如果跨行业对比，那么应该说苹果和三星在智能手机行业的先发优势，就是其成为行业中心后，被诸多厂家生生比拼掉的。很多人会记得华为、小米、OPPO和vivo如何在发布会上"吊打"三星、苹果的。正是因为这些公司非常强大，所以后来者不会用"平衡博弈"全面对标，往往选择"不对称博弈"找到你的弱点，最开始的电池、中间的系统卡顿和后来的拍照功能就是两家被持续对标的点，但友商和媒体都不会去对比屏幕、生态盈利能力这些强项。在舆论战中，后发者往往不断放大先发者的弱点，然后不对称攻击。所以，此时此刻的蔚来已经不能一味地把自己当成行业领先者的"造车新势力"拼命奔跑了，一定的防守姿态以及务实的品牌传播尤为重要。也就是说，要抱着打持久战的心态面对后面的竞争，需要以更亲民的姿态回应后来者的挑战。

所以，进入长跑的第二圈，智能电动汽车行业其实已经没有完美的产品，无论高端还是低端，都是和消费者妥协的结果。从宏观看，汽车行业未来的主要竞争点应该是价格在 15 万元到 25 万元的中间档位，比亚迪的宋 Pro 其实也是 17 万元到 22 万元的价格，小鹏 14 万元到 25 万元，广汽、上汽、威马等都是对标蔚来的品牌。或许在这个时刻，蔚来可能需要抛开基于五年前的"战略假设"，找到品牌和产品之间的最好支点。当然，我们看到 ES6 其实已经下沉到 30 万元左右，或许需要继续下沉到 15 万元到 20 万元的区间，在这个区间蔚来的品牌优势可能会得到更大化的发挥。

## 排除"颠覆式改写汽车行业"的战略假设

在 2019 年的新时期，再来对比蔚来汽车 2015 年创业时期的市场环境，我们发现了几个深刻的外部环境变化。比如，互联网的领先势能消失，全球化有逆转倾向，本土制造业的实业精神正在被唤醒。在互联网时代，创新品牌往往是通过价值观的媒体化强势植入获得一个机会窗口，在这个窗口中通过同属于那个时代的激进创新者获得支撑，不断迭代形成强有力的产品，但在这个时代，互联网红利下滑，高端人群对中低端消费者的媒体引领作用正在减弱，这体现在 KOL 的引领性降低，草根口碑效应重新主导很多产业。再如，蔚来造车的能力和性价比定位在 2015 年的时间点完全是对标特斯拉的，特斯拉在汽车产业就像苹果在手机行业一样，拉升了行业创新门槛，同时给后来者更大的空间保持性价比优势，ES8 在 40 万元到 50 万元的定价优势也是相对于 80 万元到 120 万元的特斯拉显出的优越性。但特斯拉并没有像苹果那样不断拉高价格，而是开始用 Model 3 向 35 万元价位放量，这给蔚来带来了新的战略不确定性。所以，在电动汽车激烈竞争的今天，小鹏、威马、广汽和上汽的中间档的产品，客观上成了对标蔚来的新"造车新势力"，他们用更强大的成熟品牌势能，不断在底部攻击蔚来，反而在特斯拉进入中国之前，蔚来情愿不情愿地站在前排成了"高端旧势力"的代名词。这两个压力正在传导给蔚来的最新战略。

而且，我们可以再梳理一下智能电动汽车出现之前的汽车行业发展路径，其背后有几个值得思考的大逻辑。其一，交通工具进化的核心推动力是动力系统。从德国人卡尔·本茨（1844—1929）于 1885 年 10 月研制成功第一辆纯粹意义上的汽车开始，汽车行业的发展一直是围绕动力系统、安全性和舒适性的。今天的电动汽车重视电池续航和驾驶体验的逻辑也没有例外，从资料上看，在 2010 年 6 月，美国的纯电动汽车用蓄电池及其管理系统相关专利申请数量位于日本之后，而特斯拉正是基于日本和美国动力电池行业的技术优势迅速崛起，比亚迪的起点同样是电池。其二，历史上的所有汽车巨头都是从大规模生产入手。1903 年成立的美国汽车行业的巨头福特因为提倡"人人都买得起"的汽车，并改良 T 型车生产方式而迅速成为巨头。大众汽车（德语：Volkswagen）的德语名字的意思就是"国民汽车"。而日本丰田汽车崛起为世界霸主的路径，不仅靠 1973 年之后石油危机带来的节油车需求，也因为其丰田生产方式能够低成本高效率地进行专业化生产。历史性的汽车巨头都拥有普惠使命。其三，美国、德国和日本的汽车制造品牌背后都承载着国家的制造业精神。美国车以林肯为代表展现了美国霸气的文化，德国车代表着德国的严谨和精密，日本车体现了日本对资源利用效率的追求，比亚迪、吉利等新晋汽车巨头都拥有明显的中国制造的亲民进化基因。可见，从传统汽车行业进化来看，切入点、生产方式、文化承载三个历史性的进化要素背后都有着根植于市场的大逻辑。如果现在中国市场的战略假设不是颠覆式创新，那中国制造的灵魂是什么？蔚来战略必须清晰回应。

## 排除"人才可以买到，组织靠大佬"的战略假设

首先来说说蔚来浓厚的精英意识。比如在 ES8 的发布会上，大家耳熟能详的雷军、沈南鹏、马化腾、李想、刘强东等互联网名人都在为其背书，甚至镜头多次切换到章泽天（奶茶妹妹）的身影，明星范儿十足。而在某知名评测媒体人的试驾视频和对李斌的访谈中，在海阔天空地谈论理想和未来的同时，大家共同的聚焦点都是他们共同好友对此的评价，依然是"大佬"视角。所以，不得不提醒蔚来的是，其品牌营销和传播中，过度通过强势人物展现压迫性观念，实际上带给普通人一种疏远感，而中国社会的价值观正在发生潜移默化的转变，"亲民牌"不仅是战术也是战略。

其次，蔚来在品牌传播中，多次渲染无可挑剔的成功。整个蔚来的发展故事多次被概括为 1116 天，创造了历史，艰辛而充满快乐的 3 年，创造了世界最安全的 ES8，打造了世界自动化程度最高的工厂，世界级的研发体系以及零部件供应体系。但客观地讲，这些故事更适合在内部激励员工，放在外部的传播中确实无形拉高了消费者预期。

再次，其全球化能力的展现则显得离用户较远。比如李斌多次在访谈中讲述 NIO EP9 的性能，讲述其如何勇夺冠军、突破世界纪录，还有美国、欧洲的全球性联动研发实验室等。不可否认，这些在国外顶尖汽油车的营销中非常普遍，可当我们从第三方视角去感受的时候，不免产生一种远离中国消费者生活场景的不真实感。这种不真实感带有互联网时代全球化的惯性，但容易成为被挑战的关注点。

最后一点，全方面的完美主义似乎已经彻底超越了成本思维。比如女王副驾，脚托真皮，加热、通风、按摩的座椅，医疗级滤芯的空气净化系统，人工智能导航等。应该说，能同时做到这些是非常了不起的，不过由于这些完美化内容，无论是从用户预期还是可持续性来说，蔚来的后期压力都很大。而品牌的基本逻辑应该是承载用户差异化情感，而非完美主义。

综上分析，我们不由地开始追问三个问题：蔚来战略研究的主要精力用在研究市场还是投资人、商界名人和"大佬"？蔚来是否还需要单纯对标特斯拉的战略和成长路径？蔚来是否需要战略性聚焦中国？

或许抛弃精英思维的执着，眼前有几点举措值得考虑。第一，以内生性技术研发和人才培养为核心战略，以通用研发平台投资作为主要方向。在这一点上，比亚迪 2010 年曾经一次性招聘 1 万名毕业生，很多来自哈尔滨工业大学，可见其对长期内部培养人才的重视程度。第二，产品价格继续亲民化下沉，为打好地基争取时间，比如在价格从 15 万元到 20 万元的产品中，形成品牌调性和产品性价比的完美融合，建立高中低三档价格的产品梯队。下沉最核心的意义就是为产品稳定性争取更多时间。第三，战略性回归中国市场的内生性管理组织。要知道，枭雄整合是世界性管理难题，"大佬"越多整合成本越高，打持久战时要有大后方（依托有独家支持的地方政府），有低成本、一致性人才，这极其必要，成长型公司注定都要吃低成本的人才红利。第四，聚焦实用性应用研发，果断削减偏离产品的生态研发投入。从现在的全方位研发展开来看，几年内达到现在的规模是非常了不起的，但面对激烈的性价比竞争，比照"华为曾经拥有的矩阵式充分研发的成本是运营商业务先买单的，特斯拉的不完美式迭代是裹挟着美国文化高势能地由中国消费者买单的"来说，目前李斌考虑拆分 NIO Power 单独融资是非常务实的，这方面的切割客观讲需要更激进的行动，背后是对新型竞合关系的思考。第五，在北京、上海和广州这三个城市里，尽快确定利益最大化的战略中心。战略中心的标准应该只有一个，就是为了蔚来可以普及出租车的城市。

以上对蔚来的粗线条战略分析，总体还是基于我们对这家公司的看好和期待。基于我们的总体研究评估，我们认为从 3 年的时间轴静态来看，蔚来 260 亿元人民币左右的市值，第一步的对标目标应该是比亚迪市值的三分之一即 500 亿元人民币市值，第二步是特斯拉 3000 亿元人民币市值的三分之一即 1000 亿元人民币市值。第一个目标主要是看产品的稳定性，第二个目标主要是看放量的能力。但前提是蔚来必须重回"边缘中心"，获得比较优势，但现状是蔚来成了行业的"现实中心"，这非常危险，如图 41-1 所示。

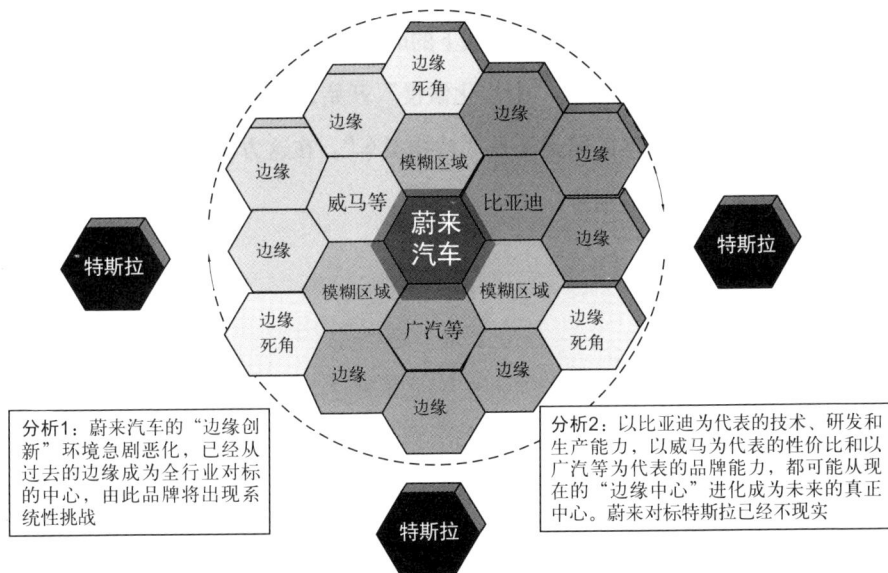

**图 41-1　蔚来"边缘战略"分析**

从现状看，蔚来汽车的"边缘创新"环境急剧恶化，已经从过去的边缘成为全行业的对标中心，由此品牌将遇到系统性挑战。以比亚迪为代表的技术、研发和生产能力，以威马为代表的性价比和以广汽等为代表的品牌能力，都可能从现在的"边缘中心"进化成为未来的真正中心。对标特斯拉已经不现实。蔚来目前的"增长战略"显然带有强烈的"创新战略"惯性，或者说应该更决断地转向"增长战略"，而增长战略需要"简单系统"，而不是蔚来目前描述的"复杂系统"。增长战略如果作为核心，是否需要重新审视私有化？如何保证公司不被资本市场绑架地持续健康发展也很值得思考。我们评估，蔚来至少需要3 年的调整，才能度过挑战，但前提是战略聚焦。